à lire et à relire

Charles le Catholique

Du même auteur

Dernières heures à Colombey, Télémaque, 2020.

De Gaulle parle aux gilets jaunes... et à Macron, Télémaque, 2019.

Les Femmes du Général, Plon, 2018.

De Gaulle avait raison : le visionnaire, Télémaque, 2016.

La Légionnaire. Héroïque et libertine, Pygmalion, 2014.

Les Moines-soldats du Général, Plon, 2012.

Charles le catholique. De Gaulle et l'Eglise, Plon, 2011 (grand format).

Le Livre noir de la santé, document, L'Archipel, 2007.

Et vos promesses aux jeunes, monsieur le Président ?, lettre ouverte, Albin Michel, 1996.

Génération galère : 8 millions de jeunes dans la tourmente, essai, Albin Michel, 1993.

Aznavour. Sur ma vie, biographie, Pygmalion, 1977.

Gérard Bardy

Charles le Catholique

De Gaulle et l'Eglise

L'ABEILLE
PLON

92, avenue de France
75013 Paris
Tél. : 01 44 16 09 00
Fax : 01 44 16 09 01
www.plon.fr
www.lisez.com

Dépôt légal : octobre 2020
ISBN : 978-2-259-30455-9
ISSN : 2727-8360
Mise en pages : Nord Compo

A Christophe.

« Il a traversé notre époque avec des yeux
de prophète de l'Ancien Testament. »

Alain Peyrefitte,
C'était de Gaulle.

Prologue

La France pour religion

De Gaulle aurait-il été de Gaulle sans la main de Dieu ?

Quand, à Londres, d'abord seul contre tous, il incarne l'espoir de la nation meurtrie et humiliée, peut-on seulement justifier sa démarche par son attachement viscéral à la patrie et sa passion exigeante pour cette France avec laquelle il se confond ?

Quand, aux heures les plus graves, Charles de Gaulle tire héroïquement la France de l'abîme où elle a roulé, son caractère bien trempé, sa volonté hors du commun, son courage à toute épreuve, voire une simple ambition personnelle et orgueilleuse suffisent-ils à tout expliquer ?

Quand, à deux reprises à la tête du pays, il entreprend une œuvre de redressement national sans précédent, visant à redonner à la France sa place dans le monde et à assurer aux peuples les plus pauvres progrès et développement, le fait-il simplement par devoir ?

Toute son action, souvent comparable à celle d'un roi chrétien, aurait-elle été possible sans la main de ce Dieu en Lequel il croyait, qu'il a prié avec ferveur toute sa vie et auquel il se référait volontiers ? De la folle aventure de la France libre jusqu'à la présidence de la République, son engagement absolu au service de la France – avec ce qu'il comporta de don de soi, d'abnégation, de dévouement et de désintéressement – lui aurait-il été permis sans la force intérieure de sa foi et la lumière de l'espérance ; ces deux mots – foi et espérance – étant les plus employés dans le vocabulaire chrétien régulièrement utilisé dans ses écrits et ses discours ?

En marchant dans les pas de l'homme, du soldat puis du chef d'Etat, nous allons tenter de montrer à quel point, dans la vie de Charles de Gaulle, le fait religieux mêlé à la mystique républicaine éclaire d'une lumière particulière son exceptionnel destin.

L'examen des grandes décisions qui ont marqué son action politique atteste chez lui d'un respect scrupuleux des valeurs chrétiennes, même si, pour de Gaulle, le réalisme politique n'était jamais absent ; une attitude de lucidité qu'il résuma par la formule : « La perfection évangélique ne conduit pas à l'Empire » ! Non qu'il fît preuve de cynisme ou de machiavélisme, comme il en fut parfois accusé, mais parce qu'il privilégiait toujours les exigences de la raison d'Etat à toute autre considération. Rendre à César ce qui est à César et à Dieu ce qui est à Dieu. Ce qui, nous le verrons, ne l'empêcha pas de prendre certaines libertés avec les principes de laïcité, une fois installé à la présidence de la République.

Le caractère de grande intimité personnelle que revêt le sentiment religieux chez Charles de Gaulle, dans le privé comme en public, ne laisse pourtant pas l'ombre d'un doute sur la permanence de sa foi.

en toute circonstance et tout au long de sa vie. Cette imprégnation des valeurs classiques du catholicisme explique l'importance qu'il accorda à la place de l'Eglise et aux apports du christianisme dans l'histoire de la France, jusqu'à puiser explicitement dans ces derniers les fondements de sa politique.

« Ceux et celles qui ne voient pas la dimension de croyant et de chrétien fidèle dans sa vie, sa pensée et son œuvre n'ont rien compris à ce qu'il était, soutient Laurent de Gaulle, petit-neveu du Général. Sans la foi, et une relation singulière et régulière avec Dieu, Charles de Gaulle n'aurait pas existé tel que nous le connaissons. Il n'aurait pas accompli son œuvre de salut pour la France et une partie du monde[1]*. »

Son acceptation des sacrifices, son courage mis au service de la collectivité, son sens du devoir au prix de son bonheur personnel, son souci permanent de la dignité de l'homme, son respect de la morale tant privée que publique, le caractère sacré qu'il donne à la famille, sa relation à la souffrance, au handicap et à l'argent, ses manifestations de charité chrétienne faites avec une extrême discrétion tant l'acte de charité doit rester à l'abri des regards... furent autant de preuves concrètes des valeurs chrétiennes qui l'habitaient et dont il témoigna dès ses premiers écrits de jeunesse. L'extrême pudeur constamment observée par le Général dans le domaine de la religion n'y changea rien.

Tenu à un scrupuleux devoir de réserve en raison du caractère laïc de la République et de la nécessaire impartialité de l'Etat qui lui imposait de considérer

* Les notes se trouvent en fin d'ouvrage.

sans distinction les Français des autres confessions, les athées ou les agnostiques, de Gaulle ne se priva pourtant pas de faire référence à Dieu et au christianisme – dans ses actes, ses écrits et ses discours – comme aucun président ne l'avait fait depuis Mac-Mahon. Et comme aucun n'osera le faire après son départ du pouvoir en 1969. Avec lui, pour la première fois, un catholique pratiquant occupa l'Elysée et ne fit nul mystère de son appartenance à l'Eglise du Christ. Tout se trouve résumé dans la déclaration que le nouveau président de la République fit, en 1959, au journaliste américain David Schoenbrun : « Pour moi, l'histoire de France commence avec Clovis, choisi comme roi de France par la tribu des Francs qui donnèrent leur nom à la France. Avant Clovis, nous avons la préhistoire gallo-romaine et gauloise. L'élément décisif pour moi, c'est que Clovis fut le premier roi à être baptisé chrétien. Mon pays est un pays chrétien et je commence à compter l'histoire de France à partir de l'accession d'un roi chrétien qui porte le nom des Francs. »

« Je crois en Dieu et en l'avenir de ma patrie »

Déjà, en 1941, dans une interview accordée depuis Londres au *Journal d'Egypte*, le chef de la France libre s'était livré – lui si réservé – d'une façon on ne peut plus explicite en déclarant au journaliste venu brosser un portrait de lui : « Je suis un Français libre. Je crois en Dieu et en l'avenir de ma patrie. Je ne suis l'homme de personne. » C'est à la même époque qu'il avait précisé à Michel Cailliau, l'un de ses neveux : « Je suis chrétien et catholique de l'Eglise romaine par l'histoire et par la géographie, pour des raisons nationales et de civilisation. »

L'agnostique André Malraux, compagnon de route et ami fidèle de Charles de Gaulle avant de devenir son ministre de la Culture de 1959 à 1969, portera beaucoup plus tard un regard très personnel sur la foi du Général : « … elle me semble si profonde qu'elle néglige tout domaine qui la mettrait en question […] Sa foi n'est pas une question, c'est une donnée, comme la France. Mais s'il aime parler de sa France, il n'aime pas parler de sa foi. Elle recouvre un domaine secret, qui est sans doute celui du Christ, et aussi une interrogation, non sur la foi, mais sur les formes qu'elle prend. » Et Malraux d'affirmer : « L'Eglise fait partie de sa vie[2]. »

Parmi les centaines d'historiens qui disséquèrent la vie et l'œuvre de De Gaulle, ceux qui mirent en doute la sincérité de ses convictions chrétiennes et nié l'influence du religieux sur son action publique se comptent sur les doigts d'une main. Seuls s'y sont risqués, sans beaucoup convaincre, des opposants politiques ou des personnalités l'étant devenues, comme Emmanuel d'Astier de La Vigerie (« Le Général n'est pas croyant… Pour lui, la foi, c'est l'ordre social »), Jacques Soustelle, après la guerre d'Algérie (« Pour lui, l'Eglise appartient aux structures de l'Etat ») ou le colonel Argoud. Dans son pamphlet *De Gaulle est-il chrétien*[3] *?*, l'écrivain catholique progressiste Jean-Marie Paupert crut pouvoir – tout à la fois – dénoncer « le vide païen de la pensée gaullienne » et souligner le comportement catholique exemplaire du Général dans sa vie personnelle. S'adressant à Edmond Michelet, Paupert écrivit : « Vous m'allez dire et protester que l'homme est vertueux, digne, charitable, opposé à la peine de mort, antimilitariste, voire même pieux et un tantinet mystique, bref qu'il est un bon chrétien. Les exemples ne vous manqueront pas que je ne puisse ni ne veuille contester : sa vie exemplaire, ses circulaires secrètes rédigées de sa main et adressées à l'armée au terrible moment des abominables sévices algériens, ses discussions opiniâtres avec vous-même pour défendre la vie ou la réputation d'un homme, ses paroles admirables après la mort de sa fille Anne. » A propos du décès de la jeune Anne-de-Gaulle, qui était née trisomique, Paupert ajoute que de Gaulle a affronté « l'expérience spirituelle de la souffrance avec une remarquable sûreté théologique ».

Même sa façon de se comporter pendant les offices fit aussi, mais brièvement, polémique : « A la messe, il était distrait », a raconté l'un de ses neveux. « Je l'ai vu prier et adorer », a répondu Maurice Schumann en écho.

Le simple fait de se demander si de Gaulle était chrétien avait quelque chose d'incongru pour le R.P. Raymond-Léopold Bruckberger, dominicain, ancien aumônier général des Forces françaises intérieures (FFI). « Il y a d'abord un fait, qui est un fait d'Eglise et sociologique. De Gaulle est né dans une famille catholique ; il a été baptisé, il a fait sa première communion, reçu le sacrement de confirmation, renouvelé les promesses de son baptême ; il s'est marié selon le rite de l'Eglise catholique, tous ses enfants ont été baptisés, et, de par sa volonté expresse, il a été enseveli selon le rite de notre Mère, l'Eglise catholique. Tous ces actes-là sont à la fois publics et privés, dûment inscrits sur les registres paroissiaux. En ce sens, que de Gaulle ait été catholique d'un bout à l'autre de sa vie paraît [...] évident... » Et le R.P. Bruckberger d'ajouter : « Mais, outre que le mot catholique n'a pas tout à fait le même sens que le mot chrétien, quand on se demande d'un homme s'il est chrétien, s'il est vraiment chrétien, si c'est un vrai chrétien, la question va beaucoup plus loin que le sens sociologique ou juridique. Cela veut dire : cet homme pense-t-il, agit-il en chrétien ? Est-il, dans sa pensée et dans ses actes, en accord avec l'Evangile ? Même cette question ne va pas sans outrecuidance. Car enfin, qui a donc autorité pour répondre ? L'autorité des autorités en la matière, c'est tout de même Notre-Seigneur Jésus-Christ. Pour ce qui concerne de Gaulle, la question est donc parfaitement réglée puisqu'il est mort et qu'il a déjà comparu devant le tribunal de Jésus-Christ, qui sait très bien reconnaître les siens[4]. »

De Gaulle fut-il un « homme d'Etat chrétien » ou un « chrétien, homme d'Etat » ? La question, avec toutes ses subtilités, se pose encore. Elle fut au centre du colloque universitaire organisé en 2009 par la Fondation Charles-de-Gaulle « De Gaulle, chrétien, homme d'Etat[5] », dans une formulation qui entendait souligner combien foi et patriotisme ont indissociablement guidé le Général, pareillement attaché à l'Eglise et à la patrie.

Nous verrons de quelle empreinte son milieu familial marqua à jamais le jeune Charles de Gaulle, dans cette bourgeoisie du Nord dont il adoptera définitivement les valeurs. C'est bien de cet héritage dont il témoigna, dès la première page de ses *Mémoires de guerre*, en résumant son attachement viscéral à la patrie par cette célèbre phrase : « Toute ma vie, je me suis fait une certaine idée de la France », avant de trancher : « Bref, à mon sens, la France ne peut être la France sans la grandeur. » Et il confesse aussitôt : « Cette foi a grandi en même temps que moi dans le milieu où je suis né. Mon père, homme de pensée, de culture, de tradition, était imprégné du sentiment de la dignité de la France. Il m'en a découvert l'Histoire. Ma mère portait à la patrie une passion intransigeante à l'égal de sa piété religieuse[6]. »

Nous reviendrons, tant ils ont été déterminants, sur les engagements des familles paternelle et maternelle – les de Gaulle et les Maillot – très impliquées l'une et l'autre au sein de l'Eglise. Plusieurs membres y jouèrent un rôle important à une époque où une grande partie de la bourgeoisie catholique, nostalgique de la monarchie, refusait d'adhérer à la jeune République. Quand elle ne la combattait pas ouvertement et par tous les moyens ! Dès sa petite enfance, ainsi qu'il en témoigna lui-même dans ses écrits, le jeune Charles a été définitivement influencé par cette culture dominante au sein même de son milieu familial, proche de plusieurs grandes figures du catholicisme français. Nous verrons de quelle façon il va intégrer dans ses réflexions d'adolescent les enseignements de la Conférence Olivaint, créée en 1874 par les pères jésuites pour former les étudiants catholiques à la vie publique dans un esprit de résistance religieuse, ou ceux de Frédéric Ozanam (1813-1853), le fondateur de la Société de Saint-Vincent-de-Paul. Dès cette époque, ses engagements montrèrent une adhésion sans réserve à une forme de catholicisme social dont on vérifiera qu'elle va profondément façonner la personnalité de Charles de Gaulle, dans ses rapports à l'argent, à la famille, aux pauvres, à la souffrance..., autant dans sa vie de père de famille, de soldat que de chef politique.

Une foi de centurion

Ce sont ces racines chrétiennes qui lui donnèrent à jamais le sens de l'essentiel, lui permirent de garder le cap dans les pires tempêtes, lui firent placer la dignité de l'homme au-dessus de tout, notamment dans son combat acharné pour délivrer la patrie de l'occupant nazi dont l'idéologie provoqua chez lui indignation et écœurement. Jamais, même dans les moments les plus difficiles, quand au plus fort de la guerre le doute et le découragement l'effleurèrent, il n'oublia les enseignements de l'Evangile reçus pendant ses jeunes années, principalement des pères jésuites. En toute occasion, son attachement fut si fidèle aux valeurs de l'Eglise que certains, parmi ses proches, n'hésiteront pas à parler à son sujet d'une « foi de charbonnier » ou encore d'une « foi de centurion », plus adaptée à sa condition militaire. « Catholique et Français toujours », peut-on affirmer à propos de De Gaulle, en donnant à cette formule le sens plus religieux que politique qu'elle avait au début du XXe siècle.

Responsable du service de presse de l'Elysée dans les dernières années de la présidence du Général, de 1967 à 1969, avant de rester proche de lui pour l'assister dans la préparation de ses *Mémoires d'espoir* à Colombey-les-Deux-Eglises, Pierre-Louis Blanc commenta ainsi la foi de De Gaulle : « Il existe une forme de foi vivant à l'état de nature chez ceux qui ont le privilège de la posséder [...]. Venue du fond des âges et des consciences, elle a résisté aux assauts de la raison pure, du doute métaphysique, des scepticismes, de la libre pensée, du ou des marxismes. Rien ne l'explique. Elle existe pourtant. Parfois, elle a à faire front ; souvent, elle subit ; toujours, elle tient. Elle façonne un type d'hommes et de femmes pour lesquels l'existence de Dieu paraît une évidence aussi naturelle que d'avoir un père et une mère. Cette forme de croyance soutenait de Gaulle de toute sa puissance granitique. » Pour Pierre-Louis Blanc, lorsque le Général assistait à la messe, surtout dans l'intimité familiale, il faisait preuve d'une très grande humilité qui pouvait se comparer à celle des enfants de chœur : « Comme eux, il se trouvait à l'aise dans les lieux saints et donnait une impression de recueillement et de piété. » Il témoigna encore : « La foi poussait en lui des racines profondes, sinon elle eût été emportée. Son intelligence le conduisait, en effet, par une pente naturelle, à toute remettre en question. Il n'accédait pas à Dieu par la voie de la connaissance. Si la foi vivait en lui, et c'est bien ce que je croyais, c'était celle des âmes simples[7]. »

Autre proche collaborateur du Général dont il fut le dernier aide de camp, le colonel Jean d'Escrienne, cadet de la France libre, a beaucoup observé le fondateur de la Ve République, même s'il reconnaît que ce dernier ne lui a jamais fait de confidences. Pour d'Escrienne, il n'y a absolument aucun doute : « De

Gaulle avait la foi. » Il estime que « le Général a reçu la foi en naissant, qu'elle s'est épanouie chez lui dès l'enfance dans les bras et sur les genoux d'une mère profondément chrétienne. J'ai idée, écrit-il, qu'il a eu la chance de ne pas connaître de "crise" en ce domaine ». Chez les de Gaulle, « on croit comme on vit, comme on respire, sans que cela pose de problèmes et sans qu'on s'en pose. Je pense que ce fut son cas tout au long de son existence ».

Le colonel d'Escrienne assure que le Général « était trop honnête pour pratiquer s'il n'avait pas cru ». « Tous ceux qui ont connu Charles de Gaulle savent bien que, s'il n'avait pas eu la foi, il l'aurait dit tout aussi naturellement, avec une absence totale de complexe sur la question. » Pour l'ancien aide de camp, « il pratiquait sincèrement et pas seulement au cours de manifestations et de cérémonies publiques ». Selon lui, de Gaulle fut plus chrétien que catholique, mais fort peu clérical au sens habituel du mot. « ... Sa pensée se référait volontiers à l'Evangile, voire à l'Ancien Testament, sans forcément éprouver le besoin d'avoir recours à l'Eglise et au clergé comme intermédiaire... [...] Je pense que Charles de Gaulle devait dialoguer volontiers avec Dieu, dans le silence de la méditation et de la prière, sans recourir forcément au canal de l'Eglise catholique et de ses prêtres pour le faire[8]. »

Pour le professeur Alain Larcan, historien du gaullisme, la foi de Charles de Gaulle allait plus loin que celle reçue en héritage, de façon presque automatique. « Il gardera intacts les trésors de l'éducation chrétienne qu'il reçoit d'abord de sa mère et aussi de ses professeurs et confesseurs ; tout semble indiquer que sa religion de conformité rejoint sa piété de for intérieur […] Il était hanté par la crise des valeurs […] mais il restait guidé, en dépit de tout, par une inébranlable foi et la radieuse espérance, à tel point que certains ont parlé d'utopie[9]. »

Journaliste de confession juive, directeur de cabinet de Léon Blum en 1938 avant de rejoindre de Gaulle à Londres dès le lendemain du 18 juin 1940 où il fut chargé des liaisons entre la France libre et la BBC, Georges Boris porta un autre regard sur le sujet. « Pour le Général, écrira-t-il, l'Eglise catholique représentait un corps constitué, inhérent à l'harmonie comme à l'intérêt de l'Etat, de sorte que dans le sentiment qu'il lui portait en qualité de fils soumis et respectueux, il entrait une certaine dose de son attachement au bon ordre de l'organisation sociale[10]. »

Chez lui, la foi ne se discutait pas

Toute interrogation sur la foi du Général fait bondir son neveu, le père François de Gaulle, père blanc chez les Missionnaires d'Afrique pendant plus de quarante ans, appelé à célébrer régulièrement la messe dominicale à l'Elysée pendant la période de la présidence de la République. « Il ne doit y avoir aucun doute. Le Général était un chrétien tout à fait sérieux et solide. C'était d'ailleurs un acquis familial qu'il était hors de question de mettre en doute. Chez lui, la foi allait de soi et ça ne se discutait même pas. Et il est pour moi absolument certain que sa foi était une composante fondamentale de sa personne. Comment peut-on séparer sa foi de son action quand on est profondément croyant, comme il l'était ? Chez le Général, sa foi était présente partout[11]. »

Bien que très avare de confidences sur le sujet, le Général se confia au préfet Pierre-Henri Rix : « Ne pas croire, n'avoir aucune croyance, y peut-on quelque chose... On ne croit pas parce qu'on veut croire... Car si l'on veut croire, c'est que déjà l'on croit[12]... »

« La foi du Général, bien évidemment, se confondait avec la France », a soutenu l'académicien André Frossard, pour qui de Gaulle avait une « unité intérieure parfaite [...] qui faisait sa force ». Après avoir essayé, à plusieurs reprises et sans succès, d'aborder avec de Gaulle les questions de la spiritualité, Frossard n'en fut pas moins convaincu : « Il a jailli de l'Histoire de France pour nous la rappeler juste à temps. [...]. Cet homme sans moyens, sans argent, sans appuis, sans autre force que sa conviction et son génie, nous a fait comprendre que la France était une réalité spirituelle et non pas seulement une terre, un territoire. Pour de Gaulle [...], être Français était une vocation, et la France était un appel à la liberté : la France était pour lui une donnée spirituelle de l'Histoire. S'il n'est pas le seul à l'avoir compris, il est avec Jeanne d'Arc l'un des seuls à l'avoir démontré[13]. »

Qui mieux que son fils, l'amiral Philippe de Gaulle, peut parler de la foi du Général et de sa façon de concilier son amour profond de la patrie et sa fidélité à Dieu. Répondant à une question du journaliste Michel Tauriac, Philippe de Gaulle explique : « Ah, mais pour lui, c'était la même chose. La France, c'était la madone des contes et des histoires, mais la madone, c'était aussi la Vierge Marie, celle que l'on honore. La patrie, c'est la mère de tout, celle de Péguy : “Mère, voici tes fils qui se sont tant battus...” Donc, si Dieu ne la protège pas, si la Vierge l'ignore, elle est vouée à un mauvais destin. Maudite, elle va à la dérive. C'est la chienlit, la révolution, la guerre civile. Rappelez-vous ce qu'il a écrit en pleine guerre, à Londres, en 1941 : “Ah ! mère, tels que nous sommes, nous voici pour vous servir.” Il s'adressait à la France pour qu'elle se relève, qu'elle gravisse la pente. Mais ne s'adressait-il pas en même temps à la Vierge secourable ? » Et l'amiral d'ajouter : « Sa manière de faire le signe de la croix étonnait parfois les gens. Un prêtre m'a fait remarquer un jour à ce propos qu'il suffisait de le voir le faire, lui si discret, si pudique, pour comprendre la profondeur de sa foi[14]. »

La République contre l'Eglise

Pour saisir chez de Gaulle toute la dimension et la complexité de son patriotisme ardent et de sa foi chrétienne déterminante, il est indispensable de replacer le personnage dans le contexte de l'époque de sa naissance, en 1890, dans une France encore sous le choc de la défaite de 1870 et théâtre des affrontements entre la République et l'Eglise. Toute l'histoire de la famille du Général se confond alors avec les réalités politiques, militaires, sociales et religieuses de cette fin du XIXe siècle et des premières années du XXe. C'est à ce moment-là que se forgèrent chez le jeune Charles de Gaulle ce caractère exceptionnel, cette volonté de fer, cette exigence patriotique, cette foi indestructible, cette « solidité d'un pilier gothique[15] » qui le conduisirent vers les sommets.

Dans la France de 1890, les séquelles de la piteuse défaite de 1870 étaient encore cuisantes. L'imprudente guerre déclarée à la Prusse par Napoléon III, la capitulation de l'empereur à Sedan six semaines après le déclenchement du conflit et celle de l'armée de Bazaine, ultime espoir de la France, à Metz, le 27 octobre 1870, avaient provoqué un sentiment durable d'humiliation et de honte dans tout le pays. Le souvenir de cet outrage était encore bien vivant dans la famille de Gaulle, comme chez tous les patriotes, lorsqu'au début des années 1910 l'imminence de la Grande Guerre provoqua un fort regain du sentiment national et du désir de revanche. De quoi renforcer le patriotisme de Charles de Gaulle, dont nous verrons qu'il avait déjà définitivement choisi le métier des armes.

En cette même année 1890 qui vit naître le futur libérateur de la France, à l'appel du pape Léon XIII et du cardinal Lavigerie commençait le ralliement des catholiques, bonapartistes et royalistes à la République. La restauration de la monarchie, longtemps souhaitée par l'Eglise, avait été rendue impossible par la division des royalistes, et un siècle déjà s'était écoulé depuis la Révolution. C'est donc à une entente entre le pouvoir républicain et le Saint-Siège que travaillait le cardinal Lavigerie, archevêque d'Alger, déjà connu comme l'apôtre de la lutte contre la traite des Noirs. Le prélat s'était engagé dans la voie du dialogue dès 1880, soutenu par le Vatican qui voulait désamorcer la grave crise ouverte cette année-là par les décrets contre les congrégations religieuses, crise accentuée trois ans plus tard par les lois scolaires très défavorables à l'enseignement libre. La volonté des radicaux au pouvoir, animés par un anticléricalisme fanatique, visait à éliminer toute forme de religion en France et de priver la plus puissante d'entre elles, l'Eglise catholique, de son influence et de tous ses privilèges, notamment dans le domaine de l'enseignement où elle était accusée d'endoctriner la jeunesse contre la République.

Avec l'aval de Léon XIII, le cardinal Lavigerie donna très officiellement le signal du ralliement des catholiques français à la République le 12 novembre 1890 (dix jours avant la naissance de De Gaulle), au cours du fameux « toast d'Alger » prononcé devant l'escadre française de passage dans le port et les hauts fonctionnaires locaux. La crainte de voir la République exposée aux menées grandissantes de l'extrême gauche avait conduit Lavigerie, un homme astucieux et ne manquant pas d'entregent, à trouver un accord avec les responsables les moins sectaires du pouvoir. Alors qualifiés d'« opportunistes », ces derniers ne souhaitaient pas la destruction de l'Eglise mais la seule limitation de ses pouvoirs. Considérée comme un moindre mal, cette issue avait fini par être acceptée par le Saint-Siège.

Pour convaincre les catholiques français, qui – dans leur grande majorité – rejetaient toute entente avec la République qu'ils associaient à la Révolution et à ses persécutions, lui préférant les mouvements royalistes, le cardinal Lavigerie avait prêché pour un rapprochement fondé sur la raison : « L'union, en présence de ce passé qui saigne encore, et de l'avenir qui menace toujours, est en ce moment notre besoin suprême. L'union est aussi [...] le premier vœu de l'Eglise et des ses Pasteurs à tous les degrés de la hiérarchie. » Il faut comprendre là, pape compris. « Quand la volonté d'un peuple s'est nettement affirmée, que la forme d'un gouvernement n'a rien en soi de contraire – comme le proclamait dernièrement Léon XIII – aux principes qui seuls peuvent faire vivre les nations chrétiennes et civilisées, lorsqu'il faut, pour arracher enfin son pays aux abîmes qui le menacent, l'adhésion sans arrière-pensée à cette forme de gouvernement, le moment vient de déclarer enfin l'épreuve faite et, pour mettre un terme à nos divisions, de sacrifier tout ce que la conscience et l'honneur permettent, ordonnent à chacun de nous de sacrifier pour le salut de la patrie. C'est ce que j'enseigne autour de moi, c'est ce que je souhaite voir enseigner en France par tout notre clergé et, en parlant ainsi, je suis certain de n'être point désavoué par aucune voix autorisée », c'est-à-dire par Léon XIII. Et le cardinal de terminer son discours en faisant chanter *La Marseillaise* !

Cette volonté de ralliement se heurta à une forte résistance de la part des catholiques français, qui représentaient alors plus de 90 % de la population, et des membres de l'épiscopat. Ce climat devait conduire le pape Léon XIII à se prononcer officiellement sur le sujet le 16 février 1892, dans l'encyclique *Au milieu des sollicitudes* (*Inter Sollicitudines*), exceptionnellement publiée d'abord en français et non en latin, pour entraîner ses ouailles et leurs bergers dans les pas de la République. Une lettre personnelle du Saint-Père, adressée à tous les évêques de France, le 3 mai 1892, fut même nécessaire pour convaincre les plus hostiles d'entre eux. « Acceptez la République », leur ordonna Léon XIII.

Cette démarche réconciliatrice du Saint-Siège et du cardinal Lavigerie n'empêchera pas, vingt ans plus tard – et dix ans après le « toast d'Alger » –, le rouleau compresseur de la IIIe République de poursuivre ses brimades contre l'Eglise de France. En 1901 fut promulguée la loi sur les associations, qui obligea les congrégations religieuses à demander une autorisation d'enseigner à la Chambre des députés. Elles aussi dissoutes, les écoles tenues par les jésuites tentèrent de se maintenir en se cachant derrière des prête-noms laïcs… En 1902, l'anticléricalisme franchit un pas supplémentaire avec l'arrivée du « petit père Combes ». Après avoir envisagé la prêtrise puis perdu la foi au milieu des années 1860, Emile Combes, devenu médecin en Charente-Inférieure, s'était lancé en politique et n'avait eu de cesse de combattre les curés. A mesure que les congrégations religieuses déposaient des demandes d'autorisation pour obtenir une existence légale, conformément à la loi de 1901, le Parlement les rejetait collectivement, sans même ouvrir les dossiers. Environ 10 000 établissements congréganistes durent fermer leurs portes. Tout laisse à penser que ce sujet fut quotidiennement au cœur des conversations dans la famille de Gaulle, car Henri de Gaulle, le père de Charles, était directement concerné par ces mesures de rétorsion. Il avait été nommé en 1901 préfet des études à l'école de l'Immaculée-Conception de la rue de Vaugirard à Paris où ses fils poursuivaient leurs études. Nous y reviendrons.

Le gouvernement Combes va tomber après l'affaire des Fiches qui, révélée en octobre 1904 par *Le Figaro*, avait provoqué dans un premier temps la démission du ministre de la Guerre, le général André. Obsédé par la volonté de réduire à néant l'influence de l'Eglise catholique, l'état-major du ministre, avec l'aide des francs-maçons du Grand-Orient de France, avait organisé le fichage de tous les officiers et sous-officiers pour dénoncer leur engagement religieux. Les renseignements détaillés portés sur les fiches, comme « va à la messe », « va à la messe avec un livre » ou encore « a assisté à la communion de son enfant », permettaient ensuite à l'état-major de décider des mutations et avancements, bloquant totalement la promotion des militaires catholiques. C'est un employé d'une loge qui avait dénoncé ces pratiques en les révélant à la presse, déclenchant un immense scandale et la démission de plusieurs dizaines de responsables du Grand-Orient.

Quinze ans après le ralliement à la République, malgré la volonté de Léon XIII, une partie des catholiques français, « disciples » du néothomisme et nostalgiques de l'ordre ancien et de la monarchie, étaient restés résolument hostiles à la République parlementaire, écœurés par une classe dirigeante combinarde et révoltés par la multiplication des scandales. Car l'affaire des Fiches avait été précédée d'une longue série de crises et de scandales qui avaient discrédité la classe politique, le monde de la finance et même de la presse, souvent « vendue » aux milieux politiques et d'affaires. En 1877, la crise du 16 mai avait fait vaciller la IIIe République à la suite du conflit ouvert entre le président de la République, le maréchal de Mac-Mahon, monarchiste, et la majorité républicaine de Léon Gambetta. Puis, en 1882, était survenue la retentissante faillite de la banque catholique et monarchiste L'Union Générale, soutenue par le comte de Chambord, prétendant au trône de France. Ce krach avait marqué le début d'une crise qui allait accélérer les fermetures d'usines et l'augmentation du chômage et de la pauvreté. En 1887, dans ce contexte délétère, avait éclaté le scandale du trafic de décorations organisé par le gendre du président de la République, Jules Grévy, qui devait conduire ce dernier à la démission. Puis ce fut le tour, en 1888, du scandale de Panama, qui spolia quelque 85 000 petits épargnants ! Autant de dérives et de manquements à la morale publique qui inquiétaient cette France catholique et conservatrice, par ailleurs déroutée par la confusion créée par les évolutions qu'impliquait le fameux courant du « modernisme ». Sur le plan théologique, le « modernisme » substituait l'expérience religieuse au dogme et, sur le plan de l'exégèse, il prônait l'indépendance des sciences religieuses par rapport au magistère ecclésiastique. Avec, à la clef, une réforme générale des institutions de l'Eglise !

Ce climat allait grossir les rangs de l'*Action française*, le mouvement politique nationaliste et royaliste inspiré par Charles Maurras, qui s'était illustré par son antisémitisme virulent, principalement au moment de l'affaire Dreyfus dès 1894, autant que par son catholicisme militant. Nous verrons comment, face à la condamnation du capitaine Dreyfus à la déportation perpétuelle, qui divisa douloureusement les catholiques français même après la réhabilitation de l'officier juif, la position de la famille de Gaulle fut sans aucune ambiguïté[16].

Un autre courant du catholicisme français, dont l'importance allait grandissante, avait une vision plus sociale et plus progressiste de l'Evangile, conforme à l'encyclique *Rerum Novarum* publiée le 15 mai 1891 par le pape Léon XIII pour définir avec hardiesse la doctrine sociale de l'Eglise. S'il condamnait avec force le marxisme, le qualifiant de « peste mortelle » pour la société, Léon XIII n'avait pas hésité à prendre à bras-le-corps la question de la condition ouvrière. Dans *Rerum Novarum*, il condamnait « la concentration entre les mains de quelques-uns de l'industrie et du commerce, devenus le partage d'un petit nombre d'hommes opulents et ploutocrates, qui imposent ainsi un joug presque servile à l'infinie multitude des prolétaires ». C'est dans cette brèche ouverte par Rome qu'allaient s'engouffrer le mouvement *Le Sillon* et son inspirateur, Marc Sangnier, l'une des personnalités majeures du catholicisme français de ce début du XXe siècle.

L'influence du Sillon

Le Sillon, vaste mouvement d'éducation populaire démocratique et religieuse, œuvrait à rapprocher les catholiques, encore majoritairement monarchistes, de la République qui demeurait pourtant puissamment anticléricale. Marc Sangnier, journaliste et homme politique, se fixait pour objectif de dépasser ce clivage et de rapprocher les ouvriers d'une Eglise dont ils s'étaient détournés. Il voulait rassembler au-delà des croyants, mais surtout, il entendait garder une grande indépendance par rapport à l'institution religieuse et à la hiérarchie. « Ce que nous voulons au *Sillon*, c'est mettre au service de la démocratie française les forces sociales que nous trouvons dans le catholicisme », déclarait Marc Sangnier en 1905. Ce grand mouvement exerçait une réelle force de séduction parmi le jeune clergé, mais aussi chez les militaires, les enseignants et les intellectuels, au nombre desquels figura un temps le très catholique écrivain François Mauriac. Marc Sangnier avait le soutien d'une grande partie du haut clergé et même, indirectement, celui du pape Léon XIII dont il reçut la bénédiction au cours d'un pèlerinage au Vatican organisé par son mouvement.

Au fil des années, en toute circonstance, Charles de Gaulle va montrer toute l'influence exercée sur lui par Marc Sangnier et *le Sillon*, par les enseignements de l'encyclique *Rerum Novarum* et par l'appel au ralliement à la République. On trouvera très peu de références au *Sillon* ou à son fondateur dans les écrits du Général, à l'exception d'une lettre adressée à Joseph Folliet, membre de la Ligue de la Jeune République créée en 1912 par Marc Sangnier, lettre dans laquelle il fait état de sa participation aux colloques de Jeune République[17]. Il apporta ainsi la preuve du profit tiré de ces grands rendez-vous du catholicisme social, en s'emparant de leurs thèmes une fois arrivé aux « affaires » : le refus de la lutte des classes comme principe et de la violence comme moyen, la fin de l'anticléricalisme sectaire rejetant les catholiques hors de la cité, l'égalité civique pour les femmes, l'éducation permanente des citoyens, le développement d'une législation sociale, le remplacement du Sénat par une Chambre représentant les intérêts économiques, l'abolition de la « monarchie dans l'usine » en supprimant la propriété capitalistique au profit d'un secteur d'Etat pour certaines industries et services de premier plan[18]...

Tout au long de son parcours, Charles de Gaulle sera rejoint par de grandes figures formées par l'école de pensée du *Sillon*, devenues les piliers de la démocratie chrétienne puis du MRP (Mouvement républicain populaire), fondé en 1944 par Georges Bidault pour dépasser le clivage gauche-droite et servir politiquement le libérateur de la France. Certains catholiques militants seront appelés à devenir les ministres du Général, comme Maurice Schumann, Louis Terrenoire ou Edmond Michelet. Et le MRP, grand vainqueur des élections législatives de 1945 avec le Parti communiste français, comptera parmi ses élus un certain Henri Grouès, qui ne tardera pas à se faire connaître de l'opinion et à se rappeler au bon souvenir du Général sous le nom d'abbé Pierre, en lançant au cours du terrible hiver 1954 sa croisade contre la grande pauvreté.

Le jeune Charles de Gaulle, âgé de treize ans, était un jeune catholique fervent déjà ouvert aux débats dans l'Eglise quand un nouveau pape allait modifier la ligne du catholicisme. Lorsque Léon XIII – qui avait été élu en raison de sa santé fragile pour faire une simple transition – s'éteignit le 20 juillet 1903... après vingt-cinq ans de pontificat, l'Eglise changea vite de cap. Dès le 4 août 1903, la fumée blanche qui s'élève du toit de la chapelle Sixtine annonçait, avec l'élection de Pie X, l'arrivée d'un pape réputé beaucoup plus conservateur que son prédécesseur. Et nettement moins conciliant sur la « question française ».

En 1905, la promulgation des lois de Séparation de l'Eglise et de l'Etat conduisait le Vatican à durcir un peu plus le ton envers le régime politique français. En 1906, deux encycliques et une allocution consistoriale de Pie X condamnaient toute collaboration de l'Eglise de France avec le pouvoir anticlérical[19]. Le pape estimait qu'« en brisant violemment les liens séculaires par lesquels [la] nation [française] était unie au siège apostolique », la loi de 1905 créait à l'Eglise catholique, en France, « une situation indigne d'elle et lamentable à jamais ». Une bonne partie des évêques de France, qui avaient fini par entendre l'appel au ralliement de Léon XIII – certains non sans mal – avaient bien tenté de contrer la nouvelle politique vaticane mais Pie X avait refusé de les entendre. L'Eglise de France se trouvait donc à nouveau secouée par des courants très opposés. C'était la pagaille, qui faisait la part belle aux frondeurs. Ainsi Mgr Louis Duchesne, directeur de l'Ecole française de Rome et futur académicien français, se moqua-t-il ouvertement de l'encyclique de Pie X en la rebaptisant *Digitus in oculo* (« Le doigt dans l'œil »)[20] !

Beaucoup de catholiques français ont vu dans les orientations du nouveau pape un encouragement à résister au régime parlementaire et les nostalgiques de l'ordre ancien, qui n'avaient pas désarmé, se trouvaient confortés dans leur attitude par la publication, en septembre 1907, de l'encyclique *Pascendi Dominici Gregis* sur les erreurs du modernisme.

« … Jésus-Christ a assigné comme premier devoir de garder avec un soin jaloux le dépôt traditionnel de la foi, à l'encontre des profanes nouveautés du langage comme des contradictions de la fausse science

[...], soutient l'encyclique. Mais le nombre s'est accru étrangement, en ces derniers temps, des ennemis de la Croix de Jésus-Christ qui, avec un art tout nouveau et souverainement perfide, s'efforcent d'annuler les vitales énergies de l'Eglise, et même, s'ils le pouvaient, de renverser de fond en comble le règne de Jésus-Christ [...]. » Le pape soutient que « les artisans d'erreurs, il n'y a pas à les chercher aujourd'hui parmi les ennemis déclarés. Ils se cachent, et c'est un sujet d'appréhension et d'angoisse très vives, dans le sein même et au cœur de l'Eglise, ennemis d'autant plus redoutables qu'ils le sont moins ouvertement. Nous parlons, Vénérables Frères, d'un grand nombre de catholiques laïques, et, ce qui est encore plus à déplorer, de prêtres qui, sous couleur d'amour de l'Eglise, absolument courts de philosophie et de théologie sérieuses, imprégnés au contraire jusqu'aux moelles d'un venin d'erreur puisé chez les adversaires de la foi catholique, se posent, au mépris de toute modestie, comme rénovateurs de l'Eglise... ».

Parmi les « ennemis » visés par Rome, il y a notamment le philosophe Henri Bergson, dont les réflexions sur des thèmes aussi sensibles que les liens entre « spiritualité et liberté » séduisaient les mouvements religieux les plus « modernistes ». Le débat était vif au sein de la sphère catholique et la famille de Gaulle – Charles avait dix-sept ans – en suivait naturellement les développements. L'Eglise finira d'ailleurs, en juin 1914, par mettre à l'index trois ouvrages de Bergson. Nous reviendrons sur Bergson que de Gaulle dira avoir « profondément admiré » au cours d'un entretien avec le journaliste américain Cyrus Sulzberger[21], correspondant du *New York Times* à Paris à partir de 1944. Montrant par là son indépendance d'esprit, le Général précisera : « Bergson m'a profondément influencé parce qu'il m'a fait comprendre la philosophie de l'action. »

Notre-Dame la France

En cette même année 1907, trois semaines après la publication de l'encyclique de Pie X, c'est dans cette ambiance très conflictuelle au sein des catholiques que Charles de Gaulle était conduit à aller poursuivre ses études de mathématiques supérieures (« hypotaupe ») au Sacré-Cœur-de-Jésus à Antoing, en Belgique, où les jésuites, expulsés de France, s'étaient repliés. Il connaissait son premier exil, qui ne l'empêcherait pas de vivre sa foi, sans jamais se détourner d'une pratique régulière et fervente. A dix-sept ans, il avait l'âge des enfants de France auxquels il s'adressera, par la radio de Londres, le 24 décembre 1941, dans un message très pédagogique où son éloge des valeurs de la patrie lui fut directement inspiré par une profonde foi chrétienne dominée par l'espérance. Ce n'était plus seulement l'Eglise qui était divisée, mais la France. Et elle était occupée.

« Quel bonheur, mes enfants, de vous parler ce soir de Noël. Oh, je sais que tout n'est pas gai, aujourd'hui, pour les enfants de France. Mais je veux, cependant, vous dire des choses de fierté, de gloire, d'espérance. […] Il y avait une fois : la France ! Les nations, vous savez, sont comme des dames, plus ou moins belles, bonnes et braves. Eh bien ! parmi mesdames les nations, aucune n'a jamais été plus belle, meilleure, ni plus brave que notre dame la France. » Puis, après avoir évoqué le conflit de 14-18 puis rappelé comment l'Allemagne « s'est ruée de nouveau sur la France » et a gagné la bataille de 1940, il adoptera des accents chrétiens pour demander aux enfants de soutenir ceux qui combattent : « Pensez à eux, priez pour eux, car il y a là, je vous assure, de très bons et braves soldats, marins, aviateurs, qui auront à vous raconter des histoires peu ordinaires quand ils seront rentrés chez eux. Or, ils sont sûrs d'y rentrer en vainqueurs... », promettra de Gaulle en cette fin d'année 1941, alors que rien n'est joué et que Hitler vient même de prendre personnellement, cinq jours plus tôt, le commandement en chef de la Wehrmacht.

Et de Gaulle de conclure son message de Noël par une folle promesse : « Mes chers enfants de France, vous avez faim, parce que l'ennemi mange notre pain et notre viande. Vous avez froid, parce que l'ennemi vole notre bois et notre charbon, vous souffrez, parce que l'ennemi vous dit et vous fait dire que vous êtes des fils et des filles de vaincus. Eh bien ! moi, je vais vous faire une promesse, une promesse de Noël. Chers enfants de France, vous recevrez bientôt une visite, la visite de la Victoire. Ah ! comme elle sera belle, vous verrez !... »

Ainsi, près de trois années et demie avant la reddition de l'armée allemande, de Gaulle n'hésitera pas à faire la promesse de la Victoire sur l'ennemi, une Victoire avec une majuscule dans le texte écrit car il s'agit de celle de Notre Dame la France. On ne peut s'empêcher de penser à l'Annonciation. « De Gaulle était un personnage prophétique », affirmera le chrétien Maurice Schumann. Et l'Histoire ne manquera pas de fournir de nombreuses preuves de la vision inspirée de ce géant du siècle.

« Pour un jeune homme né chrétien et français, la dimension religieuse qu'il tenait de son éducation, imbriquée comme elle l'était dans l'ensemble des valeurs patriotiques, allait de soi et il n'avait garde d'oublier que la France était la fille aînée de l'Eglise. Aussi bien n'en était-il que plus sensible à la "flamme chrétienne" qui illuminait le cours de son histoire… », soutient l'historien Henri Lerner[22].

RÉVEILLER L'ARDEUR DES ÂMES

Est-ce pour cette raison, qu'avec les mots « foi » et « espérance », le mot « âme » est le plus utilisé dans le vocabulaire chrétien de De Gaulle ? « C'est chez lui un mot récurrent, qu'il emploie quand il s'agit d'évoquer la part essentielle et immatérielle de chaque homme ou même de la collectivité nationale, cette âme qui se lie naturellement avec la foi et l'espérance », souligne Dominique Borne, président de l'Institut européen des sciences des religions[23]. Les premières phrases de *L'Unité*, le deuxième tome de ses *Mémoires de guerre*, soulignent « la foi et l'espérance des masses », et, un peu plus loin, « l'âme des Français ». « L'âme des Français, dit de Gaulle, attend un gouvernement national. » Ailleurs, c'est pour « réveiller l'ardeur des âmes » qu'il faut agir. Et quand le Général trace avec beaucoup d'émotion le portrait de Jean Moulin, il dit de lui, dans une superbe phrase, qu'il est « rempli jusqu'au bord de l'âme de la passion de la France ».

Recevant sa nièce Geneviève Anthonioz-de Gaulle à son retour de déportation au camp de Ravensbrück en avril 1945, le Général, racontera-t-elle plus tard, lui parlera longuement des horreurs de l'Histoire, et notamment de la situation terrible dans laquelle il s'était trouvé au début de la Première Guerre mondiale, lui confiant que cette époque lui avait « laminé l'âme ».

Féru d'histoire depuis ses plus jeunes années, pétri d'une immense culture classique jusqu'à émailler de citations d'Eschyle, de Sophocle ou de Marc Aurèle ses conversations du quotidien, parfait connaisseur de l'Ancien comme du Nouveau Testament, puisant sa réflexion personnelle aux meilleures sources chez Lamennais, Michelet ou Péguy, Charles de Gaulle était particulièrement armé pour identifier les poisons de son époque et dégager pour la France les voix de son salut.

On reste troublé par les analyses de ce visionnaire, notamment par celles faites dès avril 1934 dans son livre *Vers l'armée de métier*[24], alors que, jeune lieutenant-colonel, il s'attaquait aux théories bleu-horizon des chefs militaires victorieux de 1918 pour réclamer la création sans délais d'une armée mécanisée et professionnelle, alors que la menace se précisait outre-Rhin. Il suppliait l'Etat de doter le pays d'un « instrument de manœuvre répressif et préventif » et d'« entretenir dans l'armée la pensée d'une grande tâche et le goût des vastes desseins. Faute de quoi, assurait-il, le jour du danger, la patrie chercherait en vain des hommes dignes de la victoire. Car la gloire se donne seulement à ceux qui l'ont toujours rêvée [...] Pour que naisse, demain, l'armée de métier, pour que lui soient donnés la matière et l'esprit nouveaux sans lesquels elle ne serait qu'une décevante velléité, il faut qu'un maître apparaisse, indépendant en ses jugements, irrécusable dans ses ordres, crédité par l'opinion. Serviteur du seul Etat, dépouillé de préjugés, dédaigneux de clientèles ; commis enfermé dans sa tâche, pénétré de longs desseins, au fait des gens et des choses du ressort ; chef faisant corps avec l'armée, dévoué à ceux qu'il commande, avide d'être responsable ; homme assez fort pour s'imposer, assez habile pour séduire, assez grand pour une grande œuvre, tel sera le ministre[25], soldat ou politique, à qui la patrie devra l'économie prochaine de sa force ».

« Par la grâce de Dieu »

Six années plus tard, en juin 1940, le « serviteur du seul Etat » se trouvait face à son destin. Et entre les mains du Très-Haut, comme il en fera la confidence à la fin de sa vie, en décembre 1969, dans sa réponse aux vœux du père de Solages, jésuite : « Si ma vie a pu avoir une signification, ce n'est que par la grâce de Dieu[26]. »

« Pour le Général, estime le colonel Jean d'Escrienne, la France fut faite, en un certain sens, grâce à une “complicité”, à une sorte d'“action concertée” de l'Eglise et de la Monarchie. La France est assurément restée, pour lui, la “Fille aînée de l'Eglise”, marquée pour toujours d'un signe particulier au baptistère de

Reims, lorsque Saint Rémi y donna le baptême à Clovis, le jour de Noël de l'an 496. Elle est la patrie des croisades et des cathédrales, le pays de Saint Louis, de Jeanne d'Arc, de Saint Vincent de Paul et, plus près de nous, du père de Foucauld… A ses yeux, l'Eglise catholique et la France, même désormais officiellement séparées, ont tout intérêt, l'une et l'autre, à œuvrer dans une même perspective, en tout cas à ne pas se heurter[27]… »

Pourtant, dans les pages de l'Histoire qu'il va écrire – et souvent dans les circonstances les plus graves – de Gaulle ne va cesser de se heurter à l'hostilité de l'Eglise de France et à celle de ses dignitaires, comme aucun des chefs d'Etat avant lui sous les IIIe et IVe Républiques, fussent-ils agnostiques, anticléricaux ou francs-maçons !

Comment de Gaulle va-t-il parvenir à son unique but – servir la France sous le regard de Dieu – tout en respectant les valeurs de l'Evangile dans sa vie d'homme, dans ses actes de soldat et dans ses choix de président d'une République laïque, si ce n'est en puisant inlassablement dans les profondeurs de sa foi et en s'inspirant de ses maîtres à penser, pour la plupart chrétiens ?

Les chapitres de sa vie que nous allons ouvrir pour y faire vivre « Charles le Catholique » réservent bien des surprises car peu d'hommes dans l'Histoire ont été aussi imprévisibles que de Gaulle. En raison de la haute idée qu'il se faisait de la France, de son devoir et de lui-même, rien ne devait être sacrifié à l'intérêt supérieur de la France et à sa vocation chrétienne. Mais est-on certain que, face aux impératifs du pouvoir, Dieu y ait toujours reconnu les siens ?

Chapitre 1

Aux âmes bien nées...

« Il m'est doux de vérifier qu'il y eut chez tous – morts et vivants – des trésors de courage, de valeur et de fidélité à la religion et à la Patrie. » Cette lettre, datée de La Boisserie, est l'une des dernières – la dernière peut-être – écrites par Charles de Gaulle le jour même de sa mort, le 9 novembre 1970. Elle est adressée à son cousin Louis Watrigant[1] qui vient de lui faire parvenir une généalogie de sa famille maternelle, les Maillot. Plus que la conclusion d'une vie, ces ultimes lignes résument avec force l'essentiel patriotique et spirituel qui transcende depuis plusieurs générations la famille du Général.

Déjà, en 1964, dans une lettre à son neveu Bernard de Gaulle[2], il avait affirmé : « Dans notre famille on a fait, lors du drame de 40-45, ce que commandaient l'honneur et le service de la France. » On retrouve la référence aux mêmes valeurs dans un courrier envoyé à son père : « Nos morts, nous prions pour eux. Ceux de notre famille nous lèguent l'héritage de la fidélité. »

Courage, valeur, fidélité, honneur, service, patrie, religion, prière... ainsi se trouve résumé tout ce qui fonde l'extraordinaire saga des De Gaulle dont

Charles, né à Lille le 22 novembre 1890, va devenir le personnage le plus illustre. Dans cette famille peu commune, l'engagement au service de la France ou de l'Eglise – souvent au service des deux – est la règle.

L'historien Henri Lerner parle, à propos de la famille paternelle du Général, d'« une ascendance de bourgeois cultivés, aux confins de la petite aristocratie et de la noblesse de robe, établie d'abord en Bourgogne, puis à Paris au XVIIIe siècle où elle fut ruinée par la Révolution. Dans ce milieu où voisinaient des magistrats et des intellectuels, des juristes et des érudits, pourvus d'une solide culture classique et qui prisaient avant tout le service du roi et de l'Etat, on était catholique et conservateur de père en fils, hors un grand-père agnostique... ». Du côté maternel, les racines de Charles de Gaulle conduisent aux milieux patronaux catholiques du nord de la France, non moins conservateurs. « Mais chez les uns comme chez les autres, observe Henri Lerner, rien n'était plus estimé que le service de Dieu, le respect de l'Etat et l'observance rigoureuse des règles de la morale[3]. »

Rien, sans doute, n'aurait été possible pour Charles de Gaulle sans cet héritage familial exceptionnel, et d'abord celui reçu de son père et de sa mère auxquels il consacrera – comme un témoignage de respect et de reconnaissance – les premières lignes de ses *Mémoires de guerre*. Considérant, une fois pour toutes, la famille comme le creuset essentiel de toutes les valeurs et de toutes les solidarités, il porte à ses parents un amour filial mêlé d'une grande admiration. Il en fera la référence de toute sa vie. On ne peut comprendre la personnalité et la vie de Charles de

Gaulle sans aller à la rencontre de ses aïeux dont certains ont une réelle étoffe romanesque.

UN PÈRE PROCHE DES JÉSUITES

Né – comme Charles après lui – un 22 novembre, en 1848, Henri de Gaulle, le père tant admiré, connaît un parcours assez exceptionnel en devenant l'un des plus ardents défenseurs de l'enseignement libre, laissant une empreinte forte non seulement chez son fils qu'il eut comme élève à deux reprises, mais aussi chez plusieurs milliers de jeunes gens qu'il impressionne par sa personnalité et la qualité de son enseignement. Sa devise est « Honneur, religion et patrie ». Son influence est très grande sur ses cinq enfants, notamment sur Charles, le troisième, qui écrira plus tard : « Ce que je peux savoir d'histoire et de philosophie, c'est de mon père que je le tiens, d'abord[4] », mais aussi sur l'aîné, Xavier, né en 1887, sur Marie-Agnès, née en 1889, et sur les deux plus jeunes : Jacques, né en 1894, et Pierre, né en 1897. Honneur, religion et patrie : leur route est tracée !

Avec des parents très érudits, passionnés de littérature, d'histoire et de religion, Henri a effectué toute sa scolarité au collège de l'Immaculée-Conception de la rue de Vaugirard à Paris, un établissement fort réputé, tenu par les pères de la Compagnie de Jésus. C'est dans ce collège, l'un des plus prisés de la bourgeoisie de la capitale, qu'il va faire l'essentiel de sa carrière, d'abord comme professeur de littérature, de philosophie et même de mathématiques, puis en qualité de préfet des études à partir de 1901. Rien ne le prédisposait pourtant à cette carrière dans l'enseignement. Etudiant brillant, Henri de Gaulle avait préparé l'Ecole polytechnique tout en assurant le secrétariat du marquis de Talhouet, l'une des figures du catholicisme libéral. Mais son sens du devoir l'a conduit à abandonner ses études pour trouver un emploi dans l'administration. Reçu premier au concours du ministère de l'Intérieur, il va y occuper un emploi de fonctionnaire pendant dix années pour soutenir financièrement sa famille. « J'étais distrait de mes études par la pensée de la situation difficile où se trouvaient mes parents. Mon père était âgé de soixante-six ans et ses travaux littéraires ne lui rapportaient que de faibles ressources [...]. J'étais donc indispensable aux miens ; aussi, bien qu'admissible à l'Ecole polytechnique [...] tout en faisant mon droit et en me préparant à la licence ès lettres, je donnai une partie de mon temps à l'enseignement », écrira-t-il plus tard en rédigeant des notes biographiques.

S'il lit *L'Action française* monarchiste, il n'oppose pas un refus doctrinal à la République, par respect pour le peuple sur lequel, estime-t-il, toute légitimité doit reposer. Jeune sous-lieutenant engagé dans les armées de la République en 1870, il participe aux combats de Stains et du Bourget, au cours du siège de Paris, sans y être blessé, contrairement à ce qui a souvent été affirmé. Lui-même n'y fera d'ailleurs aucune allusion dans les notes qu'il rédigera sur cette journée sanglante du 21 décembre.

Lorsqu'il était encore leur élève, Henri de Gaulle avait reçu l'enseignement des jésuites à l'époque où la République anticléricale s'attaquait farouchement aux congrégations religieuses. Le supérieur de la rue de Vaugirard n'était autre que le père Pierre Olivaint, un normalien entré chez les jésuites et dont l'intelligence visionnaire en fera l'une des figures les plus marquantes de la Compagnie de Jésus. Le destin du père Olivaint avait intimement marqué Henri de Gaulle.

Auditeur assidu des conférences de Lacordaire à Notre-Dame de Paris et des sermons du père jésuite Xavier de Ravignan, lui-aussi prédicateur réputé, Pierre Olivaint s'était engagé dans le « socialisme évangélique » en réunissant autour de lui un groupe d'étudiants au sein de la Société de jeunes gens. Il avait entamé son noviciat le 2 mai 1845 à Laval, le jour même où Adolphe Thiers avait exigé du Parlement l'expulsion des jésuites hors de France. Sensible à la condition des plus pauvres, Olivaint situait son œuvre dans le sillage de Frédéric Ozanam, autre acteur majeur du catholicisme social de cette époque et fondateur de la Société de Saint-Vincent-de-Paul. Pendant la Commune de Paris, après avoir donné l'ordre à ses frères jésuites de quitter la capitale où les religieux étaient pourchassés et menacés de mort, le père Olivaint[5], avait d'abord été enfermé à la Conciergerie puis exécuté le 26 mai 1871 pendant la Semaine sanglante, avec une cinquantaine d'autres personnes, dont dix religieux.

Henri de Gaulle a été bouleversé par la fin tragique du père Olivaint, fusillé rue Haxo après avoir été sauvagement traîné par la foule au point d'en être devenu méconnaissable. Deux autres de ses professeurs, les pères jésuites Alexis Clerc et Jean Ducoudray, ont été tués la même semaine à la prison de la Roquette, en même temps que l'archevêque de Paris, Mgr Georges Darbois, qui a pris le temps de bénir ses bourreaux avant de mourir ! Dans les années 1830, alors jeune attaché au ministère de la Justice, Pierre Olivaint, avant de consacrer sa vie à Dieu, avait démissionné en lançant à son ministre : « La Compagnie est chassée. C'est le beau moment d'y entrer[6]. » C'est une démarche militante comparable qui est adoptée en 1884 par Henri de Gaulle lorsqu'il décide de quitter l'administration pour enseigner dans les collèges jésuites, après la publication des décrets de 1880 sur la dissolution et l'expulsion de la Compagnie.

La peine éprouvée par Henri de Gaulle se lit dans un courrier adressé en 1872 au père du Lac, jésuite, un an après l'exécution de ses maîtres : « J'ai déjà élevé aux P.P. martyrs un autel dans mon cœur ; je ne puis les prier sans entendre leurs voix et sans recevoir d'eux des inspirations qu'il faudrait suivre ; je leur devais tout, mais, plus que jamais, ils sont pour moi des protecteurs et des Pères[7]. »

Après la mort tragique du père Olivaint, la Société de jeunes gens s'était transformée en 1875 en Conférence Olivaint, destinée à forger la réflexion des étudiants chrétiens sur les grands problèmes socio-politiques du moment. Henri de Gaulle en est devenu l'un des plus brillants orateurs, « la tête forte de la Conférence », apprend-on dans le journal de Jules Auffray, homme politique et vigoureux défenseur des congrégations après avoir été lui aussi l'élève des jésuites de la rue de Vaugirard. Henri de Gaulle va même inspirer à Auffray « certains développements sur la morale et sur la force de caractère...[8] », ce qui en dit long sur son prestige et son influence.

Après les lois de Séparation qui ont conduit à la fermeture des écoles religieuses et à la fuite des congrégations, c'est, en l'absence des jésuites, Henri de Gaulle, devenu préfet des études, qui est choisi pour « tenir la maison ». Quand, un matin, le commissaire de police du quartier de Vaugirard se présente ceint de son écharpe tricolore pour contrôler les conditions de fonctionnement de l'établissement, conformément à une récente loi dite « des inventaires », Henri de Gaulle tente bien de ne pas se montrer, mais le fonctionnaire demande à parler au « père de Gaulle », convaincu que le collège est encore dirigé par un religieux.

« Je ne suis pas le “père de Gaulle”, je suis Henri de Gaulle et vous n'avez rien à faire ici, répond le préfet des études.

— Pas du tout, rétorque le commissaire, vous êtes un jésuite en civil ! »

Et Henri de Gaulle, sans se départir de son calme et de sa courtoisie, de reprendre sur un ton très poli : « Voulez-vous, monsieur le commissaire, que je vous présente ma femme et mes cinq enfants ? »

En raison de sa foi fervente et de ses références permanentes aux valeurs évangéliques, ses élèves de Vaugirard ne l'ont-ils pas surnommé « le PDG », « le père de Gaulle » ?

En 1907, Henri de Gaulle fonde au 41 de la rue du Bac à Paris l'école Fontanes, qu'il va diriger jusqu'en 1924. L'enseignement y reste profondément inspiré de la doctrine catholique même si l'établissement n'appartient pas à des religieux. Et là, sans doute en raison de son allure altière, les élèves le surnomment « le vicomte »…

Homme rigoureux, portant la redingote comme les professeurs des écoles catholiques de l'époque, il va tous les matins servir la messe à l'église Saint-Thomas-d'Aquin et aime bien que ses élèves l'aident, selon le sénateur Edouard Bonnefous, ancien chancelier de l'Institut, à qui le père du Général a donné des cours particuliers[9]. Se souvenant de lui comme « l'incarnation d'un grand esprit, [...] de grande culture, et comme un grand chrétien », il racontait qu'Henri de Gaulle lui parlait très librement : « Je me souviens d'une conversation, en 1926, sur le drame de *L'Action française*. Le pape Pie XI ayant condamné le journal comme organe du nationalisme intégral, il m'a parlé de ce coup de semonce épouvantable : ou il fallait ne plus lire *L'Action française* ou ne plus communier. » « J'ai été témoin de son drame de conscience », précisera encore Edouard Bonnefous. « Pour le père du Général, la situation était dramatique ; contrairement à beaucoup de lecteurs de Charles Maurras, il décida de ne plus lire le journal. Cette décision avait fait l'objet d'une discussion en famille[10]. »

Henri de Gaulle est « un grand monsieur un peu voûté, le cheveu court, le regard intelligent et voilé de bonté, à la fois exigeant et compréhensif, sévère et doux », rapporte Pierre Galante[11]. En entrant dans la classe pour faire ses cours, il pose son chapeau haut de forme sur le bureau et retire ses gants beurre frais. Très soigné de sa personne, il a une moustache aux pointes retournées, frisées au petit fer. Il est toujours vêtu avec élégance et distinction, portant redingote noire et pantalon rayé. C'est ainsi qu'un de ses élèves devenu écrivain, Marcel Prévost, le fera vivre dans un de ses romans sous le personnage du « beau Vicomte ».

A l'école Fontanes, Henri de Gaulle a parmi ses élèves plusieurs futures personnalités qui croiseront le chemin de son fils Charles, comme le futur cardinal Pierre Veuillot, alors âgé d'une dizaine d'années, qui deviendra coadjuteur puis archevêque de Paris de 1961 à 1968, quand Charles de Gaulle occupera l'Elysée.

Rue de Vaugirard, il avait déjà prodigué ses cours au futur cardinal Gerlier qui devait recevoir le maréchal Pétain à Lyon en 1940 en sa qualité d'archevêque, primat des Gaules. Sur les bancs de l'Immaculée Conception, il y avait aussi le futur maréchal de Lattre de Tassigny, qui rejoindra Charles de Gaulle à Londres avant dc prendre la tête de la Ire armée française. Et même Georges Bernanos, que le libérateur de la France tentera en vain de rallier à lui en 1945 en lui câblant : « Votre place est parmi nous. » Au collège Sainte-Geneviève de la rue des Postes à Paris (baptisé « Ginette » et aujourd'hui installé à Versailles), où il donne également des cours, Henri de Gaulle a pour élève Philippe de Hauteclocque, le futur maréchal Leclerc, dont on sait le rôle déterminant qu'il jouera aux côtés de Charles de Gaulle de 1940 à 1945.

Très dévoué à ses élèves qui l'aiment et le respectent, ainsi que plusieurs l'écriront dans des recueils de souvenirs, Henri de Gaulle est fier de former des jeunes gens qui vont servir la France et l'Eglise. Sans être particulièrement clérical, sa foi en Dieu est forte et il la revendique en toute occasion. En 1891, au cours d'un banquet d'anciens élèves, il se réjouit des vocations nées parmi les élèves du collège de la rue de Vaugirard : « Nous formons nos élèves pour le monde, mais Dieu se réserve toujours quelques âmes de choix parmi ces jeunes gens que leurs vertus semblaient de bonne heure marquer pour le sanctuaire. Les uns vont rejoindre leur mère exilée, la Compagnie de Jésus ; d'autres encore ont revêtu la robe blanche des dominicains ou le scapulaire noir des fils de saint Benoît ; d'autres enfin vont grossir les rangs de ce clergé parisien, si pieux et si savant, qui a mêlé son sang à celui de nos martyrs et dans lesquels nous sommes heureux de saluer, parmi les plus hauts dignitaires de l'administration diocésaine, trois anciens élèves de Vaugirard. »

Au cours d'une autre réunion d'anciens, en 1901, déplorant les attaques de l'Etat contre l'Eglise, il affirme : « On doit servir sa patrie même quand elle se trompe, attendu que tout périt si on l'abandonne, et que sa chute est un plus grand mal que son erreur. [...] De quoi demain sera-t-il fait ? L'avenir n'est à personne, a dit le poète ; j'en demande pardon à Victor Hugo : l'avenir est à Dieu, mais il est aussi à nous puisque Dieu l'a remis entre nos mains[12]. »

Avant d'en transmettre l'empreinte à son fils Charles, Henri de Gaulle est lui-même très influencé par la culture des jésuites : ouverture d'esprit et intérêt pour le vaste monde. Dans son enseignement, il incite ses élèves à ne pas juger sans réflexion, sans hâte ni risque de nuire ou de discriminer, à toujours rester mesuré et à s'informer en puisant dans les leçons de l'Histoire. A toujours privilégier le fond sur la forme et les apparences.

C'est sans doute cette posture philosophique autant que sa grande indépendance de pensée

– bien conformes à la doctrine des jésuites et que l'on retrouvera plus tard chez Charles – qui a conduit Henri de Gaulle à adopter une attitude courageuse au moment de l'affaire Dreyfus. Alors que l'antisémitisme fait rage notamment dans les milieux d'Eglise, encore renforcé par l'annexion par l'Empire allemand de l'Alsace et d'une partie de la Lorraine en 1871, la majeure partie des catholiques, emportés par des journaux aussi influents que *La Croix*, se montrent très hostiles au capitaine Alfred Dreyfus, issu d'une vieille famille juive alsacienne et accusé d'avoir livré des documents secrets à l'Allemagne. Face à cette querelle qui divise le pays, Henri de Gaulle se montre très en retrait par rapport à son milieu social globalement antidreyfusard. Lui se prononce clairement pour l'innocence de Dreyfus. Et il serait même intervenu devant ses élèves dès l'annonce du jugement condamnant Dreyfus à la destitution de son grade et à la déportation perpétuelle dans une enceinte fortifiée du bagne de Cayenne, le 22 décembre 1894. Faisant observer un moment de silence, il leur aurait dit : « Mes enfants, la France vient de se déshonorer ! » Mais, si sa prise de position en faveur de Dreyfus est établie, aucun fonds d'archives ne prouve (à notre connaissance) cette intervention auprès de ses élèves. Bien plus tard, le général de Gaulle fera la confidence à Edmond Michelet que son père s'était personnellement engagé en faveur de Dreyfus, n'hésitant pas à exprimer sa position auprès de ses relations, au point de risquer de compromettre sa carrière.

Charles de Gaulle écrira dans *La France et son armée*[13], publiée en 1938 : « Vraisemblance de l'erreur judiciaire, qu'étayent les faux, inconséquences, abus commis par l'accusation, mais que repoussent avec horreur ceux qui, par foi ou raison d'Etat, veulent tenir pour infaillible une hiérarchie consacrée au service de la patrie [...] Lamentable procès où rien ne va manquer de ce qui peut empoisonner les passions sous la pression des illusions pacifistes et des méfiances éveillées à l'égard de l'esprit militaire. » Et, dans ses *Mémoires de guerre*[14], seize années plus tard, il ajoutera : « Rien ne me frappait davantage que les symboles de nos gloires [...]. Rien ne m'attristait plus profondément que nos faiblesses et nos erreurs révélées à mon enfance par les visages et les propos : abandon de Fachoda, affaire Dreyfus, conflits sociaux, discordes religieuses. »

Il apparaît très nettement que les prises de position du père, qui discutait de tous ces sujets avec ses enfants, ont contribué à forger l'opinion que le Général s'est faite sur l'affaire Dreyfus, comme il le précise en évoquant les « faiblesses » et les « erreurs révélées à [son] enfance ». Ces écrits balayent les doutes émis par certains historiens sur l'attitude réelle d'Henri de Gaulle et plus tard de son fils. Ce qui n'exclut pas que l'un et l'autre aient vivement déploré les attaques portées par la gauche française contre l'armée dans le contexte de l'Affaire, ainsi qu'en témoigne l'amiral Philippe de Gaulle : « Mon grand-père pensait bien que ce malheureux capitaine juif était innocent mais que son sort n'était pas le fond du problème, qu'en réalité toute l'armée française était en cause, sa réputation, son prestige. Tout cela donc, mon père, qui avait quinze ans à l'époque, le vivait chaque jour, entendant ses parents en parler et voyant même parfois sa grand-mère maternelle en souffrir. Il se sentait hanté par une exigence indicible : celle d'aider son pays à s'en sortir[15]. »

Henri de Gaulle est, politiquement, un nationaliste qui aime à se proclamer « monarchiste de regret », mais, en jésuite de stricte obédience, il professe également, selon la doctrine ignacienne, que « l'Histoire ne repasse jamais par le même chemin », analyse l'historien François Broche[16]. Pour lui, les de Gaulle appartiennent à la famille des catholiques sociaux, « d'inspiration contre-révolutionnaire à l'origine, dans la lignée de Joseph de Maistre[17], devenue proche de la droite ralliée à la République. Une famille qui se reconnaissait en Barrès, en La Tour du Pin[18] et surtout en Albert de Mun en qui les jésuites voyaient le principal représentant du catholicisme social[19] ».

En glissant peu à peu de l'espoir d'un renouveau de la monarchie vers une acceptation légitimiste de la République, Henri de Gaulle a adopté une attitude conforme à celle qui s'est installée, en majorité, dans les milieux de l'aristocratie et de la bourgeoisie de son époque. Même si, au fond des cœurs, beaucoup ne renonçaient pas…

Dans l'historique biographique consacré à sa famille jusqu'à ses origines les plus lointaines, qu'il a rédigé de sa main, Henri de Gaulle a montré son rejet des aspects sanglants de la Révolution et sa façon d'admettre – mais sous le regard de Dieu – le fait républicain. « L'histoire de la Révolution, disait-il, est défigurée par l'enseignement officiel, mais, comme la Réforme, la Révolution a été, selon le mot de Joseph de Maistre, satanique dans son essence. L'aimer, c'est s'éloigner de Dieu. *On ne peut la connaître et l'apprécier sainement sans se rapprocher de Dieu.* »

Et il ajoutait : « Je souhaite que ces sentiments [de fidélité chrétienne] se perpétuent dans [ma] descendance. »

Au sein de sa famille, ce légitimiste garde tout autant ses distances avec l'héritage de la Révolution. « Ce professeur si bon au regard si doux abandonne son libéralisme lorsqu'il traite de la Révolution de 1789, raconte Raymond Tournoux. Il interdit à ses enfants de lui présenter leurs vœux de bonne fête la veille du 15 juillet afin de ne pas polluer la Saint-Henri avec la promiscuité du 14 juillet, “date terrible, date effroyable, date atroce”. De même, on n'entonne jamais, au grand jamais, l'hymne national, sorte de chant impie, séditieux, sacrilège. *La Marseillaise* ne pénètre pas chez les de Gaulle[20]. »

Dans la vie privée, Henri de Gaulle est avant tout un mari et un père aimant. Avec son épouse Jeanne Maillot, ils élèvent leurs cinq enfants dans la chaleur d'une famille unie, certes un peu austère mais dans la pure tradition catholique et la passion des choses de l'esprit. L'argent est rare, ce qui conduit à loger à Paris au cinquième étage d'un immeuble de la place du Président-Mithouard, tout simplement parce que les étages supérieurs ont les loyers les moins chers. Les enfants sont élevés à la maison sans l'aide de domestique et les conversations familiales, toujours sérieuses, portent le plus souvent sur l'histoire et la religion, ou encore sur le choix et le commentaire de la lecture des grands classiques, principalement de la littérature grecque et latine.

Peu avant de s'éteindre à l'âge de quatre-vingt-trois ans, le 4 mai 1932, alors que son fils Charles vient de rentrer du Liban, Henri de Gaulle aurait dit aux siens : « La mort, pour un chrétien, n'a aucune espèce d'importance. »

UNE MÈRE TRÈS PIEUSE

Jeanne Maillot, la mère du Général, n'est pas la personne qui a le moins compté dans sa vie, bien au contraire. Catholique rigoriste, elle a une forte personnalité qu'elle tient de sa famille historiquement ancrée dans le nord de la France, région de tradition sociale où les Maillot ont joué un grand rôle.

Quand elle épouse son cousin Henri, le 2 août 1886, cette jeune fille de bonne famille – petit bout de femme aux yeux noirs et au visage sévère, dont la taille contraste avec celle de son mari – se montre d'emblée très pieuse et tout autant patriote. De sa mère, on sait que le Général précisera qu'elle « portait à la patrie une passion intransigeante à l'égal de sa piété religieuse ». Jeanne est même une dévote, fière d'avoir deux sœurs chez les religieuses du Sacré-Cœur. De la messe quotidienne aux offices du dimanche, elle s'impose – et souvent impose aux siens – une pratique religieuse qui va bien au-delà des obligations canoniques[21]. Elle œuvre pour transmettre à ses cinq enfants les principes stricts d'une religion qui n'admet ni les écarts ni le doute. Plus tard, inflexible, elle reprochera à ses fils d'être républicains !

Selon ses proches, elle est facilement véhémente et se refuse non seulement au mensonge mais à farder si peu que ce soit la vérité, même par politesse. « Bonne épouse, bonne mère, elle s'oubliait pour tous. Elle et mon père nous ont appris, avec l'amour de Dieu, l'amour de la patrie, et nous ont donné le sens du devoir et de nos responsabilités, la volonté de servir », témoignera sa fille Marie-Agnès[22]. « Elle ne comprenait que les compliments vraiment mérités. "Comment, dit-elle un jour à mon père, as-tu pu dire cela [quelques anodines amabilités] de ce bébé si laid..." Ma mère était bonne, douce, très imaginative, mais entière, ardente, intransigeante [...]. Je me souviens l'avoir entendu dire un jour de ce pauvre Blum : "Blum, ce suppôt de Satan..."[23]. »

Sa « passion intransigeante » portée à la patrie et profondément chevillée au corps, la jeune femme en a hérité de ses parents. En famille, devant ses enfants, elle s'exprime avec beaucoup d'émotion sur cette France humiliée par la défaite de 1870, ainsi que Charles en témoignera beaucoup plus tard : « Rien ne m'émouvait autant que le récit de nos malheurs passés : [...] évocation par ma mère de son désespoir de petite fille à la vue de ses parents en larmes : "Bazaine a capitulé !"[24]. » Chaque soir, elle demande à ses enfants de prier pour la France et pour le retour de l'Alsace-Lorraine au sein de la mère patrie.

Jeanne de Gaulle attribuait à ses incessantes prières le miracle d'avoir retrouvé ses quatre fils vivants à la fin de la guerre de 14-18.

Après l'occupation allemande de 1940, sans nouvelles régulières de Charles, elle est accueillie par son fils Xavier qui louait une maison à Paimpont, à proximité de Coëtquidan où il commande un détachement d'artillerie. Jeanne de Gaulle se trouve à Locminé, en Bretagne, le 18 juin 1940, lorsque, en fin de journée, elle voit un prêtre à bout de souffle se précipiter à grandes enjambées vers les soldats qui stationnent sur la place du village, entourés des familles à qui ils racontent avec tristesse comment la France vient d'accepter la défaite.

« Mais, dit le curé, je viens d'entendre à la radio de Londres une chose extraordinaire. Un général français, du gouvernement Reynaud, a parlé. Il a dit qu'il ne fallait pas désespérer, que rien n'était perdu, qu'il fallait continuer à se battre. » La vieille dame, tout de noir vêtue, appuyée au bras d'une jeune fille, l'avait écouté, profondément troublée, lorsqu'elle redressa sa petite taille et, avec une fierté profonde, dit :

« Monsieur le curé, ce général français, je le connais : c'est mon fils ! »

Cette scène[25], sans doute un peu enjolivée par le narrateur, montre la fierté de Jeanne de Gaulle lorsque son fils se lance dans l'aventure de la France libre. Dans les jours qui suivront, elle l'entendra à plusieurs reprises depuis Londres où il s'adresse aux Français par le truchement de la radio. Elle sent ses forces l'abandonner et seul le patriotisme de Charles la fait tenir. C'est à lui qu'elle destine toutes ses prières. Avant de s'envoler pour Londres à bord d'un bimoteur de l'aviation britannique, le Général n'a pas eu la possibilité d'aller embrasser une dernière fois sa « chère maman » qu'il savait pourtant malade et très affaiblie. Parti de Bordeaux dans l'avion qui a survolé la Bretagne, sans doute ses pensées sont-elles allées vers elle. Et aussi vers Yvonne et leurs trois enfants, réfugiés à Carantec.

C'est à Paimpont, le 16 juillet 1940, moins d'un mois après l'appel de Londres, que Jeanne de Gaulle va s'éteindre. Elle est d'abord inhumée dans le cimetière du village. La famille a fait publier un avis mortuaire dans le journal local *Ouest-Eclair* mais le nom de De Gaulle a été retiré du texte par la censure, déjà sous contrôle allemand. Et c'est donc « Madame Jeanne Maillot, née à Lille le 28 avril 1860 » qui a droit à des obsèques villageoises, réunissant la foule de ceux qui n'ignorent rien de son identité et qui, en l'accompagnant à sa dernière demeure, rendent un hommage à ce général français qui appelle courageusement au sursaut national depuis la capitale anglaise. Même la gendarmerie locale lui rend les honneurs, devant une simple tombe encadrée de bois et aussitôt couverte d'une montagne de fleurs des champs. La famille n'a pas les moyens de faire plus mais cela n'a nulle importance à ses yeux. « Nous n'avons pas la religion des cimetières dans la famille. C'est l'âme immortelle que nous retrouvons, pas la dépouille du corps », expliquera sa petite-fille Geneviève[26]. Quelques jours après l'inhumation, la jeune fille va remplacer les fleurs fanées par des cailloux blancs transportés à vélo. Mais à mesure que la notoriété de « l'homme de Londres » va augmenter, tous les cailloux vont disparaître !

« Ma mère a offert ses souffrances pour le salut de la patrie et la mission de son fils », va déclarer Charles de Gaulle en apprenant, à Londres, le décès de sa mère[27].

Quelques années après la guerre, la dépouille de Jeanne de Gaulle sera transférée à Sainte-Adresse, près du Havre, pour y rejoindre celle de son mari. C'est là, dans un chalet édifié près de la maison de leur fille, que Henri et Jeanne de Gaulle s'étaient installés. A sa sœur Marie-Agnès, le Général écrivait en 1949 : « J'éprouve une vraie sérénité à la pensée que notre chère Maman repose désormais à Sainte-Adresse, auprès de Papa [...]. Que du haut du ciel Maman veuille nous aider ! Car l'horizon est bien sombre et l'air bien froid[28]. »

Le Général se rendra à Sainte-Adresse en janvier 1950 pour se recueillir sur la tombe de ses parents et aussi sur celle de son neveu Charles Cailliau, le fils de Marie-Agnès, tué au front en mai 1940. « Hélas, le pauvre cher Charles, nous ne le reverrons qu'au Ciel », écrit-il à sa sœur[29].

Des grands-parents engagés dans l'Eglise

Déjà, il était impossible d'échapper à l'influence de l'Eglise catholique chez les grands-parents paternels et maternels du Général, profondément enracinés dans cette filiation spirituelle qui se conjuguait avec l'amour de la France et une indiscutable passion pour l'Histoire. L'exigence intellectuelle, l'engagement religieux autant que la préoccupation sociale guidaient ces deux familles dont l'empreinte marquera fortement le jeune Charles de Gaulle.

Issu d'une famille ruinée à la Révolution, son grand-père paternel, Julien Philippe de Gaulle, né en 1801, a naturellement reçu, lui aussi, l'enseignement des bons pères. Pendant ses 7e et 6e années, il est même pensionnaire au petit séminaire de Saint-Nicolas-du-Chardonnet à Paris. Henri de Gaulle écrira : « Mon père ne parlait jamais de ses maîtres du séminaire qu'avec une affection profondément reconnaissante.

Il admirait leur dévouement et les soins que ces Messieurs apportaient à l'éducation des enfants [...], ainsi que le faisaient les R.P. jésuites dans leurs collèges[30]. »

Ayant choisi de ne pas entrer en religion alors que l'idée lui en était venue, c'est presque naturellement vers l'Histoire que se tourne Julien Philippe de Gaulle. Il va commencer une carrière d'historien-archiviste après avoir suivi les cours de l'Ecole des chartes. Mais la religion reste au cœur de ses centres d'intérêt. Ses préférences le portent à étudier le Moyen Age, « qu'il possédait admirablement », précisera son fils. « L'Histoire mettait continuellement sous les yeux de mon père l'action de l'Eglise au Moyen Age, les admirables exemples donnés par nos saints, par nos évêques, par les religieux français, par nos grands hommes qui, malgré certaines faiblesses, ont été presque tous profondément attachés à la foi catholique. »

Cet érudit se voit confier par la Société d'Histoire de France la charge de publier une histoire commentée en six volumes de *La vie de Saint Louis* d'après Le Nain de Tillemont. Rien n'aurait pu le flatter d'avantage que de se consacrer à Saint Louis, le roi chrétien... Mais son œuvre principale reste une *Histoire de Paris*, dans une version d'inspiration chrétienne et monarchiste, publiée en 1841, qui réfute l'*Histoire civile, physique et morale de Paris* rédigée vingt ans plus tôt par le conventionnel Jacques-Antoine Dulaure, historien lui aussi, mais dont l'œuvre avait multiplié les attaques contre les rois et le clergé. En sa qualité d'historien de la capitale, le nom de Julien Philippe de Gaulle est encore inscrit aujourd'hui dans le marbre de l'hôtel Carnavalet à Paris.

Il manifestait une telle horreur de la Révolution que les autorités religieuses se sont tournées vers lui pour collaborer très activement au « Recueil des Epitaphes de Notre-Dame », le chargeant de faire les commentaires des inscriptions funéraires qui, pour la plupart, se rapportent aux chanoines du chapitre enterrés dans la cathédrale. Pour un homme dont les parents ont peu fréquenté les églises, c'est une immense satisfaction, qu'il vit comme le couronnement d'une vie très largement engagée au service de Dieu.

« Mon père est mort saintement, témoignera Henri de Gaulle, et, depuis de longues années, il remplissait tous les devoirs de la vie chrétienne, mais on doit reconnaître que, chez ses parents, la religion tenait trop peu de place. Sans doute la foi demeurait, mais la pratique avait presque totalement disparu. [...] Je dois indiquer comment mon père, sans avoir jamais cessé de professer la religion catholique, est arrivé à en accepter tous les devoirs[31]. »

Mais l'épouse de Julien Philippe de Gaulle, Anne Joséphine Maillot – que les siens appelaient Joséphine –, aurait-elle supporté un mari indifférent aux choses de la foi ? C'est peu probable de la part de cette femme active et cultivée, pratiquante exemplaire, pour qui le catholicisme l'emporte sur toute autre considération. Née dans une famille plutôt aisée – son père appartenait à l'administration des Tabacs –, elle a fait très jeune le choix de consacrer l'essentiel de sa vie à faire connaître les enseignements de l'Evangile et partager son amour du Christ.

Charles de Gaulle n'a pas connu sa grand-mère Joséphine, morte cinq ans avant sa naissance, pas plus que son grand-père Julien Philippe, disparu en 1883. C'est par les récits de son père que le Général découvrira la vie de cette grand-mère, assez exceptionnelle pour son époque, notamment pour la façon très indépendante dont elle menait ses affaires. Joséphine Maillot est, en effet, l'un des écrivains les plus prolifiques de son temps, avec pas moins d'une cinquantaine de romans publiés, dont l'un, *Adhémar de Belcastel*, a connu un grand succès. Dès son premier livre, *Chants à Marie pour chaque jour du mois de mai*, elle marque son choix littéraire pour les œuvres spirituelles. Les autres titres consacrés à la religion catholique, *Histoire des sanctuaires de Saint Joseph*, *Fastes et légendes du Saint-Sacrement*, *Histoire des sanctuaires de la mère de Dieu*, *Histoire des pèlerinages illustres* ou encore *Miséricorde et Providence* visent à reconquérir la France chrétienne. Joséphine a une forte dévotion pour la Vierge Marie et elle pousse l'audace jusqu'à adresser l'un de ses ouvrages consacrés à la Sainte Vierge, *La Reine du Ciel,* à la comtesse de Chambord en qui elle voit sans doute un espoir de rétablir la royauté.

Comme ses frères et sœurs, Charles de Gaulle enfant se verra imposer la lecture de tous les livres pieux de sa grand-mère. Il en apprendra des passages entiers qu'il récitera de mémoire de nombreuses années plus tard. La liste des œuvres de Joséphine Maillot-de Gaulle occupe aujourd'hui encore plusieurs pages du catalogue de la Bibliothèque nationale de France, avec notamment des essais sur des thèmes moraux et des biographies de Chateaubriand, du général Drouot, ou encore de son ancêtre le révolutionnaire irlandais O'Connel. Car, par sa mère, Marie-Angélique Mac Cartan, la grand-mère de Charles de Gaulle avait des origines irlandaises. Cette ascendance sera d'ailleurs revendiquée par l'ancien président de la

Ve République lorsqu'il s'envolera pour l'Irlande au lendemain de sa démission en 1969. « Nous voici, Yvonne et moi, pour quelques jours au pays de nos ancêtres Mac Cartan », écrira-t-il à son cousin Jules Maillot, maire de Lambersart, dans le Nord. C'est bien la famille de sa grand-mère Joséphine que le Général évoque alors.

Présente sur tous les fronts pour diffuser les valeurs catholiques, Joséphine Maillot est aussi directrice du *Correspondant des familles*, une publication d'inspiration religieuse, littéraire et récréative qui lui permet d'exprimer sa sensibilité sociale bien conforme aux milieux catholiques du Nord, y compris au sein du patronat. C'est dans le même but qu'elle trouve aussi le temps de collaborer au journal *L'Ouvrier*. Dans ses livres, elle multiplie les occasions de faire passer ses idées sociales. Par exemple, dans *Les Fruits de deux éducations*, elle s'attaque violemment aux nantis et aux puissances de l'argent. Ainsi, un patron devient-il « un gros richard exploiteur, un égoïste qui traite les ouvriers en bêtes de somme ». Ou encore, à propos de la Bourse, elle dénonce « un centre de l'agiotage le plus immoral et de l'avide passion qui est l'un des plus tristes caractères de notre époque ». Comme ses livres religieux, ses ouvrages sociaux seront régulièrement lus et commentés en famille par les cinq enfants d'Henri et Jeanne de Gaulle. C'est si vrai qu'à plusieurs reprises, dans ses écrits et ses discours, le Général reprendra, presque mot à mot, des phrases de sa grand-mère Joséphine !

Les grands-parents maternels du jeune Charles de Gaulle vont exercer sur lui une très grande influence, et notamment sa grand-mère Julie Delannoy, épouse de Jules Emile Maillot, le plus souvent restée dans la mémoire familiale sous le prénom de Julia. Sa ferveur religieuse est sans égale. Jamais elle ne manque la messe de 7 heures où elle arrive généralement flanquée de ses quatre filles et de ses employées de maison. « Elle vérifiait que ses jeunes bonnes avaient bien entendu le sermon du dimanche », raconte l'amiral Philippe de Gaulle. Très prude, elle disait : « Le Seigneur aurait quand même pu trouver une solution plus élégante pour donner des enfants aux femmes[32]. » La danse et le théâtre, qu'elle considère comme des activités profanes qui exposent le corps, sont interdits à ses quatre filles et seuls leur sont autorisés les arts qui mènent à Dieu...

C'est chez elle, dans la maison familiale de la rue Princesse à Lille où il va naître le 22 novembre 1890 que Charles enfant séjournera plusieurs fois par an, pendant les vacances scolaires. Il s'agit d'une maison bourgeoise acquise en 1872, avec deux corps de bâtiments. Elle est plantée au milieu d'un quartier populaire, avec des échoppes, des entrepôts et même des abattoirs. Avec les cousins et cousines, il y a parfois jusqu'à quinze enfants présents pendant les vacances d'été, mais cela n'empêche pas Julia de les conduire en rangs – les garçons devant, les filles derrière – chaque matin à l'église Saint-André voisine pour y entendre la première messe. Il y a des crucifix et des statues de la Vierge dans toutes les chambres, et la maison elle-même est protégée par deux statues de la Vierge – Notre-Dame-de-Foy et Notre-Dame-de-la-Treille – placées dans des niches extérieures ! C'est dans cette grande demeure un peu austère où Dieu est partout, aujourd'hui propriété de la Fondation Charles-de-Gaulle et ouverte au public[33], que Charles a rencontré son parrain, Gustave de Corbie, professeur à la faculté catholique de Lille. On imagine combien cette ferveur religieuse imprègne tous les séjours lillois du jeune Charles et, au fil des années, va renforcer sa piété.

Quant au grand-père Jules-Emile Maillot, on sait peu de choses de sa pratique religieuse mais un peu plus sur son engagement social de chef d'entreprise. Il possède une fabrique de tulle et sera l'un des premiers industriels du Nord à importer un métier à tisser dès les années 1840. Il a la réputation d'un patron rigoureux, aimant avant tout le travail bien fait, ce qui lui a valu d'obtenir une médaille d'or à l'Exposition universelle de 1878 à Paris pour la fabrication d'un rideau en tulle représentant les *Fables* de La Fontaine.

Ce patron très social, qui possède par sa mère Louise Kolb des origines allemandes dans le grand-duché de Bade, ne ménage pas ses efforts pour aider ses ouvriers dans le besoin. Il se trouve à l'avant-garde du catholicisme social enraciné dans le nord de la France grâce à l'action d'hommes comme l'abbé Lemire, député-maire « socialiste chrétien » d'Hazebrouck ou d'Eugène Duthoit, doyen de la faculté libre de droit de Lille, président des Semaines sociales de France et auteur d'un essai engagé sur *« Le Catholicisme, lien social »*.

Mais la figure la plus engagée de cette famille atypique, c'est Charles Kolb-Bernard, l'oncle du grand-père Jules-Emile Maillot, donc l'arrière-grand-oncle de Charles de Gaulle. Fidèle à la dynastie légitimiste, il est resté attaché au comte de Chambord. Jamais la République ne rencontrera ses faveurs. Charles de Gaulle n'a pu connaître Charles Kolb-Bernard, mort trois ans avant sa naissance, mais dès son adolescence sa famille lui fait découvrir, avec une certaine passion, les engagements sociaux exemplaires de ce grand patron du Nord. Et, là encore, on retrouvera la marque de ces enseignements dans la politique sociale conduite par de Gaulle, à la tête de l'Etat.

Marié à la riche héritière d'une importante sucrerie du Nord, Charles Kolb-Bernard reste l'un des grands industriels qui ont changé le visage du Nord où le chômage et la misère rongeaient le peuple, dans tous les faubourgs de Lille et notamment à Wazemmes. Son catholicisme très militant lui vaut le surnom de « vicaire général laïc ». Elu député puis sénateur de 1859 à sa mort en 1888, il ne cesse de se battre à la fois au service des pauvres et de l'Eglise. C'est lui qui fonde à Lille la Société de Saint-Vincent-de-Paul et installe la communauté des Petites sœurs des pauvres. Lui qui mobilise patrons et industriels et réunit les fonds pour ériger la basilique Notre-Dame-de-la-Treille, aujourd'hui cathédrale de Lille, avant d'obtenir le transfert de l'évêché de Cambrai à Lille. Lui encore qui crée des écoles pour les fils et filles d'ouvriers, notamment rue Princesse, près de la maison des De Gaulle, puis le grand collège libre de Marcq-en-Barœul pour que ces mêmes élèves puissent poursuivre leurs études.

Parlementaire très lié aux pères jésuites, il soutient le pape Pie IX quand celui-ci prononce le dogme de l'Immaculée Conception. Sur ses terres, le « député du Pape », ainsi que le surnomment ses opposants « rouges », se bagarre avec un incroyable acharnement. C'est ainsi qu'il obtient du pouvoir anticlérical l'autorisation de reprendre les processions de la Fête-Dieu. Jusqu'à sa mort à l'âge de quatre-vingt-dix ans, parmi tous les combats qu'il mène de front, il lutte inlassablement pour l'application de la loi de 1841 sur le travail des enfants, encore trop souvent exploités dans les mines et les manufactures. Charles Kolb-Bernard dénonce publiquement le fait que, très souvent, ce sont les patrons qui inspectent eux-mêmes leurs usines pour estimer si la loi – qu'ils combattent par ailleurs – y est bien respectée !

Toute sa vie, le Général va témoigner de son réel intérêt pour ses ancêtres, dont l'un, Richard de Gaule (avec un seul l), aurait participé à la bataille de Bouvines en 1214. Il avait une parfaite connaissance de son arbre généalogique et, en juin 1964, dans une correspondance avec un magistrat de la cour d'appel de Caen, il précisera : « Jean de Gaulle, qui défendit Vire contre les Anglais en 1418, était, effectivement, mon ancêtre. Après confiscation de ses biens, il alla s'établir en Bourgogne où ma famille résida[34]. » Faisant référence à cet ancêtre et à la défaite des Français à Azincourt en 1415, pendant la guerre de Cent Ans, il écrira dans *La France et son armée* : « Cette défaite est une affaire de famille » ! En septembre 1967, répondant à un habitant du Havre qui lui avait envoyé un document biographique, il écrira : « L'ingénieur de la marine Jean Baptiste de Gaulle [...], s'il n'était pas mon ancêtre direct, appartenait à une branche collatérale de la famille[35]. »

Dans l'arbre généalogique du Général, on trouve aussi un abbé Jacques François de Gaulle, curé à Villevenard en Champagne au début du XVIIIe siècle et un parlementaire, Jean-Baptiste Philippe de Gaulle, qui échappa de peu à la guillotine sous la Terreur.

De ses parents, de ses grands-parents comme de cet arrière-grand-oncle Charles Kolb-Bernard, on mesure toute la richesse de l'héritage reçu par Charles de Gaulle[36]. Histoire, patrie, religion, famille, engagement social... tout est réuni pour forger un grand destin.

Chapitre 2

Une jeunesse fervente

Il est exclu d'attendre jusqu'au lendemain ! Né aux environs de 4 heures du matin, le bébé revêtu d'une belle robe de baptême en dentelle de Calais est conduit dès 15 heures à l'église paroissiale Saint-André de Lille, la plus proche de la maison familiale, où l'attend le doyen Isaïe Richard flanqué de ses enfants de chœur en soutane rouge et surplis blanc. Dans cette église de la rue Royale, érigée sous Louis XIV et où ses parents se sont unis en 1886, Charles-André-Joseph-Marie de Gaulle devient en ce 22 novembre 1890 enfant de Dieu et fils de l'Eglise catholique universelle. Pour toujours.

« Très à cheval sur les préceptes religieux, [ses parents] ont voulu que mon père fût baptisé le jour même de sa naissance. N'était-ce pas pour lui assurer la vie éternelle s'il était mort au premier âge ? », explique l'amiral Philippe de Gaulle[1]. On lui donne, selon la tradition familiale, pour premier prénom celui d'un de ses oncles paternels, frère aîné de son père, paralysé des jambes et passionné d'histoire celtique. Son parrain est un oncle maternel, Gustave de Corbie, enseignant à la faculté catholique de la ville, et sa marraine une tante maternelle, Lucie Droulers-Maillot. Il faut attendre le lendemain pour que la naissance soit déclarée par le père à la mairie de la place Rihour, en présence de deux témoins, le médecin accoucheur, le docteur Van Peteghem, et le cocher du fiacre qui les a conduits, un jeune homme de vingt-six ans, Oscar Leduc.

Avec son frère Xavier, né trois ans avant lui, et sa sœur Marie-Agnès, d'un an son aînée, Charles va connaître une petite enfance heureuse à Paris où sa mère veille sur eux sans ménager ni son temps ni son amour. Les deux autres garçons qui viendront compléter la famille de Jeanne et Henri de Gaulle, Jacques puis Pierre, vont naître trois ans et sept ans après Charles.

A l'âge de six ans à peine, remarqué pour sa grande taille qui lui donne déjà une allure un peu hautaine, Charles possède toutes ses prières lorsqu'il entame ses classes primaires chez les frères des Ecoles chrétiennes, à l'école Saint-Thomas-d'Aquin de la rue de Grenelle à Paris. Pas question pour les de Gaulle de mettre leurs enfants dans les écoles d'une République aussi sectaire et anticléricale. C'est déjà bien assez de devoir s'en accommoder ! Non seulement l'enseignement dispensé dans les établissements libres est réputé excellent mais il s'agit aussi pour eux de s'opposer aux volontés de Jules Ferry qui, dès son entrée en fonction comme ministre de l'Instruction publique en 1879, a clairement montré ses intentions en déclarant, à la veille de rendre gratuite et obligatoire l'école primaire laïque : « Oui, c'est à la Compagnie de Jésus que nous voulons arracher l'âme de la jeunesse française ! » Comme toutes les familles profondément catholiques, les de Gaulle n'ont pas oublié cette menace. Confier leurs enfants aux jésuites est pour eux un acte de résistance.

Marie-Agnès racontera ses souvenirs de son frère Charles, égaré au jardin des Tuileries après avoir échappé à sa famille pour suivre « la voiture aux chèvres ». Ou qui, un autre jour, lève les bras au ciel dans une rue de Paris, alors que son ballon gonflable s'est envolé, en criant : « Reviens ballon, reviens ballon… » Elle témoignera aussi du fort caractère de son jeune frère, d'un naturel assez turbulent, qui avait été privé de jouet à la Saint-Nicolas, l'année de ses cinq ans. Charles avait commandé un cheval-jupon – monture en bois avec un volant pour cacher les jambes – mais, à la place du jouet, ses parents avaient déposé une lettre lui promettant le cadeau à la condition qu'il se tienne sage pendant un mois. « Il avait été le seul à ne pas avoir de jouet. Il en était mortifié et humilié. » Pour elle, Charles était « un enfant plutôt difficile » qui obéissait à son père mais pas du tout à sa mère. Pendant des vacances d'été à Wimereux, près de Boulogne-sur-Mer, où sa grand-mère louait une maison à proximité de la mer, Charles, alors âgé de sept ans, s'était mis en colère contre sa mère qui refusait de le laisser monter à dos de poney :

« Non, tu es monté hier. Tu ne monteras pas aujourd'hui.

— Alors, je vais être méchant ! »

Et aussitôt, il jetait ses jouets par terre, criait, pleurait, tapait du pied, témoignera Marie-Agnès[2].

Toujours pendant ses vacances d'été, dans les faubourgs de Lille où il partage les jeux des enfants de mineurs et de paysans, ce grand gamin toujours actif organise les loisirs, forme les équipes, décide des activités dont il lui arrive souvent de fixer les règles. Il chante même *Le P'tit Quin-quin* dans le patois des ch'timis. Tous ces moments vont forger chez lui, selon sa famille, une vraie identité de « petit Lillois ». Pour l'historien du Nord Michel Marcq : « La source du sang, les racines de la chair chez Charles de Gaulle sont au Nord ; au Nord aussi les liens du cœur ; du Nord encore la coloration de l'esprit[3]. » Cela est si vrai que lorsqu'il reviendra à Lille après la Libération, il débutera son discours par un très remarqué : « Nous autres, gens du Nord. »

A Paris, le futur général collectionne les soldats en étain qu'il achète trois ou cinq sous l'unité dans un magasin spécialisé de la rue des Saints-Pères. Mais, quand il organise avec ses frères la reconstitution des grandes batailles célèbres dont il a lu le récit dans des livres illustrés, c'est toujours lui qui conduit le camp français. Ce point n'est pas discutable. « Et il veut toujours gagner ! », affirmera encore Marie-Agnès.

L'apaisement lui vient lorsqu'il ouvre un livre. A peine sait-il lire qu'il dévore les volumes de la Bibliothèque rose et surtout la Comtesse de Ségur dont il citera des passages à un visiteur quand il sera à l'Elysée, soixante ans plus tard… Guidé par sa mère qui veille à son éducation chrétienne, il aborde la lecture de la Bible grâce aux images d'Epinal : *La Vie des saints*, *L'Histoire sainte*, *Les Martyrs livrés aux bêtes sauvages, Jonas dans le ventre de la baleine, la Tour de Babel, l'Arche de Noé*… puis, plus tard, il se plonge dans Dickens, Daudet, Jules Verne, Edmond About, et beaucoup d'autres. Déjà, la lecture est devenue une passion. Adolescent, le premier livre qui le marque est *L'Héritage de Charlemagne.*

Le « Magnificat » à pleine voix

Entre 1896 et 1900, il étudie à Saint-Thomas-d'Aquin où on le connaît comme « le petit Lillois de Paris », à tel point que sur le palmarès de fin d'année est portée, face à son nom, la mention « de Lille »... Bon élève, mais sans plus, il est dispensé de 6e et entre directement en 5e au collège jésuite de l'Immaculée-Conception de la rue de Vaugirard où son père est devenu préfet des études tout en continuant à enseigner. Des « bons pères », il reçoit une formation religieuse approfondie qui complète celle reçue quotidiennement de ses parents. L'année de sa première communion, effectuée le 12 avril 1897 à Lille où il se distingue en chantant le *Magnificat* à pleine voix, il obtient à Vaugirard un accessit de catéchisme. Aucun cours d'instruction religieuse, aucun groupe de prière, aucune procession, aucune retraite ne lui échappe, sans que l'on sache s'il subit davantage l'influence de sa mère très pieuse ou celle de son père. Ou les deux conjuguées.

Pour l'amiral Philippe de Gaulle, sa foi lui est venue « par l'éducation catholique inculquée d'abord par les femmes. Sensible, sa religion passait donc par la Vierge Marie. Dans sa famille, le culte marial était une tradition ancestrale[4] ».

Pendant cette période d'enfance et d'adolescence de sept années passée rue de Vaugirard, Charles se comporte comme un élève d'un niveau moyen et les prix et accessits qu'il obtient récompensent essentiellement ses résultats en latin, en grec et en rhétorique. En vérité, il passe une bonne partie de son temps à composer des vers et à lire, négligeant souvent ses cours. Son père doit plusieurs fois le menacer de déchirer ses textes et poèmes s'il ne se met pas plus sérieusement au travail pendant son année de seconde ! Henri de Gaulle, peu porté au favoritisme, ne passe rien à ce fils un peu rebelle qu'il traite en élève comme les autres. Alors qu'il entre dans le bureau directorial du collège où Charles vient d'avoir une vive explication avec son père, un élève entend ce dernier lâcher dans un soupir : « Quel orgueil ! »

Les années d'adolescence n'y changent rien. C'est invariablement avec ses frères et sœurs qu'il gagne la maison de leurs grands-parents maternels à Lille à chaque période de vacances. Sans doute stimulé par les lectures que son père impose régulièrement à ses enfants pour leur faire découvrir des œuvres majeures, comme les *Oraisons funèbres*, *Cyrano de Bergerac* ou *L'Aiglon*, Charles n'a pas renoncé à la littérature et à l'écriture de petits textes personnels. Il a quinze ans à peine lorsqu'il joue, devant toute sa famille réunie pendant l'été 1905, une saynète en vers, *Une mauvaise rencontre*, qu'il vient d'écrire et qui raconte l'histoire d'un bandit au grand cœur. Deux ans plus tôt, à la fête du collège, il avait déjà interprété le rôle du roi Philippe Auguste dans *Pages et Ménestrels*.

Sa passion littéraire ne le détourne pas de ses dévotions, et c'est bien l'essentiel pour sa mère. Chaque jour, il assiste à la messe, parfois servie par son père, dans la chapelle de l'Immaculée-Conception. Son sérieux l'a fait désigner pour devenir cérémoniaire, c'est-à-dire le chef de la petite troupe des enfants de chœur. C'est dans cette chapelle que le fait vivre l'un de ses camarades de l'époque, le dessinateur Roger Wild[5] : « C'était au début de décembre la fête de la sainte patronne du collège. Ceinturé de blanc, je tenais dans mes mains gantées la sorte de petite navette dorée contenant l'encens de la troupe des thuriféraires ceinturés de bleu céleste. Derrière moi, au mitan, ceinturé aussi de blanc, lui, de Gaulle, le maître de cérémonie, dominait de sa haute silhouette filiforme et de son autorité précoce la troupe diligente dont il rythmait les évolutions et agenouillements d'un claquoir strict et péremptoire. »

Devant l'engagement très absolu de ce jeune homme si fervent chrétien, d'aucuns se demanderont par la suite si Charles de Gaulle n'a pas été tenté à cette époque de se tourner vers la prêtrise. Non seulement il y aurait pensé mais sa vocation naissante aurait été contrariée par l'inconduite d'un père jésuite qui avait dû quitter la Compagnie. « Il n'a jamais eu la moindre vocation religieuse. Jamais il ne l'a envisagée », croit pouvoir soutenir son fils Philippe, mais bien des années après cette période qu'il n'a pu connaître[6].

Devenu plus sérieux, plus concentré, il décroche la première partie de son baccalauréat (latin-grec) avec la mention passable. Il n'a pas seize ans. C'est à cette période qu'il choisit de se tourner vers l'armée et d'en faire l'annonce au cours d'un dîner en famille, en s'adressant à sa mère. C'est l'occasion pour son père de l'inviter, pour atteindre son but, à redoubler d'efforts dans ses études !

Le choix de l'engagement militaire, fréquent dans cette génération marquée par l'effondrement de 1870 et la perte de l'Alsace-Lorraine, ne peut surprendre de la part d'un jeune garçon qui, en 1905, l'année de ses quinze ans, faisait déjà preuve d'une incroyable prémonition en inventant un étonnant récit dans lequel il opposait la France et l'Allemagne et se campait en chef des armées françaises. Dans ce texte de pure imagination, *Campagne d'Allemagne*, le jeune visionnaire se projette en 1930, soit vingt-cinq ans plus tard. Il voit l'Europe déclarer la guerre à la France, « irritée du mauvais vouloir et des insolences du gouvernement ». Il imagine trois armées allemandes franchissant les Vosges et raconte : « En France, l'organisation fut faite très rapidement. Le général de Gaulle fut mis à la tête de 200 000 hommes et de 518 canons, le général de Boisdeffre commandait une armée de 150 000 hommes et de 510 canons. [...] De Gaulle eut vite fait son plan, il fallait sauver Nory puis donner la main à Boisdeffre, et écraser les Allemands avant leur jonction qui nous serait funeste... » A l'âge où certains jouent encore aux soldats de plomb, il se bombarde général et dispose du plus grand nombre d'hommes et de pièces d'artillerie ! Et déjà, c'est à lui que revient la charge de sauver la France ! Avec un luxe de détails, il décrit les plans de bataille, la stratégie, le mouvement des forces, le décompte des morts, des blessés et des disparus. Et le plus souvent, il parle des adversaires en les appelant « les uhlans », ignorant que, dès le déclenchement de la Première Guerre mondiale, neuf ans plus tard, pas moins de

26 régiments de uhlans seront lancés contre l'armée française.

Cet épisode sera l'un des arguments avancés plus tard par ceux qui verront en de Gaulle un homme guidé par la main de Dieu, un visionnaire éclairé chargé d'une sorte de mission divine, une patriote chrétien et prophétique qui sera parfois comparé à Jeanne d'Arc.

« Au collège, nous n'avions tous qu'une idée en tête : la revanche. Reprendre le dessus sur l'écrasement et l'humiliation, rendre son honneur à la patrie. C'était l'objet de toutes nos conversations, de nos réflexions et de nos rêves. [...] On ne devient que ce que l'on a décidé d'être. Si on ne l'a pas décidé, on ne peut pas le devenir. Cela ne veut pas dire que le sort ou vos propres moyens vous mettent toujours dans l'état où vous souhaitez être. Mais si vous n'avez pas souhaité être quelqu'un, vous ne le devenez jamais », rapportera-t-il plus tard à son fils[7]. Ce sont là les réflexions d'un homme qui croit plus en sa propre volonté personnelle et en sa détermination qu'en une quelconque intervention divine...

En cette année 1906-1907, ses camarades de collège à Vaugirard s'appellent Jean de Lattre de Tassigny, qui le rejoindra à Londres en 1943 après s'être évadé de la prison de Riom où la justice de Vichy l'avait jeté pour dix ans pour désobéissance et qui sera fait maréchal de France après sa mort, et Xavier de Beaulaincourt, qui deviendra moine bénédictin à l'île de Wight et établira une correspondance régulière avec de Gaulle, notamment pendant la période de la France libre. Deux neveux de Xavier de Beaulaincourt appartiendront au cabinet du Général, entre

1946 et 1969. Dès son adolescence, Charles de Gaulle a donc rencontré de belles personnalités parmi celles qui l'aideront à rendre « quelque service signalé » à la France.

Le miracle de Lourdes

Au cours de l'été de ses dix-sept ans, il participe à un pèlerinage à Lourdes en qualité de brancardier. C'est alors, pèlerin parmi des milliers de pèlerins recueillis dans le sanctuaire marial, qu'il assiste à un miracle : une jeune Italienne assise dans un fauteuil roulant retrouve subitement l'usage de ses jambes. Le lendemain, il envoie une carte postale à sa mère en vacances à Wimereux, dans le Pas-de-Calais, pour lui annoncer ce qu'il a vu de ses propres yeux : « J'ai commencé ce matin mon service de brancardier sous le soleil sans guère de repos, c'est assez dur, mais pas tant qu'on aurait pu croire. [...]. J'ai vu une jeune fille italienne paralysée et tuberculeuse guérie à la procession du S. Sacrement. Je vous raconterai les détails[8]. »

En ces années 1900-1910, la fameuse Belle Epoque ne concerne qu'une certaine bourgeoisie insouciante et pacifiste, enrichie par les progrès de l'industrie. Les paysans vivent chichement sur leurs petites parcelles de terre issues du découpage des biens cléricaux et les ouvriers s'appauvrissent. La gauche radicale au pouvoir mène une politique de répression – qui ne cessera qu'en 1914 – contre l'extrémisme révolutionnaire et le mouvement syndical ouvrier qui le porte.

A Paris, le 1er mai 1906 est marqué par des émeutes qui opposent les travailleurs à la troupe et aux policiers à cheval. Les conflits sociaux sont nombreux et violents, comme celui des carriers de Draveil et de Vigneux-sur-Seine qui fait deux morts, dont un garçon de dix-sept ans, en juin 1908.

Avec les jésuites expulsés de France

C'est après son bac, alors que son père quitte le collège de Vaugirard sur le déclin après les lois de 1901 qui interdisent aux religieux de tenir des écoles, que Charles de Gaulle et son frère Jacques sont envoyés au collège du Sacré-Cœur d'Antoing, en Belgique, pour y rejoindre les pères jésuites chassés de France et installés sur la rive droite de l'Escaut, dans l'ancien château des princes de Ligne qui se sont naguère illustrés pendant les croisades. Au Sacré-Cœur d'Antoing, Charles suit les cours de mathématiques élémentaires qui le prépareront au concours d'entrée à la prestigieuse Ecole militaire de Saint-Cyr. Seuls sont admis à Antoing les garçons de bonnes familles ayant déjà une solide culture chrétienne. On ne leur donne pas plus d'un trimestre pour faire leurs preuves. La discipline y est rigoureuse, les salles à peine chauffées et l'eau gelée dans les dortoirs ! Chaque soir, au début de l'étude, la lecture spirituelle est présidée par le directeur de la Congrégation. Les loisirs de Charles sont réduits à leur plus simple expression car il ne dispose pas du moindre argent de poche, comme en témoigne une lettre chaleureuse adressée à son père le 30 novembre 1907 pour le remercier des deux francs que celui-ci lui a envoyés pour ses dix-sept ans…

Si l'enseignement des jésuites est ouvert aux préoccupations temporelles du monde et conduit même parfois les élèves à une forme de révolte, c'est pour mieux asseoir une éducation religieuse sans égale. Charles de Gaulle manifeste une foi si vivante, si profonde, qu'il rejoint cette année-là la Congrégation de la Présentation de la Très Sainte-Vierge, un groupe de prière et de réflexion religieuse qui rassemble moins de la moitié des élèves. Seuls peuvent s'y engager ceux qui sont vraiment habités par Dieu. Comme ses condisciples, Charles s'adresse à la Vierge pour lui faire serment : « Sainte Mère de Dieu et toujours Vierge, moi je vous choisis aujourd'hui pour ma Souveraine, ma Patronne et mon Avocat. Je prends la ferme résolution et l'engagement de ne jamais vous abandonner, de ne jamais rien faire ni rien dire qui puisse vous déplaire, et de ne jamais permettre que ceux qui dépendent de moi fassent rien contre votre honneur.

« Je vous supplie donc, ô ma Mère, de me recevoir pour toujours à votre service ; assistez-moi dans toutes mes actions et ne m'abandonnez pas à l'heure de ma mort. Ainsi soit-il. »

Charles se distingue encore au cours de la retraite de fin d'études qui a lieu à Notre-Dame-du-Haut-Mont, à Mouvaux, dans le nord de la France. Mouvaux est l'un des bastions de la réflexion sur le catholicisme social, ce qui correspond très exactement aux valeurs qui lui ont été transmises, on l'a vu, par ses parents et grands-parents. C'est lui, toujours prêt pour les premiers rôles, qui est désigné pour prononcer les remerciements adressés au prédicateur, le père d'Arras. De sa voix forte et assurée, le voici qui déclare : « On reproche souvent aux élèves des jésuites de ne pas avoir de personnalité ; nous saurons prouver qu'il n'en est rien. Et quant à l'avenir, il sera grand, car il sera pétri de nos œuvres » !

Cette même année 1908, une nouvelle fois, il apporte sa pierre à la défense de la Compagnie de Jésus, accusée de tous les maux par le combisme, en rédigeant un long article pour la revue du collège, intitulé *La Congrégation*, dans lequel il fait l'apologie des jésuites[9]. « Plus encore qu'un hommage à ses maîtres en exil, il est possible d'y trouver des conseils de prudence dans la manifestation de la foi », analyse Michel Brisacier[10]. C'est l'histoire d'abord du déclin de l'œuvre au XVIIIe, puis d'« une renaissance aussi brillante qu'éphémère » au commencement du XIXe siècle. La vocation militaire de l'auteur apparaît quand il relève les paroles du maréchal de Villars, lui-même congréganiste : « Tant que j'ai été à la tête des armées, je n'ai jamais vu de soldats plus actifs, plus prompts à exécuter mes ordres, plus intrépides enfin que ceux qui appartenaient aux congrégations. » Dans son texte, Charles insiste sur l'historique dévotion à la Vierge et sur les ambitions des jésuites lors de la fondation de la nouvelle Congrégation de Paris, au tout début du XIXe siècle, quand il s'agissait de « sauver du naufrage la foi et la moralité des jeunes gens affluant dans la capitale ».

Quand il retrace l'histoire de la Compagnie, Charles de Gaulle ne sait pas que plus de trente élèves sortis du collège jésuite d'Antoing entre 1902 et 1908 choisiront la vie religieuse ou ecclésiastique. Et qu'entre 1914 et 1918, quatorze d'entre eux périront au combat[11]. Mais sa culture historique comme son attachement à la patrie le conduisent à pressentir qu'un nouveau drame menace la France.

Sa spiritualité, sortie renforcée de cette période d'exil, n'écarte pas le jeune étudiant de sa passion d'écrire qui lui permet d'exprimer sa sensibilité et sa créativité. A peine rentré de son année au Sacré-Cœur d'Antoing, il commet une première nouvelle sous le pseudonyme de Charles de Lugale (anagramme de De Gaulle). *Zalaïna* raconte une histoire d'amour entre un officier français et une romantique jeune fille en Nouvelle-Calédonie. Quinze mois plus tard, il récidive en publiant dans *Le Journal des Voyages*, dont il est un lecteur assidu, un récit intitulé *La Fille de l'Agah*, dont l'histoire d'amour se passe cette fois en Algérie. Où il n'a encore jamais mis les pieds.

La même inquiétude que Péguy

En Forêt-Noire où ses parents l'envoient trois étés de suite pendant six semaines pour améliorer sa connaissance de la langue allemande, il loge dans un presbytère à Riedern et il dévore la presse achetée par le vicaire. Dans une lettre adressée à ses parents le 23 juin 1908, il leur fait part de tout le mal que les journaux allemands écrivent sur la France. Il exprime son inquiétude avec une clairvoyance étonnante pour un garçon qui n'a pas encore dix-huit ans : « Evidemment, il y a quelque chose de changé en Europe depuis trois ans et, en le constatant, je pense aux malaises qui précèdent les grandes guerres, notamment celle de 1870[12]. » Quand, depuis son paisible village de Forêt-Noire, il évoque un changement survenu depuis trois ans, il fait référence à la crise d'Alger de 1905 relative à l'indépendance du Maroc, qui a conduit Guillaume II à tonner contre la France. Il pense aussi aux analyses de Charles Péguy, dont il lit assidument les chroniques dans les *Cahiers de la Quinzaine*. Et Péguy a vu dès la fin de 1905 que « la menace d'une invasion allemande était présente, qu'elle était déjà là, que l'imminence [en] était réelle[13] ».

Cette inquiétude qui grandit en lui semble renforcer encore sa pratique religieuse. Aussi termine-t-il sa lettre à ses parents en donnant le détail des offices auxquels il assiste : « Au point de vue chrétien, j'entends généralement à 7 heures la messe du vicaire. Le dimanche, grand-messe à 8 h 30, vêpres à 1 heure et demie, salut à 8 heures. »

Evoquant un demi-siècle plus tard ses séjours linguistiques en Forêt-Noire avec le chancelier Adenauer dont il fera son allié pour conduire à la réconciliation des deux peuples, de Gaulle précisera : « Le dimanche, on allait à Fribourg en diligence. On s'installait dans une brasserie vers midi et on n'en bougeait pas jusqu'à minuit. On buvait de la bière, on racontait des histoires, on mangeait, on digérait, on jouait. Les dames se promenaient sous les arbres. C'était le grand événement. Et puis, on rentrait en pleine nuit, toujours en diligence[14]. »

Quand il sort de Saint-Cyr en 1912, au 13e rang sur 211, il peut être satisfait de son classement et de l'appréciation qui est portée sur lui par ses supérieurs :

« A été continuellement en progressant depuis son entrée à l'école ; a beaucoup de moyens, de l'énergie, du zèle, de l'enthousiasme, du commandement et de la décision. Ne peut manquer de faire un excellent officier. » Celui qui signe cette appréciation est le futur maréchal Juin.

Mais ô combien plus étonnant encore est le commentaire porté l'année suivante sur le dossier militaire du sous-lieutenant de Gaulle à l'issue du premier semestre 1913 : « S'affirme dès le début comme un officier de réelle valeur qui donne les plus belles espérances pour l'avenir. Se donne de tout cœur à ses fonctions d'instructeur. A fait une brillante conférence sur les causes du conflit des Balkans. » Puis, après le second semestre de cette même année 1913 : « Très intelligent. Aime son métier avec passion. A parfaitement conduit sa section aux manœuvres. Digne de tous les éloges. » Le signataire n'est autre que le colonel Philippe Pétain…

« Ainsi s'est construite chez lui une colonne vertébrale, morale et spirituelle, profondément catholique et chrétienne », estime le professeur Alain Larcan, qui a consacré de longues années à l'étude de la personnalité de Charles de Gaulle. « Il [lui] faudra par la suite opérer sans cesse une transformation temporelle des intuitions spirituelles et de l'instruction religieuse, en interprétant les faits et les événements à l'étalon des valeurs, en plaçant les devoirs et la responsabilité au service de la nation, sous le regard de Dieu ; ce qui permettra à Charles de Gaulle de revendiquer simplement l'honneur d'être responsable devant lui-même, devant les autres et devant Dieu[15]. »

Tout conduit à penser que, dans ses années d'adolescence, ses maîtres jésuites lui ont fait connaître les *Exercices spirituels* de saint Ignace de Loyola. Son père aussi sans doute, qui en était un lecteur régulier. Ces textes essentiels ont été rédigés au XVIe siècle par Ignace, qui vient de quitter sa condition militaire – après une blessure pendant le siège de Pampelune – pour épouser la vie religieuse. A partir de son expérience personnelle, Ignace de Loyola, qui fondera la Compagnie de Jésus en 1540, rassemble dans ses *Exercices spirituels* tout ce qui doit conduire un croyant, à partir de méditations et d'examens de conscience, à se forger un caractère, une foi et une personnalité forte permettant à l'âme d'accéder – dans l'action – à la connaissance de la volonté divine. Ces enseignements du premier des jésuites se retrouveront entièrement dans la personnalité de De Gaulle, mélange de volonté ardente, de force de caractère, de foi, d'unité et de cohérence de pensée et de maintien de soi.

Si, dès la fin de l'enfance, s'est affirmée en lui sa vocation militaire, Charles de Gaulle souffre dans son adolescence de voir sa patrie toujours menacée par les dangers extérieurs et minée par les divisions intérieures, analyse Charles Cattaui, son premier biographe[16]. Il est tout entier pétri d'un humanisme façonné sur les forges de la foi chrétienne. De Gaulle le sait déjà : « La seule querelle qui vaille est celle de l'homme. C'est l'homme qu'il s'agit de sauver…[17] »

Au moment où il va commencer sa carrière de soldat résonne en lui l'hymne patriotique[18] du collège du Sacré-Cœur d'Antoing, que ses maîtres l'ont entendu chanter avec force et dont il n'oubliera jamais les paroles :

« Fils de la France, à la patrie aimée
Nous dévouerons notre cœur et notre bras,
Et nous serons sa triomphante armée
Quand luira l'aube des combats.
Nous maintiendrons la bonne renommée
Du noble Antoing qui ne périra pas. »

Chapitre 3

Soldat pour servir « Notre-Dame la France »

Il a fière allure et marche d'un pas rapide, le soldat de deuxième classe Charles de Gaulle lorsqu'il se présente le 10 octobre 1909 au 33e régiment d'infanterie à Arras, dans cette France du Nord où sont ses racines. Il n'a pas dix-neuf ans et vient d'être reçu, un mois plus tôt, au concours d'entrée à l'Ecole spéciale militaire de Saint-Cyr. Au 119e rang sur 212. Il est donc dans la moyenne, sans plus, avec en poche un contrat d'engagement volontaire de quatre ans. Quelques jours avant son admission, porté par la fierté de pouvoir enfin se consacrer au service de la patrie, il a rédigé sur son carnet un poème en vers qui reflète ses réflexions personnelles et en dit long sur la force intérieure qui le brûle :

« Je voudrais !...
Quand je devrai mourir, j'aimerais que ce soit
Sur un champ de bataille ; alors qu'on porte en soi
L'âme encore tout enveloppée
Du tumulte enivrant que souffle le combat,
Et du rude frisson que donne à qui se bat
Le choc mâle et clair de l'épée » !

Il écrira plus tard : « Quand j'entrai dans l'armée, elle était une des plus grandes choses du monde. Sous les critiques et les outrages qui lui étaient prodigués, elle sentait venir avec sérénité et, même, une sourde espérance, les jours où tout dépendrait d'elle. » Et il confessera encore : « Je voulais être utile au pays. Ce qui comptait, c'était la revanche, la carrière militaire en était le plus sûr moyen...[1] »

La jeune recrue a fait le choix d'effectuer son service militaire dans un régiment qui s'est illustré à Austerlitz. Les témoignages affirment que, dès son incorporation, Charles de Gaulle ne se distingue pas seulement par sa grande taille et sa fière allure. Très vite, il apparaît autant à ses camarades qu'à ses chefs que ce soldat toujours un peu sur la réserve a déjà une très forte personnalité, avec une conception du monde forgée à partir de valeurs morales avec lesquelles – chacun le comprend vite – il n'est pas question de composer. Sa connaissance étendue de l'Histoire de France lui permet d'exposer dans chaque propos une vision précise de la marche du monde, des forces et des faiblesses de son pays ainsi que de son rang, du caractère sacré de la patrie et même de la place de l'homme dans la marche des choses. Si sa pensée est vive, elle va surtout à l'essentiel. Au 33e régiment d'infanterie, aucun deuxième classe ne voit aussi haut et aussi loin, comme si, avant même sa majorité, de Gaulle s'était déjà habitué à regarder vers les sommets. Ses prises de parole étonnent par le ton assuré et la vision d'avenir de leur auteur qui a un avis sur toute chose, dès lors qu'elle se rapporte à la France et à son destin, ce qui fera dire à son supérieur, le capitaine de Tugny : « Pourquoi voulez-vous que je nomme sergent un garçon qui ne se sentira à l'aise qu'en généralissime[2] ? »

« Adolescent, reconnaît de Gaulle, ce qu'il advenait de la France, que ce fût le sujet de l'Histoire ou l'enjeu de la vie publique, m'intéressait par-dessus tout[3]. »

Ainsi que ses écrits puis ses discours en témoigneront désormais, son impressionnante culture classique, acquise au sein de sa famille et auprès de ses maîtres, lui ouvre largement l'horizon de ses réflexions et les perspectives de son action. Il a étudié le grec au cours de ses humanités et fréquente, dans ses lectures, les tragédies d'Eschyle comme celles de Sophocle. Il connaît dans le détail les enseignements légués par Socrate, Périclès ou Plutarque. Quant au latin, qu'il pratique avec facilité, il y puise déjà ses meilleures citations chez Lucrèce, Cicéron, Horace ou Virgile !

La culture de cet intellectuel-soldat semble sans limites car il n'est pas rare de retrouver chez lui, dès ces années-là, des références à Vishnu, à Krishna, à Lao Tseu, au Talmud, au Coran, et, bien évidemment, à la Bible. Qu'il s'agisse de l'Ancien ou du Nouveau Testament, il en possède très jeune une culture précise qu'il ne cessera de compléter au fil des années. C'est donc en toute logique que sa conception du rôle de l'armée comme son comportement de soldat s'irrigueront à la source silencieuse et intarissable de sa foi chrétienne.

Charles de Gaulle n'a pu choisir le métier des armes uniquement pour servir la France, par patriotisme, sans autre considération spirituelle. L'indissociable amour de Dieu et de la patrie qui cimente sa personnalité depuis son plus jeune âge donne à son engagement militaire une autre dimension. L'abnégation, le don de soi, la défense de la patrie, le service des autres, le renoncement au bonheur d'une vie familiale paisible et même l'acceptation du sacrifice suprême qu'il envisage en évoquant sa mort sur un champ de bataille sont des valeurs qui découlent directement au moins autant de son éducation catholique que de son patriotisme. « Les armes ont cette vertu d'ennoblir jusqu'aux moins purs », dira-t-il.

On peut, à cette période, observer chez lui une certaine réserve à l'égard des grands combats conduits par les conservateurs les plus antirépublicains, très majoritaires dans le milieu militaire. Comme l'exemple lui en a été donné par son père au moment de l'affaire Dreyfus, il ne se laisse pas entraîner chaque fois que la passion l'emporte sur la raison, ce qui ne l'empêche pas de juger sans aucune complaisance la politique conduite par la IIIe République à laquelle il reproche son sectarisme agressif, notamment en matière religieuse. Ce jeune homme issu de la droite catholique traditionnelle sait porter son regard plus loin et plus haut. Déjà, il se garde d'épouser les combats stériles qui, à ses yeux, divisent et affaiblissent le pays. Tout indique qu'il renvoie dos à dos l'antisémitisme de la droite et l'anticléricalisme de la République radicale. Si son cœur penche pour la monarchie, il comprend que tout retour en arrière est devenu illusoire, que la République s'est installée dans l'Histoire par la volonté du peuple sans lequel rien n'est possible, que c'est donc avec elle qu'il va falloir composer pour servir la France. Ne subsistait-t-il pas un peu de nostalgie résolue quand, un demi-siècle plus tard, il déclarait à Alain Peyrefitte : « Je n'aime pas la République pour la République, mais comme les Français y sont attachés, j'ai pensé qu'il n'y avait pas d'autre choix[4] » ?

Pour bien appréhender les convictions puissantes qui animent la volonté et arment la force intérieure de Charles de Gaulle à l'aube de sa vie de soldat, il faut remonter aux sources auxquelles il abreuve son nationalisme raisonnable.

Quel que soit le caractère d'exception de son intelligence, c'est bien en frottant cette érudition à la pensée des intellectuels de son temps qu'il va nourrir sa réflexion personnelle. Dans *La France et son armée*, de Gaulle cite lui-même ceux qui lui sont le plus précieux dans les années qui précèdent la Grande Guerre : « Dans le domaine de la pensée, l'avènement des Boutroux, des Bergson qui renouvellent la spiritualité française, le rayonnement secret d'un Péguy, [...] dans les lettres l'influence d'un Barrès, rendent à l'élite conscience de l'éternité nationale en lui découvrant les liens qui l'attachent aux aïeux. » Ces choix montrent combien, chez lui, la spiritualité française est associée à l'éternité nationale.

Proche de Péguy

Au premier rang de ses maîtres à penser, il y a d'abord Charles Péguy dont il dira : « Aucun écrivain ne m'a autant marqué. Dans les années qui ont précédé la guerre, je lisais tout ce qu'il écrivait ; pendant mon adolescence et quand j'étais à Saint-Cyr, puis jeune officier. Je me sentais très proche de lui. Ce qui m'intéressait surtout chez lui, c'était son instinct. [...] Il sentait les choses exactement comme je les sentais, et j'avais la conviction qu'il ne se trompait pas. [...] Et puis, j'étais attiré par son style, son goût des formules, des répétitions. [...] tout d'un coup, après un long piétinement et quelques expressions peu réussies, il a des formules fulgurantes. Je pense qu'il a dû, à cet égard, m'influencer[5]. » De Gaulle affirme que dans la pensée de Péguy, ce qui l'a le plus marqué, c'est l'affirmation que « l'ordre et l'ordre seul fait en définitive la liberté. Le désordre fait la servitude ». Et de raconter un jour à Peyrefitte, avec une émotion visible, comment Péguy, lui aussi saint-cyrien, rêvait en 1912 de prendre la tête de sa section pour aller défiler dans Weimar !

D'abord anticlérical, Péguy a pris conscience de la menace allemande après l'ultimatum de Tanger en 1905. Il a aussitôt reproché à la gauche au pouvoir son immobilisme et son pacifisme. Dans les *Cahiers de la Quinzaine* qu'il a fondés comme dans ses poèmes d'une puissante beauté, sa foi très mystique et son engagement patriotique se mêlent pour faire de la France une personne, une personne charnelle et vivante, une personne qu'il faut défendre comme une mère et dont l'âme est irriguée par des siècles de christianisme. Lecteur assidu des *Cahiers de la Quinzaine*, de Gaulle partage autant la clairvoyance de Péguy sur la menace allemande que sa lecture chrétienne de l'Histoire.

« Ils ont la même notion charnelle de la terre française et la même mystique de la Patrie qui s'appuient d'abord sur une longue méditation historique, analyse l'historien Alain Larcan. Chez l'un comme chez l'autre, il existe un profond sentiment de l'unité et de la continuité de l'histoire nationale. [...] De Gaulle ne voit que continuité dans la succession : royauté, république, empire, rejoignant parfaitement Péguy qui écrivait en 1913 : "La République une et indivisible, c'est notre Royaume de France". » Alain Larcan souligne remarquablement la façon identique dont Péguy et de Gaulle distinguent mystique et politique. Pour le premier, le débat n'est pas entre républicains et royalistes, mais entre ceux qui ont une mystique et ceux qui n'en ont pas, et qui s'en vantent. Et pour le second, les grandes actions ne peuvent aboutir qu'appuyées sur une grande mystique[6].

Charles de Gaulle connaît parfaitement les œuvres de Péguy dans lesquelles sont confrontés les thèmes de la politique et de la mystique, notamment le *Mystère des Saints-Innocents*, le *Mystère de la charité de Jeanne d'Arc* ou encore *La Tapisserie de Notre-Dame* dans laquelle l'auteur manifeste encore et toujours son immense attachement à Jeanne d'Arc, placée au centre de plusieurs de ses écrits majeurs. Toute sa vie, de Gaulle ne cessera d'en citer les alexandrins les plus fameux. Maurice Schumann[7] racontera qu'à Londres, quand la nuit tombait sur une journée difficile, dans l'intimité de son bureau, le chef de la France libre récitait trois vers du poème *Eve* qu'il connaissait par cœur, le préférant entre tous car il célèbre en quelque trois mille quatrains le sacrifice des enfants de France pour « la terre charnelle » :

« Mère, voici vos fils qui se sont tant perdus
« Qu'ils soient réintégrés comme l'enfant prodigue
« Qu'ils viennent s'écrouler entre deux bras tendus ! »

Si on ne possède pas de déclaration (connue à ce jour) de De Gaulle, peu porté à manifester publiquement ses émotions, on imagine son désarroi lorsque Charles Péguy tombe au combat, le 5 septembre 1914 à Villeroy-sur-Marne, atteint d'une balle en plein front alors qu'il se tient à la tête de ses troupes face à l'ennemi, la veille de la bataille de la Marne. Dans *Clio*, Péguy avait écrit : « Ce qu'il y a peut-être de plus grand dans le monde et de plus beau [...] : d'être tranché dans sa fleur, de périr inachevé, de mourir jeune dans un combat militaire. » Ce qui nous ramène aux écrits de De Gaulle, à la veille de revêtir l'uniforme, lorsqu'il souhaite être cueilli par la mort sur un champ de bataille.

De Gaulle a souvent pensé que Péguy lui aurait été bien utile, à lui et à la France, en 1940. « Sans nul doute, s'il avait vécu, il aurait été "avec nous". Bien mieux ! Il l'était d'avance », écrira-t-il en 1964 à son ami Georges Cattaui qui lui a envoyé son essai sur Péguy[8]. En 1938, en exergue de *La France et son armée*, de Gaulle va s'inspirer de Péguy : « Mère, voyez vos fils qui se sont tant battus. » Et dans ses discours prononcés depuis Londres, il puisera encore dans sa mystique nationaliste et chrétienne pour invoquer « Notre-Dame la France » qui « tend les bras vers ceux de ses fils qui librement, volontairement, combattent pour la délivrer ». Toujours en se référant à Péguy, le 27 juin 1943, il s'adressera – non aux Français – mais directement, personnellement à la France, la mère patrie, la fille aînée de l'Eglise, en ces termes : « A la France, à Notre-Dame la France, nous n'avons à dire qu'une seule chose, c'est que rien ne nous importe ni nous occupe, excepté de la servir. Notre devoir envers elle est aussi simple et élémentaire que le devoir des fils à l'égard d'une mère opprimée [...]. Nous n'avons rien à lui demander, excepté peut-être, qu'au jour de la liberté, elle veuille bien nous ouvrir fraternellement les bras pour que nous pleurions de joie, et qu'au jour où la mort sera venue nous saisir, elle nous ensevelisse doucement dans sa bonne et sainte terre. »

Pour de Gaulle, comme pour Péguy, définitivement, la France est devenue une personne.

Malraux ne manifestant pas une grande proximité avec Péguy, c'est Alain Peyrefitte, alors porte-parole du gouvernement, qui sera chargé en 1964 d'aller prononcer le discours commémorant le cinquantième anniversaire de sa mort. De Gaulle a confié à Peyrefitte qu'il aurait souhaité rendre lui-même hommage à son maître spirituel mais que la charge de l'Histoire le conduisait à assister ce jour-là aux cérémonies commémoratives de la bataille de la Marne. Mais depuis Douaumont, le Général n'oubliera pas de s'y référer, pour la dernière fois publiquement dans un discours officiel. Evoquant le sanglant souvenir de 14-18, le « plus grand drame possible », il empruntera à Péguy pour rendre hommage aux soldats « couchés dessus le sol à la face de Dieu[9] ».

Admiratif de Bergson

Dans le Panthéon de Charles de Gaulle, Henri Bergson occupera une place vraiment à part, dès ses jeunes années. « Bergson n'était pas l'ami de mon père, mais mon père l'admirait profondément. Il connaissait Bergson que j'ai vu moi-même dans ma jeunesse et que j'ai profondément admiré. En fait, Bergson m'a profondément influencé parce qu'il m'a fait comprendre la philosophie de l'action », précisera de Gaulle au journaliste américain Cyrus Sulzberger. On remarquera que de Gaulle, qui ciselait d'ordinaire son vocabulaire, utilise trois fois le mot « profondément », ce qui permet de mesurer son attachement au philosophe dont les œuvres complètes figureront en bonne place, aux côtés de celles de Malraux, dans la bibliothèque de son bureau à Colombey-les-Deux-Eglises.

Ce que le jeune soldat trouve chez Bergson, c'est une réflexion sur l'intelligence et l'action, sur la force mentale. « L'intellect seul ne peut agir. Un homme intelligent ne devient pas automatiquement un homme d'action. L'instinct également est important. Bergson a montré que l'action provient de l'application combinée de l'intelligence et de l'instinct, tous deux travaillant ensemble. Toute ma vie, j'ai été conscient de l'importance essentielle de cette application [...]. Les grands hommes ont à la fois intelligence et impulsion. Le cerveau sert de frein à l'impulsion purement émotive [...]. C'est Bergson qui m'a fait me souvenir de cela, c'est lui qui m'a conduit jusqu'ici durant toute ma vie. » Chez Bergson, il adhère aussi à la force de la volonté, à cet « élan vital qui fait être, croître et transformer toute chose », à la vertu de l'effort et du renouveau, l'un et l'autre d'essence spirituelle. Quand la menace de la guerre se précisera, en 1939, Henri Bergson répétera que le seul moyen de sauver la France était de faire appel au colonel de Gaulle[10].

Le parcours spirituel de Bergson n'a pas pu laisser de Gaulle indifférent. De confession juive, le philosophe expliqua en 1937, à l'âge de soixante-dix-huit ans : « Mes réflexions m'ont amené de plus en plus près du catholicisme où je vois l'achèvement complet du judaïsme. Je me serais converti si je n'avais vu se préparer [...] la formidable vague d'antisémitisme qui va déferler sur le monde. J'ai voulu rester parmi ceux qui seront demain des persécutés. Mais j'espère qu'un prêtre catholique voudra bien, si le cardinal-archevêque l'y autorise, venir dire des prières à mes obsèques[11]. » En janvier 1941, il y aura bien un prêtre catholique au cimetière de Garches, à l'ouest de Paris, pour lire quelques prières devant la dépouille du « converti de cœur ».

Quand de Gaulle dit que Bergson a « renouvelé la spiritualité française », sans doute évoque-t-il la dernière œuvre du prix Nobel de littérature, *Les Deux Sources de la morale et de la religion*, publiée en 1932 et dans laquelle est théorisé le rôle social de la religion qui a, selon lui, « pour premier effet de soutenir et de renforcer les exigences de la société ». On sait que de Gaulle reprendra la formule de Bergson sur « le supplément d'âme » nécessaire à l'homme au sein de la société industrialisée. « La mécanique, écrit le philosophe, ne retrouvera sa direction vraie, elle ne rendra des services proportionnés à sa puissance que si l'humanité qu'elle a courbée encore davantage vers la terre arrive, par elle, à se redresser et à regarder vers le ciel. »

Pour relative qu'elle puisse paraître, l'influence du philosophe spiritualiste Emile Boutroux sur Charles de Gaulle fut bien réelle, c'est pourquoi il le cite parmi les quatre maîtres à penser de ses jeunes années. Boutroux est proche de Bergson dont il fut le maître avant d'être reçu deux ans avant lui, en 1912, à l'Académie française. C'est vraisemblablement en 1908 que de Gaulle, âgé de dix-huit ans, découvre Boutroux qui vient de publier *Science et Religion dans la philosophie contemporaine*, un essai dans lequel il professe que la religion et la science sont compatibles. Mais dans l'œuvre de Boutroux, l'ardent soldat a surtout retenu la théorie selon laquelle tout homme est l'artisan de son propre caractère, ce qui lui donne le pouvoir de changer le cours des événements... Maurice Schumann note que de Gaulle aime particulièrement l'aphorisme de Boutroux : « La vocation de l'homme est d'être maître des vents et des flots[12] » !

Chez ce philosophe de caractère purement français, de Gaulle s'est aussi emparé du thème de la contingence, c'est-à-dire ce qui est imposé à l'action par le hasard. Dans ses carnets personnels où il consigne ses réflexions de lecture, il note : « La contingence est le caractère de ce qui aurait pu ne pas être ou être différent[13]. »

Celui qui rassemblera autour de lui à Londres des hommes de toutes confessions et de tous horizons – comme il le fera ensuite au sommet de l'Etat – n'avait pu oublier les recommandations d'Emile Boutroux développées en 1925 dans *Morale et*

Religion, enjoignant aux hommes de pratiquer la tolérance par pur esprit d'amour et d'apprécier chez les autres plus les différences que les ressemblances.

Entraîné par Barrès

Pourquoi Charles de Gaulle aurait-il échappé à l'influence de Maurice Barrès, le « prince de la jeunesse », admiré par toute une génération ? Tout chez Barrès, son nationalisme républicain, sa soif de revanche au lendemain de Sedan, son attachement à la terre et aux ancêtres, sa religion de la patrie, sa fidélité aux racines chrétiennes de la France, son respect du sang glorifié des morts... ne pouvait qu'entraîner de Gaulle dans ses pas. N'est-ce pas Barrès qui, de haute lutte, parviendra en 1920 à faire instituer par la Chambre des députés la fête nationale de Jeanne d'Arc, chaque 8 mai. N'est-ce pas lui encore qui bagarre inlassablement devant les parlementaires anticléricaux pour sauver les édifices religieux menacés par les lois de Séparation.

Barrès est élu député de Paris et aussi à l'Académie française en 1906, alors que de Gaulle n'a que seize ans. Son nationalisme plaide pour restituer à la France une unité morale et créer ce qui lui manque le plus : une conscience nationale. « La terre nous donne une discipline et nous sommes le prolongement de nos ancêtres. Voilà sur quelle réalité nous devons nous fonder », affirme-t-il. Comme Péguy, Barrès manifeste la volonté d'accepter l'Histoire de la France comme une et entière, dans sa globalité, donc sans rejet en bloc de la période révolutionnaire, même s'il n'en partage en rien les excès. On sait que sur tous ces points, de Gaulle est au diapason.

Rien ne détournera jamais de Gaulle des idéaux puisés dans la pensée du « prince de la jeunesse », ce qui lui fera dire en 1954 : « Barrès n'a pas fini de m'enchanter » avant de préciser : « cette espèce de déchirement de l'âme, si l'on veut de désespoir, [...] m'ont toujours entraîné dans Barrès[14] ». A bien des égards, la forte personnalité qui s'est affirmée chez Charles de Gaulle dès l'âge de quinze ans renvoie au *Culte du moi*, œuvre majeure dans laquelle Barrès soutient que le caractère de l'individu doit se développer face à ce qui le contrarie, « contre les Barbares ». Barrès a vu dans les divisions nées de l'affaire Dreyfus la menace d'une désintégration de la communauté nationale. Puis, avec Péguy, inquiet par la montée des périls, il a préparé « l'âme française » à la guerre de 14-18, ce qui a contribué à éveiller l'inquiétude de l'étudiant Charles de Gaulle lorsque, depuis l'Allemagne, il faisait part à sa famille de l'imminence d'un conflit.

On trouve aussi chez Barrès la volonté de « donner de la France une certaine idée, pour lui permettre de jouer un certain rôle », ce que de Gaulle interprètera, dans sa phrase fameuse, par : « Toute ma vie, je me suis fait une certaine idée de la France [...] Le sentiment me l'inspire autant que la raison. Ce qu'il y a en moi d'affectif imagine naturellement la France telle la princesse des contes ou la madone aux fresques des murs, comme vouée à une destinée éminente et exceptionnelle. [...] Bref, à mon sens, la France ne peut être la France sans la grandeur[15]. »

Si Maurice Barrès « enchante » définitivement de Gaulle, c'est aussi parce que son catholicisme est inséparable des racines et des traditions de la vieille nation dont l'Histoire prend sa source au baptême de Clovis, parce qu'à ses yeux l'héritage chrétien de la France marque de façon indélébile nos structures politiques qui ne peuvent l'ignorer. Des positions que de Gaulle défendra explicitement toute sa vie, dans le strict respect de la République laïque.

L'indépendance manifestée par le croyant Maurice Barrès face à l'institution catholique va également marquer l'esprit de Charles de Gaulle et l'aider à fixer la bonne distance qu'il adoptera par la suite à l'égard de l'Eglise. C'est à la suite de la publication en 1922 de son roman *Un jardin sur l'Oronte*, inspiré par sa passion amoureuse pour la poétesse Anna de Noailles, que l'académicien se trouve attaqué par les catholiques, emportés par le journal *La Croix* qui y voit une offense à la morale chrétienne. Mais Barrès, qui a tant fait sur le plan politique pour défendre l'Eglise, ne se laisse pas faire : « Messieurs les critiques catholiques, leur réplique-t-il, je ne m'installe pas dans la chaire, je n'impose pas mes consignes aux fidèles ; ce rôle vous appartient puisque, à vous voir si agités, il semble que décidément les prêtres n'y suffisent pas. Pour moi, je ne suis ni docteur, ni sacristain ; je suis votre ami simplement, prêt à vous défendre contre les furieux du dehors, mais non à me soumettre aux furieux du dedans. Parce que j'aime les églises et l'Eglise, et que j'y reconnais les plus beaux traits de la beauté suprême, va-t-on croire que je renonce à tracer, autant que je pourrai, de belles figures féminines ? »

Charles de Gaulle a tellement puisé aux sources de la pensée de Barrès qu'il est possible d'en retrouver trace tout au long de ses écrits et discours. Même certitude chez l'un et chez l'autre que la réalité des faits et des circonstances prime sur les doctrines et les dogmes, thème du *Roman de l'énergie nationale* publié de 1897 à 1902. Même attachement à la terre rougie du sang des ancêtres, ce qui fait écrire à Barrès en 1913 dans *La Colline inspirée* qu'« il est des lieux où souffle l'esprit ». Même conviction que « c'est l'âme collective des peuples qui fait les grandes nations ». Même patriotisme pendant la Grande Guerre, qui fait de Barrès, dans la presse satirique, « le chef des bourreurs de crâne » et offre à de Gaulle l'occasion du baptême du feu qu'il attend depuis son fameux récit prémonitoire, rédigé dix ans plus tôt.

Influencé par Psichari

Parmi ceux qui ont influencé ou galvanisé les convictions du jeune Charles de Gaulle pendant ses années de formation militaire, sans doute autant que Péguy, Bergson, Boutroux et Barrès, figure Ernest Psichari, l'une des personnalités les plus marquantes de cette époque. Petit-fils d'Ernest Renan et fils d'un des fondateurs de la Ligue des droits de l'homme au moment de l'affaire Dreyfus, ce « saint laïc » s'était rallié avec beaucoup de difficultés à la IIIe République. Lieutenant d'artillerie coloniale, Ernest Psichari sera l'un des premiers officiers à tomber au champ d'honneur en Belgique, le 22 août 1914, trois semaines après l'entrée en guerre de la France. A l'âge de trente et un ans.

Orthodoxe mûrement converti au catholicisme par ses amis Charles Péguy et Jacques Maritain, cet officier intellectuel a basculé dans une sorte de mystique militaire et nationale nourrie par ses réflexions solitaires au cours de ses missions au Congo et en Mauritanie. Dans des livres qui marqueront toute une génération de jeunes officiers jusqu'à l'entre-deux-guerres, il vante les « pures grandeurs » de l'ordre militaire. « Entre tous les hommes, c'est le soldat qu'il [Dieu] a choisi, afin que la grandeur et la servitude du soldat fussent la figuration, sur la terre, de la grandeur et de la servitude du chrétien », écrit-il dans le *Voyage du centurion*. Déjà, en 1906, dans une réponse à Jacques Maritain qui l'invitait à rejoindre l'Eglise catholique, « cette belle maison spirituelle », Psichari avait révélé sa pensée : « Si réellement Dieu existe, je pense que ceux qui s'en rapprochent le plus, ce sont les hommes – saints de l'Eglise, soldats, penseurs – qui participent de cette vertu morale essentiellement divine[16]. »

Mais le mysticisme de Psichari prend une tout autre dimension lorsqu'il évoque son désir de mourir pour la France. « Comment ne croirions-nous pas à la vertu du sang répandu pour la patrie ? Oui, nous savons que le sang des hosties offertes à la patrie nous purifie. Nous savons qu'il purifie la France. [...] Nous savons bien, nous autres, que notre mission sur terre est de racheter la France par le sang. »

De Gaulle commence à lire Psichari bien avant d'avoir ses galons d'officier. Très vite, il est séduit par sa conception de l'action militaire : un combat justifié par la défense de la liberté, fondé sur le don de soi dans la fidélité à Dieu et à la patrie. « Pour Psichari, la soumission du soldat ne constitue qu'une figure d'une soumission plus haute », souligne l'historien Jean-Luc Barré, biographe du philosophe Jacques Maritain. Gloire militaire et sacrifice chrétien ne font qu'un. Dans le cœur de ces hommes habités par cette mystique vit l'âme de la France. Et toujours l'intelligence doit l'emporter sur la force. Tel sera de Gaulle qui, bien des années après, parlera d'Ernest Psichari comme de l'« admirable semeur » d'un esprit « militairement militaire » qui rend hommage à la nécessité du « rôle spirituel et moral qu'est l'esprit de notre métier ». Il affirmera, dans le tumulte de l'année 1936 : « Comme l'écrit Psichari, nous sommes d'un métal pur ou alors nous ne sommes rien[17]. »

Sur le plan strictement militaire, de Gaulle empruntera à Psichari le concept de l'armée professionnelle, dans laquelle l'officier colonial voyait la seule armée capable de recéler tout à la fois une mystique patriotique et une morale de comportement. C'est de cette doctrine que le lieutenant-colonel de Gaulle s'inspirera, en 1934, pour rédiger *Vers l'armée de métier* qu'il dédicace « A l'Armée française, pour servir à sa foi, à sa force, à sa gloire[18]. » Après la Première Guerre mondiale qui a vu, une fois encore, l'ennemi enfoncer notre système défensif sur la frontière nord-est – « cette trouée dans l'enceinte [qui] est l'infirmité séculaire de la patrie » –, de Gaulle ne veut plus de « ce mortel boulevard [dans lequel] nous venons d'ensevelir le tiers de notre jeunesse ».

« Psichari a laissé de lui une image de moine-soldat consacrée par sa mort au champ d'honneur. Sa figure se révèle cependant plus complexe ; il y a chez ce soldat devenu officier un fonds d'indiscipline permanent, et chez ce catholique [...] un humanisme vibrant », soutient sa biographe Frédérique Neau-Dufour[19]. Là encore, on voit une évidente filiation avec de Gaulle, d'une part avec l'indiscipliné général de juin 1940 et, de l'autre, avec le chef d'Etat humaniste qui placera le service de l'homme au centre son action politique.

L'ÉPREUVE DE LA GRANDE GUERRE

En 1910, au 33e régiment d'infanterie d'Arras, le seconde classe Charles de Gaulle fête ses vingt ans et obtient ses galons de caporal puis de sergent avant d'entrer comme élève officier, le 16 octobre, à l'Ecole spéciale militaire de Saint-Cyr. Un mois plus tôt, Marc Sangnier a abandonné contre son gré la direction du Sillon pour se tourner vers l'action politique. Trop progressiste aux yeux du Vatican, le mouvement catholique a été sévèrement condamné dans la lettre *Notre charge apostolique* envoyée le 25 août au clergé français par le pape Pie X. La « fausse doctrine » du Sillon, sa philosophie de la triple émancipation (politique, économique et intellectuelle), son principe d'égalité reposant sur le nivellement des classes et surtout sa farouche volonté d'échapper à tout contrôle ecclésiastique l'ont conduit, selon Rome, à se placer hors du « génie catholique français ».

On sait que Charles de Gaulle, influencé par le catholicisme social du Nord, est très séduit par les idées du Sillon et par la volonté du mouvement de ramener la classe ouvrière dans le giron de l'Eglise. Il regarde aussi avec intérêt la façon dont Sangnier fait vivre le débat au sein de la communauté catholique après l'appel au ralliement à la République lancé dès 1890 par le pape Léon XIII, prédécesseur de Pie X. Mais de Gaulle ne fera aucun commentaire sur la « crise du Sillon », sans doute en raison de l'obligation de réserve que lui impose son statut militaire. L'élève officier reste très pratiquant ; on le voit prier au cours des offices au milieu de ses camarades mais sans ostentation excessive, contrairement au Vendéen Jean de Lattre de Tassigny qui récite ses prières à voix haute et se jette à genoux au pied de l'autel de la chapelle de Saint-Cyr. « Ce grand jeune homme pâle, ses camarades le surnomment "le Coq" et "le Grand Charles"[20]. » Il est discret et même un peu distant, dans une sorte de méditation permanente qui fera dire quelques années plus tard à l'un de ses chefs, le général Prételat, qu'il s'agit d'un homme « tourné vers l'intérieur et la méditation ». Chez lui se forge alors cette personnalité et ce caractère dont il dira un jour : « C'est du caractère que procède l'élément suprême, la part créatrice, le point divin, à savoir : le fait d'entreprendre » !

Quand le sous-lieutenant de Gaulle, à sa sortie de Saint-Cyr où il s'est classé 13e sur 211, regagne le 33e régiment d'infanterie d'Arras en octobre 1912, il y montre aussitôt une ferveur toute exemplaire. « Il se donne de tout cœur et fait preuve d'une grande intelligence », rapportent ses chefs. Il dira de son premier colonel – qui n'est autre que Philippe Pétain – qu'il lui a démontré « ce que valent le don et l'art de commander ». Dans une conférence qu'il prononce devant ses subalternes en 1913, de Gaulle dit « préférer le chauvinisme à un patriotisme trop raisonneur » ! Pour lever toute ambiguïté, il puise dans le vocabulaire chrétien pour assener que « le patriotisme est une véritable foi, [qui] ne peut s'accroître en discutant ». Et il ajoute : « Comme me l'a dit à moi-même, il y a dix ans, celui que M. de Freycinet appelait le plus grand patriote du siècle, Déroulède : "Celui qui n'aime pas sa mère plus que les autres mères et sa patrie plus que les autres patries n'aime ni sa mère ni sa patrie". »

Le jeune officier comprend très vite que l'engrenage qui mènera à la Grande Guerre est enclenché dans les Balkans. Si la Bulgarie, la Grèce, le Monténégro et la Serbie alliés ont pu vaincre l'occupant turc en 1912, le mécontentement de la Bulgarie après l'arbitrage russe et le traité de paix la conduit, dès 1913, à se retourner contre ses anciens alliés. La Bulgarie vaincue perd une grande partie de son territoire. On a utilisé l'aviation dans la guerre pour la première fois. Les tensions internationales sont très fortes. On sait comment l'assassinat de l'archiduc François-Ferdinand, héritier du trône d'Autriche-Hongrie, par un jeune nationaliste serbe en juin 1914 à Sarajevo, puis la guerre austro-serbe déclenchée le 28 juillet, puis celle entre l'Allemagne et la Russie à partir du 1er août conduiront à la déclaration de guerre de l'Allemagne contre la France le 3 août.

Quelques semaines plus tôt, c'est bien en soldat chrétien que le lieutenant fantassin a écrit : « Une armée ne vaut que par les forces morales. C'est à nous, les cadres, qu'il appartient de les créer. » Voici Charles de Gaulle, qui s'y est préparé depuis longtemps, face à l'ultime épreuve, celle du feu, physiquement et moralement consacré au service de la mère patrie. De Péguy, il a retenu que « mieux vaut une guerre pour la justice qu'une paix dans l'injustice[21] ».

La veille de la déclaration de guerre, il a rejoint les armées du nord-est où sert le 1er bataillon du 33e RI. Le voici tout de suite engagé sur le front, à l'extrême gauche du dispositif de la Ve armée, aux environs de Mézières. Dans une lettre adressée presque aussitôt à sa mère, il raconte la ferveur spirituelle des troupes face à la foudre qui menace : « Messe des soldats extrêmement émouvante. L'aumônier, l'abbé Vitel, est certainement bien. » Cinq jours plus tard, il se rend le soir au salut du Saint-Sacrement. « Nous voulons Dieu. *Pace Domine* très touchant », note-t-il sur son carnet.

Le 15 août 1914, fête de la Vierge Marie qu'il pria tant lorsqu'il était élève à Antoing, le voici sur le pont de Dinant, se portant à la tête de ses hommes lorsqu'il subit sa première blessure au combat. « J'ai l'impression que mon moi vient à l'instant de se dédoubler : un qui court comme un automate et un autre qui l'observe avec angoisse. J'ai à peine franchi la vingtaine de mètres qui nous séparent de l'entrée du pont que je reçois au genou comme un coup de fouet qui me fait manquer le pied. Les quatre premiers qui sont avec moi sont également fauchés en un clin d'œil. Je tombe et le sergent Debout tombe sur moi, tué raide ! », raconte-t-il avec l'humilité de celui qui vient de quitter l'univers de la guerre théorique pour la cruelle vérité de la boue et du sang[22]. Le destin veut que le sergent Debout soit le neveu de l'évêque d'Arras, où siège le régiment. Sérieusement blessé à la jambe droite, de Gaulle est évacué et hospitalisé à Arras, puis à Paris avant d'être dirigé vers l'hôpital Desgenettes à Lyon. Il ne rejoindra le front que le 14 octobre, près de Châlons-sur-Marne pour prendre le commandement de la 7e compagnie avant d'être appelé à seconder le colonel Claudel à la tête du régiment.

Du front, où les combats rapprochés avec l'ennemi sont effroyables, il écrit à sa mère et s'inquiète de l'évolution de cette guerre qui a gangréné toute l'Europe, particulièrement de la situation du corps expéditionnaire français qui vient de débarquer sur les deux rives des Dardanelles. Et dans cette lettre à sa « bien chère Maman » se révèle la pertinence de sa réflexion géostratégique, nourrie d'une parfaite connaissance de l'Histoire et d'un profond attachement aux racines chrétiennes de la vieille Europe. « Les choses iraient naturellement beaucoup plus vite si les Bulgares, les Grecs, séparément ou ensemble, se joignaient à nos troupes. Quel rôle odieux jouent les Allemands dont toute la politique en Orient tend à diviser les Chrétiens contre les Musulmans ? Et comment est-il possible que le Pape favorise – il n'y a pas à dire – les infidèles au détriment des Croisés, ou du moins hésite entre eux ? Je veux bien admettre que les motifs qui portent nos troupes sur Constantinople sont médiocrement chrétiens ; mais il n'est pas douteux que notre succès sera avant tout un succès chrétien, et que la destruction de l'Empire turc sera un coup terrible porté à l'Islamisme, à l'avant-garde de la Chrétienté. Les répercussions en seront immenses, en particulier aux Indes et surtout en Afrique où la doctrine de Mahomet s'étend avec une rapidité effrayante, interdisant ainsi pour des siècles le succès des missionnaires catholiques et protestants, et aussi le progrès de notre Civilisation[23]. »

C'est la première fois qu'il fait état des enjeux religieux de la guerre dans le courrier qu'il adresse à ses parents, jusqu'à deux ou trois lettres par semaine. C'est plus souvent l'incurie de la classe politique qui fait l'objet de ses flèches. « Le Parlement devient de plus en plus odieux et bête [...]. Nous serons vainqueurs, dès que nous aurons balayé cette racaille, et il n'y a pas un Français qui n'en hurlerait pas de joie, les combattants en particulier », écrit-il à sa mère avant de souligner à son père toute l'absurdité de maintenir à Salonique « les bons soldats et les excellents obus » qui seraient si utiles pour « détruire l'ennemi sur le théâtre d'opérations décisif[24] ».

« L'IMITATION DE JÉSUS-CHRIST »

De Gaulle devient le plus jeune capitaine de cette armée française qui, entre août 1914 et la fin de l'année 1915, perdra plus de 400 000 hommes... Alors qu'il inspecte la ligne de front avec deux lieutenants, un obus éclate à proximité. Ses hommes se couchent mais lui reste droit, impassible : « Vous avez peur, messieurs[25] ? » De Gaulle peut difficilement assister à la messe dans les tranchées, mais il garde précieusement sur lui *L'Imitation de Jésus-Christ*, un petit livre de piété datant du XIV ou du XVe siècle, très populaire, dont sainte Thérèse de l'Enfant-Jésus disait : « Je soutenais ma vie spirituelle avec la pure farine contenue dans *L'Imitation*. » En janvier 1915, rencontrant par hasard un prêtre qu'il connaît, il le sollicite pour se confesser puis le charge de son courrier. Mais le 10 mars 1915, blessé à la main au cours des combats de Mesnil-lès-Hurlus, en Champagne, il doit quitter le front jusqu'en juin en raison d'une inflammation qui lui a envahi tout le bras.

Placé à la tête de la 10e compagnie de mitrailleuses dès février 1916, il monte avec le 1er corps d'armée en renfort à Verdun et c'est là, blessé à la cuisse gauche par un coup de baïonnette près du village de Douaumont, qu'il tombe aux mains des Allemands le 2 mars 1916. Les combats ont été terribles. Sa compagnie a été pilonnée puis encerclée. Il se retrouve prisonnier au camp d'Osnabrück. Convaincu qu'il a été tué, l'état-major le propose pour une citation à l'ordre de l'armée qui paraitra au *Journal officiel* le 7 mai suivant, signée du général Pétain ! La citation précise qu'au moment de sa mort, cet officier « déjà renommé pour sa haute valeur intellectuelle et morale, entraîne sa compagnie à la contre-attaque dans un combat furieux et un corps-à-corps farouche, seule solution qu'il juge compatible avec l'honneur militaire. Est tombé dans la mêlée. Officier hors pair, à tous égards. »

« Si je n'avais pas été chrétien catholique, je crois que j'aurais été moins courageux au combat. J'aurais eu peur de mourir alors que je n'ai eu simplement que peur de souffrir », dira-t-il beaucoup plus tard à son fils Philippe, devenu militaire à son tour[26].

Humilié, blessé mais vivant, de Gaulle est interné tour à tour au camp de Sczuczyn, en Lituanie, jusqu'en octobre 1916, puis au camp d'Ingolstadt, en Bavière, jusqu'en juillet 1917, puis à celui de Rosenberg, en Franconie, jusqu'en octobre, avant de revenir à Ingolstadt jusqu'en mai 1918 où, après la dissolution du camp, il sera interné au camp de Wülzburg, en Bavière. C'est de là qu'il parviendra à s'évader fin novembre 1918 pour regagner Lyon. À cinq reprises, il avait tenté de s'évader, mais sans succès. Chaque fois, trahi par sa grande taille, il avait été repris par les Allemands quelques jours plus tard…

Pendant sa captivité, Charles de Gaulle, en « observateur avisé du fait religieux dans l'Histoire[27] », se livre à la lecture et note sur ses précieux carnets, au jour le jour, des citations ou des réflexions essentiellement d'ordre religieux. Pêle-mêle, il évoque le père Lacordaire qui refusa de remonter dans la chaire de Notre-Dame après le coup d'Etat de Louis Napoléon Bonaparte le 2 décembre 1851. Ou les Coptes-Unis qui sont « un rite catholique de la Haute-Egypte et, se prétendant héritiers des anciens solitaires de la Thébaïde, révèrent surtout saint Antoine et saint Pacôme ». Attaché au latin, il relève que « l'abbé Châtel amusa Paris après 1830 avec son Eglise dite française, [qui] disait la messe et chantait les vêpres en français ». Il évoque encore la surprise du pape Pie VII qui découvre à son arrivée à Fontainebleau pour le sacre que Napoléon et Joséphine n'étaient pas mariés religieusement. Il note encore la phrase d'Alphonse Daudet pour qui « l'esprit de Renan est une cathédrale désaffectée »…

Les dizaines de notes et citations qu'il consigne dans ses carnets prouvent son érudition mais aussi sa grande curiosité pour le fait religieux qu'il considère comme indissociable de l'Histoire. Ses carnets sont à ses yeux si précieux qu'il parvient à les conserver sur lui pendant ses tentatives d'évasion, à travers les forêts de Bavière ou de Franconie[28]. Plus tard, dans d'autres carnets, il reprendra un texte des frères Tharaud sur la Palestine : « Je ne suis pas du tout déçu de trouver si peu d'endroits où l'on puisse affirmer que le Christ a mis ses pas. Ce qui m'émerveille plutôt, c'est que ce pays si petit ait suffi à une si grande histoire. » Ou une citation en latin de l'Evangile de saint Luc : « Ceux-là qui, ayant entendu la Parole, l'abandonnent et se laissent étouffer par les soucis, les richesses et les plaisirs de la vie, 8,14[29]. »

Dans une lettre adressée à ses parents le 19 décembre 1917 se mesure la détresse du prisonnier condamné à l'inaction. « Un chagrin qui ne se terminera qu'avec ma vie et dont je ne pense pas devoir jamais rencontrer d'aussi profond et d'aussi amer m'étreint en ce moment plus directement que jamais. Etre inutile aussi totalement et aussi irrémédiablement que je le suis dans les heures que nous traversons quand on est de toutes pièces construit pour agir, et l'être par surcroît dans la situation où je me trouve et qui pour un homme et un soldat est la plus cruelle qu'on puisse imaginer ! »

Une anecdote, rapportée par Marcel Diamant-Berger qui fut son compagnon de captivité au Fort IX d'Ingolstadt en 1917, montre que le capitaine de Gaulle ne se contente pas de lire, de réfléchir, de prendre des notes et de donner des « cours d'évasion » à ses compagnons d'infortune. Comme tout soldat en captivité, il est capable de petites actions relevant autant du système D que du chapardage… Ce jour-là, un ouvrier serrurier venu au Fort pour y faire des réparations constate que son chapeau s'est mystérieusement « envolé ». Informé du larcin, le commandant jure que l'affaire n'en restera pas là et que le chapeau sera retrouvé lorsque l'aumônier du Fort, l'abbé Michel, entre dans la pièce et déclare qu'il vient de recevoir, sous le secret de la confession, un officier qui s'est accusé du vol :

« C'est un officier très repentant, plaide l'abbé Michel, un rien amusé ; aussi m'a-t-il remis 20 marks afin de les donner à cet homme qui pourra avec cette somme s'en acheter deux. »

« Le chapeau ? » demande ensuite le prêtre au commandant Goys de Mezeyrac, autre prisonnier français.

« C'est de Gaulle qui l'a volé, pendant que je faisais le guet... Comme vous êtes bien sage, venez dans ma chambre, je vais vous le montrer[30]. » L'envie de posséder un couvre-chef avait été la plus forte...

Au-delà de cette anecdote, l'abbé Michel, devenu curé de Varennes-en-Argonne, Marcel Diamant-Berger et de Gaulle garderont toute leur vie des contacts amicaux. A Diamant-Berger qui lui signale la mort du prêtre en août 1970, de Gaulle écrira, trois mois avant sa propre disparition : « C'est avec une profonde tristesse que j'avais appris la mort du chanoine Michel, notre ancien camarade de captivité du Fort IX... » Du chapeau du serrurier, il n'en avait plus jamais été question...

Le jour de l'armistice, le 11 novembre 1918, Georges Clemenceau monte à la tribune de la Chambre des députés et rend hommage aux soldats : « ... honneur à nos grands morts, qui nous ont fait cette victoire [...] Quant aux survivants vers qui nous tendons la main et que nous accueillerons quand ils passeront sur nos boulevards, en route vers l'Arc de Triomphe, qu'ils soient salués d'avance ! Nous les attendons pour la grande œuvre de reconstruction sociale. Grâce à eux, la France, hier soldat de Dieu, aujourd'hui soldat de l'humanité, sera toujours le soldat de l'idéal. »

Quand de Gaulle, évadé du camp de Wülzburg, arrive à Lyon le 2 décembre 1918, l'élan de solidarité et de patriotisme qui a, sous le feu et dans la boue des tranchées, rassemblé face à l'ennemi des hommes de toutes conditions sociales et de toutes convictions, a aussi réduit les clivages entre croyants et anticléricaux.

Dans la très catholique Pologne

Dès avril 1919, à sa demande, le capitaine de Gaulle est détaché auprès de l'armée de la très catholique Pologne, où la République a été proclamée en novembre 1918 mais qui se trouve ruinée par la guerre et protégée par des frontières incertaines. Dès son arrivée, il se confie à sa mère dans une lettre qui commence par « ma bien chère Maman » et se termine par : « Mille affections à Papa. Votre fils très affectionné et respectueux. » « C'est au fond, écrit-il, une destinée mélancolique que celle du soldat, toujours errant. Mais il faut accepter sa destinée. C'est le plus bel effort à faire sur soi-même, c'est aussi le plus indispensable. » Une solitude qui lui pèse plus encore un an plus tard lorsqu'il confesse à sa mère : « C'est Pâques aujourd'hui, et comme dit Lamennais : "L'exilé partout est seul." Je me sens bien seul[31] ! »

En Pologne, nommé commandant au sein de la 5e division de chasseurs, il participe en mai 1919 à l'offensive contre les Russes en Volhynie. Mais il déplore surtout l'effondrement social et moral de la société. Les Russes qui occupaient le pays l'ont saigné, empêchant selon lui les Polonais de faire quoi que ce soit. De ces derniers, il raconte : « Ces gens livrés à eux-mêmes ne sont bons à rien, et le plus terrible est qu'ils se croient excellents en tout. » Il décrit à Varsovie « une foule de gens plus ou moins décorés venue de Russie, de Russie-Blanche, de Lituanie, où les bolcheviques occupent leurs terres, et qui malgré leurs malheurs s'amusent frénétiquement. [...] La bonne société ne se refuse rien. En bas grouillent dans la ville cinq cents mille miséreux dont on se demande de quoi ils vivent...[32] »

Cette misère ne l'épargne pas, ce qui le conduit, après un cambriolage de sa chambre où on lui a volé 2 000 marks, ses deux paires de chaussures et tout son linge, à réclamer à sa mère une avance de 500 francs qu'il s'engage à rendre en cinq mois sous la forme d'une délégation de solde de 100 francs par mois. « Je suis navré, confus, mais que devenir ? » lui écrit-il, précisant qu'il ne lui reste que ses bottes ! On trouve déjà chez de Gaulle cette distance, voire ce mépris des catholiques pour l'argent. Il est capable de se plaindre de sa solitude, de l'errance dans laquelle le tient sa condition militaire mais jamais de l'insuffisance de sa solde. Sur cette abnégation liée à la condition de soldat, il écrira : « Des hommes ont adopté la loi de perpétuelle contrainte. Les droits de vivre où il convient, de dire ce qu'ils pensent, de se vêtir à leur guise, ils les ont bénévolement perdus. Un ordre suffit, désormais, pour les fixer ici, les porter là-bas, les séparer de leur famille, les soustraire à leurs intérêts.

Un ordre d'un chef les fait se lever, marcher, courir, les jette aux intempéries, les prive de sommeil et de nourriture, les enferme dans un poste ou force leur fatigue. Ces hommes ne disposent pas de leur vie[33]. »

On ne sait exactement de quelle nature fut la relation du jeune capitaine, affecté à Varsovie au cabinet du général commandant la Mission militaire française en Pologne, avec la jeune princesse Czetwertinska, rapportée dans ses *Mémoires* par l'ancien ambassadeur de Pologne à Paris, Stanislas Gajewski[34]. Lui très grand et elle très petite, le témoin raconte qu'ils ne passaient pas inaperçus au célèbre café Blikka où ils allaient ensemble déguster une pâtisserie ! De Gaulle, ultérieurement interrogé par son fils Philippe, qualifiera cette histoire de ridicule.

« Un amour profond et sanctifié »

Charles de Gaulle rentre en France pour une permission en mai 1920 alors qu'à Rome le pape Benoît XV s'apprête à canoniser Jeanne d'Arc. Depuis juillet 1904, les relations diplomatiques sont rompues entre la France et le Vatican mais, dans un souci d'apaisement, le président du Conseil Alexandre Millerand a nommé pour l'occasion un ambassadeur extraordinaire, l'académicien Gabriel Hanotaux, historien de la Pucelle d'Orléans. Pour de Gaulle, qui grâce à Péguy a fait entrer Jeanne d'Arc dans son panthéon personnel, la canonisation de Jeanne est un événement important. C'est à cette période, nous l'avons vu, que Maurice Barrès obtient la création de la fête nationale de Jeanne d'Arc...

Mais cette permission de deux mois en France et celles qui suivront vont surtout permettre à Charles de Gaulle de rencontrer Yvonne Vendroux, une jeune fille de la grande bourgeoisie de Calais avec laquelle il va assez rapidement s'unir devant Dieu et vivre pendant presque cinquante ans dans le strict respect des sacrements de l'Eglise.

C'est à l'occasion du mariage de son frère Xavier, en septembre 1919, qu'il avait évoqué pour la première fois la perspective de prendre une épouse. Il répondait à une lettre de sa mère et lui confessait : « Vous m'invitez à suivre la même voie [que Xavier]. Vous savez, ma bien chère Maman, que j'y suis tout décidé. Mais pour le moment, je ne suis qu'un exilé. Lorsque j'aurai fini l'année de séjour en Pologne [...] alors je ne chercherai rien de mieux. » Et, en s'adressant à ses parents quelques mois plus tard, il était revenu sur le sujet : « Vous savez bien ce que je souhaite que cette année m'apporte à moi-même : une famille et, dans la tranquillité d'un amour profond et sanctifié, le pouvoir de donner à quelque autre tout le bonheur qu'un homme peut donner[35]. »

Selon les usages en cours à cette époque dans les bonnes familles, Henri et Jeanne de Gaulle profitent du passage de leur fils en France pour arranger une rencontre avec la famille Vendroux. Henri de Gaulle recourt pour ce faire à l'entremise d'une famille amie, les Denquin-Ferrand, dont le père a été élève avec lui chez les jésuites de la rue de Vaugirard. Les uns sont parrains ou marraines des enfants des autres, et *vice versa*. Toutes les garanties sont donc réunies pour se retrouver entre gens bien, de même origine sociale et dont l'attachement à l'Eglise catholique ne souffre d'aucune réserve ; ce qui n'est pas sans importance. Les Vendroux, industriels ayant acquis une belle aisance grâce à leur fabrique de biscuits, ont fourni neuf maires successifs à la ville de Calais depuis 1703, mais ils ne comptent aucun militaire dans leurs rangs. Généralement, les familles bourgeoises regardent avec un peu de distance ces militaires dont les soldes sont si modestes. Mais Marguerite Vendroux, qui a servi comme infirmière bénévole à l'hôpital de Calais pendant la guerre de 14-18, ne rechignerait pas à donner sa fille Yvonne, qui vient de fêter ses vingt ans, à l'un de ces valeureux jeunes officiers qui ont sauvé la patrie au péril de leur vie. En sachant que, le cas échéant, la surface financière des Vendroux mettrait le futur jeune couple à l'abri du besoin.

La rencontre en présence des familles, toutes deux bien enracinées dans le Nord, est suivie peu après par une visite de Charles et Yvonne à l'exposition Van Dongen au Salon d'automne qui se tient au Grand Palais à Paris. La jeune fille a bien confié à une amie qu'elle n'épouserait jamais un militaire car aller de ville en ville et de garnison en garnison ne lui disait rien. Elle a aussi remarqué que ce fier officier avait près de quarante centimètres de plus qu'elle ! Pourtant, après la visite au Salon d'automne, elle accepte son invitation au prestigieux bal de Saint-Cyr qui se tient quelques semaines plus tard à l'hôtel des Réservoirs, à Versailles. Quelques jours après ce bal en grande tenue, à son frère Jacques-Philippe envoyé « en mission » par les familles pour la sonder, Yvonne répond catégoriquement : « Ce sera lui ou personne[36] ! » La seule chose qui ait été soigneusement cachée à la jeune fille par sa famille est que la rencontre avec Charles de Gaulle a été arrangée. Chacun craignait que son caractère indépendant et déjà bien affirmé ne la conduise à repousser cette combine…

Avant cette rencontre, les parents de Gaulle avaient envisagé pour leur fils un mariage avec une cousine, Adèle Kolb. Depuis la Pologne, Charles avait bien gardé le souvenir de cette « jeune fille en effet charmante dont l'intelligence réservée et la délicate finesse [l]'avaient très sérieusement frappé[37] ». Mais l'histoire en était restée là. Une autre prétendante, une fille de châtelains, avait aussi été envisagée mais, rapportera Philippe de Gaulle : « La jeune fille était assez jolie, bien que boitant. Il hésita, par pitié, mais jugea cet attendrissement insuffisant pour faire route ensemble le reste de sa vie[38]. » Il faudra attendre 1942 pour apprendre par de Gaulle lui-même, dans un courrier adressé à un restaurateur français installé à Londres, qu'il avait aimé profondément une jeune fille du Nord en 1917. A propos des bombardements sur les populations civiles, il précisera : « Je puis même vous dire, en confidence, que cela a été cause d'un des plus grands chagrins personnels de ma vie, car une jeune fille, qui était alors presque ma fiancée, fut tuée à Lille de cette façon par un obus anglais en 1917. » On ne saura rien de plus sur cette mystérieuse « presque fiancée » qu'il s'était choisie sans l'intervention de sa famille ! Elle confirme le caractère galant mais prudent du jeune officier qui affirmera dans ses notes personnelles que, pour échapper aux pièges de l'existence, il faut considérer l'amour comme un « assaisonnement de la vie » ! Par ailleurs, à propos de son affectation au

33e régiment d'infanterie d'Arras, en 1912-1913, commandé par le colonel Pétain, il confiera : « A cette époque, j'étais très sur les femmes. Pétain aussi ; ça nous rapprochait[39]. »

Quand Charles de Gaulle regagne la Pologne, il a fait le nécessaire pour que la gendarmerie donne son avis sur la famille Vendroux car le règlement militaire exige que tout officier obtienne, certificat de moralité à l'appui, l'accord de son supérieur avant de se marier ! Les événements se précipitent car les fiançailles ont lieu dès le 11 novembre 1920, deux ans jour pour jour après l'armistice... Après le mariage civil le 6 avril 1921 à la mairie – une simple formalité sans festivités – la célébration religieuse a lieu le lendemain en l'église Notre-Dame de Calais et revêt une gravité bien plus grande aux yeux des familles, toutes deux très pratiquantes. Le mariage est pour elles un sacrement de la plus haute importance, qui consacre la famille comme source de la vie et cellule indivisible de la société. Charles et Yvonne savent depuis l'enfance que seule la mort peut désunir ce que Dieu a uni.

Parmi les trois célébrants, il y a l'abbé Baheux, un ami des Vendroux, qui s'adresse aux jeunes époux en leur rappelant – mais était-ce bien nécessaire ? – le caractère sacré de leur engagement. C'est dans cette église qu'au lendemain de sa naissance, le 22 mai 1900, la jeune mariée avait été baptisée, recouverte d'un grand linge en point d'Angleterre, offert à la fin du XVIIe siècle à un ancêtre Vendroux par la reine Marie d'Angleterre, épouse du très catholique roi Jacques II. Yvonne avait ensuite été portée sur l'autel de la chapelle de la Vierge pour être consacrée à

Marie, dont le culte était alors très répandu après les différentes apparitions de la rue du Bac à Paris, de Lourdes et de Notre-Dame de La Salette. Petite fille, Yvonne avait toujours été vêtue de blanc et de bleu, les couleurs de la Vierge[40]. Ce que Charles ne peut savoir quand il marche vers l'autel, c'est qu'un ancêtre d'André Malraux, son futur compagnon, repose dans cette église Notre-Dame de Calais.

Voitures hippomobiles, robe de satin blanc pour elle, redingote d'uniforme bleu horizon pour lui, aria de Bach, marche nuptiale de Mendelssohn écorchée par l'organiste, échange d'alliances avec cette particularité que le marié, en raison d'une blessure de guerre à la main gauche, glisse la sienne à l'annulaire droit, réception bourgeoise avec mets fins et grands crus, semblant de valse car Charles ne sait pas danser, fuite du jeune couple pour une nuit de noces à l'hôtel Lutetia à Paris, lune de miel en Italie sur le lac Majeur et à Venise… Le mariage du capitaine de Gaulle avec Yvonne a été conduit sabre au clair !

Un soldat catholique et républicain

Nommé professeur-adjoint d'histoire à Saint-Cyr, Charles de Gaulle, âgé de trente et un ans, adopte une attitude de grande indépendance qui préfigure ce que sera désormais sa conduite tout au long de sa vie. Au sein de l'armée, au lendemain de la Grande Guerre, beaucoup d'officiers sont encore tiraillés par une certaine nostalgie de la monarchie et reproche à la République de vouloir faire disparaître l'Eglise. De

Gaulle, lui, adhère alors au journal *Le Temps*, dont la ligne éditoriale, certes modérée, soutient les principes républicains. Peu lui importe que la publication soit mal vue tant de l'institution militaire que des milieux d'Eglise. Plus compromettant pour lui, il fréquente l'une des grandes figures du monde militaire du moment, le lieutenant-colonel Emile Mayer, de confession juive, dont les idées non conformistes sur la psychologie du commandement et sur le dogme de l'autorité dérangent la hiérarchie. Avec le lieutenant-colonel Lucien Nachin, comme lui blessé et prisonnier pendant la Première Guerre mondiale et qui restera un ami très proche, de Gaulle rejoint le cercle des hommes politiques, des journalistes, des écrivains et des militaires qui se réunissent autour de Mayer chez son gendre, Paul Grunebaum-Ballin, juif lui aussi. Ses échanges avec Mayer, à qui il fera lire les manuscrits de *Vers l'armée de métier* et de *La France et son armée*, contribuent chez de Gaulle à faire avancer sa doctrine. La fréquentation de ce groupe lui apprend la liberté de penser, de débattre, de contester, de faire bouger les concepts de combat. Et, quand l'intérêt supérieur le commande, de désobéir. La fréquentation de Mayer et de Grunebaum, estime l'historien Michel Brisacier, a sans doute conduit de Gaulle à ne plus porter sur les juifs des jugements trop abrupts, tel celui consigné dans ses carnets en mai 1919 alors qu'il sert en Pologne. Dans la situation chaotique à Varsovie, il avait ainsi décrit la communauté juive : « Au milieu de tout cela, d'innombrables juifs détestés à mort de toutes les classes de la société, tous enrichis par la guerre dont ils ont profité sur le dos des Russes, des Boches et des Polonais, et assez disposés à une révolution sociale où ils recueilleraient beaucoup en échange de quelques mauvais coups[41]. » En rencontrant Mayer et ses amis, le jeune officier sort pour la première fois des cercles catholiques. N'oublions pas que sa mère ne lui a pas enseigné la tolérance, elle qui refusait d'avoir à sa table un protestant, relation de travail de son mari, estimant qu'elle n'avait pas à recevoir un hérétique sous son toit !

Charles et Yvonne de Gaulle se comportent comme un jeune couple catholique très pratiquant. A Paris où ils se sont installés, d'abord face au très bruyant métro aérien boulevard de Grenelle puis square Desaix, jamais ils ne manquent la messe dominicale. Une seule fois, ils se risquent dans une boîte de nuit de Pigalle, pour s'y ennuyer. Et, puisque le couple uni devant Dieu a vocation à faire des enfants, d'heureux événements arrivent, Philippe, le 28 décembre 1921, à peine neuf mois après les noces, puis Elisabeth, le 15 mai 1924. Deux enfants qui sont très tôt baptisés et à qui leur maman parle de Dieu et récite les prières. « Je peux témoigner que je n'ai jamais vu mon père étreindre ma mère, racontera Philippe. Quand il la retrouvait le soir, il l'embrassait sur le front ou sur la joue, ou parfois sur les deux joues. Pour nous, leur intimité s'arrêtait là. »

« Dieu est le maître de tout »

A peine Philippe et Elisabeth sont-ils en âge d'en comprendre la signification que leurs parents les conduisent à la messe où leur père leur dit : « Mes enfants, on vient là pour adorer Dieu, pour lui rendre hommage. Dieu est le maître de tout, c'est le Sort avec un grand S, le destin. Alors naturellement, si on se laisse aller, le sort vous abandonne. Mais il est possible qu'il soit difficile et cruel quoi que vous fassiez. En définitive, ce n'est pas vous qui êtes le Juge suprême[42]. » Dès qu'ils y seront admissibles, les deux enfants seront inscrits dans des institutions religieuses. « C'était leur volonté à tous les deux. Ils considéraient que l'éducation de base essentielle, la véritable richesse, était la formation religieuse, celle qui vous donne force et courage[43]. »

Nul doute possible, la foi d'Yvonne est bien – au minimum – à l'égal de celle de son mari. Suivant en cela les recommandations de l'Eglise portées en chaire par la voix des curés et inscrites dans tous les manuels d'éducation chrétienne, l'instruction religieuse des enfants est « la grande œuvre » des parents, première priorité de toute famille catholique. Cette éducation placée sous le regard de Dieu valorise l'effort, le sens du devoir, la discipline, l'acceptation de sa condition et de ses souffrances, le respect de ses parents et des autres. On ne se moque pas des infirmes, on pratique la charité, on ne se plaint ni ne gémit.

Comme son mari, Yvonne a fait toutes ses études dans des institutions religieuses. Après ses petites classes à Notre-Dame de Calais, comme Charles qui avait suivi les jésuites en Belgique, elle a gagné l'Angleterre en 1914 pour rejoindre la très huppée école de la Sainte-Union de Calais, chassée par les lois de Séparation. Et, en 1916, pour échapper aux bombardements de Calais, avec ses sœurs, elle a été pensionnaire chez les sœurs dominicaines à Asnières avant de les suivre, en 1918, à Mortagne-au-Perche puis à Périgueux. Pour qu'elle puisse acquérir le goût de l'effort, ses parents l'ont encouragée à faire de l'alpinisme, un sport de plein air – ce qui est bon pour le corps – et qui demande beaucoup de maîtrise de soi – ce qui est excellent pour l'esprit. A dix-neuf ans, encordée avec deux guides, elle a même gravi un sommet des Alpes de plus de 3 400 mètres ! Et, avec sa mère très engagée dans les associations de secours aux nécessiteux de Calais, la jeune fille s'est beaucoup occupée des veuves et orphelins de la Grande Guerre, jusqu'à son mariage. Jamais pourtant elle n'acceptera de parler de ses missions chez les démunis, les considérant comme tout à fait naturelles. A n'en pas douter, Yvonne Vendroux a bien toutes les qualités et convictions pour partager la vie de Charles de Gaulle, même si en l'épousant elle a renoncé au train de vie grand-bourgeois de sa famille[44].

Pour Charles de Gaulle, c'est bien l'engagement chrétien qui donne son sens fondamental et sa pérennité au couple et à la famille. Vingt-cinq ans après son mariage, il écrit à Claude Vendroux, l'une des nièces d'Yvonne qui lui annonce le sien : « Notre famille a toujours été profondément liée et c'est une des douceurs et des consolations de mon existence depuis le jour où j'eus moi-même le bonheur de recevoir à Calais la bénédiction qui m'unissait à ta tante… »

Auditeur à l'Ecole supérieure de Guerre puis affecté pour une courte période à l'état-major de l'armée du Rhin à Mayence, le capitaine de Gaulle rejoint à Paris, en 1925, le cabinet du maréchal Pétain, vice-président du Conseil supérieur de la Guerre, pour travailler à la rédaction d'un ouvrage, intitulé *Le Soldat*, dans lequel le vainqueur de Verdun souhaite consigner ses idées et son expérience sur le commandement d'un régiment. Cette tâche de « nègre littéraire », qui conduira à une brouille entre les deux hommes[45], n'est pas très exaltante pour de Gaulle qui a déjà signé, l'année précédente, son premier livre *La Discorde chez l'ennemi*, dans lequel il prône l'ordre et la discipline et appelle les futurs chefs militaires à « pétrir leur esprit et leur caractère d'après les règles de l'ordre classique ».

Cette affectation semble lui laisser un peu de temps, car il continue à noircir ses carnets de réflexions personnelles, à la fois historiques et religieuses, preuve de sa volonté de toujours parfaire sa vision du monde en crise. Aussi parle-t-il de « la Pologne catholique à laquelle une Lituanie catholique, indépendante, devrait se fédérer… » ou encore de « la Prusse confiée à l'ordre Teutonique par l'Eglise et le Saint Empire romain pour y monter la garde contre les barbares », notant que « le grand maître de l'ordre, Albert de Brandebourg, se défroqua et fit du pays un fief héréditaire à son profit[46] ».

Cette même année 1925, il suit les conférences de Carême à Notre-Dame de Paris, prêchées par le père Sanson, un religieux qui remplace l'un de ses frères oratoriens, le père Laberthonnière, mis à l'index par l'Eglise pour son rôle dans le mouvement moderniste du début du siècle, notamment à la tête des *Annales de philosophie chrétienne*. Les textes du père Sanson sont de la plume de son ami Laberthonnière, mais de Gaulle le sait-il ? Il y a cette année-là, au pied de la chaire de Notre-Dame, un jeune collégien de seize ans encore inconnu qui racontera : « Imaginez Notre-Dame de Paris envahie par la foule des grandes heures de la cathédrale, le premier dimanche de Carême 1925. Le bouleversement que provoque en moi le père Sanson ne tint que partiellement à la beauté de sa voix, à la splendeur d'une action parfaitement coordonnée à l'ampleur du vaisseau, au sujet lui-même qui était abordé : l'inquiétude humaine[47]. » Cet adolescent est le futur père dominicain Ambroise-Marie Carré. Fidèle à sa devise « Souviens-toi d'aimer », cette grande figure du catholicisme deviendra pendant la Seconde Guerre mondiale un modèle de résistance au nazisme, apportant sans distinction de race ou de religion son aide aux personnes menacées par le régime de Vichy. Ce qui lui valut de recevoir la croix de guerre et la Légion d'honneur, sur décision de… Charles de Gaulle ! Jusqu'à son dernier jour, il gardera avec le fondateur de la Ve République une relation épistolaire régulière.

A Lourdes, selon le vœu de sa mère

Et voici de Gaulle – cette fois avec Yvonne – en partance pour Trèves, en Allemagne, où le tout nouveau commandant prend, en 1927, la tête du 19e bataillon de chasseurs à pied. Il s'agit d'une unité d'élite. A Paris, au moment de la nomination, le directeur de l'Infanterie a dit à ses adjoints : « Je mets en place un futur généralissime ! » C'est pour Yvonne le premier des quelque dix déménagements qu'elle connaîtra entre son mariage et le début de la guerre de 1939-1945. C'est aussi le moment pour Charles de faire un immense plaisir à sa « chère petite Maman » en acceptant de se rendre en pèlerinage familial à Lourdes. En 1914, voyant ses quatre fils partir à la guerre, Jeanne de Gaulle avait fait le vœu à la Vierge de réunir toute sa famille au pied de la grotte miraculeuse si tous les quatre lui revenaient vivants. Grâce à la force de ses prières, elle avait connu l'immense bonheur de les retrouver non seulement en vie mais tous les quatre décorés de la croix de guerre ; ce qui n'était pas rien pour cette fervente patriote. Entourée de ses quatre fils et de leur sœur Marie-Agnès, Jeanne de Gaulle s'agenouille longuement au pied de la statue de la Vierge. Seule Yvonne n'est pas du voyage. Elle est restée à Trèves pour éviter toute fatigue. Elle attend son troisième enfant.

Un troisième enfant, chez les de Gaulle, c'est un minimum. « Le couple doit avoir de quoi être remplacé, avec un troisième enfant en complément », répétera le Général. La natalité est vivement encouragée par les prêtres dans leurs sermons, et après le passage de « la grande faucheuse » en 14-18, le gouvernement engage lui-aussi les couples à avoir plusieurs enfants, punissant de prison ceux qui incitent à la contraception. Les frères et sœur de Charles auront jusqu'à sept enfants.

A la tête du 19ᵉ BCP à Trèves, de Gaulle se montre dur, exigeant, d'une rigueur extrême. Il se met une partie de l'encadrement à dos en imposant, contre l'avis du médecin-chef du bataillon, une marche de cinquante kilomètres par une température polaire. Pendant l'hiver 1927-1928, une terrible épidémie de grippe frappe la population rhénane, n'épargnant pas les soldats du 19e BCP où l'on compte sept morts. Parmi les victimes, se trouve le jeune chasseur Gouraud, un enfant de l'Assistance publique, pour lequel il n'y a donc nulle famille à prévenir. C'est alors que le commandant de Gaulle, forçant l'admiration de ses hommes, y compris chez ceux qui déplorent son intransigeance, s'occupe du soldat orphelin comme s'il s'agissait de son propre fils, veillant à l'organisation des obsèques avec l'aumônier et portant même le deuil, un crêpe noir cousu à sa vareuse pendant plusieurs mois. Dur avec les autres comme avec lui-même, pour le service de la patrie, mais fondamentalement chrétien.

Anne, un signe du Ciel

Le 1er janvier 1928 marque le début d'une douloureuse épreuve pour le couple de Gaulle, toujours en garnison en Allemagne, avec la naissance de la petite Anne, dont on découvre cinq mois plus tard qu'elle souffre de trisomie. A cette époque, le mongolisme fait peur. Il est présenté comme une « association de l'idiotie congénitale et d'un faciès mongolien » et les symptômes décrits ne manquent pas d'effrayer : bouche entrouverte laissant couler la salive, langue scrotale, dents irrégulières et gâtées, faciès inexpressif…[48]

L'arrivée de cette enfant anormale bouleverse le couple. « Nous abandonnerions tout ce qui est ambition, fortune, etc., si cela pouvait améliorer la santé de notre petite Anne », confie la jeune maman à une amie. L'un et l'autre se demandent d'où vient ce handicap et s'ils en sont responsables. On en sait si peu sur cette maladie que de Gaulle envisage une longue vie pour Anne. A son ami le colonel Nachin, il écrit : « Elle verra peut-être l'an 2000 et la grande peur qui se déchaînera sans doute sur le monde à ce moment-là. Elle verra les nouveaux riches devenir pauvres et les anciens riches recouvrer leur fortune à la faveur des bouleversements. Elle verra les socialistes passer doucement à l'état de réactionnaires. »

Biographe – remarquable – d'Yvonne de Gaulle, l'historienne Frédérique Neau-Dufour soutient que, pour la jeune maman, « le comportement de son mari est déterminant. Il lui indique la voie. Il lui montre, au-delà des soucis et de l'accablement causé par Anne, qu'une autre vision des choses est possible. A Yvonne tentée par le renoncement, il transmet sa foi en l'impossible [...]. Oui, cet enfant est digne d'amour. Et plus encore, elle est un signe du Ciel. Aux yeux de ce grand croyant, elle relève de l'épreuve divine. Dépourvue de raison, privée d'intelligence, elle figure l'être humain dans toute sa faiblesse [...]. Par sa présence muette, elle vient rappeler qu'aucune vie n'est vécue en vain[49] ».

Pendant les vingt années de vie de sa fille Anne, quels que furent ses soucis et obligations, de Gaulle acceptera, en chrétien, comme un don de Dieu, la charge de cette enfant pas comme les autres. Ni lui ni Yvonne ne se plaignit jamais. Il ne fut pas question un seul instant de placer Anne dans un hospice pour la soustraire au regard des autres, alors que c'était toujours le cas à cette époque, surtout dans les familles de la bonne société où la naissance d'un enfant anormal avait quelque chose de honteux. Même si l'effort financier à consentir était conséquent en regard d'une simple solde d'officier, une personne fut engagée à demeure pour s'occuper d'Anne. « Certains soirs, quand il rentrait de son unité, à Trèves, il allait embrasser ma sœur, alors qu'il embrassait peu. [...], précise Philippe de Gaulle. Il n'y avait, de la part de mon père, que des marques d'affection pour Anne. Il la cajolait, il lui racontait des histoires, essayait de lui mettre des choses entre les doigts, des objets, des mouchoirs, de lui faire battre des mains, de lui chanter des comptines malgré sa voix peu assurée. Il lui faisait parfois écouter des disques pour enfants sur un petit phonogramme[50]. »

PROCHE DE LA TERRE SAINTE

Lorsqu'à l'invitation de Philippe Pétain il est nommé, en octobre 1929, à l'état-major du général-commandant supérieur des troupes du Levant à Beyrouth, pour de Gaulle se pose le problème d'emmener ou non Anne dans ce périple lointain. La question est à peine posée que Yvonne y répond. Pas question pour elle de rester à Paris avec ses trois enfants : « Je ne vous quitte pas, et j'emmène Anne, tranche-t-elle. – C'est entendu, répond-il. Dieu nous l'a donnée, nous la gardons. Nous devons la prendre en charge telle qu'elle est et où qu'elle soit[51] ! » Même la gouvernante effectue donc la traversée en bateau, aux frais des De Gaulle car l'armée n'a pas l'intention de prendre à sa charge le montant du passage, ignorante de la situation particulière de cette famille.

Pour les historiens militaires, le poste de « chargé du renseignement » accepté par de Gaulle à Beyrouth marque une rupture dans sa brillante carrière. Nul ne comprend pourquoi cet officier ambitieux et proche des milieux influents et de Pétain a accepté cette forme d'exil, sauf à vouloir souffler un peu en vivant plus près de sa famille et de sa petite Anne, car il rentrait presque tous les soirs. Il avait aussi été séduit par la perspective de servir au Levant, proche de la Terre sainte, à la source de la Chrétienté. C'est l'avis du général Catroux, son camarade de captivité pendant la guerre de 14-18 et qui restera jusqu'au dernier jour l'un des fidèles parmi les fidèles. « Quoi de plus passionnant, pour un croyant, que cette terre où sont nées les grandes religions monothéistes et où elles s'affrontent dans toute leur intensité spirituelle ? », répond Catroux, lui-même en poste au Levant peu avant l'arrivée de De Gaulle[52]. C'est aussi l'analyse de Pierre Fournié, spécialiste des questions militaires : « Le privé l'emporte sur le reste, [...] le père et le chrétien ont pris l'avantage sur le soldat[53]. » C'est un pèlerinage vers l'apaisement intérieur, au milieu de paysages bibliques qui n'ont pas changé depuis les temps hébraïques[54]. C'est si vrai que le seul voyage du couple pendant ses deux années et demie passées au Liban est consacré à visiter la Terre sainte, Jérusalem et le Saint-Sépulcre, avant de faire route vers la Palestine pour y prier à la basilique de la Nativité à Bethléem puis dans l'église de l'Annonciation à Nazareth, près de la maison de Marie. Une quinzaine de jours dans les pas du Christ, à travers les paysages des Ecritures alors sous administration britannique.

Quand il est à son bureau, le commandant de Gaulle rentre souvent déjeuner chez lui. Le couple reçoit très peu et se fait très rare dans les mondanités pourtant nombreuses à Beyrouth. Philippe entre en 8e chez les pères jésuites, comme son père et son grand-père avant lui, et Elisabeth commence à lire et à écrire avec les religieuses, dans le beau couvent des Dames de Nazareth. Ses rares amis raconteront que de Gaulle consacrait tout son temps libre à la petite Anne, qui grandissait sans que son état s'améliore vraiment, même si, dans une lettre à son père, il évoque « quelques progrès ». Chaque dimanche, c'est en famille qu'ils se rendent à la messe de onze heures à l'église Saint-Louis-des-Capucins ou, pour les fêtes de Pâques et de Noël, à la cathédrale Saint-Michel de Beyrouth. On les voit même assister de temps en temps aux offices religieux maronites, dont les prières sont dites en langue arabe.

Sur la situation au Levant sous mandat, de Gaulle n'est pas optimiste. Il pond des rapports pour signaler que les mandataires ne savent pas très bien où ils vont, que les esprits orientaux vivent dans l'excitation, que les populations ne sont jamais satisfaites et ne se soumettent qu'à la volonté du plus fort, si celle-ci est exprimée… Il estime que « notre destin sera d'en arriver [à la contrainte] ou bien de partir d'ici[55] ». Chargé d'un rapport sur « l'Histoire des troupes françaises au Liban », il en justifie la présence dans le pur esprit des croisades…

Pendant ce temps, à Beyrouth, Yvonne donne un peu de son temps aux associations chrétiennes. En relation avec un prêtre qui organise des pèlerinages en Terre sainte pour des catholiques français, elle se charge un jour de réserver un hôtel pour accueillir les visiteurs. Hélas, faute de bien connaître la ville et ses quartiers réservés, l'établissement qu'elle a choisi est un hôtel de passe. L'erreur fut découverte à temps pour épargner aux pèlerins une dérangeante promiscuité. L'anecdote semble avoir bien amusé le commandant de Gaulle. Lui, de son côté, sait se rendre disponible quand on le sollicite, comme ce 3 juillet 1930 où il prononce un discours lors de la distribution des prix à l'université Saint-Joseph de Beyrouth. Toutes les valeurs de l'officier chrétien se retrouvent dans son intervention :

« L'hellénisme, la force romaine, la diffusion du christianisme, l'ordre classique, la révolution française, l'impérialisme récent, l'évolution sociale d'aujourd'hui n'ont pas tenu seulement aux circonstances. Ces grands mouvements n'eussent pas été possibles sans une flamme partout répandue : la passion pour un idéal. [...] Mais, pour les grandes tâches collectives, ce n'est pas assez d'avoir de l'énergie et des aptitudes. Il y faut du dévouement. Il y faut de la vertu de sacrifier au but commun quelque chose de ce qu'on est, de ce qu'on a, de ce qu'on ambitionne. Il y faut, non l'effacement, mais l'abnégation des personnes [...] Oui, le dévouement au bien commun, voilà ce qui est nécessaire. »

De Beyrouth, il livre ses réflexions sur l'armée en signant plusieurs articles importants dans les grandes publications militaires, notamment dans la très sérieuse *Revue militaire française* qui a la réputation de porter les idées les plus innovantes sur l'évolution du système de défense de la France. Dans son intervention devant la Chambre des députés, le ministre de la Guerre, André Maginot, puise dans les écrits de De Gaulle, un peu avant le vote de la loi de janvier 1930 qui officialise l'édification de la fameuse « ligne Maginot » sur l'axe Metz-Thionville et dans la région Lauter-Vosges. De Gaulle a fait savoir son opposition à un tel concept de défense, statique et vulnérable. Même isolé en Orient, sa pensée militaire n'a donc pas disparu des milieux concernés. C'est ce qui explique, en partie du moins, le choix de Philippe Pétain de le faire rentrer à Paris en novembre 1931 pour l'affecter au Secrétariat général du Conseil supérieur de la Défense nationale (CSDN).

L'Epée de la Chrétienté

En poste à Paris jusqu'en juin 1937, de Gaulle croise le chemin des hommes politiques les plus influents et des militaires du plus haut rang, les Herriot, Chautemps, Laval, Painlevé, Daladier, Weygand, Gamelin… et, bien sûr, le maréchal Pétain, qui suit de près l'évolution de la pensée militaire de cet officier sérieux et cultivé, toujours prompt à défendre ses idées, fussent-elles à contre-courant. Au Conseil supérieur de la Défense nationale, le lieutenant-colonel de Gaulle découvre surtout le poids écrasant de la bureaucratie militaire, qui semble à ses yeux stériliser toute réflexion sur la stratégie et toute évolution des concepts militaires issus de la guerre de 14-18.

Toutefois, le respect de De Gaulle pour le héros de Verdun est intact et se lit entre les lignes de son livre *Le Fil de l'épée*, publié en juillet 1932. Dans ce second ouvrage, il reprend en partie ses articles publiés dans les revues, mais il justifie surtout magistralement l'action de guerre à travers les âges, à une période où, sans doute fatigués par les deux sanglants conflits de 1870 et de 1914-1918, le peuple et ses élites s'abandonnent au pacifisme. Et, cette fois encore, c'est le souffle de l'Histoire et la force intérieure du croyant qui guident la plume de De Gaulle : « Pavois des maîtres, rempart des trônes, bélier des révolutions, on lui doit [à l'action de guerre] tour à tour l'ordre et la liberté. Berceau des cités, sceptre des empires, fossoyeur de décadences, la force fait la loi aux peuples et leur règle leur destin. En vérité, l'esprit militaire, l'art des soldats, leurs vertus sont une partie intégrante du capital des humains. On les voit incorporés à toutes les phases de l'Histoire [...]. Car, enfin, pourrait-on comprendre la Grèce sans Salamine, Rome sans les légions, la Chrétienté sans l'épée, l'Islam sans le cimeterre, la Révolution sans Valmy, le Pacte des Nations sans la victoire de la France ? » Et de poursuivre, en chrétien pénétré de l'idée de la guerre salvatrice : « Et puis, cette abnégation des individus au profit de l'ensemble, cette souffrance glorifiée – dont on fait les troupes – répondent par excellence à nos concepts esthétiques et moraux : les plus hautes doctrines philosophiques et religieuses n'ont pas choisi d'autre idéal. »

Le croyant justifie encore le recours à la guerre dans ce passage du *Fil de l'épée*, mille fois repris depuis : « Les armes remuent au fond des cœurs la fange des pires instincts. Elles proclament le meurtre, nourrissent la haine, déchaînent la cupidité. Elles auront écrasé les faibles, exalté les indignes, soutenu la tyrannie. On doit à leur fureur aveugle l'avortement des meilleurs projets, l'échec des mouvements les plus généreux. Sans relâche, elles détruisent l'ordre, saccagent l'espérance, mettent les prophètes à mort. Pourtant, si Lucifer en a fait usage, on les a vues aux mains de l'Archange. De quelles vertus elles ont enrichi le capital moral des hommes ! Par leur fait, le courage, le dévouement, la grandeur d'âme atteignirent les sommets. »

Face à la mélancolie qui gagne les armées, sentant venir la menace, de Gaulle estime qu'« il est temps que l'élite militaire reprenne conscience de son rôle prééminent, qu'elle se concentre sur son objet qui est tout simplement la guerre, qu'elle relève la tête et regarde vers les sommets »... Cette supplique hautaine et un peu comminatoire adressée aux héros les plus étoilés de l'état-major demande une bonne dose de culot de la part d'un officier qui n'a pas encore décroché son grade de lieutenant-colonel ; ce qui sera fait cinq mois après la parution du *Fil de l'épée*.

En mai 1932, Charles de Gaulle perd son père, âgé de quatre-vingt-trois ans. Il en éprouve un lourd chagrin dont personne ne saura rien, car il n'est pas de mise chez lui de se livrer quand il s'agit des sentiments privés. Henri de Gaulle, avec son âme de professeur, était devenu un correcteur vigilant et écouté des livres publiés par son fils, dont il lui arrivait de nuancer les propos trop abrupts. Pendant ses dernières années, dans sa maison de Sainte-Adresse, près du Havre, il avait gardé une grande activité intellectuelle, réalisant quotidiennement des figures géométriques compliquées. En juillet de la même année, c'est Jacques-Philippe Vendroux, le père d'Yvonne, qui s'éteint après une intervention chirurgicale à l'hôpital de Charleville, bientôt suivi par son épouse Marguerite, emportée en août 1933 par un cancer de la langue après des mois de dures souffrances. De Gaulle se renferme mais ne souffle mot.

Au sein du Secrétariat général de la Défense nationale (SGDN), où une sélection de hauts gradés se chargent de la coordination interministérielle de la Défense aux fins de préparer la nation à toute éventualité de guerre, il assiste impuissant aux basses manœuvres de l'état-major et aux rivalités, parfois violentes, entre militaires et politiques. Il observe d'un côté la clairvoyance de nombreux officiers sur l'inquiétante sclérose du système de défense, qui nécessite des transformations urgentes, et de l'autre, une totale absence de courage pour assumer, sur les plans politique et militaire, les réformes qui s'imposent. Sur le plan économique, la France est touchée de plein fouet par la Grande Dépression née en 1929 aux États-Unis. Les classes moyennes sont les plus touchées par la crise. C'est alors qu'éclate l'affaire Stavisky, du nom de cet escroc lié à plusieurs parlementaires radicaux. Son procès a fait l'objet de dix-neuf renvois sur intervention du ministre radical Camille Chautemps, beau-frère du procureur de la République en charge du dossier. Le suicide mystérieux d'Alexandre Stavisky, le 8 janvier 1934, ne met pas fin à la crise. Les groupes politiques de droite et les ligues d'extrême droite tentent sans succès de renverser « la gueuse » – c'est ainsi qu'ils appellent la République – au cours des manifestations de février 1934 auxquelles se sont jointes les puissantes associations d'anciens combattants. La France est exposée tout à la fois au désordre de la rue, à l'immobilisme politique et au déclin économique, alors que de l'autre côté du Rhin, Adolf Hitler, le puissant chancelier du Reich, crée les trois premières *Panzerdivisionen* !

De Gaulle continue à fréquenter le cercle de réflexion d'Emile Mayer, où s'échangent des informations de première main. Ils se rencontrent seul à seul, souvent le lundi, à la brasserie Dumesnil, pour travailler sur les théories nouvelles de « la guerre de l'avenir », c'est-à-dire l'arme blindée et l'armée professionnelle. Pour aider de Gaulle, ignoré des centres de décision, à faire avancer ses idées dans tous les courants politiques, Mayer lui organise un rendez-vous avec le socialiste Léon Blum. Sans effet puisque Blum expose aussitôt dans les colonnes du *Populaire* la crainte que lui inspirent les théories de De Gaulle. Pendant ses six années passées au SGDN, de 1931 à 1937, il va connaître quatorze ministères ! Dans l'un des sept textes importants qu'il publie, il évoque « l'Arlésienne » à propos de la nouvelle politique de défense qu'il ne voit pas venir, alors que l'Allemagne réarme à grande allure[56].

La publication, en avril 1934, de *Vers l'armée de métier* va au moins lui permettre de rencontrer l'ancien ministre Paul Reynaud, influent député de Paris. Et il va le convaincre aussitôt. C'est le journaliste Jean Auburtin, dont les articles véhiculent déjà les thèses de De Gaulle, qui s'est chargé de prendre le rendez-vous. Directement inspiré par de Gaulle dont il a fait siennes les idées, Paul Reynaud défend le 15 mars 1935 devant la Chambre des députés le principe d'un corps blindé et mécanisé de haute qualité, servi essentiellement par des militaires professionnels car le degré de technicité qu'exigent ces engins motorisés ne permet pas de les confier aux soldats du contingent. Mais les partis de gauche, au nom du pacifisme, et le gouvernement, toujours « accroché » à la ligne Maginot défendue par l'état-major, combattent vigoureusement ce projet. Un nouveau texte sur la création d'un corps cuirassé, directement élaboré par de Gaulle, est repoussé à l'unanimité par la commission de l'Armée au Parlement, car jugé « contraire à la logique et à l'histoire »...

De Gaulle se désole de cette situation qui condamne la France à subir une nouvelle fois, tôt ou tard, la loi de l'adversaire allemand. Mais il ne renonce pas à diffuser ses idées, même si la haute hiérarchie militaire, il le sait, lui fera payer son insubordination. L'état-major, pense-t-il, l'a placé sous surveillance et c'est donc à sa femme qu'il confie le soin de poursuivre un contact discret avec les journalistes qui le soutiennent, notamment avec André Pironneau de *L'Echo de Paris*, qui lui aussi se sert de son épouse pour brouiller les cartes !

Très concentré sur ses travaux, de Gaulle travaille tard, chaque soir chez lui, sous la lampe. On voit la famille se rendre à la messe du dimanche. Elisabeth est l'élève des religieuses de Notre-Dame-de-Sion et Philippe étudie au collège Stanislas. Pour limiter les dépenses de la famille, Yvonne a remercié l'une des deux domestiques, ne conservant que les services de la gouvernante d'Anne, dont l'état ne progresse pas. Les livres du lieutenant-colonel font débat mais ne se vendent qu'à quelques centaines d'exemplaires. Moins de mille ! Aucun revenu complémentaire n'est donc à attendre de ce côté. Leur train de vie est si modeste que, peu avant Noël 1936, de Gaulle écrit à sa mère : « Voici venir Noël, que nous passerons, quant à nous, de la façon la plus simple. Nous irons à la messe de minuit à Sion et nous réveillonnerons à la maison [...]. Il faut tâcher de s'abstenir ces jours-ci de toutes les préoccupations et de tous les soucis qui nous assaillent en cette dure période[57]. » Dure période en effet, car la Rhénanie a été remilitarisée, la guerre civile ravage l'Espagne et, en France, la victoire du Front populaire aux élections de mai 1936 et l'arrivée de Léon Blum à Matignon ont été suivies de grèves d'envergure et d'occupations d'usines, dans un climat de grande violence.

Ses années de bagarre politique dans les milieux influents de Paris, conduite à partir des réseaux d'amitiés, prennent fin en septembre 1937 lorsque le lieutenant-colonel de Gaulle – il sera promu colonel en décembre suivant – est affecté au commandement du 507e régiment de chars de combat à Metz. Il s'agit d'un régiment important, stationné sur ce front Est où il a beaucoup théorisé la guerre mécanisée à livrer à l'ennemi. Sans doute l'état-major lui a-t-il confié cette lourde responsabilité autant en regard de ses grandes qualités que pour le placer au pied du mur...

Les prières à sainte Odile, la petite infirme

L'affectation à Metz est regardée très positivement par Charles et Yvonne, principalement parce qu'elle marque une rupture avec le tumulte parisien, ses luttes sourdes, ses intrigues, ses contraintes sociales. Ce repli en province va permettre au couple de se retrouver, notamment au cours de plusieurs retraites spirituelles effectuées au monastère du mont Sainte-Odile. « Il fallait se retirer du monde pour réfléchir, vérifier son parcours, se reconsidérer soi-même dans sa vie de couple et dans sa vie personnelle », précisera l'amiral Philippe de Gaulle[58].

Le choix du monastère du mont Saint-Odile, animé par les religieuses de la congrégation alsacienne des sœurs de la Croix, a sans doute été fait par Charles de Gaulle et sa femme pour deux raisons essentielles, même si aucun écrit ne vient éclairer ce point. D'une part, de la terrasse du cloître du monastère perché sur un éperon, la vue embrasse toute la plaine d'Alsace, avec le Rhin et Strasbourg, ainsi que la Forêt-Noire, en terres allemandes. Et le colonel, si préoccupé par la menace ennemie et la réponse à y apporter, ne pouvait avoir choisi ce lieu de retraite spirituelle sans y penser. D'autre part, il y a l'histoire du lieu, que de Gaulle ne peut ignorer. En effet, le monastère a été créé sur les vestiges d'un ancien sanctuaire fondé au VIIe siècle par la fille d'Etichon, le duc mérovingien d'Alsace. L'enfant, née chétive et aveugle, fut cachée pour échapper à la colère de son père qui voulait la supprimer en raison de son handicap. Elle devait recouvrer la vue le jour de son baptême, autour de l'âge de douze ans, en prenant le prénom d'Odile. L'adolescente miraculée refusera le mari choisi par son père pour se consacrer à Dieu en fondant le monastère qui porte son nom. Douze ans, c'est l'âge du miracle pour Odile, c'est aussi, à quelques mois près, celui d'Anne quand ses parents viennent prier la sainte…

Comme à Trèves à la fin des années 1920, le colonel de Gaulle exerce son commandement avec une extrême fermeté. Il adopte pour le 507e RCC une nouvelle devise qui résume tout : « Toujours le plus. » Son caractère intraitable ne lui attire pas que des amitiés. « Si vous ne savez pas commander, rendez vos galons ! » lance-t-il un jour à un subalterne. Les chars sont toujours prêts au départ, les hommes entraînés sans répit, la discipline respectée du haut en bas du régiment.

« En cherchant trop exclusivement à s'endurcir, à s'affermir, à contrarier la nature, à se priver de toute douceur, sans doute ce jeune officier, formé par la lecture de Corneille et de Vigny, risque-t-il de se raidir, de se tendre à l'excès, de s'isoler, de devenir étranger au commun des hommes, de paraître inhumain », dira de lui Georges Cattaui, son premier biographe, pourtant très admiratif de son sujet[59].

Un chef exigeant et charitable

A Metz, jamais de Gaulle ne manque la messe dominicale. « Chaque dimanche, se souvient l'épouse d'un commandant du 507e RCC, on pouvait voir le colonel de Gaulle et sa femme se rendre à la messe à 8 heures, à la chapelle Sainte-Thérèse. Ils avaient une place favorite, au fond de la chapelle à gauche, près d'un confessionnal[60]. » Le chef de corps pratique sa religion à titre privé ; en se plaçant au fond de l'église, il échappe ainsi au regard de ceux qui, parmi les huit cents hommes du régiment, assistent à l'office. Par circulaire du ministre de la Guerre, les officiers sont tenus à un strict devoir de neutralité, à la fois politique et religieux, auquel de Gaulle ne déroge pas. Sauf une fois, mais de façon détournée ! Pour inciter ses soldats à se rendre plus souvent à l'église, il les autorise à porter le bel uniforme blanc d'ordinaire réservé aux cérémonies officielles pour assister à la messe du dimanche. Jamais les églises de Metz n'avaient connu pareille affluence…

Une nouvelle fois, pendant leurs deux années lorraines, les de Gaulle font ce qu'ils peuvent, dans la mesure de leurs moyens, pour pratiquer la charité. D'une sévérité froide dans l'exercice de ses fonctions, le colonel se montre solidaire de ses hommes à la moindre occasion. Comme il convient à une épouse de commandant de régiment, Yvonne veille à secourir les soldats dans le besoin, suivant l'exemple de sa mère dans ses fonctions d'infirmière bénévole à la Croix-Rouge de Calais pendant la Première Guerre mondiale. « Madame de Gaulle était très gentille, elle aidait beaucoup les jeunes appelés en difficulté », témoigne Fernand Bertrand, officier au 507e RCC[61]. Les événements heureux, surtout quand ils concernent la vie familiale, n'échappent pas au colonel. De l'avis de tous, son caractère inflexible ne le privait pas du respect et de la sympathie de ses troupes. Il appelle un jour dans son bureau du 507e le jeune adjudant Grossmann dont l'épouse vient de mettre au monde un bébé. Après l'avoir chaleureusement félicité, de Gaulle sort un gros billet caché sous son pupitre en lui disant : « Cela reste entre nous, ce don est pris sur mes deniers personnels. » Rebelle envers les puissants, de Gaulle est compatissant – sans démagogie – à l'égard des petits[62].

« L'ÂME DE LA FRANCE »

En 1937, au moment de sa nomination à Metz, de Gaulle a entendu, sans doute avec beaucoup de joie, le discours sur « la vocation de la France » prononcé le 13 juillet depuis la chaire de Notre-Dame de Paris par le légat du pape, le cardinal Eugenio Pacelli, futur Pie XII. Après avoir présidé aux cérémonies de la dédicace de la basilique de Lisieux en l'honneur de sainte Thérèse de l'Enfant-Jésus, le cardinal Pacelli, faisant étape sur le chemin de Rome, évoque dans la capitale la place particulière de la France dans la Chrétienté, avec des accents qui ne peuvent laisser Charles de Gaulle insensible. Les propos du représentant du pape ne sont pas sans rappeler ses écrits de jeunesse : ils puisent dans l'Histoire, renvoient au baptême de Clovis, fondent la nation sur les valeurs de la Chrétienté, évoquent la vocation particulière de la France et sa responsabilité face au reste du monde, soulignent avec le même souffle spirituel le destin d'une France éternelle ! Cette spiritualité intimement liée à son patriotisme, de Gaulle ne cessera de s'y référer dans ses grands discours au peuple de France, depuis Londres notamment, dans les heures tragiques qui s'annoncent et que le cardinal Pacelli évoque dans son intervention à Notre-Dame : « Comment dire, mes frères, tout ce qu'évoque en mon esprit, en mon âme, comme dans l'âme et l'esprit de tout catholique [...], le seul nom de Notre-Dame de Paris ! car ici, c'est l'âme même de la France, l'âme de la fille aînée de l'Eglise, qui parle à mon âme.

« Ame de la France d'aujourd'hui qui vient dire ses aspirations, ses angoisses et sa prière ; âme de la France de jadis dont la voix, remontant des profondeurs d'un passé quatorze fois séculaire, évoquant les *Gesta Dei per Francos* (les œuvres de Dieu par les Francs), parmi les épreuves aussi bien que parmi les triomphes, sonne aux heures critiques comme un chant de noble fierté et d'imperturbable espérance. Voix de Clovis et de Clothilde, voix de Charlemagne, voix de Saint Louis surtout, en cette île où il semble vivre encore...

« Leurs souvenirs, leurs noms inscrits sur vos rues, en même temps qu'ils proclament la vaillance et la vertu de vos aïeux, jalonnent comme une route triomphale l'histoire d'une France qui marche et qui avance en dépit de tout, d'une France qui ne meurt pas ! »

De Gaulle fait, lui aussi, commencer l'histoire de la France au baptême de Clovis. Lui aussi trouvera l'occasion de proclamer, à son tour, que « la France ne mourra pas ».

Parmi les trois vertus théologales – la foi, l'espérance et la charité – qui fondent et caractérisent le comportement moral de tout chrétien, l'espérance est la seule qu'il revendique de façon permanente. Il ne parle jamais de sa foi qu'il cantonne dans la sphère privée, et il y veillera particulièrement lorsqu'il deviendra le président de la République laïque. Quant à la charité, il la pratique avec la grande discrétion qui convient. Mais c'est toujours avec force qu'il ne cessera d'invoquer le devoir d'espérance, pour lui, pour ses proches, pour ses compagnons d'armes, et bien sûr pour la France. Même si l'espérance dont il parlera pendant la guerre et après n'est pas exactement celle – au sens théologal – de la Résurrection et du Royaume des Cieux, c'est en toute connaissance que de Gaulle puise dans le vocabulaire chrétien pour galvaniser la confiance et entretenir la flamme de la foi en la patrie.

En continuant l'examen du discours du cardinal Pacelli, très largement diffusé dans les milieux catholiques français par les paroisses, les mouvements, la presse catholique (*La Croix*, *Le Pèlerin*...), on imagine la lecture qui en est faite par Charles de Gaulle. 1937 est l'année où il reçoit ses galons de colonel. C'est surtout celle où il a bousculé en vain la hiérarchie militaire, alors que s'annonce une guerre qu'il sait inévitable à mesure qu'arrivent d'outre-Rhin les échos du surarmement et des velléités de Hitler.

« Nous les connaissons, les aspirations, les préoccupations de la France d'aujourd'hui, affirme le cardinal. La génération présente rêve d'être une génération de défricheurs, de pionniers, pour la restauration d'un monde chancelant et désaxé ; elle se sent au cœur l'entrain, l'esprit d'initiative, le besoin irrésistible d'action, un certain amour de la lutte et du risque, une certaine ambition de conquête et de prosélytisme au service de quelque idéal. » Puis, à propos de la « vocation » de la France, il ajoute : « Les peuples, comme les individus, ont aussi leur vocation providentielle ; comme les individus, ils sont prospères ou misérables, ils rayonnent ou demeurent obscurément stériles, selon qu'ils soient dociles ou rebelles à leur vocation. [...] Le passage de la France dans le monde à travers les siècles est une vivante illustration de cette grande loi de l'histoire de la mystérieuse et pourtant évidente corrélation entre l'accomplissement du devoir naturel et celui de la mission surnaturelle d'un peuple. »

Avec « toute l'audace d'un homme qui sent la gravité de la situation » – il parle là de toutes les menaces de l'époque, sans évoquer explicitement celles d'une nouvelle guerre –, le cardinal Pacelli appelle les fils et filles de France à être fidèles à leur « traditionnelle vocation » car « jamais heure n'a été plus grave pour [leur] en imposer les devoirs... ».

Grave en effet est la situation en Europe où le conflit généralisé se profile. Après avoir annexé l'Autriche en mars 1938, Hitler réclame l'autodétermination pour les trois millions d'Allemands qui peuplent les monts Sudètes, en Tchécoslovaquie, ce qui va conduire au démantèlement de ce pays et, avec le soutien des Italiens au Reich, aux accords de Munich le 30 septembre 1938. Convaincus d'éviter la guerre, Français et Anglais livrent la Tchécoslovaquie à Hitler, ne faisant que renforcer chez lui la conviction que tout lui est possible. A son retour à Paris, Edouard Daladier est convaincu d'avoir évité le pire. Les journaux de Paris titrent : « La Paix ! » C'est le même accueil triomphal qui attend le négociateur Neville Chamberlain à son arrivée à Londres où il déclare que Adolf Hitler est « un homme sur qui l'on peut compter lorsqu'il a donné sa parole ». Des propos qui provoquent la colère de Winston Churchill : « Nous avons subi une défaite totale, déclare le "vieux lion" le 5 octobre. Notre peuple doit savoir que nous avons subi une défaite sans guerre, dont les conséquences nous accompagneront longtemps sur notre chemin [...] Ils ont accepté le déshonneur pour avoir la paix, ils auront le déshonneur et la guerre. »

Dès le 1er octobre, de Gaulle écrit à sa femme : « Voici donc la détente... Les Français, comme des étourneaux, poussent des cris de joie, cependant que les troupes allemandes entrent triomphalement sur le territoire d'un Etat que nous avons construit nous-mêmes, dont nous garantissions les frontières et qui était notre allié. Peu à peu nous prenons l'habitude du recul et de l'humiliation, à ce point qu'elle nous devient une seconde nature. Nous boirons le calice jusqu'à la lie[63]. »

Trois jours avant Munich, est sorti en librairie le quatrième livre de De Gaulle, *La France et son armée*, avec une dédicace « à Monsieur le Maréchal Pétain » qui n'empêche pas la brouille d'être consommée entre les deux hommes. Pétain, considérant que ce travail d'état-major lui appartenait, a tenté de s'opposer à la publication du livre, ce qui a conduit les deux hommes à échanger des courriers sans ambiguïté. Pour clore la polémique à son avantage, l'ambitieux subalterne n'a pas hésité à écrire au vainqueur de Verdun « qu'à quarante-huit ans, il ne peut plus laisser inscrire au crédit d'autrui ce qu'il peut avoir de talent » !

Pendant toutes ces années, si elle n'a pas convaincu la classe politique à l'exception notoire de Paul Reynaud, la croisade de De Gaulle en faveur d'une nouvelle politique de défense lui a valu le soutien de quelques personnalités issues des milieux chrétiens. L'un des premiers à appuyer son projet de réorganisation des armées est l'avocat Philippe Serre, homme politique « indépendant de gauche », membre influent de la Ligue de la Jeune République, un mouvement démocrate chrétien, libre de toute attache cléricale, fondé par Marc Sangnier après son départ du Sillon.

L'INTÉRÊT POUR LE CATHOLICISME SOCIAL

C'est à cette époque que de Gaulle marque une nouvelle fois son indépendance intellectuelle et religieuse en adhérant aux Amis de *Temps présent*. L'hebdomadaire d'inspiration chrétienne a été créé en 1937, à la suite de *Sept*, le magazine fondé en 1934 par les pères dominicains des éditions du Cerf et qui avait dû se saborder. Sous la houlette de son fondateur, Stanislas Fumet, homme de lettres influent et figure du catholicisme social, *Temps présent* rassemble des catholiques pas vraiment bien-pensants, généralement hostiles aux régimes autoritaires. C'est un incroyable creuset de la pensée chrétienne où se retrouvent les signatures d'écrivains, de philosophes, d'hommes d'action bientôt jetés dans l'aventure de la guerre et de la politique, comme François Mauriac, Louis Massignon, Paul Claudel, Georges Cattaui, Daniel-Rops, Jacques Maritain, Maurice Schumann,

Louis Terrenoire et beaucoup d'autres. Très peu nombreux sont alors les officiers qui vont à la messe dominicale et plus rares encore sont ceux qui ont osé s'abonner à cet hebdomadaire qui bouscule les schémas classiques de la pensée. Mais cela n'est pas de nature à troubler l'esprit libre et indépendant de De Gaulle, dont la culture classique trouve toujours profit à s'ouvrir aux idées nouvelles.

Temps présent sera interdit de paraître en 1941 et Stanislas Fumet co-fondera alors la revue clandestine catholique *Les Cahiers du Témoignage chrétien*, ce qui lui vaudra d'être arrêté et détenu pendant sept mois.

Le rédacteur en chef de la revue est Joseph Folliet, un militant de l'action sociale catholique qui se situe à gauche de la démocratie chrétienne. Résistant, Folliet fondera à la Libération, avec Georges Hourdin, l'hebdomadaire *La Vie catholique illustrée*, avant d'être ordonné prêtre en 1968, quatre ans avant sa mort. Folliet précisera que l'adhésion de Charles de Gaulle aux *Amis de Temps présent* est la dernière reçue par le journal, juste avant l'invasion allemande. Elle n'était pas passée inaperçue car l'idée de l'armée de métier, qui revenait à épargner la vie des conscrits, suscitait le plus grand intérêt dans la mouvance de la revue[64]. De Gaulle croisera à nouveau le chemin de Joseph Folliet au moment de la guerre d'Algérie. L'infatigable militant chrétien – qui venait d'œuvrer à la naissance du mouvement *Pax Christi* – s'était engagé pour le respect de la personne humaine, en réaction à la torture pratiquée par certains officiers envoyés pour « rétablir l'ordre ». La cause défendue par Folliet ne laissera pas le Général indifférent, au moment où, nous le verrons, ce dernier multipliait les appels pour que cesse l'usage de la torture.

Dans un chapitre intitulé « Un moi politique qui fut le nôtre » de son *Histoire de Dieu dans ma vie* publiée après la guerre, Stanislas Fumet donnera la mesure de ce que de Gaulle a représenté, y compris sur le plan spirituel, pour lui et ses compagnons de *Temps présent* :

« Le moi du Général de Gaulle, c'était enfin quelqu'un, c'était enfin la personne humaine qui s'opposait au monstre nazi, produit magique de nos défections et de nos lâchetés, à ce corps devenu chaque jour plus redoutable [...]. Retrouver l'homme avec une parole cohérente, un regard appuyé sur un objet définissable, un cœur libre et un esprit lucide ! Cela rendait à la vie humaine sa lumière et son prix. Dorénavant, si on la sacrifiait, c'était pour quelque chose d'infiniment valable, et non plus cette succession d'instincts égrenés comme un chapelet par la main sacro-sainte du Déterminisme, ce dieu infernal des irresponsables... »

Les grandes signatures de *Temps présent* deviendront toutes des soutiens, des inspirateurs et presque toujours des collaborateurs – parfois même des ministres – de Charles de Gaulle, pendant et après la guerre, créant autour de lui un noyau de catholiques fidèles et de sensibilités diverses avec lesquels il gardera des contacts réguliers et amicaux jusqu'à sa mort.

Après avoir, selon la notation du général Giraud, commandant la région militaire de Metz, « tiré le plus grand profit de son passage à la tête d'une unité cuirassé et contrôlé la théorie par la pratique », le colonel de Gaulle quitte la Lorraine en septembre 1939 pour prendre le commandement des chars de la Ve armée à Wangenbourg, en Alsace, la veille de l'entrée en guerre de la France !

Un patriote chrétien face au régime nazi

Ce mois de septembre 1939 voit l'Europe entrer chaque jour un peu plus dans le tumulte des armes : dès le 1er, l'Allemagne attaque la Pologne bientôt envahie par les Russes le 17, et les deux belligérants se partagent le pays au lendemain de la capitulation de Varsovie, le 27. Enchaînement fatal : dès le 3 septembre, la Grande-Bretagne, qui avait accordé sa garantie à la Pologne en mars, et la France déclarent la guerre à l'Allemagne. Deux demi-brigades cuirassées ont été formées par la France à la veille des hostilités.

En janvier 1940, même s'il est conscient que le retard militaire pris par la France ne pourra plus être rattrapé, de Gaulle cherche sans relâche à convaincre les plus hautes personnalités du pays et envoie à quatre-vingts d'entre elles une note sur l'« avènement de la force mécanique ».

Pratiquant très correctement la langue allemande, de Gaulle a lu *Mein Kampf*. Les idées qui y sont défendues par Hitler, notamment sur la hiérarchisation des races, sont diamétralement à l'opposé de ses valeurs chrétiennes. On ne sait s'il a eu connaissance du terrible plan « Aktion T4 » conçu dès juillet 1939 par Hitler lui-même avec l'aide de plusieurs médecins et signé de sa main dès le 1er septembre suivant. On ne possède aucun élément (connu à ce jour) précisant à quelle date de Gaulle a été informé de ce plan qui n'a pu que soulever en lui indignation et écœurement. Préfigurant ce qu'allaient être les chambres à gaz, « Aktion T4 » décrète l'extermination des « vies sans valeur », c'est-à-dire celles des malades mentaux, des personnes atteintes de graves maladies héréditaires, des syphilitiques, des épileptiques... Ces personnes, triées à partir de leur dossier médical par des professionnels de santé sans aucun état d'âme, étaient aussitôt remises aux membres de la *SchutzStaffel* (la SS) qui les envoyaient dans des « centres de traitement » pour y être exterminées par injection directe dans le cœur ou gazées au monoxyde de carbone. Dans le texte signé par le Führer, il est promis aux victimes « une mort miséricordieuse » ! Ce plan était conduit en lien avec l'*Ahnenerbe*, l'institut d'anthropologie raciale chargé de valider la supériorité des Aryens.

A la suite de la protestation officielle, en août 1941, du cardinal Clemens von Galen – appelé « le lion de Münster » pour son opposition au national socialisme – Adolf Hitler avait annoncé l'arrêt de ce plan tout en le laissant se poursuivre clandestinement. On estime à environ 250 000 le nombre des « vies sans valeur » supprimées entre la fin 1939 et 1942, parmi lesquelles environ cinq mille enfants, dont beaucoup étaient mongoliens, c'est-à-dire des enfants qui avaient le visage d'Anne-de-Gaulle. « Aktion T4 » faisait suite aux lois de juin et septembre 1935 légalisant l'avortement « thérapeutique et forcé » en cas de diagnostic d'une maladie héréditaire, et assurant la « protection du sang allemand et du peuple allemand » par l'interdiction de tout mariage avec une « personne impure », c'est-à-dire souffrant ou susceptible de souffrir d'une maladie héréditaire.

Seul à Wangenbourg, au cœur de la « Suisse alsacienne » dont il n'a pas le loisir de goûter la beauté, de Gaulle passe ses journées en combinaison à inspecter les moteurs et les chenilles des chars et à expliquer à ses officiers les manœuvres d'un corps blindé. Elisabeth et Philippe poursuivent leurs études, Yvonne est avec Anne et la gouvernante dans la maison qu'ils ont acquise en viager, en juillet 1934, à Colombey-les-Deux-Eglises, en Haute-Marne. A Wangenbourg, le commandant des chars occupe donc une chambre chez un villageois, Marius Rèbre, lui aussi père d'un jeune enfant infirme à qui de Gaulle va offrir un beau livre pour Noël 1939. Jamais Marius Rèbre n'oubliera le geste de cet officier encore inconnu qui allait s'illustrer six mois plus tard en lançant son Appel depuis Londres. A la mort du Général, le brave homme s'empressa d'envoyer ses condoléances à Mme de Gaulle en rappelant avec quelle bonté un cadeau de Noël avait été offert à son enfant trente et un ans plus tôt. En marge de cette lettre très touchante, Yonne de Gaulle a alors écrit : « Je me souviens avoir choisi ce livre[65]. » En dehors des volontés hégémoniques de Hitler auxquelles ils s'opposaient par patriotisme, comment les de Gaulle auraient-ils pu avoir une quelconque bienveillance pour le régime nazi qui exterminait jusqu'aux enfants anormaux ?

L'arrivée de Paul Reynaud en mars 1940, après la démission du cabinet Daladier, ne permet pas à de Gaulle de jouer un plus grand rôle car Daladier, devenu ministre de la Défense nationale, s'oppose à sa nomination à la tête d'un Comité de guerre. Le nouveau président du Conseil balance entre les courants. En mai, de Gaulle prend le commandement par intérim de la 4e division cuirassée (DCR) et reçoit aussitôt l'ordre de se porter sur le flanc Est pour préparer le terrain à la VIe armée qui doit défendre une ligne de front entre l'Aisne et l'Ailette. C'est là qu'à la tête de 120 chars, il va refouler l'ennemi sur l'axe Laon-Montcornet alors que les tanks du général Guderian, le grand théoricien allemand de la guerre des blindés, foncent vers l'ouest, franchissent l'Oise, s'emparent de Saint-Quentin et de Péronne avant d'atteindre Amiens puis Abbeville et d'occuper les côtes de la Manche près de Montreuil-sur-Mer. Les troupes ennemies manœuvrent au nord vers Calais et Dunkerque avant d'attaquer Béthune et Saint-Omer puis de s'emparer de Calais.

Sur la Somme, près des ponts de Crécy et de Pouilly, le 20 mai, les moyens militaires promis à de Gaulle n'arrivent pas alors que les bombardements ennemis redoublent d'intensité. Le « colonel Motors » – c'est ainsi qu'il a été surnommé – ne dit mot, ne laisse rien voir et affiche même une combativité intacte. Mais il sait que la situation est perdue. Dès son arrivée sur le front, l'aumônier de la 4e DCR, le père Lucien

Bourgeon, décrit ainsi la situation : « Le PC du chef est à l'image de sa division mobile et de son âme austère. Prend-il le temps de manger ? Personne ne le sait, à part son chef d'état-major, le commandant Chaumel, qui partage ses repas sobres et hâtifs. Combien d'heures consent-il au sommeil ? Les mégots trouvés le matin dans sa chambre permettent de calculer le temps extrêmement court de repos entre la dernière et la première cigarette. Ah, la popote et les aises, la garde et les honneurs, tout cela compte bien peu pour de Gaulle. La carte, une carte bien installée et bien éclairée, une carte constamment et exactement mise à jour quant à la position des troupes et de l'ennemi, voilà l'essentiel de son PC, et mieux encore, le vrai PC, pour lui, son PC de prédilection, c'est le terrain de combat qu'il parcourt sans cesse, c'est la crête d'où l'on suit le mieux la progression des chars, c'est le carrefour où réagit l'ennemi, c'est le point névralgique où semblent céder les troupes, c'est le secteur des dangers, des risques, c'est la brèche audacieuse par où doit passer la victoire[66]. »

En arrivant comme aumônier militaire au sein de la 4e DCR, l'abbé Lucien Bourgeon sait que l'un des enfants du colonel souffre d'un grave handicap. C'est une ancienne paroissienne visitée à Dijon avant son départ, qui n'est autre que l'épouse du futur général Giraud, qui l'en a informé, lui précisant aussi que les de Gaulle sont d'« excellents chrétiens ». Après sa visite de présentation au PC des Bruyères, près de Laon, le prêtre a cru bon de dire à de Gaulle : « Mon colonel, je célébrerai ma messe demain matin à toutes vos intentions, pour vous et votre famille, et tout spécialement pour votre petite fille Anne. » Alors le père Bourgeon entend de Gaulle lui répondre : « Anne… oui, monsieur l'aumônier, sa naissance a été une épreuve pour ma femme et pour moi. Mais, croyez-moi, Anne est aussi notre joie et notre force. Oui, monsieur l'aumônier, vous le comprenez avec moi, elle est une grâce de Dieu dans ma vie. Elle m'aide à demeurer dans la modestie des limites et des impuissances humaines. Elle me garde dans la sécurité de l'obéissance à la souveraine volonté de Dieu… Elle m'aide à croire au sens et au but éventuels de nos vies, à cette maison du Père où ma fille Anne trouvera enfin toute sa taille et tout son bonheur. »

« Je venais de communier avec lui au plus intime et au plus sacré de sa vie paternelle et de sa vie chrétienne, écrira le père Bourgeon dans son journal personnel[67]. Par Anne, j'entrais dans le sanctuaire de ses préférences familiales. Avec Anne, j'étais à la source des grâces mystiques de sa foi. » Le prêtre dira n'avoir jamais oublié à quel point Anne « signe et grâce de Dieu », « sacrement d'innocence et de souffrance » était quotidiennement « paix de lumière et de force » pour la foi de son père. Pour le père Bourgeon, Anne unissait les âmes dans une même foi, elle était la croix devenue chemin de lumière. La présence d'Anne au cœur de son père était comme une bénédiction, une grâce[68].

Stanislas Fumet, le patron de *Temps présent*, écrira à propos de l'influence spirituelle de la jeune trisomique sur de Gaulle : « … de son innocente main, Anne conduisait son père en tous ses chemins de responsabilités et de risques, de solitude et d'audace, de réussites et d'échecs, qui, tous, sont chemins de Dieu. »

Sur le front où de Gaulle se bat avec un courage et une détermination maintes fois racontés, nul autre que le père Bourgeon ne peut saisir les sentiments profonds de l'officier visionnaire que personne n'a voulu écouter et qui voit venir avec une tristesse infinie la défaite de la France. L'aumônier constate sa grande solitude : « Seul pour manger, seul pour prendre sa tasse de café, seul pour faire quelques pas autour de son PC, seul aussi pour inspecter le front de combat. Il laisse à l'abri d'un bois ou d'une haie son auto et son chauffeur et s'en va, bien visible, trop visible, avec un total mépris du danger, sur une éminence de terrain, pour étudier à la jumelle les positions ennemies et les possibilités offensives. » Quand le père Bourgeon s'étonne devant lui de cette solitude, l'invitant à causer avec lui pour rompre son isolement, de Gaulle répond : « Pour dire quoi, monsieur l'aumônier ? [...] On ne parle pas dans une salle d'opération ni dans un poste de pilotage de navire, monsieur l'aumônier. Et ce que j'ai à dire, comme chef, pour engager les hommes et les chars de la division en pleine bataille, réclame le silence de la réflexion. La solitude, le silence, la réflexion, vous le savez mieux que moi, sans eux que serait la parole même de Dieu ? Tous ceux qui ont fait quelque chose de valable et de durable ont été des solitaires et des silencieux. » Un isolement qui conduira souvent de Gaulle à lancer de tonitruants « Qu'on me foute la paix ! », conduisant l'aumônier et les autres à se faire tout petits...

Avec ses hommes comme avec lui-même, de Gaulle est rude et intransigeant ; trop parfois, selon le père Bourgeon qui témoigne : « Après une attaque dans la région d'Huppy, trois chars déchenillés restent sur le champ de bataille. De Gaulle se renseigne et apprend à quelle unité ils appartiennent. Immédiatement, il rassemble les hommes présents et les officiers. Quelle semonce adressée aux seuls officiers supérieurs ; j'en suis malade ! Je trouve de Gaulle dur, injuste, méchant. Après une offensive courageuse, devant l'héroïsme et les sacrifices de ces combattants, il ne trouve aucun mot pour partager les deuils, féliciter la vaillance. Rien, rien, que ces reproches cinglants : "Comment, vous savez que nous manquons de matériel et que le matériel est notre force essentielle dans la guerre moderne, vous savez cela et vous abandonnez trois chars déchenillés sur le terrain, sans faire tout ce que vous pouvez pour les rendre utilisables. C'est indigne de vous. C'est une lâcheté et presque une trahison. Rompez !" Puis il remonte dans sa Traction avant, fermé, dur, distant. » Plus tard, l'aumônier entendra de Gaulle revenir sur cette scène devant ses officiers : « Chers compagnons d'armes, en leur parlant alors, c'est à ceux qui les ont envoyés au combat les mains vides, sans chars ni avions, que je m'adressais... C'est pourquoi je fus si violent. »

Un jour pourtant, alors que se multiplient le nombre des soldats tués au combat, de Gaulle demande au prêtre : « Priez, monsieur l'abbé. Votre prière est bien nécessaire. On ne fait l'Histoire qu'avec ce que Dieu offre ; comme nos vignerons dont le meilleur vin dépend autant des saisons que de leur travail personnel. » Il savait le père Bourgeon originaire de Gevrey-Chambertin, en Bourgogne ! Puis il lui explique que « cette guerre n'est qu'un épisode d'un affrontement de peuples et de civilisations », que « ce sera long » mais, ajoute-t-il à l'adresse du prêtre : « J'ai confiance. Le dernier mot restera à la civilisation la plus élevée et la plus désintéressée : la nôtre, la civilisation chrétienne. » Puis il se lance dans un exposé de géopolitique qui repose sur l'histoire des peuples et des religions dans lequel il réaffirme sa foi dans l'avenir de la chrétienté.

Cet épisode, raconté dans son journal par l'abbé Bourgeon, nous montre un de Gaulle engagé dans la guerre, isolé dans son PC de campagne, face à un ennemi dont il mesure la supériorité mécanique, mais assez lucide pour se référer aux leçons de l'histoire, voir plus loin et prophétiser que le principal risque couru par la civilisation chrétienne viendra de « la transversale musulmane qui va de Tanger au Pakistan », possiblement associée à la puissance d'une Chine communiste !

A table, il place toujours l'aumônier à sa droite. Et, à l'intérieur de la division, il facilite autant que faire se peut le ministère des prêtres combattants en les affectant au service des blessés et aux postes de secours du Groupe divisionnaire de santé, selon le père Bourgeon qui notera encore : « Certes, il est trop indépendant pour risquer d'être "clérical" ou "cléricalisé". Visiblement, ostensiblement, en paroles comme en gestes, il est plutôt très laïc, d'autant plus distant du monde officiel de l'Eglise et des cérémonies d'apparat qu'il est au fond, au plus secret de son âme, très proche de Dieu. »

Le 28 mai, devant Abbeville, alors que la situation est considérée comme désespérée, de Gaulle conduit face à l'ennemi une offensive qui lui vaudra de la part de Weygand, le nouveau généralissime, une citation à l'ordre de l'armée, ce qui équivaut à une croix de guerre avec palme : « Chef admirable de cran et d'énergie. A attaqué avec sa division la tête du pont d'Abbeville, très solidement tenu par l'ennemi. A rompu la résistance allemande et progressé de quatorze kilomètres à travers les lignes ennemies, faisant des centaines de prisonniers et capturant un matériel considérable. »

Garder l'espérance

Le 30 mai, l'armée belge a capitulé et le roi demande à partager le sort des soldats captifs. La bataille de France est perdue. De Gaulle notera dans ses *Mémoires de guerre* : « Dans mon cantonnement de Picardie, je ne me fais pas d'illusions. Mais j'entends garder l'espérance. Si la situation ne peut être, en fin de compte, redressée dans la métropole, il faudra la rétablir ailleurs. L'Empire est là, qui offre son recours. La flotte est là, qui peut le couvrir. Le peuple est là qui, de toute manière, va subir l'invasion, mais dont la République peut susciter la résistance, terrible occasion d'unité. Le monde est là, qui est susceptible de nous fournir de nouvelles armes et, plus tard, un puissant concours. Une question domine tout : les pouvoirs publics sauront-ils, quoi qu'il arrive, mettre l'Etat hors d'atteinte, conserver l'indépendance et sauvegarder l'avenir ? Ou bien vont-ils tout livrer dans la panique de l'effondrement[69] ? »

Le 1er juin, de Gaulle obtient ses deux étoiles de général de brigade à titre temporaire. Cette promotion, gagnée sur le champ de bataille, annonce son arrivée le 5 juin au sein du gouvernement de Paul Reynaud, au poste de sous-secrétaire d'Etat à la Défense nationale, au lendemain de la sanglante bataille de Dunkerque. Mais le 2 juin, dernier dimanche passé avec ses hommes, il est seul le matin avec l'abbé Bourgeon quand celui-ci lui propose de célébrer la messe : « Là, dans ce petit salon devenu son bureau, nous prierons pour la France et pour les siens, sa famille et la division », propose le prêtre qui note dans son journal :

« Il accepte. Le Christ vint prendre en ses mains nos prières, nos tristesses et nos espérances. Liturgie silencieuse durant laquelle le Général, debout, immobile, pense sans doute à son tout proche départ et aux tâches qui l'attendent au ministère de la Guerre. Bref, Dieu seul est témoin de notre geste de foi, rejoignant le geste dominical de tous les chrétiens et de tous les prêtres dans leurs paroisses, ce dimanche 2 juin 1940.

« Avec Dieu, de Gaulle reste et restera toujours dans le rang, bien à sa place, comme un baptisé parmi les baptisés. Très simplement, il communie. »

Devant l'abbé Bourgeon, de Gaulle cite par cœur des versets des Psaumes. Ensemble, ils parlent de Péguy, de Bernanos, de Claudel… Dans son journal, l'aumônier raconte encore son avant-dernière journée passée avec le jeune général, le 5 juin, alors que le PC est pilonné par l'artillerie allemande. Tous deux sont en train de prendre une tasse de café. « J'aurais voulu gagner au plus vite les caves, ou au moins me blottir dans une encoignure de porte. Mais de Gaulle fume si tranquillement sa cigarette que j'ai peur de montrer ma peur. Il la devine d'ailleurs et me lance : “Comment, vous avez la foi et vous auriez la tremblote...”. » Quelques minutes plus tard, une bombe s'enfonce sans éclater dans la pelouse du jardin, à quelques mètres d'eux. « Vous voyez, dit de Gaulle en se tournant vers le prêtre, ils ont même des bombes qui n'éclatent pas ! »

« Les desseins de Dieu dans l'histoire de France »

Témoin privilégié de la foi du soldat de Gaulle à l'épreuve de la mitraille, l'abbé Bourgeon estime que, grâce à elle, « le Général entre et entraîne dans un chemin d'effort et de salut, où ses vues prophétiques des desseins de Dieu dans l'histoire de France bénéficient d'un élan apparemment prétentieux et fou, vers des horizons de grandeur ».

Le 6 juin, avant de prendre la route de Paris, de Gaulle fait ses adieux à ses hommes, à 14 heures, dans le PC du Mesnil-Théribus où l'émotion est palpable de part et d'autre. « Cela dure deux minutes, dans un climat lourd de silence et de crainte, note l'aumônier. Nous savons tout ce que nous perdons en le voyant partir : sans chef, sans un chef de cette qualité, les soldats, même les meilleurs, ne sont-ils pas comme des soldats perdus ? » Le sous-secrétaire d'Etat à la Défense remercie ses hommes, leur dit qu'il est fier d'eux et qu'ils sauront faire leur devoir. « Je le regarde, précise l'abbé Bourgeon. Il y a en lui plus que lui-même. A sa personne, à sa présence, s'accrochent un idéal et des certitudes. Je le ressens intensément. [...] En lui, en communion avec l'âme profonde du peuple français, la France vit, agit et parle, en ce qu'elle a de plus authentique et de plus universel, de plus élevé et de plus chrétien. »

Cette entrée bien tardive dans le gouvernement aux abois, de Gaulle l'a obtenue en forçant le destin, avec un aplomb inouï, par une lettre envoyée le 2 juin à Paul Reynaud :

« Monsieur le Président,

« Nous sommes au bord de l'abîme et vous portez la France sur votre dos. Je vous demande de considérer ceci :

« Notre première défaite provient de l'application par l'ennemi de conceptions qui sont les miennes et du refus de notre commandement d'appliquer les mêmes conceptions. Après cette terrible leçon, vous qui, seul, m'aviez suivi, vous êtes trouvé le maître, en partie parce que vous m'aviez suivi et qu'on le savait.

« Mais une fois devenu le maître, vous nous abandonnez aux hommes d'autrefois. Je ne méconnais ni leur gloire passée ni leurs mérites de jadis. Mais je dis que ces hommes d'autrefois – si on les laisse faire – perdent cette guerre nouvelle.

« Les hommes d'autrefois me redoutent parce qu'ils savent que j'ai raison et que je possède le dynamisme pour leur forcer la main. Ils font donc tout, aujourd'hui comme hier, – et peut-être de très bonne foi – pour m'empêcher d'accéder au poste où je pourrais agir avec vous.

« Le pays sent qu'il faut nous renouveler d'urgence. Il saluerait avec espoir l'avènement d'un homme nouveau, de l'homme de la guerre nouvelle. Sortez du conformisme, des situations "acquises", des influences d'académie. Soyez Carnot ou nous périrons. Carnot fit Hoche, Marceau, Moreau »...

Dans cette lettre[70], il refuse par avance tout poste d'« irresponsable » – comme chef de cabinet ou chef de bureau d'études – et dit préférer dans ce cas rester dans sa fonction de commandement. Non, ce qu'il veut, il le demande clairement à Reynaud, c'est entrer au gouvernement ou commander l'ensemble du corps cuirassé regroupant les quatre divisions de blindés. Et il conclut : « Laissez-moi vous dire sans modestie [...] que je suis le seul capable de commander ce corps qui sera notre suprême ressource. L'ayant inventé, je prétends le conduire » !

La veille, de Gaulle a rencontré le généralissime Weygand au château de Montry et est « fixé ». Il en est ressorti « l'âme lourde ». Il a mesuré le défaitisme du commandant en chef des armées. Weygand est résigné : « Je serai attaqué, le 6 juin, sur la Somme et sur l'Aisne. J'aurai sur les bras deux fois plus de divisions allemandes que nous n'en avons nous-mêmes. C'est dire que les perspectives sont bouchées », a-t-il expliqué à de Gaulle, en utilisant le « je » quand il faudrait dire « nous » ou « la France ». « Si les choses ne vont pas trop vite ; si je puis récupérer, à temps, les troupes françaises échappées de Dunkerque ; si j'ai des armes à leur donner ; si l'armée britannique revient prendre part à la lutte, après s'être rééquipée ;

si la Royal Air Force consent à s'engager à fond dans les combats du continent ; alors il nous reste une chance. » Si, si, si…

Le tout nouveau sous-secrétaire d'Etat à la Défense aura confirmation des dispositions de l'Etat-Major général des armées à capituler devant l'envahisseur au cours d'une seconde entrevue avec Weygand, le 8 juin, toujours au château de Montry :

« “Vous le voyez, je ne m'étais pas trompé, lui dit le généralissime, quand je vous ai, il y a quelques jours, annoncé que les Allemands attaqueraient sur la Somme le 6 juin. En ce moment, ils passent la rivière. Je ne puis les en empêcher.

« — Soit ! ils passent la Somme. Et après ? interroge de Gaulle.

« — Après ? C'est la Seine et la Marne.

« — Oui. Et après ?

« — Après ? Mais c'est fini ! répond Weygand.

« — Comment ? Fini ? Et le monde ? Et l'Empire ?”

« Le général Weygand éclata d'un rire désespéré.

« “L'Empire ? Mais c'est de l'enfantillage ! Quant au monde, lorsque j'aurai été battu ici, l'Angleterre n'attendra pas huit jours pour négocier avec le Reich.” Et le Commandant en chef ajouta en me regardant dans les yeux : “Ah ! Si j'étais sûr que les Allemands me laisseraient les forces nécessaires pour maintenir l'ordre… !”[71] »

« Rien ne compte plus que ceci : il faut sauver la France »

Le 2 juin, après avoir envoyé son appel à Paul Reynaud, il avait adressé une lettre à sa femme, toujours à Colombey-les-Deux-Eglises avec Anne où elle suit au jour le jour la progression du conflit. « Depuis le 15 mai, je n'ai pas dormi trois nuits, précise-t-il. Je t'embrasse de tout mon cœur qui t'aime, ma chère petite femme. Rien ne compte plus que ceci : il faut sauver la France » ! Deux jours plus tard, il lui fait parvenir un nouveau courrier pour lui demander de se replier sans tarder, avec leur fille infirme, en Bretagne, dans une maison de Carantec, près de Morlaix, appartenant aux Vendroux, ce qu'ils feront après un détour par le Loiret. La Haute-Marne est trop proche des champs de bataille de l'Est.

Lorsque les de Gaulle retrouveront leur maison après la guerre, elle n'aura plus ni portes, ni fenêtres, ni volets. Même l'escalier et une partie du toit auront disparu. A Carantec où elle vit réfugiée avec ses trois enfants, Yvonne de Gaulle est vite à court d'argent car les soldes des militaires ne suivent pas leurs familles dans la débâcle. Le 18 juin, sans savoir que son mari se trouve à Londres où il va, ce jour-là, entrer dans l'Histoire, elle doit emprunter de quoi survivre à une parente qui habite Brest, avant de s'enfuir... vers l'Angleterre.

On sait comment Paul Reynaud, replié à Tours puis à Bordeaux avec le reste du pouvoir, est tiraillé entre deux tendances. D'un côté le camp de ceux qui veulent poursuivre la guerre, avec de Gaulle et

Georges Mandel, et auquel il adhère. De l'autre, ceux qui souhaitent un armistice rapide, avec Philippe Pétain, Camille Chautemps et le général Weygand. Prisonnier de son indécision, Reynaud va finir par quitter la présidence du Conseil le 16 juin, laissant la conduite du gouvernement à Philippe Pétain.

De Gaulle n'ignore pas que lorsqu'il rentrait chez lui, Paul Reynaud était soumis aux incessantes pressions de sa compagne, la comtesse Hélène de Portes, favorable à l'arrêt immédiat des combats. De cette femme dont l'influence est controversée – elle perdra la vie dans un accident de voiture dans les derniers jours de juin 1940 – de Gaulle aurait dit, bien plus tard : « C'était une dinde, comme toutes les femmes qui font de la politique[72] ! »

Le jour où, pour la première fois, au cours d'un voyage aller-retour le 9 juin, de Gaulle se retrouve à Londres face à Winston Churchill, même s'il n'obtient pas satisfaction sur un transfert de l'aviation britannique au sud de la Loire, il découvre un homme « fait pour agir, risquer, jouer le rôle, très carrément et sans scrupule[73] ». Le soir même, à la radio, le « vieux lion » s'adresse aux Français dans leur langue et fait, lui aussi, référence à Dieu, ce qui n'est pas pour déplaire à de Gaulle :

« C'est moi, Churchill, qui vous parle. Pendant plus de trente ans, dans la paix comme dans la guerre, j'ai marché avec vous et je marche encore avec vous. Aujourd'hui, cette nuit, je m'adresse à vous, dans tous vos foyers, partout où le sort vous a conduit, et je répète la prière : Dieu protège la France. » Deux jours après, il dira : « Je refuse de croire que l'âme de la

France sera morte et que sa place parmi les grandes nations du monde puisse être perdue à jamais. »

La France et la Grande-Bretagne avaient pourtant pris l'engagement de ne pas signer l'armistice l'une sans l'autre… L'histoire s'accélère lorsque l'Italie déclare la guerre à la France, alors que les troupes allemandes foncent sur Paris, bientôt déclarée ville ouverte, où l'ennemi entre triomphalement le 13 juin. A la radio, Paul Reynaud en appelle au ciel : « S'il faut croire au miracle pour sauver la France, je crois au miracle » ! De Gaulle est, selon son expression, « atterré » par la perspective de l'armistice. « Il me paraissait acquis que tout serait bientôt consommé », écrira-t-il dans ses *Mémoires de guerre*, s'inspirant de la dernière phrase de Jésus sur la croix : *Consummatum est* (« Tout est consommé, accompli »).

Voté par treize voix contre huit par le gouvernement le 16 juin, l'armistice sera signé le 22. Depuis Londres où il entend poursuivre la lutte, de Gaulle a déjà lancé son célèbre appel du 18 juin. Depuis le début de la campagne de France, plus de 90 000 soldats français sont morts au combat. Dont Charles Cailliau, l'un des neveux du Général.

Charles de Gaulle avait à peine plus de dix-sept ans en janvier 1908 lorsque, après avoir suivi une conférence d'Henri Bazire, président de l'Action catholique de la Jeunesse française, il avait noté sur son carnet : « Nous serons de ceux-là qui ne gémissent pas, ceux qui ne reculent pas ; ceux qui luttent, font reculer et qui délivrent » !

Le moment est venu.

Chapitre 4

La France libre, comme une croisade

« Jeanne fut appelée. Elle vint. Elle vit la France qui allait périr. Elle écarta l'écume des intérêts, des abandons, prétentieux et bien habillés.

« Elle alla puiser au fond du peuple la Foi et l'Espérance secrètes, les dressa, les prit avec elle.

« Dès lors, elle pouvait bien subir, souffrir, mourir.

« Pour toujours, elle avait gagné ! »

Peut-on douter que lorsqu'il écrit ces lignes, en 1950, sur son exemplaire du *Jeanne d'Arc* de Péguy[1], dans la quiétude de sa maison de Colombey-les-Deux-Eglises, face à la forêt des Dhuits où il aime tant se promener, le Général ne se reporte dix années en arrière, en ce mois de juin 1940 où son destin personnel s'est apparenté à celui de la petite bergère de Domrémy, brûlant d'un même amour pour la France et d'une même foi en Dieu ?

« Devant le vide effrayant du renoncement général, ma mission m'apparut, d'un seul coup, claire et terrible. En ce moment, le pire de son histoire, c'était à moi d'assumer la France. [...] A quarante-neuf ans, j'entrais dans l'aventure, comme un homme que le destin jetait hors de toutes les séries », précisera-t-il dans ses *Mémoires*[2]. Bon connaisseur de Maurice Barrès, il a retenu que « Jeanne nous enseigne à espérer même s'il n'y a plus d'espérance ».

Bien sûr, de Gaulle n'a pas entendu des voix ! Assimiler son comportement en juin 1940 à une démarche d'ordre strictement mystique serait prendre beaucoup de liberté avec la rigueur historique. Mais c'est bien un « homme inspiré », transcendé par le devoir, porté par son patriotisme indissociable de sa foi chrétienne qui va se servir de sa voix, telle d'une arme, pour appeler au sursaut et, au-delà, à la libération de la mère patrie. De la France. De sa France. Dans la solitude des premiers jours, sans cette foi, aurait-il pu se lancer dans une telle aventure, en bien des points comparable à une croisade ? Sans cette farouche volonté de vaincre le régime nazi si contraire à ses valeurs chrétiennes et humanistes, aurait-il trouvé en lui assez de force pour se mettre en marche, pour convaincre et rassembler, pour conduire à la victoire ? Pour que « le dernier mot reste à la civilisation la plus élevée, la civilisation chrétienne », ainsi qu'il l'avait dit quelques mois plus tôt à l'aumônier de son régiment.

S'il est difficile de définir la part de la force motrice de sa foi dans les premiers pas de la France libre, il est impossible de l'ignorer. Comme de Gaulle trouvera l'occasion de le dire, en se référant plusieurs fois à Jeanne d'Arc, il s'agit bien pour lui de « sauver la France », « Notre-Dame la France », celle inspirée de Charles Péguy.

En arrivant à Londres le 17 juin 1940, « seul et démuni de tout, comme un homme au bord d'un océan qu'il prétendait franchir à la nage »[3], de Gaulle sait que sa mère, âgée de quatre-vingt-quatre ans, est mourante dans son village d'exil, en Bretagne. On sait qu'il n'a pu aller l'embrasser une dernière fois. De sa femme et de ses enfants, il n'a aucune nouvelle. Les contraintes liées à l'infirmité de la petite Anne, âgée de douze ans, le préoccupent. Pourtant, sa détermination est la plus forte ; c'est elle qui le conduit à faire don à la France de sa personne, pour la sauver, en écho à la célèbre déclaration du maréchal Pétain faite le même jour à la radio : « Je fais à la France le don de ma personne pour atténuer son malheur… C'est le cœur serré que je vous dis aujourd'hui qu'il faut arrêter le combat. » Mais pour de Gaulle, pas question de rendre les armes…

Dans la nuit – c'est-à-dire dès sa nomination à la tête du gouvernement en remplacement de Paul Reynaud –, Pétain s'est adressé à l'ennemi « pour lui demander s'il est prêt à rechercher avec nous, entre soldats, après la lutte et dans l'honneur, le moyen de mettre un terme aux hostilités ».

La veille, le sous-secrétaire d'Etat à la Défense Charles de Gaulle, qui a fait un aller-retour entre Bordeaux et Londres, et Winston Churchill ont proposé que la France et la Grande-Bretagne ne soient plus deux nations mais une Union franco-britannique, avec des organisations communes pour la défense, la politique extérieure et les affaires économiques, donnant la citoyenneté britannique à chaque Français et la citoyenneté française à chaque Britannique[4] ! Mais le gouvernement français, replié à Bordeaux, a repoussé ce projet. Pour les uns, ce serait réduire la France « à l'état de dominion », pour les autres – dont Pétain qui ne croit pas que Londres puisse longtemps faire face à l'Allemagne – cela reviendrait à « s'unir à un cadavre ».

Pour de Gaulle, c'est vraiment le 16 juin que tout a basculé, quand Paul Reynaud a démissionné pour laisser à Philippe Pétain – la figure historique – le soin de conduire le gouvernement dont les représentants iront signer l'armistice avec Hitler, le 21 juin, dans le légendaire wagon de Rethondes, là même où avait été conclu l'armistice du 11 novembre 1918. Dans les jours qui avaient précédé, les divisions allemandes s'étaient avancées sur plusieurs fronts, faisant tomber Autun, Dijon, Besançon, Pontarlier, Rennes, Mâcon, Belfort, Cherbourg, Lyon, Montluçon, Riom, Thiers, Lorient, Clermont-Ferrand...

C'est le 16 juin au soir, après la défection de son ami Paul Reynaud, que de Gaulle a pris la décision de retourner à Londres dès le lendemain, à bord de l'avion mis à sa disposition par Churchill, pour y poursuivre seul le combat. Avec une somme de 100 000 francs prélevée sur les fonds secrets par Reynaud, quelques instants avant de les transmettre à Pétain. Dans l'avion – « l'avion qui emporte l'honneur de la France », selon la formule de Churchill – ce matin du 17 juin, de Gaulle est accompagné par général Edward Spears, le représentant auprès de lui du Premier ministre britannique. Selon lui, Spears n'était autre qu'un agent de renseignement chargé d'informer son patron. « Il portait l'uniforme de général, mais n'avait pas plus le grade que moi une mitre d'évêque ! » dira-t-il à son fils Philippe[5].

Dans l'appareil se trouve un troisième passager, le lieutenant Geoffroy Chodron de Courcel, son aide de camp, l'unique « compagnon du premier jour », le seul Français à avoir accepté de le suivre à son départ de Bordeaux. « Nous survolâmes La Rochelle et Rochefort, raconte de Gaulle. Dans ces ports brûlaient des navires incendiés par les avions allemands. Nous passâmes au-dessus de Paimpont, où se trouvait ma mère, très malade. La forêt était toute fumante des dépôts de munitions qui s'y consumaient[6]. »

A Londres, assuré rapidement du concours de Churchill qui décide de mettre la BBC à sa disposition, il s'installe avec, pour seule compagne, une farouche volonté de forcer le destin. « Un appel venu du fond de l'histoire, ensuite l'instinct du pays, m'ont amené, dira-t-il, à prendre en compte le trésor en déshérence, à assumer la souveraineté française. »

Ainsi qu'il le confessera dans ses *Mémoires de guerre*, il sait très bien que pour « gravir une pareille pente », il ne peut compter sur personne. « A mes côtés, pas l'ombre d'une force, ni d'une organisation. En France, aucun répondant et aucune notoriété. A l'étranger, ni crédit, ni justification. » C'est bien dans les pas de Péguy que marche de Gaulle, de Péguy qu'il admire tant pour l'imprégnation chrétienne de sa vision de l'Histoire, de Péguy qui lui a enseigné de « résister tant qu'il y [a] une parcelle de sol sacré de la Patrie sous ses semelles ».

Une carmélite pour secrétaire

Au matin du 18 juin, de Gaulle ne sait pas que la jeune femme qui se présente à lui pour taper le texte qu'il lira le soir au micro de la BBC, à l'intention du peuple de France, est une future carmélite. Elisabeth de Miribel lui a été recommandée par Geoffroy de Courcel, lorrain comme elle. Engagée volontaire dès la déclaration de guerre, elle travaille à la Mission française de guerre économique – la « commission du blocus » – dirigée par Paul Morand. Elle n'est pas dactylo mais accepte avec enthousiasme de taper à la machine, « avec un doigt ». La jeune femme racontera avoir eu beaucoup de mal à lire le texte manuscrit rédigé par le Général d'une écriture fine et surchargée de ratures. Sa conduite pendant la guerre sera exemplaire.

Envoyée en mission au Québec en 1942 pour rallier les Canadiens à la France libre, elle s'appuiera sur la « filière dominicaine » déjà à l'œuvre derrière trois religieux très actifs, les R.P. Couturier, Delos et Ducatillon, ce dernier alternant les conférences de Carême en 1941 avec des réunions de pure propagande gaulliste dans les grandes villes de la Belle Province[7] ! Elisabeth de Miribel ralliera ensuite la 2e DB du général Leclerc peu avant la libération de Paris. En 1949, elle choisira pendant cinq années la vie cloîtrée du carmel de Nogent, qu'elle quittera pour des raisons de santé avant de reprendre sa carrière de diplomate.

Quand Elisabeth de Miribel lui adresse un courrier, fin 1948, pour lui annoncer sa décision de prendre le voile, elle précise à de Gaulle qu'il a, avec ses propres parents, contribué à « la porter vers Dieu ». Elle l'assure que, dans la prière, elle ne cessera pas de servir la France à sa manière. Le Général se dit « infiniment ému » lorsqu'il lui répond : « Depuis le premier jour du combat, jusqu'à aujourd'hui, inclusivement, vous avez été, non pas seulement une collaboratrice d'une éminente valeur et d'un dévouement sans ombre, mais encore un réconfort et un exemple qui ont compté pour beaucoup plus que vous ne le mesurez vous-même, sur ce que j'ai pu faire de bon. [...] Quant à la décision que vous avez prise d'aller dès à présent vers la divine lumière, elle ne peut susciter que le respect. Mais vous donnez l'exemple encore. Merci pour moi et pour tous "les nôtres". »

Et au moment de la prise d'habit de la carmélite, c'est l'homme de foi qui lui adresse ce message : « Ma pensée sera présente à la cérémonie du 2 août. Vous apporterez à Dieu, en même temps que vous-même, une œuvre dont vous avez pris une large et noble part et des expériences françaises qui brûleront toujours jusque sur nos tombeaux. Vous aurez, n'est-ce pas, pour moi, pour les amis, pour les prêtres, une prière[8]. »

Ont-ils trouvé l'occasion de parler de leurs convictions religieuses pendant leurs deux années de collaboration à Londres, au milieu des épreuves ? On peut le penser car Elisabeth de Miribel affirmera avec certitude : « Sa foi est indéracinable[9]. »

C'est avec les feuillets tapés par cette jolie brune de vingt-cinq ans, aussi catholique que patriote – et qui n'est autre que l'arrière-petite-fille de Mac-Mahon – que de Gaulle rejoint les studios de la BBC dont l'immeuble est ceinturé de barbelés et les fenêtres obstruées par des sacs de sable. « La France, la France », articule de Gaulle de sa voix forte et grave lorsque le speaker lui demande un essai au micro. Et, solennel, d'adresser son célèbre « Appel du 18 juin » qui le conduisait à « gagner les sommets et n'en descendre plus jamais » :

el du général de Gaulle aux Français

s chefs qui, depuis de nombreuses années, sont à la tête des armées françaises, ont formé un gouvernement.

« Ce gouvernement, alléguant la défaite de nos armées, s'est mis en rapport avec l'ennemi pour cesser le combat.

« Certes, nous avons été submergés par la force mécanique, terrestre et aérienne, de l'ennemi.

« Infiniment plus que leur nombre, ce sont les chars, les avions, la tactique des Allemands qui nous ont fait reculer. Ce sont les chars, les avions, la tactique des Allemands qui ont surpris nos chefs au point de les amener là où ils en sont aujourd'hui.

« Mais le dernier mot est-il dit ? L'espérance doit-elle disparaître ? La défaite est-elle définitive ? Non !

« Croyez-moi, moi qui vous parle en connaissance de cause et vous dis que rien n'est perdu pour la France. Les mêmes moyens qui nous ont vaincus peuvent faire venir un jour la victoire.

« Car la France n'est pas seule ! Elle n'est pas seule ! Elle n'est pas seule ! Elle a un vaste Empire derrière elle. Elle peut faire bloc avec l'Empire britannique qui tient la mer et continue la lutte. Elle peut, comme l'Angleterre, utiliser sans limites l'immense industrie des Etats-Unis.

« Cette guerre n'est pas limitée au territoire malheureux de notre pays. Cette guerre n'est pas tranchée par la bataille de France. Cette guerre est une guerre mondiale. Toutes les fautes, tous les retards, toutes les souffrances, n'empêchent pas qu'il y a, dans l'univers, tous les moyens pour écraser un jour nos ennemis. Foudroyés aujourd'hui par la force mécanique, nous *pourrons vaincre dans l'avenir par une force mécanique supérieure. Le destin du monde est là.*

« Moi, général de Gaulle, actuellement à Londres, j'invite les officiers et les soldats français qui se trouvent en territoire britannique ou qui viendraient à s'y trouver, avec leurs armes ou sans leurs armes, j'invite les ingénieurs et les ouvriers spécialistes des industries d'armement qui se trouvent en territoire britannique ou qui viendraient à s'y trouver, à se mettre en rapport avec moi.

« Quoi qu'il arrive, la flamme de la résistance française ne doit pas s'éteindre et ne s'éteindra pas.

« Demain comme aujourd'hui, je parlerai à la radio de Londres. »

Ce texte est-il exactement celui qui a été lu au micro de la BBC ? A-t-il été retouché avant d'être imprimé et diffusé ? Avait-il été communiqué à Churchill, ne serait-ce que par courtoisie ? Laissons aux historiens l'art d'en débattre mais remarquons que de Gaulle, qui a passé une bonne partie de la journée à rédiger ce court texte en pesant chaque mot, a pris soin de n'y introduire aucun terme explicitement religieux. Il ne parle ni de Dieu, ni de la France chrétienne, ni de « Notre-Dame la France », ni de Jeanne d'Arc… Quand il utilise un mot du vocabulaire chrétien, comme « espérance », il lui donne un sens profane. Son but est bien de rassembler sans clivage, de réunir autour de sa personne des volontaires de toutes opinions et de toutes confessions. Dans ce texte fondateur, pour s'adresser à tous les Français, c'est le patriote rebelle qui a pris le pas sur le soldat croyant.

Bientôt sommé à deux reprises par l'ambassade de France à Londres de rentrer pour se constituer prisonnier à la prison Saint-Michel de Toulouse, de Gaulle est d'abord condamné par le conseil de guerre à quatre ans de prison puis, sur appel *a minima* du ministre, à la peine de mort par contumace ! Le gouvernement a commencé, à titre disciplinaire, par annuler sa promotion de général de brigade à titre temporaire, ce qui revient à le priver de sa solde. A Londres où le gouvernement britannique regarde avec une certaine distance, parfois même avec une franche hostilité, cet officier un peu froid et distant qui agit hors de toute légalité, les ralliements vont arriver au compte-gouttes. C'est bien dans la solitude la plus totale que celui que les Anglais ont vite surnommé *the French shouldered giant* (le géant français aux épaules en pente) est entré en dissidence, ignorant même, quand il lance son appel, ce que sa famille est devenue.

Quand Yvonne et les trois enfants, accompagnés de Mlle Potel, la gouvernante d'Anne, débarquent le 19 juin à Falmouth, sur les côtes de Cornouailles, ils ignorent que leur mari et père est à Londres. Partie de Brest sans bagage, ni argent, ni visa, la jeune femme compte séjourner quelques jours seulement sur le territoire britannique, le temps de trouver un bateau pour Marseille ou l'Afrique du Nord, suivant les conseils de son mari. « En cas de nécessité, allez vers le sud », lui avait-il dit. C'est tout à fait par hasard, en achetant le *Daily Mirror* pour y prendre des nouvelles de la situation que Philippe tombe sur un entrefilet évoquant l'appel lancé la veille par son père sur les ondes de la BBC. Le texte est imprimé près d'une bande dessinée dont l'héroïne se prénomme Jane ! Avec son mauvais accent anglais, Philippe tente d'en savoir plus auprès des policiers locaux qui filtrent le flot des réfugiés : « Je dis que je suis le fils de ce général et je demande comment le rejoindre. On accueille mes déclarations avec flegme et scepticisme, comme si j'étais un peu original. Je lis dans les yeux des policiers : "Qu'est-ce que nous raconte donc ce mangeur de grenouilles ?"[10] »

C'est dans ces conditions un peu rocambolesques qu'Yvonne apprend que son mari s'est installé dans la capitale britannique d'où il a lancé un appel à poursuivre le combat. Toute la famille prend aussitôt le train à destination de Londres pour des retrouvailles empreintes de beaucoup d'émotion. Philippe dira que c'est l'une des rares fois où il a vu ses parents s'embrasser en public...

La veille, apprenant par le général Spears que de Gaulle était torturé par l'absence de nouvelles des siens, Churchill avait accepté d'envoyer en France, pour les ramener en Angleterre, un hydravion de reconnaissance Walrus. Mais l'équipage n'avait pas pu localiser la famille de Gaulle à Carantec. Et l'avion s'était écrasé dans la brume avec son équipage de quatre hommes, sur le chemin du retour, près de Plouguerneau. Une bonne étoile veillait vraiment sur la famille du Général car, au départ de Brest, le premier bateau qu'elle avait manqué de peu avait été torpillé quelques heures plus tard !

Au fil des semaines et des mois, les rangs vont peu à peu s'étoffer à Londres autour de De Gaulle et du Comité national français, mais sans aucun ralliement catholique de poids. Aucun évêque, aucun clerc, aucun responsable d'un grand mouvement d'Eglise, aucun philosophe ou écrivain catholique ne rejoint de Gaulle dans les jours qui suivent l'appel du 18 juin. Comme les grandes nations, les Etats-Unis ou l'Union soviétique, le Vatican a reconnu officiellement le gouvernement de Vichy. Aucun sursaut n'est provoqué dans les milieux d'Eglise par la décision du Premier ministre britannique Winston Churchill de reconnaître en de Gaulle, le 28 juin, le « chef des Français qui continuent la guerre ». Comme un seul homme, l'épiscopat français choisit la légitimité et donc le pouvoir incarné par le maréchal Pétain qui va s'installer à Vichy dans les premiers jours de juillet. Le nonce apostolique, Mgr Valerio Valeri, ambassadeur du pape, est l'un des premiers diplomates étrangers à implanter ses bureaux à Vichy, ce qui est de nature à freiner les ardeurs éventuelles de tout religieux tenté de rallier de Gaulle.

L'ŒCUMÉNISME DE L'HOMME SEUL

Les personnalités civiles ne sont pas plus nombreuses, dans un premier temps, à rejoindre la France libre. Aucune personnalité de la IIIe République n'accepte de quitter le territoire national. Quant aux parlementaires qui avaient pris la mer à bord du paquebot *Massilia* pour échapper à l'ennemi, tous évoqueront le devoir constitutionnel qui leur fait obligation de rester aux côtés du président de la République, Albert Lebrun. Les premiers ralliés sont des officiers et des soldats du rang évacués de Dunkerque vers l'Angleterre ou des membres du corps expéditionnaire de Norvège ; mais ils représentent une minorité car l'essentiel de ces troupes a demandé à être rapatrié en France, même après l'armistice. A Londres où il représente la France dans le Comité de coordination franco-britannique chargé de l'effort d'armement, Jean Monnet refuse de rejoindre de Gaulle, estimant que « ce n'est pas de Londres que [...] peut partir l'effort de résurrection ». C'est pourtant Monnet qui avait travaillé avec Churchill au projet d'union des deux nations que de Gaulle avait été chargé de présenter à Paul Reynaud le 17 juin...

Quant à Paul Morand, responsable de la Mission de guerre économique, il quitte Londres alors que Vichy ne lui a rien demandé et va même lui tenir rigueur de son abandon de poste ! « Il était victime des richesses de sa femme, qui était roumaine, expliquera de Gaulle à Alain Peyrefitte. Pour les récupérer, il s'est fait nommer ministre de Vichy à Bucarest. Puis quand les troupes russes se sont approchées, il a chargé un train entier de tableaux et d'objets d'art et l'a envoyé en Suisse. Il s'est ensuite fait nommer ministre de Vichy à Berne, pour s'occuper du déchargement. » Révoqué à la Libération à la demande de De Gaulle, l'écrivain-diplomate trouvera refuge en Suisse où il écrira : « L'exil est un lourd sommeil qui ressemble à la mort. » Jusqu'en 1968, en sa qualité de protecteur de l'Académie française, le Général s'opposera à l'élection de Morand sous la Coupole et, élection faite malgré lui, il refusera ensuite de le recevoir, contrairement à la tradition.

« Ce qui a rendu si rares les Français libres, expliquera de Gaulle, c'est le fait [...] qu'ils avaient à choisir entre leur propriété – leur petite maison, leur petit jardin, leur petite boutique, leur petit atelier, leur petite ferme, leur petit tas de bouquins ou de bons du Trésor – et la France. Ils ont préféré leur propriété. [...] Ceux qui avaient à choisir entre les biens matériels et l'âme de la France, les biens matériels ont choisi à leur place. Les possédants sont possédés par ce qu'ils possèdent[11]. »

L'absence de prise de position de l'Eglise catholique de France en sa faveur ne semble ni surprendre ni décevoir de Gaulle. Au moins fait-il mine de ne pas s'en offusquer. Il ne veut voir dans les hommes et les femmes qui le rejoignent que de bons Français courageux et patriotes, indistinctement de leurs origines et de leur religion. D'une part, il mesure les limites de sa notoriété au sein de l'épiscopat français malgré ses divers engagements dans les milieux catholiques. D'autre part, contrairement à ce qui a pu être souvent affirmé, l'œcuménisme de la France libre s'est constitué de fait et n'a répondu à aucun souhait ni calcul. Pas plus que la Résistance intérieure, qui va regrouper des volontaires de toutes sensibilités, la France libre n'a cherché à s'appuyer sur un quelconque courant spirituel ou idéologique. La diversité des ralliés est si grande que le Général aurait dit, quelques années plus tard : « A Londres, je n'ai trouvé que la synagogue et la Cagoule[12] », mais cette phrase semble apocryphe. En France, la presse qui le combat en 1940 écrit que la France libre n'est qu'« un ramassis de francs-maçons, de communistes et de juifs » !

On connaît la grande diversité d'origines des premiers « disciples » londoniens de De Gaulle, parmi lesquels l'éminent juriste René Cassin, valeureux soldat de la Grande Guerre, qui rédigera la Déclaration universelle des droits de l'homme adoptée par l'ONU en 1948 avant d'obtenir le prix Nobel de la paix en 1968. Il y a aussi les journalistes Maurice Schumann, Jean Marin ou Philippe Barrès. Le premier deviendra un ministre influent de De Gaulle, le deuxième le président de l'Agence France-Presse et le dernier, fils de Maurice Barrès, le premier biographe du Général. Il y a aussi un autre journaliste, Henri de Kérillis, ancien député indépendant-républicain qui avait été le seul parlementaire de droite à voter contre les accords de Munich en septembre 1938. On trouve encore l'humoriste Pierre Dac qui brocardera le régime de Vichy au cours des émissions « Les Français parlent aux Français » sur Radio Londres. Arrivent aussi à Saint Stephen's House, le QG de De Gaulle, un jeune polytechnicien de vingt-neuf ans, André Dewavrin, futur colonel Passy, chef des services secrets de la France libre, un catholique traditionaliste, Gilbert Renault, qui baptisera son réseau Confrérie Notre-Dame et deviendra le plus grand agent secret de la France libre sous le pseudonyme de colonel Rémy. S'y ajoutent deux autres journalistes, Georges Gombault et son fils Charles, socialistes et amis de Blum, Pierre Bourdan, Gaston Palewski, Pierre Denis-Rauzan, Christian Fouchet ou encore Yves Guéna qui n'a pas dix-huit ans lorsqu'il s'embarque pour Londres dès le lendemain du 18 juin… Fin 1940, une douzaine de religieux – moines ou prêtres séculiers – se retrouvent également à Londres au sein de l'aumônerie des Forces françaises libres.

A ces volontaires pour la poursuite du combat, dont beaucoup ne devront leur notoriété et leur carrière qu'à leur engagement et à leur courage au sein de la France libre, de Gaulle ne demanda jamais rien sur leurs origines ou leur orientation confessionnelle. Les juifs René Cassin, Pierre Dac ou Georges Boris, ancien collaborateur de Léon Blum, les très catholiques Maurice Schumann et René Pleven, ancien dirigeant de l'Association catholique de la jeunesse française, se retrouvent, comme beaucoup d'autres après eux, dans un idéal patriotique qui suffit bien à de Gaulle. Son attitude est la même vis-à-vis des francs-maçons qui se présentent à lui. S'il n'a aucun lien avec la maçonnerie, en qui les catholiques de cette époque voient la main du diable pour – avec les radicaux – chercher à réduire l'influence de l'Eglise, à aucun moment le Général ne manifeste la moindre réserve lorsque des « frères » viennent se ranger à ses côtés, ainsi qu'en atteste, par exemple, la présence influente de l'avocat socialiste, juif et franc-maçon André Weil-Curiel.

Tout classement ultérieur qui sera fait des premiers ralliés de Londres à partir de leurs origines, opinions et religion ne correspondra en rien à une réalité historique ni à une volonté du Général. De chacun, de Gaulle essaie de tirer le meilleur en constituant quand il le juge nécessaire des groupes en mission ; ainsi du capitaine Philippe Leclerc de Hauteclocque, de Claude Hettier de Boislambert, le premier officier rallié, et de René Pleven, envoyés en Afrique-Equatoriale française (AEF) pour y rattacher ses territoires à la France libre.

Peu à peu, les ralliements se multiplient, avec l'arrivée de très fortes personnalités, comme l'ethnologue Jacques Soustelle, qui rompra avec le Général au moment de la guerre d'Algérie, le normalien Georges Gorce, le diplomate François Coulet, le syndicaliste chrétien Léon Morandat, dit « Yvon », qui s'exprimera en sa qualité de responsable CFDT à la radio de Londres avant d'être parachuté en France pour établir des contacts entre les milieux syndicaux et la Résistance. Auprès du Général arrivent encore des officiers de très grande valeur comme Pierre Messmer, Jean Simon et surtout le général Catroux, ancien gouverneur général d'Indochine, l'un des officiers généraux les plus prestigieux de l'époque, qui déclarera : « De Gaulle était la France et j'étais aux ordres de la France[13]. »

Pour autant, attentif au fait religieux dans l'Histoire, le Général suit avec une attention toute particulière l'attitude des catholiques dans la poursuite du combat. Aussi n'ignore-t-il pas que nombreux sont les anciens élèves du collège libre Stanislas de Paris – où il a préparé Saint-Cyr en 1908-1909 – à s'engager courageusement à ses côtés, dès les premiers jours, fidèles à la devise de leur école : « Français sans peur. Chrétien sans reproche. » Le tribut payé par ces valeureux garçons sera très lourd : 332 anciens élèves de « Stan » seront tués au cours de cette guerre, dont 36 en opérations au sein de la Résistance et 31 en déportation. Quatorze d'entre eux seront faits Compagnons de la Libération, dont un seul, Michel Faul, ne connaîtra pas l'issue du conflit, tué en Alsace par un obus ennemi à l'âge de vingt-cinq ans, dans les derniers jours du combat. Faul était arrivé en Angleterre parmi les premiers, après avoir embarqué à Saint-Jean-de-Luz dès le 21 juin. Avant même de fêter ses vingt ans.

A Londres, parmi ceux qui se présentent dans les premiers jours, la figure catholique la plus emblématique est celle de Georges Thierry d'Argenlieu, dont la personnalité très riche séduit immédiatement de Gaulle. Tout les rapproche. Officier de marine, Thierry d'Argenlieu est lui aussi un ancien de « Stan ». Soldat profondément catholique, très courageux, il a obtenu la Légion d'honneur à l'âge de vingt-quatre ans pour sa bravoure pendant la campagne du Maroc. C'est pendant cette campagne qu'il a été séduit par le général Lyautey, résident général à Rabat, un fervent catholique dont la devise est « La joie de l'âme est dans l'action ». A Thierry d'Argenlieu, Lyautey a parlé de son ami le père de Foucauld et aussi de l'affaire Dreyfus à propos de laquelle il a écrit : « La rue hurle à la mort contre ce Juif parce qu'il est Juif et qu'aujourd'hui l'antisémitisme tient la corde. »

De sa rencontre avec Lyautey, Thierry d'Argenlieu dira qu'elle a été l'une des chances de sa vie. C'est peu après, lors d'une escale à Malte en 1915, que le jeune enseigne de vaisseau, attiré par Dieu, s'est engagé en religion sans abandonner l'armée. Il a demandé son admission dans le Tiers-Ordre et reçu le scapulaire qu'il porte sous son uniforme de marin. Ne voulant pas abandonner le combat, il a attendu la fin de la guerre de 14-18 pour entrer au collège Angélique de Rome avec la volonté de rejoindre le Carmel. Entré en religion au couvent de Fontainebleau-Avon, il a pris le nom de Louis de la Trinité en prononçant ses vœux définitifs en septembre 1921. Devenu supérieur de la province des carmes de Paris lorsque celle-ci a été restaurée en 1932, il a été mobilisé en 1939 avec le grade de commandant et a participé à la défense de l'arsenal de Cherbourg. C'est là qu'il a été fait prisonnier par les Allemands le 19 juin 1940, exactement un mois après la mort au combat de son frère Olivier, général de l'armée de terre. Thierry d'Argenlieu est parvenu à s'échapper trois jours plus tard du train qui le conduisait vers le Reich puis, déguisé en paysan, il a rejoint Londres en passant par Jersey !

L'épopée de ce moine-soldat ne laisse pas de Gaulle indifférent. Dans un premier temps, Thierry d'Argenlieu souhaite séjourner dans une communauté religieuse de Londres tout en faisant fonction d'aumônier de la France libre. Mais de Gaulle, à qui il inspire admiration et respect, parvient très vite à le convaincre que sa place est auprès de lui. Le Général est définitivement conquis par la foi et le patriotisme de Thierry d'Argenlieu, plus encore lorsqu'il apprend que celui-ci a perdu un frère au combat, qu'il a deux autres frères chez les dominicains et que ses deux sœurs sont religieuses à Notre-Dame-de-Sion. Avec une autorisation spéciale de ses supérieurs, le moine peut donc continuer à porter l'uniforme et de Gaulle le nomme aussitôt capitaine de frégate et chef d'état-major des Forces navales françaises libres (FNFL).

Croix de Lorraine et croix du Christ

C'est Georges Thierry d'Argenlieu qui, avec l'amiral Muselier, conduit de Gaulle à adopter la croix de Lorraine comme emblème de la France libre, dans les tout premiers jours de juillet 1940. Si le rôle exact des deux hommes est encore discuté, il demeure que la croix de Lorraine a été choisie d'abord parce qu'il fallait très vite adopter un insigne – une croix – pour l'opposer à la croix gammée des nazis. La croix de Lorraine a été retenue – sur proposition de Thierry d'Argenlieu, selon de Gaulle dans ses *Mémoires de guerre* – parce qu'elle trouve ses origines dans la croix du Christ, avec une grande traverse surmontée d'une plus petite, sur laquelle Ponce Pilate avait fait écrire « Jésus de Nazareth, roi des juifs » (INRI). Lorsque de Gaulle arrête définitivement son choix, on évoque aussi le caractère de croisade que revêt le combat des pionniers de la France libre car la croix de Lorraine entrait aussi dans les armes de Jeanne d'Arc. On cite alors Péguy pour qui « les armes de Jésus, c'est la croix de Lorraine ». Et pendant les campagnes d'Afrique et d'Orient, quand les soldats de la France libre vont se réunir autour de la croix de Lorraine, souvent ils réciteront des vers de la *Jeanne d'Arc* de Péguy. Notons aussi que cet emblème, qui avait été celui des ducs d'Anjou au milieu du XIVe siècle puis des ducs de Lorraine au XVe siècle, se trouvait déjà sur les chars du 507e RCC commandé par de Gaulle pendant la campagne de France.

C'est aussi une croix de Lorraine que les évêques de Strasbourg et de Metz avaient fait planter au pied de la Vierge de la colline de Sion, la « Sainte colline nationale » si chère à Maurice Barrès, au lendemain du traité de Francfort qui, en 1871, avait officialisé la perte de l'Alsace-Lorraine. Les évêques avaient fait inscrire sur la croix « Ce n'est pas pour toujours ». Et, lorsque les deux provinces avaient été rendues à la France en 1919, l'inscription avait été remplacée par « Ce n'était pas pour toujours ». L'amiral Muselier ayant des origines lorraines, il est probable qu'il a, lui aussi, contribué à influencer de Gaulle dans le choix de ce qui deviendra définitivement l'emblème du gaullisme.

A Londres, dans les bureaux qui ont été mis à sa disposition, le Général fait fonctionner la France libre avec des fonds alloués par le gouvernement de Churchill, mais, pour assurer son indépendance, il exige que ce financement soit fait sous forme de prêt. Il veillera scrupuleusement au respect de cette clause et le remboursement, effectué notamment grâce aux revenus de l'Empire, sera achevé avant la fin de la guerre. Condamné à mort, de Gaulle a perdu ses étoiles et sa solde mais il est plus que jamais convaincu d'incarner la France !

A René Cassin, chargé des aspects juridiques de la France libre, qui lui demande : « En tant que juriste, dois-je considérer que nous sommes la Légion étrangère, ou l'armée française ? », il répond : « Non, Cassin, nous sommes la France ! » De même, lorsqu'il s'était présenté à Churchill, il lui avait déclaré droit dans les yeux : « Je suis la France ! », avec une assurance telle qu'elle avait fait naître quelque trouble chez son interlocuteur. Bien plus tard, il ironisera : « Churchill pensait que je me prenais pour Jeanne d'Arc. C'est faux, je me prenais pour de Gaulle[14] ! » A cette époque, il a déjà commencé à parler de lui à la troisième personne, ce qui lui vaut de nombreux sarcasmes auxquels l'écrivain catholique Jean Guitton répondra : « Il avait son double au-dedans de lui et se pensait comme étant la France saisie dans son éternité. »

Ses longues journées terminées, de Gaulle rejoint sa famille dans le cottage loué dans le quartier tranquille de Pettswood, au sud-est de Londres, là même où Yvonne s'était déjà exilée pendant la Grande Guerre. Cette tranquillité, ils ne le savent pas encore, va se transformer en enfer dès le déclenchement, en juillet, de la bataille d'Angleterre car l'aérodrome militaire de Biggin Hill, cible des Allemands, est à quelques centaines de mètres de leur maison. Les bombardements ennemis conduiront très vite Yvonne à se réfugier avec les enfants et Mlle Potel dans un petit village perdu du lointain pays de Galles…

« Un bigot, un cagot »

Tout à la lourde mission dont il s'est chargé, de Gaulle est réservé, distant et austère. Il ne fréquente aucun cercle. C'est à Pettswood qu'il apprend la mort de sa mère, décédée loin de lui. On ne le voit qu'à la messe dominicale, en famille, en l'église Notre-Dame-de-France, touchée par une bombe allemande pendant le *blitz* en novembre 1940 et remise en état grâce aux frères maristes. Ce lieu de culte, destiné aux nombreux catholiques français installés à Londres, a été fondé au milieu du XIXe siècle, grâce à une souscription dont la principale donatrice fut l'impératrice Eugénie. C'est là que viennent prier les soldats et les Français réfugiés dans la capitale britannique.

Pendant cette période où tout est à construire, le soutien que lui apporte son épouse est essentiel. En elle, il apprécie la force de caractère et la résistance face aux épreuves. C'est à elle qu'il confie le texte authentique de l'appel du 18 juin en lui disant : « Conservez précieusement ces manuscrits. Si je réussis, ils feront partie du patrimoine de nos enfants[15]. » Yvonne de Gaulle prendra ensuite un soin jaloux à préserver les principales archives de la France libre, qu'elle subtilise souvent à son insu sur le bureau du Général pour les placer en lieu sûr dans un coffre de banque.

Si le peuple britannique commence à reconnaître dans la rue et à admirer cet officier français qui symbolise le courage et l'esprit de résistance, dont la photo paraît dans les journaux et qui parle chaque soir à la radio, il n'en va pas de même de la bonne société anglaise ni des milieux français de Londres, où beaucoup le regardent comme « un bigot, un cagot, un cagoulard, un don Quichotte[16] ». A la solidarité des braves veuves anglaises qui viennent abandonner leurs bijoux dans les bureaux de la France libre s'oppose l'insouciance des milieux d'affaires londoniens et même de la population qui continue à vivre dans l'indifférence, en feignant d'ignorer ce qui se joue à l'ouest du continent. « Les rues et les parcs remplis de promeneurs paisibles, les longues files à l'entrée des cinémas, les autos nombreuses, les dignes portiers au seuil des clubs et des hôtels appartenaient à un autre monde que celui qui était en guerre [...] Savent-ils au moins ce qui vient de se passer de l'autre côté de la Manche ? » s'indigne de Gaulle[17] qui ne comprend toujours pas pourquoi, face à la menace qui grossissait depuis deux ans, les Britanniques avaient, jusqu'en juin 1940, limité la conscription aux seuls célibataires âgés de dix-huit à vingt-huit ans.

Parfois, une lettre lui parvient tel un amical soutien au plus fort de sa solitude. C'est le cas du courrier très chaleureux que lui adresse depuis l'île de Wight le R.P. Xavier de Beaulaincourt, de l'ordre des dominicains. L'ancien condisciple du collège de Vaugirard lui rappelle les cours reçus ensemble du professeur Henri de Gaulle. Dans sa réponse depuis Carlton Gardens, datée du 26 août 1940, le Général évoque le regard qu'aurait porté son père sur son combat :

« Mon révérend père et vieil ami,

« Est-ce donc toi, Xavier de Beaulaincourt, qui m'écris aujourd'hui ?

« Admirons l'ordre des choses qui nous remet en rapport après trente-cinq ans ! Sache que je ne t'avais pas, moi non plus, oublié. Je savais que tu avais choisi la meilleure part. Combien je suis touché de ton fidèle souvenir à l'égard de mon Père ! S'il vivait encore, il approuverait, j'en suis sûr, l'action que j'ai entreprise.

« Prie pour moi, car ma tâche est lourde ! »

En France, où l'essentiel des catholiques et de leurs pasteurs ignore de Gaulle, la hiérarchie de l'Eglise ne reste pas inactive face à la situation nouvelle créée par l'arrivée au pouvoir du maréchal Pétain. Evêques, archevêques et cardinaux choisissent, dans une même envolée de soutanes, de jouer la carte de la légitimité à l'égard de la figure tutélaire du vainqueur de Verdun qui, prétextent-ils, vient de « faire à la France le don de sa personne ». Il s'agit surtout de manœuvrer pour obtenir quelques avancées significatives dans les dossiers en cours, qui concernent principalement la situation des écoles chrétiennes et les congrégations. Il est évident que la conclusion des litiges ne se fera qu'au prix d'un soutien affiché au régime de Vichy ou, au minimum, d'une simple neutralité bienveillante.

Après les lois de Séparation de 1905, l'Eglise voit dans la chute de la « République laïque, radicale et franc-maçonne » qui l'a tant brimée l'opportunité de reprendre toute sa place dans la société française. Après avoir vu ses écoles fermées, ses biens confisqués, ses communautés chassées de France, elle croit tenir l'heure de sa revanche. Déjà, depuis les années 1930, quelques premiers résultats ont été obtenus de la part d'un pouvoir rendu moins sectaire par les circonstances, particulièrement depuis la conduite très courageuse du clergé pendant la Grande Guerre. Dans les tranchées, sous le feu ennemi, les curés ont partagé les souffrances des fils du peuple et ces derniers sont revenus de la guerre avec une bien meilleure opinion de l'Eglise et de ses ministres. Cette réalité s'est imposée aux derniers gouvernements de la IIIe République, conduits à adopter une politique moins sectaire.

La République laïque en appelle à Dieu

C'est dans ce contexte nouveau que l'Eglise a été sollicitée, contre toute attente, par les autorités laïques à mesure que les lourdes menaces de la guerre s'amoncelaient sur le ciel de la France. Au secours de la fille aînée de l'Eglise, Dieu était appelé à la rescousse, au cœur de la campagne de France.

Ce 19 mai 1940, alors que de Gaulle, à la tête des 150 chars de la 4e division cuirassée, refoule partiellement l'adversaire sur son flanc gauche, le gouvernement français a demandé qu'une prière publique soit prononcée à Notre-Dame de Paris pour implorer Dieu de protéger la France. Presque tout le gouvernement – dont les membres étaient, pour l'essentiel, athées ou même franchement anticléricaux – s'est retrouvé aux premiers rangs de la cathédrale devant laquelle la foule inquiète s'est massée. Les fidèles ont envahi le parvis, jusqu'au pont qui enjambe le petit bras de la Seine. Chants et prières se succèdent avec une ferveur qui masque mal la peur tandis que, sur les pelouses du Quai d'Orsay, les diplomates, peu confiants en l'avenir, brûlent les archives qui ne doivent pas tomber entre les mains des Allemands.

A Notre-Dame, le président de la République Albert Lebrun s'est fait représenter mais le président du Conseil Paul Reynaud a tenu à être là, accompagné du maréchal Pétain. Députés et sénateurs se sont regroupés face au chœur, ainsi que les diplomates en résidence à Paris au sein desquels se distingue l'ambassadeur des Etats-Unis, William C. Bullitt, un gardénia à la boutonnière. Il y a surtout l'influent cardinal Alfred Baudrillart, inamovible recteur de l'Institut catholique de Paris, qui ne va pas tarder à apporter son franc soutien à Pétain et à condamner de Gaulle, « le général traître ». Le vieux cardinal, obsédé par la peur du communisme, dira en juin 1941, après l'entrée en guerre de l'Allemagne contre la Russie : « Prêtre et Français, dans un moment aussi décisif, refuserais-je d'approuver la noble entreprise commune, dirigée par l'Allemagne, susceptible de délivrer la France [...] Voici les temps d'une nouvelle croisade. J'affirme que le tombeau du Christ sera délivré... »

L'office à Notre-Dame est conduit par le vicaire capitulaire, Mgr Beaussart, en remplacement du cardinal-archevêque, Mgr Suhard, nommé une semaine plus tôt et qui se trouve en pèlerinage en Espagne. « Cette cérémonie n'a rien d'analogue dans notre histoire depuis bien longtemps », souligne Mgr Beaussart depuis la chaire, sans doute un peu étonné par le spectacle insolite de ces officiels radicaux qui ne desserrent pas les lèvres, étrangers à la ferveur populaire comme au *Veni Creator Spiritus* et au *Sub tuum Praesidium confugimus*, qui emplissent la maison de Dieu comme des suppliques au Saint Esprit et à Notre-Dame ! « Mes frères, priez ! Nul d'entre vous n'est ici pour assister à un spectacle. Vous êtes venus pour prier », adjure-t-il avant de promettre que Dieu donnera la victoire aux Français parce que leur cause est juste et qu'ils ne combattent ni par haine ni par cupidité. « Venez, saints de France. Chassez l'ennemi qui essaye de blesser à mort cette nation qui est au Christ et qui veut rester au Christ », implore l'officiant alors que les châsses contenant les reliques des saints de France – sainte Geneviève, saint Louis et saint Denis – sont portées en procession dans la nef par les guides, les scouts et les jeunes garçons des mouvements ouvriers ou étudiants chrétiens. *« Christus vincit, Christus regnat, Christus imperat »* (« Que le Christ soit vainqueur, que le Christ règne, que le Christ commande ») chante la foule des fidèles que les officiels ne peuvent accompagner. Les bras ouverts en signe d'imploration, Mgr Beaussart appelle tous les participants à prier et à prier encore : « Notre Dame, qui êtes en France dans votre royaume et dans votre beau jardin, priez pour nous ! Saint Michel, patron de la France et qui êtes au péril de la mer, soyez aussi au péril de l'invasion, combattez avec nous. Rémy, qui avez baptisé la France, Geneviève, mère de la patrie, et vous Louis, modèle des combattants et des hommes d'Etat, venez aider nos chefs, venez à l'aide de la France. Et vous Jeanne, modèle des soldats et des chefs, donnez à nos soldats la confiance que vous inspiriez à ceux qui combattaient avec vous, à nos chefs, ces intuitions et j'oserai dire ces inspirations divines qui déjouent les tactiques brutales et les stratégies infernales ! Venez donc, tous les saints de France, et vous aussi, tous les saints des nations opprimées, chasser l'ennemi qui veut essayer de blesser à mort cette Nation qui est au Christ. Venez tous, nos alliés célestes, accordez à la France et à ses alliés votre concours. Obtenez-nous du ciel le triomphe de la cause juste, la cause sainte, qui est la nôtre, la victoire de cette croisade[18]. »

Quand Mgr Beaussart fait référence aux saints des nations opprimées, c'est pour évoquer ceux de la Pologne envahie, en sachant que le vicaire aux armées polonaises, Mgr Gawlina, est dans l'assistance. Avant de clore la cérémonie, soutenue par les grandes orgues dont la puissance aiguise son émotion, la foule chante *La Marseillaise*. L'assistance ne pouvait pas savoir que Mgr Beaussart allait entretenir pendant toute la guerre les meilleures relations avec l'occupant et se montrer assidu aux réceptions données à l'ambassade d'Allemagne...

Hélas, la progression rapide des divisions allemandes n'a pas été ralentie par les prières adressées aux saints de France. C'est pourquoi, le 31 mai, au lendemain de la prise de Dunkerque, une nouvelle cérémonie religieuse est organisée, cette fois dans la basilique de Montmartre où le cardinal Suhard, rentré d'Espagne, prend l'initiative de consacrer la France au Sacré-Cœur. Plus de 114 000 soldats britanniques et 6 000 soldats français ont dû être précipitamment évacués de Dunkerque en abandonnant l'essentiel de leur armement à l'ennemi. La peur s'est emparée de la nation. Sur le champ de bataille, au sud d'Abbeville, de Gaulle et ses hommes viennent de perdre dix chars mais continuent à se battre, réduisant des trois quarts la tête de pont ennemie et faisant cinq cents prisonniers.

Des dizaines de milliers de fidèles, croyants sincères ou simples citoyens apeurés, se sont regroupés sur la butte. Jamais Montmartre, baigné de soleil, n'avait connu pareille affluence. De la basilique où des centaines de drapeaux tricolores ont été accrochés aux voûtes et aux piliers, la foule déborde jusque dans les jardins. Quelques ministres, des parlementaires, des personnalités catholiques sont là, moins nombreuses qu'à Notre-Dame de Paris. Le président Lebrun est représenté par sa femme, Marguerite. La foule chante avec ferveur « Dieu de clémence, ô Dieu sauveur, sauvez, sauvez la France, au nom du Sacré-Cœur » alors que le cardinal-archevêque de Paris, en *cappa magna* de soie moirée rouge prononce solennellement les paroles qui consacrent la France au Sacré-Cœur avant de s'avancer vers le parvis de la basilique où un cérémoniaire en aube lui tend l'ostensoir avec lequel il va bénir Paris en se tournant lentement vers les quatre points cardinaux. Et, cette fois encore, les fidèles vont se disperser après avoir entonné une puissante *Marseillaise*.

De Gaulle a été tenu informé de ces grands rassemblements populaires où les plus païens de nos dirigeants ont – ultime marque de leur impuissance – tourné un regard désespéré vers un Dieu qui leur était étranger. Le 25 juin, il est à Londres, occupé à l'organisation de la France libre. Churchill exprime à la radio sa crainte de voir la flotte française passer, tout armée, entre les mains de l'Allemagne. L'armistice a été signé trois jours plus tôt et Pétain se veut rassurant : nos avions et nos bateaux, soutient-il, ne contribueront pas à la puissance de Hitler ! Lyon est occupée, des pancartes en allemand indiquent les rues dans Paris, les combats ont cessé : la France s'est figée dans son deuil.

A Bordeaux, où politiques, financiers, entrepreneurs et intrigants de tout crin se sont regroupés, une nouvelle grande cérémonie religieuse est organisée dans la cathédrale, dont la nef est occupée par un immense catafalque drapé de noir. L'heure est grave, qui justifie cette fois la présence du président de la République, assis sur un trône dans le chœur, du maréchal Pétain, nouveau chef du gouvernement, et de son prédécesseur, Paul Reynaud, qui semble à la fois abattu par la capitulation à laquelle il était hostile et soulagé de ne plus être en responsabilité. Le nonce du pape, Mgr Valerio Valeri, conduit protocolairement le corps diplomatique. L'archevêque de Bordeaux, Mgr Feltin, tire les larmes des fidèles en évoquant le message des soldats tombés au champ d'honneur :

« Soyez donc unis autour du drapeau endeuillé, nous crient-ils de leur tombe ; et sous l'autorité de ceux qui détiennent légitimement le pouvoir, faites trêve aux vaines disputes, aux opinions trop personnelles ou trop intéressées. » En faisant parler les morts, l'archevêque condamne la désobéissance de De Gaulle, accusé de jouer depuis Londres un jeu personnel. Seul le chef de la France libre peut être visé par de tels propos. Dans la cathédrale de Bordeaux, la France officielle de Pétain et la France catholique parlent d'une même voix !

L'autre message important délivré à Bordeaux par Mgr Feltin vise à culpabiliser les catholiques de France, en leur faisant porter la responsabilité de la défaite : « Si nous avons été vaincus, insiste-t-il dans son sermon, c'est que peut-être nous n'étions plus suffisamment soutenus, au fond de nos âmes, par ce triple idéal que sont trois grandes réalités : Dieu, la Patrie, la Famille...[19] » Pétain n'a plus à faire beaucoup d'effort pour trouver un slogan politique !

Pour continuer le combat, il faut une grande force d'âme à de Gaulle. Ceux qui arrivent à Londres viennent lui raconter dans le détail les liens de connivence qui se sont spontanément créés entre l'Eglise de France et le gouvernement de Pétain. On lui raconte aussi comment le renoncement et la peur poussent le peuple de France dans les églises et les cathédrales où les pasteurs finissent de les égarer. « La France, soutient Laurent de Gaulle, lui paraît devant le moloch allemand comme frappée d'acédie, cette maladie de l'âme qui perd les anachorètes ou les religieux cénobites, et les paralyse dans une sécheresse spirituelle où, Dieu lui-même semblant s'être absenté, l'on éprouve plus de lassitude devant toutes les dimensions de l'existence, haine de l'autre et surtout de soi-même, envie d'en finir une bonne fois pour toutes avec cette vie stupide[20]. »

Heureusement, et de Gaulle le sait, des religieux courageux font exception et arrivent peu à peu à Londres pour se mettre à sa disposition. C'est le cas, par exemple, d'un moine trappiste, Pierre Lacoin, devenu père Marie, qui décide de s'engager après avoir entendu un discours du Général à la radio. Le père Marie est un personnage étonnant, troisième d'une famille parisienne de dix enfants. L'une de ses sœurs, Elisabeth, a été rendue célèbre sous le prénom de Zaza par son amie et confidente Simone de Beauvoir. Les deux femmes sont liées depuis leurs années d'études à l'Institut catholique de Paris et à l'institut Sainte-Marie de Neuilly. Embarqué à Saint-Jean-de-Luz sur le *Bathory* avec les troupes polonaises qui vont rejoindre le général Sikorski en Angleterre, le moine trappiste, un grand gaillard portant une barbe noire, est enrôlé dans la 1re compagnie de chars de la France libre qui se réduit alors à une quinzaine d'hommes seulement, dont un jésuite, le père Tresca. La 1re compagnie dispose d'une dizaine de chars Hotchkiss rapatriés de Norvège ! Le père Marie va voir de Gaulle pour la première fois le 14 juillet 1940 alors que les soldats de la France libre défilent à Londres devant la statue de Foch où on les fait repasser en boucle pour créer l'illusion du nombre... Lui va continuer la guerre mais son camarade, le père Tresca, sera tué sur son char devant Damas, en Syrie, en 1941.

Sur les hommes qui, comme lui, ont rejoint Londres sans hésitation, le père Marie écrira : « Légion de

Gaulle : 80 % de catholiques dont 50 % de pratiquants, soldats et marins de Dunkerque et des Flandres qui se sont battus et ont été blessés, et de jeunes candidats aux grandes écoles. Tous ces éléments sont pleinement désintéressés. A côté, tu as comme dans tout groupement un certain nombre d'arrivistes et de salauds qui essaient de profiter. » Et, plus tard, racontant son arrivée devant Pointe-Noire, au Congo, il ajoutera : « Nous avons été écœurés de voir que ceux qui se ralliaient à nous étaient pour la plupart des francs-maçons qui se disaient que, poursuivis par Pétain, ils seraient certainement approuvés par de Gaulle. Ils se trompaient : nous avons drôlement épuré le lot. Ils auraient voulu faire du mouvement une réaction politique alors qu'il n'y a rien de cela. Mouvement militaire pour la libération du sol français[21]. »

Libérer le sol français, quoi qu'il en coûte ! C'est le seul objectif de ces hommes d'honneur qui ont tout abandonné pour jouer leur vie aux côtés de De Gaulle. S'il déplore la faiblesse du nombre des ralliements, le Général puise toute sa volonté dans sa force intérieure et son énergie dans la vaillance et le dévouement des premiers combattants de la France libre. Il en a bien besoin, car les difficultés ne manquent pas. La première à surmonter est le bombardement, le 3 juillet, des navires de guerre d'une escadre française au mouillage dans le port de Mers el-Kébir, près d'Oran, par une escadre britannique. De Gaulle est conduit à justifier l'initiative de Churchill en expliquant aux Français que le gouvernement de Pétain « avait consenti à livrer nos navires à la discrétion de l'ennemi ». Mais sa plus grosse épreuve est l'échec de l'opération Menace, qu'il conduit lui-même et qui vise à prendre Dakar par la mer pour rallier à la France libre les pays de l'Afrique-Occidentale française (AOF). Les deux navires, le *Westernland* et le *Pennland*, partis de Liverpool le 31 août sont accueillis au canon par une escadre française aux ordres de Vichy. Tous les partisans de De Gaulle au Sénégal ont été préventivement bouclés. « Comme je ne voulais pas de bataille rangée entre Français, j'ai retiré mes troupes [...]. Pour le moment, tous les plâtras me tombent sur la tête », écrit-il à sa femme, lui précisant qu'il « garde bon espoir » car ses hommes lui restent fidèles. Il en profite pour demander des nouvelles de leur fille Elisabeth – « a-t-elle gagné le Sacré-Cœur ? » – et d'Anne – « Et ce tout petit ? » – à qui il ne peut plus chanter de chanson le soir au coucher.

L'optimisme qu'il affiche alors pour ne pas inquiéter sa famille doit être nuancé car, pour la première fois, de Gaulle doute vraiment de lui et de la suite des événements, au point de s'enfoncer dans une profonde solitude qui frise la dépression. A bord du *Westernland*, il va s'en ouvrir au capitaine de frégate Thierry d'Argenlieu. C'est sans doute au religieux qui se cache sous l'uniforme de marin que de Gaulle, si pudique et si secret, consent à se confier. « Il souffrait à l'intime et durement de l'échec aujourd'hui consommé : le marquant à peine, il se taisait, témoignera Thierry d'Argenlieu. Je réagis autant que faire se pouvait. Silence. Alors de ma couchette, à travers les cent rumeurs de nos navires en marche, je perçus telle une plainte : "Si vous saviez, commandant, comme je me sens seul."[22]. » A sa femme, il envoie une nouvelle lettre dans laquelle il ne peut éluder la réalité qui l'accable : « C'est le plus grand drame de l'Histoire et ton pauvre mari y est jeté au premier plan avec toutes les férocités inévitables contre ceux qui tiennent la scène. Tenons bon ! Aucune tempête ne dure indéfiniment[23]. » Plusieurs proches, dont René Pleven, rencontré peu après à Brazzaville, soutiendront que de Gaulle fut si atteint par l'échec de Dakar qu'il fut effleuré par l'idée du suicide ; une hypothèse totalement réfutée par ceux qui estiment que sa foi chrétienne et sa force de caractère le mettaient à l'abri d'une telle extrémité.

Thierry d'Argenlieu n'est pas le seul religieux à bord du *Westernland*. Il y a aussi le père Marie, ce trappiste atypique arrivé à Londres avec la farouche volonté d'un découdre, là où l'on décidera de l'envoyer. De Gaulle l'a nommé aumônier de la compagnie de chars embarquée. Les deux religieux-soldats sont unis par le même idéal chrétien. Le père Marie occupe une cabine proche de celle du Général. Sur le même pont, se trouve la cabine aménagée en chapelle où il célèbre chaque matin la messe avec de Gaulle et Thierry d'Argenlieu pour seuls fidèles. Pour tenter de dissiper le doute qui, indiciblement, tenaille le Général, Thierry d'Argenlieu lui vante la qualité des hommes qui lui sont dévoués et sont prêts à conduire leur mission jusqu'au bout. « Croyez-vous que je doive continuer ? » lui demande pourtant de Gaulle, toujours en proie au doute. La suite prouvera que les paroles de réconfort du religieux ne furent pas vaines…

Le père Marie – que ses camarades appellent le plus souvent le père Lacoin – se montre très précieux auprès des blessés du *Westernland*, parmi lesquels se trouve Thierry d'Argenlieu, si sérieusement atteint qu'il devra être débarqué à Douala, au Cameroun, pour y passer six semaines à l'hôpital. L'aumônier réconforte et redonne confiance à ceux dont le moral vacille, avec ou sans le recours de la prière. Le hasard veut que le médecin du bord, le docteur Henri Fruchaud, soit parti en même temps que lui de Saint-Jean-de-Luz. Rappelé en 1939 comme capitaine-médecin pendant la campagne de France, Fruchaud n'avait pas accepté la défaite. A quarante-six ans, il avait tout quitté pour rejoindre Londres.

Dans la malheureuse épopée de Dakar, il y a aussi un jeune capitaine de corvette, Robert Détroyat, qui se distingue par son courage exceptionnel. Fils d'officier, il a rejoint de Gaulle le 13 juillet 1940 et a reçu aussitôt l'ordre de former le 1er bataillon de fusiliers marins. Il sera tué à la tête de ses hommes devant Damas, le 21 juin 1941, alors qu'il venait d'obtenir une trêve avec les soldats français de Vichy auxquels ils s'opposaient. Un tireur qui ne respecte pas le cessez-le-feu va l'abattre sous les yeux de ses soldats. En août 1942, de passage à Damas, de Gaulle se recueillera longuement sur sa tombe puis le fera Compagnon de la Libération.

En 1941, alors que son parcours de soldat le fait entrer dans Beyrouth, le père Marie, dont la mère compare de Gaulle à Jeanne d'Arc, écrira à son frère : « Notre milieu est splendide tant au point de vue français que chrétien. J'ai beaucoup de travail avec mes foyers, mes blessés, mes malades et aussi mes bien-portants [...] Travaillez où que vous soyez de votre mieux pour la France et pour le bon Dieu... » Pour ses hommes, dont la plupart sont chrétiens et pratiquants, il organise ce qu'il appelle « la croisade de la France libre », c'est-à-dire une dizaine de pèlerinages à Jérusalem et sur les lieux saints, avec messe au Saint-Sépulcre et recueillement devant la grotte de la Nativité. Les « soldats-pèlerins » sont logés à Bethléem, à l'hôpital tenu par les religieuses de Saint-Vincent-de-Paul. Pendant son séjour au Liban, le frère trappiste continuera sa « croisade » au service de De Gaulle en rédigeant et en distribuant un tract dans lequel on peut lire : « Qui est-ce qui s'oppose à la civilisation chrétienne et est condamné par N.S. Père le Pape ? L'Allemand nazi. Tu es chrétien, tu es Français, tu me comprends : choisis[24]. »

Après la Libération de Paris à laquelle il n'aura pu assister, retenu par son ministère sur la base de Dartmouth, il écrira à sa famille : « Notre bonne société a bien besoin d'être réformée. Je compte tout à fait sur le général de Gaulle pour y arriver en France. Soutenez-le de votre mieux. Croyez-moi, il le mérite car c'est quelqu'un de vraiment propre. » Le père Marie – « père Lacoin » – restera l'exemple de ces religieux totalement dévoués à la personne du Général et à la cause de la France.

Après son échec de Dakar, de Gaulle – qui n'entend plus renoncer – entreprend une longue tournée en Afrique avec ses compagnons d'infortune afin de s'assurer la maîtrise de l'Empire. C'est à Douala qu'il rencontre Philippe Leclerc de Hauteclocque, venu en pirogue pour rallier à lui le Cameroun. Puis, à Yaoundé, le 12 octobre 1940, pour donner courage à ceux qu'il a réunis et qui doutent de la réussite de son aventure, le Général cite un passage de la Bible : « Vous vous souvenez de l'histoire, narrée par la Bible, de cette grande cité que ses fautes allaient livrer à la destruction. Un citoyen vertueux voyant venir le châtiment supplie Dieu de détourner sa main. “Trouve-moi mille justes dans la ville, répondit le Seigneur, et j’épargnerai ta patrie.” Les mille justes ne furent pas trouvés. “Trouve-m’en cent.” Il n’y en avait pas cent. “Trouve-m’en dix.” Il n’y en avait pas dix. Alors la ville fut détruite. Eh bien, Messieurs, malgré le désespoir, l’abandon, le renoncement de tant de nos compatriotes, il s’est trouvé bien plus de dix, bien plus de cent, bien plus de mille Français, résolus à tout pour sauver la patrie. [...] Alors, je vous le prédis, grâce à ces Français-là, l’Empire, la France seront sauvés. »

Sur les terres d’Afrique, qui sont pour lui celles de la reconquête, de Gaulle n’hésite donc pas à manifester sa foi. Ainsi, au Gabon, quand un administrateur de la France d’outre-mer, connu pour ses liens avec la franc-maçonnerie, se plante devant lui et lui demande : « Est-il vrai que vous êtes catholique pratiquant ? », il lui répond droit dans les yeux : « Oui, et après ? » Toute son équipe, profondément chrétienne, donne à la tournée africaine de la France libre des allures de croisade pour le sauvetage de la France. Par exemple, dès la libération de Libreville, le 9 novembre 1940, une cérémonie religieuse est organisée à la cathédrale. C’est Thierry d’Argenlieu qui célèbre la messe ; Philippe Leclerc de Hauteclocque est au premier rang, agenouillé, en prière, la tête dans les mains. Dans son bel uniforme de capitaine, le futur maréchal Koenig tient l’harmonium, avec ses légionnaires pour former une chorale improvisée !

Le retour de De Gaulle en Angleterre n'aura lieu qu'à la fin novembre, juste à temps pour fêter ses cinquante ans avec sa famille.

En France, l'Eglise continue de pactiser avec les autorités de Vichy. Pétain, qui a été élevé par une grand-mère croyante, connaît bien l'univers catholique, mais sans plus. Enfant, il a assisté à la messe tous les jours pendant une dizaine d'années puis il a fait ses études chez les dominicains d'Arcueil. Il a beau se vanter d'avoir deux oncles prêtres, cela ne l'a pas empêché, à soixante-quatre ans, d'épouser civilement son amie Alphonsine Hardon, une divorcée de vingt ans sa cadette. Et quand la jeune femme a obtenu de l'officialité de Versailles, en 1929, l'annulation de sa première union, Pétain n'a rien fait pour compléter son mariage civil par un mariage religieux[25]. Ce point le tient en marge des milieux catholiques conservateurs. Sa foi est molle et son pragmatisme non dépourvu d'humour : « Une bonne messe n'a jamais fait de mal à personne », rétorque-t-il à ceux qui lui font remarquer la multiplication des messes officielles ! Dans son cabinet, sont nommés plusieurs catholiques très engagés, dont André Lavagne, chargé des affaires religieuses, le général Emile Laure, un ancien élève des jésuites dont il fait son secrétaire général ou encore le capitaine de vaisseau Georges Feat, baptisé « le moine laïc », qui distribue une partie des fonds secrets dont il a la charge pour soutenir les œuvres…

Pour Pétain, une Eglise organisée comme une armée est un facteur d'ordre et d'autorité qui pourra être mobilisée au service du redressement national. Pour cette raison, il prend soin de ménager le pape

Pie XII, à tel point qu'il lui adresse une copie de son projet intitulé « Les Principes de la Communauté », une charte rassemblant les seize principes d'un « ordre nouveau » appelé à remplacer la Déclaration des droits de l'homme et du citoyen, issue de la Révolution française.

Cette volonté de revenir sur les principes de la Révolution n'est pas faite pour déplaire à l'Eglise. Toutefois, à aucun moment le Maréchal ne fait état dans sa charte de la place des religions ni de leurs droits dans la société. Sur ce point, le Principe numéro 10 ne manque pas d'ambiguïté : « Toute féodalité met en péril l'unité de la Nation. L'Etat se doit de la combattre. » Pétain fait-il référence à l'Eglise de façon voilée pour donner des gages aux anticléricaux ? Beaucoup le croient. Dans sa première version adressée pour avis au Vatican, Pétain a trop mis l'accent sur les devoirs du citoyen et pas assez sur ses droits, ce que le Saint-Père lui fait remarquer. Sous l'influence papale, le Principe numéro 2 devient donc : « Reconnaître à l'homme des droits sans lui imposer des devoirs, c'est le corrompre. Lui imposer des devoirs sans lui reconnaître des droits, c'est l'avilir. »

Le vieux Maréchal joue sur du velours car la peur de la guerre et le joug de l'occupant ont raffermi les âmes. Et le pape n'a-t-il pas demandé à chaque catholique français, dès juillet 1940, de « mettre en œuvre, sans attendre la conclusion de la paix, ses ressources spirituelles, si nombreuses et si puissantes, pour se ressaisir dans son âme et donner au monde le spectacle d'un grand peuple [...] qui trouve dans sa foi et sa charité inlassable la force de faire face à

l'adversité et de reprendre sa marche sur le chemin de l'honneur et de la justice chrétienne »...
Les églises sont pleines, les religieux sollicités comme jamais, les villages subitement consacrés au Sacré-Cœur se comptent par dizaines, les lieux saints comme Lourdes ou Ars regorgent de fidèles, un recueil de « 322 saints à évoquer pour solliciter les grâces de Dieu » connaît un succès énorme, les pèlerinages se multiplient dont le plus insolite se dirige vers Saint-Jacques-de-Compostelle derrière un étendard offert par Pétain, représentant le visage de Saint Louis et celui de saint Ferdinand.

La punition de Dieu

Cette ferveur populaire est sans doute aussi la conséquence du discours officiel installé dans l'opinion dès le sermon de Mgr Feltin au cours de la « messe officielle » célébrée à Bordeaux le 25 juin, dont le thème a été repris dès le lendemain dans un message de Philippe Pétain : la défaite est méritée car elle est la conséquence du fléchissement moral et spirituel de la France. « Notre défaite est venue de nos relâchements », affirme le vieux chef qui dénonce « l'esprit de jouissance » dans lequel la France s'était abandonnée. Les mœurs relâchées avec les bordels et la mode du maillot de bain, la République avec ses partis, ses grèves et ses congés payés, le déclin de la pratique religieuse et de l'administration des sacrements de l'Eglise... tout est l'objet d'un *mea culpa* collectif. Non seulement l'effondrement de la nation est mérité mais il est aussi salutaire car, affirment les âmes pures, « il a mis fin à la décomposition du pays et va permettre le sursaut ».

« Le péché nous a fait perdre la paix », dit, par exemple, Mgr Gabriel de Llobet, l'évêque d'Avignon, à qui ses anciennes fonctions d'évêque aux armées pendant la guerre de 1914-1918 donnent une audience particulière auprès des anciens combattants. « Trop de Français étaient dans l'incapacité de croire, c'est une des raisons de notre défaite », déclare dans *Le Figaro* du 4 juillet 1940 Mgr Gabriel Piguet, l'évêque de Clermont. Le journal catholique *Le Patriote des Pyrénées* souligne de son côté que « ce qui vient de s'effondrer si lamentablement c'est, ne l'oublions pas, une maison que l'on avait essayé de construire sans Dieu ». *La France catholique*, organe de la Fédération nationale catholique, cite même La Fontaine :

« Je crois que le Ciel a permis
« Pour nos péchés cette infortune. »

Quant au cardinal-archevêque de Toulouse, Mgr Jules Saliège, qui aura – nous le verrons – une conduite irréprochable pendant l'Occupation, il écrit dans un mandement publié par *La Croix* le 28 juin 1940 :

« Pour avoir chassé Dieu de l'école, des prétoires de la nation,

« Pour avoir supporté une littérature malsaine, la traite des Blanches,

« Pour la promiscuité dégradante des ateliers, des bureaux, des usines,

« Seigneur, nous vous demandons pardon…

« Quel usage avons-nous fait de la victoire de 1918 ?

« Quel usage aurions-nous fait d'une victoire facile en 1940 ? »

Le quotidien catholique avait donné le ton, la veille, dans une tribune du père Thellier de Poncheville rédigée comme un acte de contrition : « Commençons par tomber à genoux et à nous frapper la poitrine. Nous avons bien des fautes à expier. Une entreprise officielle de déchristianisation qui a atteint dans ses sources mêmes la vitalité de notre patrie. Beaucoup d'indifférence religieuse de la foule, et pas assez de ferveur dans la minorité croyante pour faire compensation. Trop de blasphèmes et pas assez de prières. Trop d'immoralité et pas assez de pénitence. Tout cela devait se payer un jour[26]. »

Ce ne sont pas les élites qui se sont fourvoyées, ni les chefs de l'armée qui se sont trompés en refusant d'écouter de Gaulle ; le coupable est le peuple pécheur et c'est pour cela que Dieu l'a puni ! Même involontairement, ce discours de l'épiscopat relayé par une presse catholique alors très puissante vole au secours de ceux qui n'ont pas su préparer la France à la guerre moderne.

LES ÉVÊQUES CHOISISSENT PÉTAIN

Le passé personnel d'une grande partie de l'épiscopat en place en 1940 explique à la fois son attachement à Pétain et son discours très culpabilisant sur les causes de la défaite.

Pour les évêques et archevêques, dont cinquante et un sur quatre-vingt-seize ont été mobilisés pendant la

Première Guerre mondiale, la fidélité et le respect dus à Pétain sont d'évidence. Avoir partagé la souffrance des combats et le deuil des morts a créé entre eux des liens indestructibles, notamment chez ceux qui ont été décorés sur le champ d'honneur par Pétain en personne, comme ce fut le cas pour Mgr Liénart, cardinal-archevêque de Lille, engagé volontaire comme aumônier au 201e régiment d'infanterie et décoré de la croix de la Légion d'honneur le 13 août 1917 sur l'aérodrome militaire de Cappelle-la-Grande, dans le Nord. Les mêmes raisons expliquent l'attachement de Mgr Charles Ginisty, nommé évêque de Verdun en juin 1914 et qui avait accompagné Pétain sur les champs de bataille. Celui qui restera comme « l'évêque des soldats » entretenait des liens fraternels avec le Maréchal dont il avait reçu le soutien pour faire aboutir le projet de toute sa vie, la création de l'ossuaire de Douaumont, « cathédrale des morts et basilique de la victoire ». Citons encore Mgr Paul Rémond, évêque de Nice, qui sera l'un des premiers évêques à dénoncer le sort réservé aux juifs par le régime nazi – nous y reviendrons – mais gardera une fidélité sans faille pour le Maréchal. Mobilisé en 1914 à l'âge de quarante et un ans, il s'était distingué par son courage exemplaire lors des combats de Verdun et de la Somme, ce qui lui avait valu de recevoir la croix de guerre et la Légion d'honneur. Nommé à la tête du diocèse de Nice en 1930, Mgr Rémond était resté l'un des meilleurs amis de Pétain qui le recevait régulièrement dans sa villa de Villeneuve-Loubet où ils jouaient ensemble à la pétanque !

Sans être aussi liés à Pétain, d'autres prélats avaient pour lui un profond respect qui pouvait prendre des allures de dévotion. Le sergent Maurice Feltin, archevêque de Bordeaux en 1940, avait servi comme brancardier dans les tranchées. Mgr Pierre-Marie Gerlier, cardinal-archevêque de Lyon et primat des Gaules, s'était vaillamment battu sur le front avant d'être fait prisonnier en 1917. Et l'on pourrait encore ajouter à cette liste nombre de prélats devenus des soutiens de cœur autant que de raison[27].

Dans ce contexte dont il n'ignore pas les ressorts, le général de Gaulle, informé à Londres de l'attitude des membres de la hiérarchie catholique, en accepte la réalité. Lui aussi, soldat de la Grande Guerre, n'a-t-il pas beaucoup admiré Philippe Pétain, lui faisant maintes fois part de son respect et de sa déférence jusqu'à ce que des choix militaires opposés mettent fin à leurs bonnes relations. Aussi de Gaulle, croyant peu clérical mais infiniment respectueux des hommes d'Eglise, ne s'étonne-t-il pas lorsque l'évêque de Tulle, Mgr Aimable Chassaigne, en présentant ses vœux à Pétain le 30 décembre 1940, déclare : « Comme ancien combattant de la Grande Guerre, je forme le vœu que les Français demeurent unis autour de votre auguste personne comme vos soldats l'étaient en 1916 pour défendre Verdun. »

Beaucoup plus politiquement engagé est le sermon prononcé par Mgr Gerlier le 19 novembre 1940 depuis la chaire de la primatiale Saint-Jean de Lyon en présence du Maréchal. En martelant avec conviction « Pétain, c'est la France et la France, aujourd'hui, c'est Pétain. Pour relever la patrie blessée, toute la France, monsieur le Maréchal, est derrière vous », le cardinal-archevêque indique clairement à ses ouailles que de Gaulle à Londres ne représente rien, sinon la division et l'aventure. Et, dans un élan oratoire digne de l'avocat qu'il avait été avant d'entrer en religion, il poursuit : « La France endeuillée et meurtrie avait besoin d'un chef qui lui montrât la voie du redressement et lui rendît confiance dans son destin. Dieu a permis que vous fussiez celui-là [...], auréolé d'une gloire dont l'éclat pouvait suffire à de moins nobles, animé d'un dévouement patriotique qui vous a rendu encore plus grand à tous nos yeux... » Dès le 16 juillet 40, Mgr Gerlier avait fait le voyage de Vichy pour entretenir le Maréchal des difficultés rencontrées par l'enseignement libre dans son archidiocèse comme dans le reste de la France. Les religieux étaient si présents à cette époque à Vichy que les collaborateurs de Pétain hostiles à l'Eglise avaient surnommé l'hôtel du Parc, résidence du Maréchal, « la jésuitière » !

Quand Mgr Gerlier encense le nouveau maître de la France en visite sur ses terres lyonnaises, il mesure très bien que ses propos seront relayés dans tout le pays par la presse chrétienne qui s'est installée à Lyon dès le début de l'Occupation. Plus dévoué que jamais, le cardinal choisit les vêpres de Noël 1940 pour exprimer toute son admiration et entraîner les chrétiens derrière Pétain : « Nous travaillons aujourd'hui avec confiance sous l'égide d'un chef magnifique qui se présente alternativement à nous comme un père qui réconforte avec bonté ses enfants [...] et comme un chef qui dit énergiquement à ceux qu'il est chargé de conduire les conditions essentielles de l'œuvre qu'ils veulent accomplir avec lui... Ah, bénissons Dieu de nous l'avoir donné, ce chef, et sachons nous serrer autour de lui, comme il vous le demande, pour reconstruire la France en la rendant plus chrétienne. »

Le tandem formé par Philippe Pétain et Pierre Laval et la politique de collaboration mise en place sous l'impulsion du second ne suscitent pas de réserve particulière dans les milieux d'Eglise. En novembre 1940, dans l'un de ses éditoriaux très prudents, le père Merklen, directeur de *La Croix*, souhaite que la collaboration en cours soit équilibrée et loyale mais demande à ses lecteurs de suivre les deux hommes forts de Vichy : « Ils sont les chefs ; ils ont reçu de Dieu lumières, autorité et responsabilité pour prendre des décisions. Du moment que les intérêts de l'Eglise et des âmes sont saufs [...], nous leur devons obéissance et confiance comme aux représentants légitimes de l'autorité divine dans l'ordre temporel. » Cet appel à soutenir Pétain sera renouvelé lors de l'Assemblée des cardinaux et archevêques de la zone occupée, en juillet 1941, puis par celle des prélats de la zone libre, début septembre : « Nous voulons, déclarent les hiérarques de l'Eglise de France, que sans inféodation soit pratiqué un loyalisme sincère et complet envers le pouvoir établi... »

De Gaulle analyse qu'au-delà de la figure historique de Pétain, le soutien au régime de Vichy de tout ce que l'Eglise officielle compte de notables tient aussi à la volonté des catholiques de reconquérir les positions perdues depuis la Révolution. A l'appel de Rome, les catholiques – dans leur grande majorité – ont fini par accepter les principes de la République mais beaucoup l'ont fait essentiellement par esprit de discipline envers le pape, sans conviction aucune pour un régime parlementaire secoué par les scandales, affaibli par la lutte des partis et livré aux radicaux, aux socialistes et aux loges maçonniques unis pour combattre l'Eglise. Si, dans le sillage de son père et de l'essentiel de sa famille, de Gaulle a très jeune adhéré à la République, il en a suivi toutes les douloureuses péripéties, souffrant des brimades imposées à l'enseignement libre et aux congrégations religieuses chassées de France, à l'image des jésuites qu'il a dû suivre en Belgique pour continuer ses études. Sans doute est-il secrètement blessé en apprenant que le cardinal Gerlier se rend au Vatican pour y vanter « l'œuvre rénovatrice » du bon Maréchal avant d'aller à Vichy pour y porter la réponse de Pie XII, missive dans laquelle le pape ne ménage pas sa confiance envers une « France [qui] sortira rénovée et retrouvera en ce redressement pacifique le secret d'un rayonnement nouveau ».

Plus que l'onctueuse prudence d'un haut clergé drapé dans les plis du légitimisme et de la fidélité à Pétain, ce que veut retenir l'exilé de Londres en cette fin d'année 1940, c'est l'attitude exemplaire de nombreux prêtres de paroisse et de communautés religieuses au moment de l'exode qui a poussé sur les routes, en mai et juin principalement, près de sept millions d'hommes, de femmes et d'enfants chassés par l'occupant. En regard du renoncement des élites – qu'il n'oubliera jamais – il pressent que c'est du peuple que viendra le salut.

Accentuant le chaos, partout ou presque, des responsables de l'administration, des médecins, des gardiens de prison et les fonctionnaires qui en avaient reçu l'ordre abandonnèrent leur poste pour fuir vers le sud, laissant aux curés et aux maires qui n'avaient pas été réquisitionnés le soin de secourir les populations encore sur place et celles de passage. A Auxerre, par exemple, le directeur de l'hôpital psychiatrique est parti après avoir enfermé les malades dans leurs dortoirs. On sait que l'une des exceptions concerne la ville de Chartres où le courageux préfet, Jean Moulin, a pu retenir les fonctionnaires, à l'exception des pompiers et du directeur des Eaux, partis après avoir verrouillé les vannes de distribution ! Avec sur les bras plus de huit mille réfugiés arrivés de Rouen à bord de sept trains, Jean Moulin s'est appuyé sur les religieux pour organiser la vie : les sœurs de Saint-Vincent-de-Paul pour distribuer les vivres, l'archiprêtre de la cathédrale pour entasser malades et mourants dans la crypte, le vicaire général de l'évêché pour collecter fruits et légumes dans les jardins, l'organiste pour accompagner aux grandes orgues, en couvrant le bruit des canons, la messe du dimanche 16 juin, veille de l'arrivée des Allemands[28].

Dans les villages occupés du nord de la France ou dans ceux qui, au sud de la Loire, accueillent les réfugiés, les couvents et monastères ont ouvert leurs portes et les curés ont organisé toutes les formes de manifestation de la charité chrétienne. De Gaulle en a connaissance lorsque, tous les huit jours, il prend la parole à la radio « avec l'émouvante impression d'accomplir [...] une espèce de sacerdoce ». « Je fondais mes allocutions sur des éléments très simples : le cours de la guerre, qui démontrait l'erreur de la capitulation ; la fierté nationale, qui, au contact de l'ennemi, remuait profondément les âmes ; enfin l'espoir de la victoire et d'une nouvelle grandeur pour "Notre-Dame la France"[29]. » Le sacerdoce, les âmes, Notre-Dame la France... le vocabulaire chrétien ne le quitte pas car sa foi continue à faire vivre en lui l'espérance de la victoire.

Le 11 novembre, près de l'Arc de Triomphe à Paris, la Wehrmacht doit disperser les premiers étudiants gaullistes qui manifestent en portant « deux gaules »... Et, le 1er janvier 1941, à l'appel du Général, une grande partie de la population, surtout en zone occupée, vide les places et les rues pour une opération de résistance symbolique appelée par son instigateur « l'heure de l'espérance ». De Gaulle peut passer la nuit de la Saint-Sylvestre avec sa famille, dans leur nouveau domicile, une élégante gentilhommière de style Tudor baptisée Rodinghead, située à Berkhamsted, à une cinquantaine de kilomètres de Londres.

Le soutien spirituel de Jacques Maritain

De New York où il vient de s'installer après avoir donné une longue série de conférences à travers l'Amérique du Nord, le philosophe catholique Jacques Maritain, l'un des plus grands esprits de son temps, ardent promoteur de la pensée de saint Thomas d'Aquin, note ses impressions. A propos de la prise de Paris, le 14 juin 1940, il parle de « l'immense catastrophe historique dont nous ne pouvons même pas soupçonner la portée ». Pour lui, l'armistice représente un « deuil absolu ». Il évoque les « journées affreuses de crucifixion de la France » supportées par le peuple vaincu. « Que vaudra le comité de Gaulle ? Est-ce par là que passera la ligne Jeanne d'Arc ? Pour le moment, je l'espère », note-t-il le 24 juin.

Converti au christianisme en 1906 en même temps que son épouse Raïssa, une jeune juive venue de Russie, Jacques Maritain exerce déjà une immense influence en France et à travers le monde. Petit-fils de Jules Favre, élève de Bergson, passé par le socialisme de Jaurès, engagé en faveur de Dreyfus, proche du courant antimoderniste puis compagnon de route de Maurras jusqu'à la condamnation de l'Action française par le Vatican, son parcours est sinueux mais sa voix s'est très tôt élevée contre tous les totalitarismes et, plus fort encore, contre l'antisémitisme.

Dès 1934, Maritain a pris conscience de la menace d'extermination qui pèse sur les juifs en Allemagne. Très tôt, il a soutenu publiquement que l'antisémitisme représente une « altération de la conscience chrétienne », un « zèle amer contre le christianisme lui-même ». Les conférences qu'il donne sur le thème « Les Juifs parmi les nations » sont vivement attaquées. Dans *Je suis partout*, le 1er avril 1938, Lucien Rebatet[30] écrira : « Nous qui ne sommes que des Aryens obtus, qui en sommes restés à Bossuet et à de Maistre, nous cherchons dans ce spiritualisme frénétique la cause vulgaire, pleinement humaine, et nous la trouvons bientôt. M. Jacques Maritain est marié à une Juive. Il a enjuivé sa vie et sa doctrine, sa théologie, sa dialectique sont falsifiées comme le passeport d'un espion juif. M. Maritain, corps et âme, représente ce que les Allemands appellent avec tant de raison un *Rassenschander*, un souilleur de la race[31]. »

De Gaulle figure au nombre de ceux qui ont nourri leur réflexion des œuvres de Jacques Maritain, notamment à la lecture d'*Humanisme intégral*, publié en 1936, l'année de la guerre d'Espagne, du Front populaire en France et de l'application par Hitler des lois de Nuremberg de 1935 qui retirent aux juifs la nationalité allemande et condamnent les mariages mixtes. Dix ans après la condamnation du nationalisme de l'Action française, *Humanisme intégral* réaffirme le primat de la morale sur la politique et l'économie, jugées responsables des maux de la société. Maritain plaide pour une « nouvelle chrétienté » qui réintègre les ouvriers et les masses et instaure une mission nouvelle pour l'Eglise dans ses rapports avec les chrétiens et avec le monde.

A Londres, de Gaulle se souvient que son père Henri avait proposé à Jacques Maritain, qu'il admirait lui aussi, de lui succéder à son poste de professeur au lycée Sainte-Geneviève, réputé pour préparer les enfants de la bonne société aux concours des grandes écoles.

Le soutien apporté par Jacques Maritain à de Gaulle lui serait essentiel pour galvaniser son moral et conforter le sens de sa mission à la tête de la France libre, mission qui va – on le sait – bien au-delà de la simple libération d'un territoire, fût-il celui de sa chère patrie. La profonde blessure exprimée par Maritain après la défaite de nos armées et l'Occupation l'est en des termes utilisés par de Gaulle lui-même. C'est bien de l'homme qu'il s'agit d'abord, de sa liberté, de sa dignité, du projet de civilisation qui sortira des ruines fumantes de la guerre. Sur tout cela, c'est-à-dire l'essentiel, de Gaulle et Maritain portent un même regard chrétien et une même espérance. Mais le soutien de ce dernier va être prudent et progressif.

L'autorité morale et spirituelle du philosophe, qui a déjà établi un contact personnel avec le président

Roosevelt, va dans un premier temps surtout aider de Gaulle à étendre son influence – alors très faible – auprès des autorités américaines et des milieux français de New York. Toutefois, jusqu'à fin 1944, quand de Gaulle fera de lui son ambassadeur auprès du Vatican, jamais Maritain n'acceptera une fonction officielle au sein de la France libre, expliquant que son rôle d'intellectuel est important pour conduire le combat des idées parallèlement à celui des armes. A la vérité, le philosophe craint que la politique et la conquête du pouvoir ne prennent à Londres le pas sur les idéaux. Et, plus encore, il se demande si la France libre n'était pas noyautée par l'extrême droite, s'orientant « vers une sorte d'ordre moral qui ressemblerait à la politique intérieure du Maréchal sans le Maréchal[32] ».

Les échanges de lettres entre les deux hommes disent leur profonde admiration réciproque mais éclairent les enjeux respectifs qui les animent. Tandis que le Général parcourt l'Afrique et le Moyen-Orient pour, dès 1941, asseoir la légitimité de la France libre avant de continuer son combat, le philosophe s'emploie à animer le débat des idées depuis New York, par des conférences, des études, des discours radiodiffusés vers la France sur les ondes de la Voix de l'Amérique, des livres comme *Christianisme et démocratie* en 1943 ou *Principes d'une politique humaniste*, paru en français en 1944.

Quand il lui adresse une première lettre le 21 novembre 1941, Jacques Maritain ne cache pas à de Gaulle le respect que lui inspire son courage. Il se présente comme « un philosophe qui ne désire jouer aucun rôle politique, mais qui aime la France et la liberté de tout son cœur, et dont, écrit-il à de Gaulle, la gratitude patriotique et l'admiration sont acquises à votre personne. [...] je crois que les forces de la France libre sont appelées à jouer un rôle décisif, non seulement dans la victoire militaire sur l'Allemagne, mais sur la reconstruction future de la France. Assurément, c'est du peuple français lui-même, comme vous l'avez affirmé dès le début, c'est de son expérience de douleur et d'agonie et de ses énergies de résurrection que cette reconstruction sortira... ».

Abordant les aspects spirituels de l'après-guerre, Maritain ajoute : « Comme philosophe et comme catholique [...] je suis persuadé que ce n'est pas seulement à l'égard de la présente guerre mondiale, mais aussi à l'égard de tout l'avenir, et de la vocation essentielle de la France, et de l'espérance d'une nouvelle chrétienté, que le gouvernement de Vichy est l'ouvrier aveugle de désastres indicibles. En compromettant officiellement l'Eglise de France – malgré l'admirable attitude de tant de catholiques qui sont l'âme de la Résistance – avec le régime et le mythe du maréchal Pétain, il prépare pour le lendemain de la victoire des ressentiments populaires et peut-être une guerre religieuse qui serait une seconde catastrophe pour le pays. En invoquant, pour établir un régime social totalitaire, les enseignements des papes et de l'école sociale catholique qu'il corrompt en les déchristianisant et en les liant aux erreurs d'une philosophie politique maurrassienne ou fasciste ou puérilement réactionnaire et à des revanches de classe, il risque de ruiner d'avance tout effort de reconstruction capable de réconcilier les Français dans une œuvre de régénération politique et sociale d'inspiration vraiment et authentiquement et vitalement chrétienne. »

Maritain se dit convaincu de l'erreur dans laquelle se sont fourvoyés les catholiques qui, en France comme en Espagne derrière Franco, détournent la pensée catholique définie par les papes. Il insiste aussi sur « la prise de conscience de la dignité ouvrière » et sur « les droits de la personne humaine dans le travailleur » qu'il considère comme « une donnée *morale*, intéressant l'homme dans ses profondeurs spirituelles… ». Il conclut sa longue lettre en traçant l'esquisse d'une ligne de conduite dont, les faits le montreront, de Gaulle s'inspirera quand il accèdera aux responsabilités : « La mission immense que la Providence a dévolue au mouvement dont vous êtes le chef est de donner au peuple français, dans la conjoncture historique inouïe que lui apporteront, après une infortune et une humiliation sans précédent, la victoire sur l'ennemi et la liquidation de toutes les forces qui ont fait et font son malheur, une chance de réconcilier enfin dans sa vie elle-même le christianisme et la liberté, et du même coup ces deux traditions de fidélité spirituelle et d'émancipation temporelle, la tradition de Saint Louis et celle de la Déclaration des droits… »

Dans sa réponse, de Gaulle dit à Maritain qu'« il est doux d'être aidé et réconfortant de l'être par un homme de [sa] qualité ». Après avoir souligné que « pour remonter la pente de l'abîme », il lui avait d'abord fallu « empêcher que l'on se résignât à l'infamie de l'esclavage », que sa seconde urgence était de « refaire à notre pays une figure militante et lui rendre son rang » malgré les obstacles mis par nos propres alliés, le Général se dit d'accord avec Maritain pour, dès la Libération, « entraîner la nation vers un nouvel idéal intérieur ». Il dit ne rien craindre pour la démocratie (« elle n'a d'ennemis, chez nous, que des fantoches ») ni pour l'Eglise car, souligne-t-il, « des évêques ont joué le mauvais jeu, mais de bons curés, de simples prêtres, sont en train de tout sauver ».

Dans les échanges qui suivent, quand de Gaulle le sollicite pour rejoindre le Comité national créé pour préfigurer un gouvernement provisoire, puis pour entrer dans l'une des grandes commissions chargées de préparer l'après-guerre, Jacques Maritain se tient à bonne distance, même quand il recevra du Général, en mars 1942, un télégramme lui demandant de venir à Londres « le plus tôt possible ». Et pourtant, à aucun moment, il ne ménagera son soutien à la France libre et à son chef, notamment en juillet 1943, au plus fort des calomnies qui circuleront à Londres et aux Etats-Unis sur ce chef rebelle et indomptable qui ose tenir la dragée haute à ses alliés : « C'est notre devoir de dire que lorsqu'un homme qui, aux heures de ténèbres a relevé le courage et l'espérance du pays, et qui a un droit éminent à notre gratitude, se trouve soudain en butte à une nuée d'attaques et de rumeurs dénigrantes, notre réflexe naturel est d'être avec lui plus que jamais[33]. »

Au soutien que Maritain lui apporte depuis New York, de Gaulle peut aussi ajouter celui de Georges Bernanos, installé à Rio de Janeiro depuis 1938. L'auteur du *Journal d'un curé de campagne* a entendu l'appel du 18 juin et a aussitôt décidé d'aider la France libre en publiant une série d'articles dans la presse sud-américaine. Après avoir combattu le franquisme, il veut s'opposer à l'autre totalitarisme que représente le nazisme.

De Gaulle connait bien l'œuvre de Bernanos, sa hantise des péchés de l'humanité et de la puissance du mal, le prix qu'il attache à Dieu et à la grâce divine. Le soutien de ce fervent catholique, originaire de la douloureuse Lorraine et élevé dans les écoles chrétiennes du Nord, lui va droit au cœur. Sait-il que l'épouse de l'écrivain est une lointaine descendante d'un frère de Jeanne d'Arc ? Le Général sera très touché lorsque les deux fils Bernanos, Yves et Michel, rejoindront la France libre en 1941 et 1942, c'est-à-dire dès que leur âge le permettra.

« Votre place est parmi nous », câblera de Gaulle à Bernanos en février 1945, souhaitant le retour en France de l'écrivain dont il veut, semble-t-il, faire son ministre. Mais il essuie un refus. « Celui-là, je ne suis jamais parvenu à l'attacher à mon char ! », soupire-t-il. Mais Bernanos, contrarié par certains excès de l'épuration, refusera définitivement tous les postes et les honneurs. De Gaulle lui écrira le 4 mars 1946 après que l'écrivain lui eut fait porter un message dans lequel, pour la quatrième fois, il refuse de recevoir la Légion d'honneur qu'il estime réservée aux seuls militaires. « Mon cher maître, J'espère que vous retiendrez de mon intention ce qu'elle contenait essentiellement, je veux dire l'hommage public et le mien à votre personne et à vos "services" », lui explique le Général avant de conclure : « Cela admis – si vous voulez bien – je m'incline devant votre refus. »

Apprenant la mort accidentelle d'Yves Bernanos, en novembre 1958, dix ans après celle de son père, le Général écrira à la veuve de l'écrivain : « Yves

Bernanos est allé rejoindre celui de qui il avait reçu, en même temps que de vous-même, sa foi et son ardeur au service du Pays. Que Dieu l'ait en sa garde ! »

« Jeanne d'Arc, pure et sainte Française »

A Londres, pour de Gaulle, le chemin est autant pavé d'obstacles que celui d'une croisade. Les plus hautes personnalités françaises en poste dans la capitale britannique, Charles Corbin, l'ambassadeur, Paul Morand, chef de la Mission économique, Jean Monnet, chef de la mission d'approvisionnement franco-britannique, Roger Cambon, chargé d'affaires auprès de notre ambassade, l'ignorent ou le regardent de loin. Quant au diplomate Alexis Léger (Saint-John Perse), il lui dénie ouvertement toute légitimité...

Au sein de la France libre où la règle demeure celle d'accueillir tous les volontaires sans aucune distinction, le Général n'en oublie pas pour autant qu'il est chrétien. C'est au très catholique René Pleven, l'homme qui est arrivé à Londres dès juin 1940 et l'a aidé à rallier l'Afrique-Equatoriale française, qu'il demande de se saisir de la fête de Jeanne d'Arc, le 11 mai 1941, pour organiser « en France et dans l'Empire, une immense manifestation d'unanimité nationale ». De Gaulle veut renouveler l'opération du 1er janvier en appelant cette fois les Français à se rassembler entre 15 et 16 heures sur les places et promenades publiques des villes et des villages. Son but, explique-t-il à Pleven depuis Brazzaville, est de soutenir l'espérance des Français autour d'une idée simple : « L'ennemi ne nous aura pas, un jour il sera chassé de chez nous. » Les hommes et les femmes rassemblés ne formeront pas de cortège mais, dans un silence absolu, « se regardant l'un l'autre droit dans les yeux, leur regard suffira pour exprimer leur volonté commune et leur fraternelle espérance[34] ». Voilà le message que Pleven doit faire passer sur les ondes de la radio de Londres où la décision a été prise de lire à l'antenne la *Prière de Jeanne d'Arc* de Georges Bernanos.

Toujours depuis Brazzaville, la veille de la fête de Jeanne d'Arc, de Gaulle se sert de la radio locale pour s'adresser aux Français d'Afrique, avec des mots qui sont – sans surprise – ceux d'un patriote, d'un libérateur, d'un chrétien, d'un disciple de la « sainte Française » :

« Un pays aux trois quarts conquis. La plupart des hommes en place collaborant avec l'ennemi. Paris, Bordeaux, Orléans, Reims, devenus garnisons étrangères. Un représentant de l'envahisseur dictant la loi dans la capitale. La trahison partout étalée. La famine à l'état chronique. Un régime ignoble de terreur et de délation organisé aux champs, comme à la ville. Les soldats cachant leurs armes, les chefs leur chagrin, les Français leur fureur.

« Telle était, en surface, la France, il y a cinq cent douze ans, quand Jeanne d'Arc parut pour remplir sa mission. Telle est, en surface, la France d'aujourd'hui.

« Je dis en surface, car, en 1429, malgré l'oppression, la honte, la douleur, les gens ne se résignaient pas. Je dis en surface, car, en 1941, la nation ronge en silence le frein de la servitude. Jadis, c'est de cette foi et de cette espérance secrètes que l'épée de Jeanne d'Arc fit jaillir le grand élan qui bouta l'ennemi hors de France. Demain, les armes de ceux qui se battent pour la patrie chasseront l'ennemi de chez nous, parce que la même foi et la même espérance survivent dans l'âme des Français.

« Jeanne d'Arc ! bonne Française, pure Française, sainte Française, demain 11 mai, fête nationale, votre fête, tous les Français seront unis dans la volonté de la libération...[35] »

S'il ne se prend pas pour Jeanne d'Arc, contrairement à ce qui été dit pour le moquer, de Gaulle identifie très clairement sa « mission » à celle de la sainte. Il puise, une fois encore, dans le vocabulaire chrétien de la foi et de l'espérance pour réveiller le patriotisme au fond des âmes. Il ne cessera de s'y référer, dans son intervention radiodiffusée lorsqu'il rendra hommage à « l'humble Jeanne d'Arc » qui a – dira-t-il – refait l'unité du pays ruiné par la guerre, frayé la route aux réformes de la Révolution française, porté à travers l'Europe « l'évangile de la liberté »... « Toujours, c'est dans l'esprit de sacrifice, de courage, de patriotisme des classes laborieuses françaises, que la nation trouva la source pure de son éternelle grandeur. »

Pour la fête de Jeanne d'Arc en 1942, il rend à nouveau hommage à « cette grande gloire [qui] fut sans nul doute la plus pure et la plus douloureuse de toutes celles qui forment la France de notre histoire », évoquant son « ardeur sacrée », sa « mission sacrée », mais aussi « l'abandon, la calomnie et le martyre [de Jeanne] dès que le but eut été atteint et la France sauvée ». De Gaulle souligne que ce qui menace la France en 1942, dans « la phase la plus dure de cette guerre gigantesque et dans le plus grave moment de l'existence nationale », ce n'est pas seulement l'invasion ennemie mais « presque surtout, la dislocation nationale, cette sorte de rupture de l'unité et de la cohésion françaises devant la faillite ou la trahison de ceux qu'elle tenait pour ses chefs... ».

Pour capter l'héritage de Jeanne d'Arc et en utiliser le symbole, Londres a été plus rapide que Vichy. Mais en mai 1942, dans un message à la jeunesse de France, le gouvernement de Pétain explique que « si Jeanne d'Arc revenait, elle irait droit à lui [au Maréchal] pour le reconnaître et le saluer, et ils n'auraient qu'à croiser leurs regards pour s'apercevoir qu'ils sont de la même race et qu'ils sont d'accord » ! En mai 1944, alors qu'il avait été décidé par Vichy que la fête de la sainte ne ferait l'objet d'aucune commémoration, Pétain se rendra à Rouen dans la ville fraîchement bombardée par les B 17 alliés et y déposera une gerbe sur l'emplacement du bûcher de Jeanne avant d'assister à une messe célébrée par l'archevêque, Mgr Petit de Julleville.

Dans son message de Noël 1941 prononcé à la radio de Londres, de Gaulle n'a pas hésité à demander explicitement aux enfants de France de prier pour les troupes françaises, affirmant que « parmi mesdames les nations, aucune n'a jamais été plus belle, meilleure, ni plus brave que Notre-Dame la France ». Il se montrera beaucoup plus neutre, sans doute plus rassembleur, dans le choix de ses mots dans son message de Noël 1942, ne faisant nulle allusion au caractère religieux de la fête de la Nativité, si ce n'est pour affirmer que « la France voit, à l'horizon, réapparaître son étoile ». Même prudence observée dans ses propos à Noël 1943 où il se limite à demander à chacun de « porter son âme vers nos soldats » et à implorer l'union de tous – « frères et sœurs, fils et filles de la France » – pour, demain, rebâtir le pays : « Estimons-nous ! Aidons-nous ! Aimons-nous !... il nous faut, oui il nous faut ! marcher la main dans la main[36] ! »

Ces hommes qui ont fait le choix courageux de poursuivre le combat à ses côtés, de Gaulle veut les distinguer. Dès novembre 1940, il décide de créer l'ordre de la Libération, qu'il est d'abord tenté d'appeler ordre des Croisés de la Libération, sans doute en raison de la fascination qu'il garde pour les croisades, pour cet esprit exemplaire qui unit l'épée et la foi. Et c'est tout naturellement qu'il se tourne vers Thierry d'Argenlieu pour en être le premier chancelier à partir du 29 janvier 1941. Beaucoup verront plus qu'un symbole dans le choix de l'ancien supérieur provincial des carmes de Paris pour devenir la figure de proue de l'ordre gaulliste. Mais il est apparu que les liens entre le Général et le religieux sont devenus très forts, marqués par un respect et une considération réciproques. Par une communion de pensée aussi. Là où ceux qui rencontrent de Gaulle voient distance et froideur, le père Louis de la Trinité ne voit que rigueur et abnégation. Devant les obstacles nombreux rencontrés par l'aventure de la France libre, ne sont-ils pas habités l'un et l'autre par le même sentiment d'être engagés dans une sorte de croisade des temps nouveaux ?

Avec la création de cet ordre, le plus important après celui de la Légion d'honneur, il s'agit de reconnaître les mérites des meilleurs sans attendre la fin de la guerre. De Gaulle en ressent l'urgence, admiratif devant le dévouement de personnalités d'exception, comme ce capitaine Philippe de Hauteclocque qui a échappé aux Allemands le 17 juin 1940 en Champagne avant de le rejoindre à Londres. Le futur maréchal Leclerc a traversé à vélo la France, puis l'Espagne et le Portugal pour y trouver un bateau pour l'Angleterre. Ce catholique fervent, qui a pris le pseudonyme de Leclerc pour ne pas exposer sa famille, a laissé sa femme et leurs six enfants près de Libourne pour continuer la guerre. Début 1941, il a déjà rallié presque toute l'AEF à la France libre et vient de prendre l'oasis de Koufra, faisant avec ses hommes le « serment » de poursuivre la lutte jusqu'à ce que le drapeau français flotte sur la cathédrale de Strasbourg… Pour de Gaulle, ces hommes-là constituent l'élite de la nation blessée.

Sur les mille trente-huit Compagnons qui seront distingués dans l'ordre de la Libération – auxquels s'ajouteront dix-huit unités militaires et cinq communes – figureront pas moins de quinze ecclésiastiques[37], dont Thierry d'Argenlieu bien sûr, mais aussi des religieux plus anonymes comme le père Jacques Savey. Une figure, lui aussi.

En Egypte, avec à leur tête le père Bertrand Carrière, supérieur de la maison du Caire, qui a sauté le pas dès le 14 juillet 1940, plusieurs dominicains se sont engagés très tôt derrière de Gaulle. Parmi eux, il y a le père Savey. Mobilisé en 1939 dans les troupes du Levant, il a refusé le déshonneur de l'armistice et s'est aussitôt tourné vers de Gaulle. Il lui a fallu pour cela désobéir à ses supérieurs, dont certains sont pétainistes, mais cela n'a pas freiné sa détermination.

Après s'être battu de façon héroïque en Syrie et en Libye, le père Savey sera tué au combat aux côtés du général Koenig à Bir-Hakeim en juin 1942. « Avec la France, c'est la civilisation chrétienne, c'est l'héritage du Christ qu'il a vus en péril et qu'il a voulu sauver, fût-ce au prix de sa vie », écrira son aïeul et biographe[38]. Cette motivation a également été celle de deux autres dominicains du Caire engagés dans la France libre, les pères Boulanger et Alby, dont le ralliement fut salué par Londres.

Au QG de Carlton Gardens, un pasteur de l'Eglise réformée, Michel Stahl, rejoint l'équipe du Général à un poste administratif. Il a accouru à Londres dès juin 1940. Plus tard, il s'illustrera dans les campagnes du Moyen-Orient puis d'Italie, ce qui lui vaudra aussi d'être fait Compagnon de la Libération.

La voix inspirée de Schumann

A cette période, l'un des hommes de Londres les plus influents est Maurice Schumann. Journaliste venu de la gauche, il a entendu l'appel du 18 juin à Niort et s'est aussitôt embarqué à Saint-Jean-de-Luz sur un bateau polonais. « Qu'aurai-je été si Alain ne m'avait pas appris à douter, Simone Weil à croire, Marc Sangnier à aimer et de Gaulle à combattre », dira-t-il bien après. De Gaulle, qui a remarqué les convictions et la voix radiophonique du journaliste de l'Agence Havas-Information, en fait aussitôt le porte-parole de la France libre et le charge de l'émission quotidienne « Honneur et Patrie » sur la BBC. Entre juillet 1940 et mai 1944, Schumann interviendra près de mille cent fois à l'antenne.

Issu d'une famille juive alsacienne, Maurice Schumann a été très tôt attiré par le catholicisme, dès l'âge de six ou sept ans, au contact d'une gouvernante très pieuse. Il se tient pourtant à distance de la religion de ses origines mais, pendant ses années à la radio de Londres, cela ne lui épargne pas d'être vivement pris à partie par l'Action française qui le surnomme « l'aboyeur anglo-juif ». Il attendra le 2 juillet 1942, deux ans après le décès de son père, pour se faire baptiser dans une église catholique de Birmingham. Bien avant cette conversion, dans ses émissions destinées à informer les Français des avancées de la France libre et à donner de précieux renseignements aux mouvements de Résistance, le speaker n'hésite pas, avec l'accord de De Gaulle, à faire état des manifestations de résistance des catholiques en France. Dès le 29 septembre 1940, il fait intervenir à l'antenne l'abbé Trentesaux pour lui permettre de lancer un appel aux prêtres de France : « Je suis l'aumônier des proscrits, l'un de ces Français que le gouvernement de Vichy condamne, sous la dictée des nazis. »

A la demande du Général, Schumann attaque ouvertement et régulièrement la doctrine antichrétienne d'Adolf Hitler, comme ce fut le cas le 29 juin 1941 dans l'émission « Honneur et Patrie » :

« Quand, le jour de la Saint-Pierre, on vient vous dire que Hitler a jeté 120 divisions sur la Russie pour restaurer ses autels et "par amour du Christ", vous ne prenez même pas la peine de crier au blasphème, vous vous contentez d'un sursaut d'indignation et de dégoût [...].

« Est-ce par amour du Christ que le 30 juin 34, Hitler a fait massacrer les chefs de la jeunesse catholique allemande, avant de jeter en prison le pasteur Niemöller et l'élite de l'Eglise protestante ?

« Est-ce par amour du Christ que, dans le seul diocèse de Poznan, en Pologne, les Allemands ont exécuté sur une place publique le président national des Jeunesses catholiques, fusillé cinq prêtres, arrêté 217 ministres du culte dont 11 sont morts en prison et 11 autres sont mutilés par suite des tortures qui leur furent infligées ? [...]

« Est-ce par amour du Christ que Hitler déclarait naguère à Rauschning[39] : "Ou bien on est chrétien, ou bien allemand, mais on ne peut pas être les deux à la fois" ?

« Est-ce par amour du Christ que les jeunes nazis défilent en chantant : "Que le Christ crève, que la Jeunesse hitlérienne aille de l'avant" ?

« Est-ce par amour du Christ que la cathédrale de Strasbourg est profanée par des mascarades néo-païennes ? »

A Londres, Maurice Schumann est parallèlement la cheville ouvrière de la section française de *Gladius Spiritus* (Le Glaive de l'Esprit), un mouvement catholique créé par le cardinal Hinsley et animé par un évêque, Mgr Matthews, pour regrouper les catholiques des pays occupés qui ont émigré dans la capitale britannique. Dans le sillage de ce mouvement, le porte-parole officiel de la France libre veut que les catholiques qui ont rejoint de Gaulle disposent d'un outil de communication qui puisse véhiculer leurs idées. Avec une petite équipe, il fonde donc une publication à périodicité variable, d'abord appelée *Le Glaive de l'esprit* puis *Volontaire pour la cité chrétienne.* Dans ses colonnes, de Gaulle écrira notamment, dans le numéro du 20 février 1942 :

« « O mon Dieu, donne à chacun sa propre mort…, dit l'auteur du *Livre de la pauvreté et de la mort*.

« A ceux qui ont choisi de mourir pour la cause de la France, sans que nulle loi humaine les y contraignît.

« A ceux-là, Dieu a donné la mort qui leur était propre, la mort des martyrs. »

De Gaulle se servira encore de cette publication pour exprimer, avec beaucoup de mesure, sa déception face à l'indifférence persistante dans laquelle le tient le clergé français :

« Sans doute s'est-il trouvé, dans mon pays tourmenté par le drame de la capitulation, quelques représentants du clergé pour paraître se laisser prendre au mirage d'une politique dite de redressement national. Mais je me refuse à voir là un signe de défaitisme du catholicisme français. »

C'est de *Volontaire pour la cité chrétienne* que viendront, mais pas sous sa plume, les flèches les plus vives contre l'épiscopat français. Dans ce même numéro de février 1942, sous la signature de F.L. Courbon, on se moque ouvertement du primat des Gaules :

« Le cardinal Gerlier vient de déconseiller vivement la danse à ses fidèles, les pratiques chorégraphiques étant peu compatibles avec le malheur des temps. La mesure est excellente ; si j'étais prisonnier dans un camp en Allemagne, si j'étais juif réduit à la misère par la grâce bienfaisante d'un décret de Vichy, si j'étais enfin le fils, le père ou la femme d'un otage, j'éprouverais quelque amertume à la pensée que des gigolos dansent sur mon malheur, fussent-ils membres de l'honorable Légion chargée de faire régner en France ce désordre qu'on appelle l'ordre nouveau.

« Mais si j'étais soit prisonnier, soit un juif misérable, ou le peu intéressant parent d'un otage assassiné, je trouverais encore plus d'amertume dans le fait qu'en ces temps d'indicibles malheurs la voix de la plus haute autorité spirituelle de mon pays retentisse pour condamner quelques égoïstes ou quelques étourneaux qui dansent, et reste silencieuse à l'égard de ceux qui mènent la France à la ruine et veulent la jeter dans les bras du Nazi.

« Le vrai scandale n'est pas celui de la danse mais celui de l'infernale sarabande où est entraînée notre Patrie, avec le silence complice de ceux qui ont la charge de son salut devant le Seigneur. »

Fait Compagnon de la Libération le 14 juillet 1945 après avoir participé au débarquement en Normandie puis à la libération de Paris avec la 2e DB, Maurice Schumann restera proche du Général. Devenu une figure de la démocratie chrétienne attachée à la mise en œuvre d'une politique sociale dans le droit fil du Sillon de Marc Sangnier, puis cofondateur du Mouvement républicain populaire (MRP) avant de rejoindre le mouvement gaulliste, il sera plusieurs fois ministre sous la IVe puis la Ve République. Elu à l'Académie française, ce converti était devenu un croyant si fervent qu'il en vint même à présider l'Association des écrivains catholiques. « Il fut l'un des premiers, l'un des meilleurs, l'un des plus efficaces », dira de Gaulle, en hommage à leur indestructible fraternité.

A partir de 1941, les voix de Radio Londres rendent compte des actions conduites sur le territoire français par les mouvements de Résistance qui commencent à se structurer. C'est Maurice Schumann qui va lire à l'antenne, en février 1942, des extraits de l'opuscule *Le Témoin des martyrs* rédigé par Louis Aragon pour rendre hommage aux quarante-huit otages fusillés à Châteaubriant, à Nantes et au Mont-Valérien. Ces exécutions ont fait suite aux attentats commis par des militants communistes de l'Organisation spéciale, qui ont coûté la vie à l'aspirant de la Kriegsmarine, le 21 août 1941, à la station de métro Barbès, au Feldkommandant Karl Hotz, le 20 octobre, à Nantes et au conseiller militaire allemand Hans Reimers, le 21 octobre, à Bordeaux. L'invasion de l'URSS par les Allemands en juin 1941 a mis fin à la neutralité passive du Parti communiste français (PCF), réfugié dans une position « pacifiste » depuis le pacte germano-soviétique du 22 août 1939. Jusque-là, le PCF attaquait de Gaulle, présenté comme le serviteur zélé du capitalisme anglo-saxon.

L'immense indignation suscitée en France et dans le monde par cette série d'exécutions est relayée par Maurice Schumann qui insiste particulièrement sur la mort tragique du jeune militant communiste Guy Môquet, âgé de dix-sept ans. On sait qu'avec celui de Gabriel Péri, journaliste communiste, et ceux de deux catholiques, Gilbert Dru, vingt-quatre ans, responsable de la Jeunesse étudiante chrétienne et Honoré d'Estienne d'Orves, le sacrifice de Guy Môquet inspira le poème d'Aragon *La Rose et le Réséda*, qui contient les vers célèbres : « Celui qui croyait au Ciel. Celui qui n'y croyait pas. »

L'émotion est si vive que Winston Churchill et Franklin Roosevelt (alors que les Etats-Unis n'entreront en guerre que le 7 décembre) font larguer au-dessus de la France, entre le 30 octobre et le 4 novembre, un tract dont chacun a utilisé une face pour livrer son message. « Les peuples civilisés ont depuis longtemps adopté le principe qu'aucun homme ne doit être puni pour les actes d'un autre homme », a notamment écrit le président américain.

Le comte d'Estienne d'Orves, marin de carrière, s'était laissé guider par sa foi chrétienne pour rejoindre de Gaulle au lendemain de l'armistice. C'est à Alexandrie qu'il s'était présenté au général Legentilhomme, délégué de la France libre en Egypte. « Dieu, l'ami des Français, a trempé leurs âmes de telle sorte que les revers militaires ne peuvent atteindre la flamme qui les anime », avait-il déclaré au journal local. Il avait rejoint l'Angleterre sur la barque d'un pêcheur de l'île de Sein, avec deux camarades volontaires, Jean-Louis Doornik et Charles-Emile Barlier. A Londres, les trois hommes avaient reçu la mission de monter un réseau de renseignement en France. C'est là qu'ils seront arrêtés dans la nuit du 21 au 22 janvier 1941 par les agents du contre-espionnage allemand avant d'être condamnés à mort le 24 mai, avec cinq autres compagnons. « Si je dois mourir, sachez que c'est dans une pleine confiance en Dieu qui me donne abondamment sa grâce », écrivit d'Estienne d'Orves en attendant la grâce qui ne lui sera pas accordée, pas plus qu'à ses amis.

Avant de se présenter devant le peloton d'exécution au Mont-Valérien, le 29 août 1941, Estienne d'Orves a écrit : « Je prie le bon Dieu de donner à la France et à l'Allemagne une paix dans la justice [...] et aussi que nos gouvernants fassent à Dieu la place qui lui revient. » Dans une lettre à sa femme, Barlier a confié : « Je vais au Bon Dieu avec confiance, comme vers un Père. » Et Doornik d'accepter ainsi la sentence : « Les voies de Dieu sont impénétrables, que Sa Volonté soit faite ! » Les trois hommes ont demandé à rester debout, les yeux non bandés. Estienne d'Orves s'est tourné vers l'officier commandant le peloton d'exécution pour lui dire : « Monsieur, vous êtes un officier allemand, je suis un officier français. Nous avons tous les deux fait notre devoir. Permettez-moi de vous embrasser. » Avant de tomber sous les balles, Estienne d'Orves et Barlier ont crié « Vive la France ! » et Doornik a tracé de la main un grand signe de croix... Emu, comme toute la France le sera, par le sacrifice de ces trois résistants chrétiens qui marque un tel contraste avec l'attitude de l'Eglise officielle, de Gaulle nommera Estienne d'Orves et Doornik Compagnons de la Libération.

Dans les derniers mois de 1941, de Gaulle n'est plus un inconnu dans son propre pays. Aucun prélat ne peut plus ignorer ni ses actes ni ses appels à poursuivre le combat, pas plus que les émissions de Radio Londres qui valorisent les combats des Forces françaises libres et les actes de résistance qui se développent sur le territoire national, notamment ceux commis par les militants communistes qui ont conduit à des représailles allemandes. « Il est absolument normal et absolument justifié que des Allemands soient tués par des Français. Si les Allemands ne voulaient pas recevoir la mort de nos mains, ils n'avaient qu'à rester chez eux, déclare de Gaulle. En fusillant nos martyrs, l'ennemi a cru qu'il allait faire peur à la France. La France va lui montrer qu'elle n'a pas peur de lui...[40] » S'il mesure l'urgence d'organiser la résistance sur le territoire pour en coordonner l'action, le Général estimera que « la mort des Français qui servaient de victimes à la vengeance germanique mettait notre âme en deuil mais nullement au désespoir, car elle équivalait au sacrifice des soldats sur les champs de bataille ».

Ces sacrifices ne font en rien varier le soutien des évêques à Vichy. Pas un n'a apporté son soutien à de Gaulle dix-huit mois après son Appel ! Ne pas soutenir Pétain serait « une faute contre l'esprit chrétien car la morale chrétienne enseigne la soumission au pouvoir légitime », continue à affirmer par exemple Mgr Piquet, évêque de Clermont-Ferrand, le 6 septembre 1941. « Obéir n'est plus un devoir civique seulement mais une obligation d'un caractère sacré », avait écrit avant lui Mgr Auvity, son collègue de Mende, dans *La Semaine religieuse du Gévaudan*[41]. Toute la hiérarchie catholique, témoin impuissante de la déchristianisation des masses, craint par-dessus tout la progression du communisme. A ses yeux, face à cette menace, le vainqueur de Verdun est un rempart. Cette peur des « rouges » pèse plus lourd que la soumission à l'occupant.

L'agression commise dès le 26 juillet 1940, six semaines après leur installation dans la capitale, par les Allemands envers le cardinal-archevêque de Paris, Mgr Suhard, perquisitionné et empêché de célébrer sa messe pendant plusieurs jours, n'a pas décillé les yeux de l'épiscopat, pas plus que la perquisition effectuée le lendemain à l'archevêché de Lille chez le cardinal Liénart. Pourtant, le motif invoqué pour fouiller les bureaux de Mgr Suhard avait de quoi éveiller la vigilance du clergé puisqu'il s'agissait de rechercher les preuves des activités et des relations « judéo-maçonniques » du cardinal...

Ni la rencontre de Montoire, le 24 octobre 1940, immortalisée par la poignée de main entre Pétain et Hitler, ni les accords Darlan-Abetz de mai 1941 sur la collaboration militaire entre les armées allemandes et françaises – aussitôt appliqués en Syrie-Liban et en Afrique du Nord – n'ont changé le regard des autorités catholiques. Pourtant, dès mars 1941, le pasteur Marc Boegner, président de la Fédération protestante de France, a alerté officiellement Pétain par courrier du sort réservé aux juifs par le pouvoir nazi. Rien d'équivalent du côté de l'épiscopat où l'on joue collectivement et individuellement la carte de la légitimité et du loyalisme, même lorsque ces notions seront devenues totalement factices, à la fin de l'année 1943, quand les lois de Vichy devront être soumises à l'approbation du Reich avant leur publication.

Depuis Londres, le Général sait qu'il ne pourra avant longtemps faire jeu égal avec Vichy pour se ménager les bonnes dispositions de « sa » chère Eglise. Il a compris que celle-ci lui échappait dès qu'il a pris connaissance de la célérité avec laquelle Mgr Gerlier avait quitté son archevêché de Lyon dès le 16 juillet 1940, trois semaines après l'armistice, pour se précipiter à Vichy afin d'assurer Pétain – « si magnifiques dans le sacrifice qu'ils [avec Weygand] font à la Patrie » – que « l'Eglise prendrait toute sa part dans l'œuvre de salut du pays », conditionnant au redressement de la Patrie « l'exigence primordiale de rendre au Christ-Roi sa place dans la vie nationale ». « On ne reconstruira pas sans Lui cette France dont la tradition chrétienne est l'une des assises séculaires », avait plaidé le cardinal Gerlier avant de réclamer au Maréchal une vraie politique de défense de la famille, une amélioration de la condition ouvrière et des mesures rapides en faveur de l'enseignement catholique qui se trouvait en grandes difficultés financières et privé d'une partie de ses prêtres-enseignants mobilisés en 1939.

Le culte du Maréchal

Le programme de « rénovation française » présenté par Vichy autour de « Travail, Famille, Patrie » a tout pour séduire le haut clergé. « Ces trois mots sont les nôtres », soutient le cardinal Gerlier au congrès de la Ligue ouvrière chrétienne. Exclus des arcanes du pouvoir depuis des décennies, voici des responsables catholiques appelés à rejoindre Vichy pour y occuper des fonctions importantes. Le ministère de l'Instruction publique est offert au philosophe catholique Jacques Chevalier, si bigot qu'il décide aussitôt et sans aucune prudence que les écoles laïques vont enseigner à tous les enfants les « devoirs envers Dieu ». Et pour couper le mal à la racine, il supprime aussi les Ecoles normales d'instituteurs, accusées d'être des fabriques de « bouffeurs de curés ». Tant de zèle le conduira à perdre son poste au bout de quelques mois.

On a fait aussi appel à un dirigeant scout, Pierre Goutet, secondé par deux responsables de la Jeunesse ouvrière chrétienne (JOC), pour prendre en charge la Direction de la jeunesse. Le responsable du groupe diocésain d'Action catholique de Paris, Louis Lafont, est nommé à la tête de la Direction de la famille. L'éducation, la jeunesse et la famille : trois dossiers parmi les plus importants pour l'Eglise mais qui ne sont, en vérité, que des cadeaux destinés à l'amadouer.

Une série de mesures vont renforcer encore l'opération de séduction conduite à destination des catholiques par un gouvernement toujours en quête de soutiens. La décision prise dans ses derniers jours par le gouvernement de Paul Reynaud de permettre le retour en France des pères chartreux est aussitôt validée par Vichy. Puis l'interdiction d'enseigner qui frappait depuis 1901 les religieux des congrégations non autorisées est abrogée dès septembre 1940, de même que la loi de 1904 qui interdisait l'enseignement congréganiste. Puis les textes qui obligeaient les congrégations à obtenir une autorisation du Parlement sont modifiés. Des dispositions sont prises en faveur des religieuses hospitalières, d'autres pour prendre en charge les frais de voyage des missionnaires. Des subventions sont allouées pour l'entretien des églises. Les biens de l'Eglise, sous séquestre depuis près de quarante ans, sont restitués. Une « aide exceptionnelle » de près de 400 millions de francs est accordée, à la discrétion des préfets, aux écoles libres en difficulté. D'autres moyens financiers sont mis à la disposition des facultés catholiques et protestantes pour les années 1942-1943 et 1943-1944. Et pour faire bonne mesure, une loi secrètement inspirée par les responsables catholiques interdit « toute association, tout groupement de fait, dont l'activité s'exerce, même partiellement, de façon clandestine et secrète », c'est-à-dire essentiellement la franc-maçonnerie. Cette mesure ajoute à la joie des milieux catholiques – évêques en tête – qui rendaient les francs-maçons responsables des mesures antireligieuses prises par la République et des désordres constatés dans la conduite du pays.

Régulièrement informé, de Gaulle ne peut que déplorer les effets à courte vue de toutes ces mesures mais sans s'offusquer des avancées obtenues pour rétablir l'Eglise dans ses droits et améliorer le sort de l'enseignement libre. Son histoire personnelle et ses convictions le conduisent à admettre que l'Eglise a joué son jeu, entre les deux totalitarismes du moment, le communisme et le fascisme, auxquels elle souhaite échapper. Ce qu'il déplore, c'est le cléricalisme caricatural du régime de Vichy et le prosélytisme des évêques et des cardinaux dans leur presque totalité. Sur Radio Londres, après avoir reçu les directives du Général, Maurice Schumann multiplie les allusions contre les prélats qui se servent des églises et des cathédrales pour soutenir Pétain. Il se moque aussi de la politique du bénitier de Vichy qui, dit-il, « relève les autels et éteint les étoiles » !

L'Eglise de France laisse de Gaulle poursuivre son combat, au mieux dans la plus totale indifférence, mais souvent en prêchant ouvertement contre son entreprise. Partout, elle martèle que « désobéir, c'est trahir », que « les divergences font figure de crime ». Elle ignore ou choisit d'ignorer que, dans ses profondeurs, la France bouge. La hiérarchie catholique ne change pas d'attitude quand les syndicats, la CGT et la CFTC chrétienne, répandent un esprit favorable à la Résistance, que des réseaux s'organisent : Combat derrière le capitaine Frenay, Libération conduit par Emmanuel d'Astier de la Vigerie, Franc-Tireur animé par Jean-Pierre Lévy… Il s'agit de créer des groupes, de rassembler des armes, de trouver des caches, tout en défiant la Gestapo et en s'exposant aux plus grands périls. L'épiscopat continue à soutenir Pétain quand Jean Moulin – « pétri de la même pâte que le meilleur de mes compagnons », dira de Gaulle – est parachuté sur les Alpilles le 1er janvier 1942 près avoir reçu la mission d'unifier la Résistance dans laquelle s'engagent des centaines, des milliers de catholiques, des jeunes des mouvements chrétiens et aussi des prêtres.

Evêques, archevêques et cardinaux ne s'associent pas plus au sursaut patriotique qui suit la victoire de Bir-Hakeim en juin 1942, quand de Gaulle déclare à la radio : « Peu à peu, invinciblement, la France combattante émerge de l'océan qui s'acharnait à la recouvrir [...] Quand, à Bir-Hakeim, un rayon de sa gloire renaissante est venu caresser le front sanglant de ses soldats, le monde a reconnu la France. » Le monde sans doute, mais pas l'Eglise de France !

Et pourtant, n'est-ce pas avec l'âme ardente d'un croyant tenu par la main de Dieu que de Gaulle évoque ce qu'il ressent au lendemain de Bir-Hakeim ? « Trève de doutes ! Penché sur le gouffre où la patrie a roulé, je suis son fils, qui l'appelle, lui tient la lumière, lui montre la voie du salut. Beaucoup, déjà, m'ont rejoint. D'autres viendront, j'en suis sûr ! Maintenant, j'entends la France me répondre. Au fond de l'abîme, elle se relève, elle marche, elle gravit la pente. Ah !

mère, tels que nous sommes, nous voici pour vous servir[42]. »

Bien au contraire, totalement indifférente au combat de ce baptisé qui veut relever la France et lui réapprendre à marcher, à la manière du paralytique de la parabole[43], l'Eglise contribue très largement à entretenir un véritable culte de nature quasi religieuse autour de la personne de Pétain. Au cours de ses visites dans les régions non occupées, le Maréchal est toujours reçu dans la cathédrale où une messe est célébrée à son intention. Les Compagnons de France, un mouvement de jeunesse créé après l'armistice de juin 40 et généreusement subventionné par Vichy, sont regroupés dans le chœur pour agiter des drapeaux et crier « Vive Pétain ». A Lourdes, on voit même l'évêque, Mgr Choquet, et le Maréchal réciter ensemble le *Je vous salue Marie*.

Forte de ses presque deux millions d'adhérents, la puissante Légion des combattants, créée elle aussi en 1940 pour regrouper les soldats des deux guerres, participe à ces grandes cérémonies apologétiques quand elle n'organise pas ses propres célébrations – les « messes légionnaires » – comme ce fut le cas en août 1942 à Clermont-Ferrand, en présence de Pierre Laval. Les curés et même les évêques anciens combattants ont adhéré nombreux à la Légion où de Gaulle fait figure de traître depuis sa condamnation à mort par Vichy en août 1940. Des instructions ont été données par les diocèses pour que le portrait du Maréchal soit accroché dans toutes les classes des écoles libres. Des crucifix sont portés en procession depuis les églises pour y être fixés aux murs des écoles publiques. Distribuées par dizaines de milliers dans les patronages et les associations de jeunesse, des images pieuses associent l'image du Christ à celle de Pétain dans le rôle du « bon sauveur ».

Charles Maurras, dans *L'Action française*, se réjouit de voir les catholiques aussi massivement engagé derrière Vichy : « Ce sont de bons Français, écrit-il. Il n'y a pas de gaullistes dans leurs rangs. » En cette période où le papier est rationné, plusieurs journaux catholiques – dont aucun ne soutient de Gaulle – naissent à la dévotion de Pétain : *Voix françaises*, dirigé par un professeur de l'Institut catholique de Paris ; *Demain*, qui prêche pour un retour à la chrétienté derrière le Maréchal ; *Soutanes de France*, créé par l'abbé Bergey, un proche de l'Action française, habitué des allées de Vichy... Il faut y ajouter les petits périodiques régionaux édités par les diocèses, qui puisent l'essentiel de leur copie dans la propagande officielle[44].

A Bordeaux puis à Limoges où il s'est replié, le quotidien *La Croix* – considéré comme l'organe officieux du Vatican en France – reste légitimiste envers le régime de Vichy et (prudemment) hostile à Hitler qui a été condamné dès mars 1937 par le pape Pie XI dans l'encyclique *Mit Brennender Sorge*. Le pape y dénonce « la divination de la race » contenue dans la doctrine politique nazie. Si la France libre est citée ou évoquée dans ses colonnes, *La Croix* ne va jamais, dans cette période, jusqu'à soutenir l'action de De Gaulle.

Dans son excellent livre-document sur *Les Catholiques français sous l'Occupation*, Jacques Duquesne cite un certain abbé Valéry qui compare Pétain ressuscitant la France au Christ ressuscitant Lazare, et aussi un poème de Francine Lorée-Privas qui se termine par « Soyez notre Bon Dieu, Monsieur le Maréchal ! ». Duquesne fait référence à une prière récitée chaque matin par les élèves de l'école libre de Saint-Jean-Lavêtre, dans la Loire : « Sous le regard de Dieu notre Père, avec la protection de Marie notre Mère, obéissant aux consignes du maréchal Pétain notre chef, Enfants de France, au travail, pour la famille et la patrie. » Il reprend encore les propos de Mgr Delay qui, à Marseille, à l'occasion de Noël, n'a pas hésité à comparer l'étoile de la crèche aux sept étoiles piquées sur la manche de Pétain, un Maréchal dont « la constellation brillante, elle aussi, nous montre la route ». Et Mgr Delay d'implorer la protection de Notre-Dame-de-la-Garde pour le guide de la Patrie…

Jacques Duquesne souligne à quel point cette connivence trop voyante fait réagir une partie des catholiques et naître un certain anticléricalisme. Il cite un article du journal *Le Coq enchaîné* qui accuse les évêques de vouloir enterrer la République en participant à une synarchie « préparée de longues dates dans des officines honteuses, dont la confrérie des jésuites ne fut pas la moins agissante ». Ou encore un tract diffusé en juin 1942 dans le Nord-Pas-de-Calais dans lequel les travailleurs chrétiens de France reprochent aux cardinaux et archevêques de « tout approuver de leur silence ».

Ce même été 1942, Pétain franchit un pas supplémentaire pour séduire les milieux d'Eglise en envoyant un message, qui sera diffusé par haut-parleur, aux milliers de jeunes catholiques réunis au Puy pour les fêtes du 15 août. Il les appelle à serrer les rangs derrière lui. Avec Mgr Gerlier, pas moins de sept évêques demandent aux jeunes d'implorer le pardon de Dieu pour « l'apostasie qui a rejeté Jésus de notre peuple et l'a condamné à mourir dans l'âme de ses enfants ».

LA LUCIDITÉ DE MGR SALIÈGE

Alors que les assemblées de l'épiscopat, dans des formulations alambiquées, continuent à ignorer de Gaulle et la France libre et à vénérer Pétain tout en revendiquant une absence d'inféodation à quiconque, bien peu de personnalités catholiques vont se distinguer. L'une des plus éminentes est le général de Castelnau, second du généralissime Joffre à partir de 1915 et surtout président-fondateur depuis 1924 de la puissante Fédération nationale catholique, forte de près de deux millions de membres. Catholique si fervent qu'il fut surnommé « le capucin botté », il est favorable aux valeurs défendues par la Révolution nationale mais il a condamné l'armistice et reste très méfiant à l'égard de Pétain. En 1940, âgé de quatre-vingt-neuf ans, le vieux soldat vit retiré dans sa propriété de l'Hérault où il mourra en mars 1944 sans avoir envoyé le moindre signe en direction de De Gaulle dont pourtant beaucoup de choses le rapprochaient.

Au premier rang des catholiques qui s'engagent ouvertement, tournant le dos aux recommandations de leur évêque, il y a l'admirable Edmond Michel, très tôt engagé dans le mouvement de la Jeunesse catholique du Béarn puis dans les milieux catholiques de Brive. Peu d'hommes auront avec de Gaulle une telle proximité spirituelle et sociale. Michelet est sans doute le premier des résistants. Il s'est effondré en sanglots à l'annonce de l'arrivée des Allemands dans la capitale et, dès le 17 juin 1940, il distribue à Brive un tract appelant à poursuivre la lutte, dans lequel il cite Péguy :

« Celui qui ne se rend pas a raison contre celui qui se rend. En temps de guerre, celui qui ne se rend pas est mon homme quel qu'il soit, d'où qu'il vienne et quel que soit son parti. Celui qui rend une place ne sera jamais qu'un salaud, quand même il serait marguillier de sa paroisse. »

Avec le père Maydieu, un dominicain arrivé à vélo de Paris où il animait *La Vie intellectuelle*, une revue qui avait très tôt dénoncé les dangers du nazisme, Edmond Michelet[45] s'engage à fond dans la Résistance en Limousin. Ensemble, ils cachent des juifs qui fuient l'occupant. Arrêté par la Gestapo en février 1943, Michelet sera déporté au camp de Dachau qu'il quittera parmi les derniers, le 30 mai 1945. « Je suis athée, témoignera un déporté, mais pour nous tous, Michelet, c'est l'image que nous pouvons nous faire d'un saint. »

De Gaulle va le choisir en 1945 comme ministre des Armées pour faire pièce aux ministres communistes du gouvernement car il sait que, dans le maquis, Michelet a su travailler avec les communistes sans rien lâcher sur l'essentiel. Ce démocrate-chrétien, préoccupé par la place du social dans l'action politique, sera cinq fois ministre de De Gaulle puis de Pompidou, dans le gouvernement Chaban-Delmas. Affectueusement, ses collègues le surnommeront « le ministre qui prie ».

Après trente ans d'engagement, Edmond Michelet va mourir exactement un mois avant le Général avec qui il entretenait des liens de très sincère fidélité. Sur sa tombe, il avait voulu que l'on inscrive une citation du curé d'Ars : « Il nous demandera si nous avons employé nos forces à rendre service au prochain. » Une cause en béatification est instruite au Vatican depuis 1976 pour accueillir parmi les saints celui que Malraux appelait « l'aumônier de la France ».

Tel un écho amplificateur des actions courageuses des religieux et prêtres de paroisse qui se multiplient jusque dans les plus petits villages, une seule voix va très tôt s'élever au sein de l'épiscopat : celle de Mgr Jules Saliège, l'archevêque de Toulouse. D'abord aussi légitimiste que les autres au point de dire de Pétain : « ses réactions sont nationales, son cœur nous appartient », le vieux prélat va vite comprendre que la collaboration prônée par Vichy conduit à accepter l'inacceptable. Ancien aumônier pendant la Grande Guerre, paralysé depuis 1931 à la suite d'une attaque d'hémiplégie, Mgr Saliège va se servir des seules armes dont il dispose : sa parole, très écoutée, et son diocèse, où ses prêtres sont derrière lui, pour briser le silence complice de ses confrères.

À propos de la situation des juifs en Allemagne, le pape avait déclaré dès le 13 avril 1941 : « L'histoire ne donne aucun exemple d'une telle barbarie, que nous blâmons publiquement et condamnons. » Sur Radio Vatican, le 1er août 1941, le speaker avait redit : « Il y a, à l'heure présente, un grand scandale, c'est le traitement qu'on fait subir aux juifs. » Les évêques de Hollande, de Belgique et d'Allemagne multipliaient les alertes. En France, les évêques gardent le silence, alors que, dès le 15 avril, le père Henri de Lubac, un jésuite très influent, leur a fait parvenir une note sur l'antisémitisme dans laquelle il dit on ne peut plus clairement : « Outre ce qu'il a de dégradant pour ceux qui s'y abandonnent, il est déjà de l'antichristianisme. C'est à la Bible qu'il en veut… » Un autre jésuite, le R.P. Riquet a indiqué à la même période à l'Assemblée des cardinaux et archevêques que le statut des juifs créé par Vichy est « un scandale pour la conscience chrétienne[46] ».

Dès l'arrivée d'Adolf Hitler au pouvoir en 1933, Mgr Saliège s'était déjà exprimé au Capitole de Toulouse pour dénoncer les menaces qui pesaient sur les juifs. Et, en 1939, avec le père Bruno de Solages, recteur de l'Institut catholique de Toulouse, il avait appelé les catholiques à ne pas céder au racisme, s'appuyant sur l'encyclique *Met Brennender Sorge* publiée en 1937 par Pie XI pour rappeler que l'antisémitisme est contraire aux valeurs du catholicisme. Après l'expulsion, dès juillet 1940, de plus de vingt mille juifs alsaciens-lorrains vers la zone libre, Mgr Saliège va d'abord soutenir des actions caritatives dans les camps de Noé et du Récébédou, ouverts début 1941. Le premier « statut des juifs » d'octobre 1940, l'obligation faite aux commerçants juifs d'apposer un écriteau « Juif » sur leur devanture, la création du Commissariat général aux questions juives en mars 1941 et les premières rafles de juifs étrangers en zone occupée effectuées en mai 1941 et qui conduisent à parquer 3 700 hommes, femmes et enfants à Pithiviers et Beaune-la-Rolande poussent l'archevêque et son recteur à s'engager d'avantage.

A Londres où les dirigeants de la France libre se désespèrent devant la passivité persistante de l'Eglise, le général de Gaulle va s'adresser directement à Mgr Saliège dont la courageuse attitude lui a été signalée par ses agents infiltrés en France. Le 27 mai 1942, il lui fait transmettre un message, en l'assurant de l'absolue confidentialité de celui-ci dont seul le porteur est au courant :

« Les remous profonds que provoquent dans les âmes de nos compatriotes certains aspects de l'atroce situation dans laquelle se trouve notre pays m'amènent à exposer en toute confiance à Votre Grandeur l'alarme que je ressens comme chrétien et comme Français, écrit de Gaulle.

« Je me garderai d'énoncer aucun grief. Mais je crois très sincèrement que l'attitude – fût-elle d'apparence – prise publiquement par une partie de l'épiscopat français à l'égard de la politique des hommes dits "de Vichy" risque d'avoir des conséquences graves en ce qui concerne la situation du clergé et peut-être de la religion en France après la Libération.

« Je souhaite de toute mon âme que, tandis qu'il en est temps encore, la voix de Messeigneurs s'élève assez clairement et fortement pour que le peuple de France perde l'impression qu'il a d'une sorte de solidarité entre les préférences du clergé et l'entreprise des gens qui ont proclamé, accepté et aggravé la défaite de la France.

« Si je m'adresse à vous, Monseigneur, c'est qu'il y a, me semble-t-il, des raisons de croire que Votre Grandeur a discerné ce que je me permets de lui expliquer et qu'ainsi quelque accord pourrait s'établir entre nous...[47] »

Respectueusement mais très clairement, de Gaulle cherche à conduire Mgr Saliège à le rejoindre, sinon physiquement, au moins en prenant publiquement position en sa faveur. Un archevêque au sein de la France libre serait du meilleur effet pour répondre à la politique des petits cadeaux de Pétain. C'est la première fois que de Gaulle exprime son amertume face à l'indifférence de l'Eglise, mais on remarquera qu'il le fait en confidence et auprès d'un prélat qu'il sait hostile à Vichy. Si le Général ne prend pas de position publique sur le sujet, c'est qu'il ne veut pas mettre en cause la hiérarchie de « son » Eglise au risque de l'affaiblir plus encore. Il sait aussi qu'il aura besoin d'elle à la Libération pour refaire l'unité des Français.

C'est sur ses terres toulousaines que Mgr Saliège choisit d'amplifier son combat. Le 23 août 1943, il ordonne aux curés de son diocèse de lire en chaire, le dimanche suivant – et sans y ajouter de commentaire – une lettre pastorale sur la personne humaine, *Et clamor Jerusalem ascendit*, qui restera l'un des plus puissants textes religieux publiés pendant l'Occupation :

« Il y a une morale chrétienne, il y a une morale humaine qui impose des devoirs et reconnaît des droits. Ces devoirs et ces droits tiennent à la nature de l'homme. Ils viennent de Dieu. On peut les violer. Il n'est au pouvoir d'aucun mortel de les supprimer.

« Que des enfants, des femmes, des hommes, des pères et des mères soient traités comme un vil troupeau, que les membres d'une même famille soient séparés les uns des autres et embarqués pour une destination inconnue, il était réservé à notre temps de voir ce triste spectacle.

« Pourquoi le droit d'asile dans nos églises n'existe-t-il plus ?

« Pourquoi sommes-nous des vaincus ?

« Seigneur ayez pitié de nous.

« Notre-Dame, priez pour la France.

« Dans notre diocèse, des scènes d'épouvante ont lieu dans les camps de Noé et du Récébédou. Les Juifs sont des hommes, les Juives sont des femmes. Tout n'est pas permis contre eux, contre ces hommes, contre ces femmes, contre ces pères et mères de famille. Ils font partie du genre humain. Ils sont nos Frères comme tant d'autres. Un Chrétien ne peut l'oublier.

« France, patrie bien aimée, France qui porte dans la conscience de tous tes enfants la tradition du respect de la personne humaine. France chevaleresque et généreuse, je n'en doute pas, tu n'es pas responsable de ces horreurs »...

Craignant la réaction des Allemands, Pierre Laval tentera de faire interdire par arrêté préfectoral la publication de cette lettre. Elle sera pourtant diffusée par le Vatican et par la radio de Londres, une première fois le 31 août par la voix de Maurice Schumann, une seconde le 9 septembre par celle de Jean Marin. Furieux, Laval demandera – en vain – au nonce en poste à Vichy la mise à la retraite immédiate de Mgr Saliège, âgé de soixante-treize ans.

Si, à Mende, Mgr Auvity a interdit la diffusion dans son diocèse de la lettre de l'archevêque de Toulouse, à Montauban, Mgr Pierre-Marie Théas en a fait donner lecture dans toutes les paroisses. Le courage de

Mgr Théas, l'un des évêques les plus rebelles de cette époque, lui vaudra d'être interné en 1944 au stalag 122 de Compiègne. Mgr Théas avait, en outre, protesté parce que les officiers allemands avaient transformé un presbytère de son diocèse en maison close et qu'ils s'y exerçaient au tir sur un Christ en croix !

L'aide apportée aux juifs par Mgr Saliège et Mgr de Solages ne va pas faiblir. Faux certificats de baptême, filières d'évasion vers l'Espagne par les Pyrénées, camouflage des enfants juifs dans les couvents et les écoles chrétiennes… Tous deux travaillent avec Georges Garel, dit Gasquet, qui anime dans le Sud-Ouest l'un des réseaux de L'Œuvre de secours aux enfants (OSE), membre de l'armée juive clandestine qui organise des évasions vers l'Espagne. Les 1 600 enfants cachés dans les vingt maisons de L'Œuvre sont en grand danger quand Garel reçoit l'aide de Mgr Saliège pour diriger – et sauver – plus de trois cents d'entre eux en les plaçant dans des institutions religieuses. Arrêté par la Gestapo dans son bureau le 9 juin 1944, le cardinal dut à son grand âge et à son lourd handicap, mais aussi à la virulence de la religieuse qui invectiva les Allemands, de ne pas être déporté.

Indigné par le comportement de ses pairs, l'archevêque de Toulouse dira, peu après la Libération : « Une fois pour toutes, ils ont considéré la Résistance comme un péché mortel. » Ce propos doit toutefois être nuancé car, bien tardivement certes, plusieurs prélats, dont les cardinaux Suhard, Liénart et Gerlier, et même l'Assemblée des cardinaux et archevêques, sont intervenus auprès des autorités allemandes pour condamner non seulement les déportations de juifs et les exécutions d'otages, mais aussi pour dénoncer le sort réservé aux déportés et aux résistants. Mais leurs tardives protestations étaient toujours accompagnées d'une condamnation de toute désobéissance à Vichy, et donc de tout soutien à de Gaulle !

Leurs actions en faveur des juifs vaudront dès mars 1942 aux cardinaux Suhard et Gerlier et à MMgrs Saliège et Théas des lettres de reconnaissance du Grand Rabbin de France et du président du Consistoire central : « Jamais le judaïsme ne pourra être assez reconnaissant de tout ce que font pour nous sans aucune arrière-pensée, prélats, prêtres, pasteurs et fidèles, catholiques et protestants. »

En août 1945, Mgr Saliège sera fait Compagnon de la Libération par de Gaulle avant de recevoir le titre de « Juste parmi les justes » décerné par le mémorial Yad Vashem. Apprenant la mort du cardinal, de Gaulle adressera le 6 novembre 1956 un télégramme à l'archevêché de Toulouse : « Très ému par la mort du cardinal Saliège, je salue avec respect sa grande mémoire. La France gardera le souvenir de ce prélat qui l'a si bien servie aux jours des plus grands périls. J'unis mes prières à celles du diocèse de Toulouse. »

Sur la Côte d'Azur, Mgr Rémond, évêque de Nice et ami de Pétain, vient personnellement en aide au réseau Marcel de la résistance juive, fondé par Moussa et Odette Abadi. Il s'agit d'aider les familles israélites arrivées de toute l'Europe et traquées par les Allemands au lendemain de l'armistice de septembre 1943 entre l'Italie et les Alliés. Téméraire, Mgr Rémond nomme Moussa Abadi, *alias* « Monsieur Marcel », inspecteur de l'enseignement catholique du diocèse, avec un bureau à l'évêché, villa Dupanloup, pour y fabriquer tranquillement plus de mille fausses cartes d'identité. Le réseau Marcel permettra de sauver 527 enfants juifs cachés dans les pensionnats catholiques du diocèse.

Un autre évêque adopte lui aussi un comportement très courageux en cachant nombre de familles juives dans les congrégations de son ressort, ce qui lui vaudra d'être le seul évêque déporté en Allemagne : c'est Mgr Gabriel Piguet, qui règne en seigneur sur les cinq cents prêtres et autant de religieux du diocèse de Clermont-Ferrand. Blessé en 1915, il a gardé une balle près de la colonne vertébrale qui le fait atrocement souffrir. C'est un vrai patriote. Mais Mgr Piguet, que tout semble porter à soutenir de Gaulle, lui préfère très nettement Pétain. Et il le fait savoir. De Clermont-Ferrand, il est aussi l'évêque de Vichy. Quand il célèbre la messe dans sa cathédrale le 11 novembre 1940 en présence du Maréchal et de ses ministres, il lui fait publiquement allégeance : « Nous demandons à Dieu, Monsieur le Maréchal, de bénir votre personne vénérée et respectueusement aimée, et de lui permettre de mener à bien son œuvre courageuse et magnifique de renouveau, pour le bonheur de la France, dotée, une fois de plus par la providence, au milieu de ses infortunes, de l'homme capable d'atténuer son malheur, de reconstruire ses ruines, de préparer l'avenir. »

Lorsque les premiers mouvements de Résistance commencent à se structurer, en septembre 1941, au cours d'une messe de la Légion française des combattants dont il est un ardent militant, Mgr Piguet cible de Gaulle et la France libre au beau milieu de son sermon : « Toute dissidence, à l'intérieur comme à l'extérieur, camouflée ou avouée, en quelque place qu'elle se trouve, est un malheur et une faute. »

Arrêté sur dénonciation pour avoir apporté son aide à de nombreux juifs, notamment en leur faisant délivrer de faux certificats de baptême, il arrive à Dachau en septembre 1944, bientôt rejoint avant Noël par une centaine de prêtres, de religieux et de séminaristes. C'est dans leur bloc, le 17 décembre, qu'il prendra les plus grands risques en ordonnant clandestinement un jeune séminariste allemand, Karl Liesner, qui a souhaité prononcer ses vœux définitifs en raison de son état de santé. Décédé en août 1945, peu de temps après sa libération du camp, Karl Liesner sera béatifié par le pape Jean-Paul II en 1996. Dès son retour en France en 1945, Mgr Piguet fera le voyage de Rome pour plaider sa propre cause car il veut devenir cardinal. Mais c'est Mgr Saliège qui sera élevé à la pourpre cardinalice, après une intervention de De Gaulle. L'évêque de Clermont-Ferrand recevra toutefois la médaille de « Juste parmi les justes », comme son « rival » de Toulouse. Mais en 2001, à titre posthume, car il était décédé en 1952.

Les catholiques en mouvement, l'honneur de l'Eglise

De Gaulle « détestait la médiocrité et voulait ou aurait voulu que le clergé français fût de haute qualité spirituelle, morale, intellectuelle, qu'il eût conscience du rôle à jouer dans la société et la nation à l'instar de l'église polonaise dont il appréciait la valeur et le sens des responsabilités », analyse l'historien du gaullisme Alain Larcan[48]. Le Général saura toutefois distinguer ceux qui, parmi les catholiques, auront choisi le bon camp.

Dans la Résistance qui s'est organisée sur le territoire à partir de la fin de l'année 1941, Lyon va jouer un rôle majeur dans le combat mené par les milieux catholiques. L'un de ses principaux inspirateurs est Stanislas Fumet, le directeur de *Temps présent*, l'hebdomadaire chrétien créé en 1937 et auquel collaboraient de grandes figures de la pensée chrétienne et sociale, comme François Mauriac, Jacques Maritain, Maurice Schumann, Georges Cattaui, Louis Massignon et beaucoup d'autres. On se souvient que l'officier Charles de Gaulle a adhéré aux *Amis de Temps présent* peu après le lancement de la publication. Arrêté au début de l'Occupation, l'hebdo renaît en décembre 1940 à Lyon, à l'initiative de Stanislas Fumet et avec Louis Terrenoire à la rédaction en chef, avant d'être interdit dès août par l'amiral Darlan, chef du gouvernement de Vichy et artisan zélé de la collaboration.

Toute l'équipe de l'hebdomadaire entre alors dans la clandestinité et vient en aide aux réseaux de la Résistance en zone sud, ce que n'ignore pas de Gaulle depuis Londres d'où il fait transmettre un message d'amitié à Stanislas Fumet. Lyon est la ville qui répond le mieux à l'opération « ville morte », le 1er janvier 1941, organisée à l'appel de Londres. Dans les traboules de la capitale des Gaules devenue celle de la Résistance, les actions des chrétiens se conjuguent avec celles des grands chefs de réseaux, comme Henry Frenay, Bertie Albrecht, ou encore François de Menthon qui avait été président de l'Action catholique de 1927 à 1930... Engagés les armes à la main ou dans la résistance spirituelle, tous ces groupes sont très actifs lorsque, au début de 1942, Jean Moulin installe à Lyon son poste de commandement.

Mais le vrai héros chrétien de la ville, c'est le père Pierre Chaillet, un jésuite issu d'une famille paysanne de Franche-Comté dont la lucidité et le courage feront dire à Maurice Schumann : « Mon Père, vous avez été notre dix-huit juin spirituel. » Le père Chaillet n'a pas attendu la déclaration de guerre pour tirer la sonnette d'alarme. Ses travaux personnels et ses nombreux voyages en Allemagne et dans les Balkans l'ont conduit à mesurer très tôt les aspects « antichrétiens et antihumains » du national-socialisme. « Je connaissais dès ses débuts le nazisme et son monstrueux défi [...] J'avais tenté avant la guerre, par des articles et des conférences, de troubler la quiétude des aveugles et des ignorants », écrira-t-il.

Dès l'Appel de De Gaulle dont il dira : « Dans les plis du drapeau en berne passait le chant d'un nouveau départ », le père jésuite alors en mission à Budapest rentre en France, découvre avec effroi la passivité qui y règne et se fait délivrer de faux papiers au nom de Prosper Charlier pour se jeter dans la bagarre. Très vite, il rencontre Henri Frenay et collabore aux *Petites Ailes*, une publication clandestine dans laquelle il lance des appels aux catholiques pour leur demander de repousser l'idéologie nazie. A l'inertie et au silence de la hiérarchie de l'Eglise qui le choquent profondément, il oppose le devoir du *non possumus non loqui* (« nous ne pouvons pas ne pas en parler »). Et, partout, le père Chaillet va déclarant : « Comme

Français et comme chrétien, nous opposons au combat de Hitler notre combat [...] C'est un duel à mort entre la croix gammée et la croix chrétienne. »

Le premier des quatorze *Cahiers du Témoignage chrétien* qu'il va publier clandestinement en novembre 1941 met en garde ceux qui se complaisent dans la collaboration : « France, prends garde de perdre ton âme[49]. » Ce texte est l'œuvre d'un autre jésuite, le père Gaston Fessard, très sensible au discours de la France libre à tel point que ses confrères le surnomme « le théoricien du gaullisme ». En fait, comme de Gaulle, le père Fessard conteste la légitimité du régime de Vichy. Il s'appuie sur la théorie du prince-esclave de Clausewitz dont « la souveraineté est limitée et l'action dictée par l'occupant ». Il conteste de façon à peine voilée la position des évêques qui s'entendent avec Vichy pour quelques avantages immédiats : « Il ne faut jamais donner le spectacle de chrétiens qui, pour se sauver, pactisent avec les ennemis de Jésus. C'est donner à ceux-ci plus d'audace et les moyens de continuer leur œuvre de mort. »

Le père Chaillet ne se contente pas d'une résistance spirituelle, il s'engage aussi complètement et physiquement dans l'aide aux victimes des persécutions nazies, principalement des juifs. L'atelier de fabrication de cartes d'identité qu'il organise avec l'aide de dessinateurs-résistants fait sans doute de lui le plus grand faussaire de son époque... Son rôle déterminant dans le sauvetage de familles juives en 1942 à Lyon sera souligné lorsque l'Etat d'Israël le fera « Juste parmi les justes » en 1981. Le « jésuite de la Résistance » conservera à jamais une place particulière dans le cœur des gaullistes. « L'histoire de France mérite de conserver [son] nom, tant il a compté dans la résistance spirituelle au poison nazi », selon Michel Debré[50].

Dans ses activités clandestines, le père Chaillet fait souvent équipe avec un prêtre alsacien réfugié à Lyon, l'abbé Pierre Bockel, qui collabore aux *Cahiers du Témoignage chrétien* avant d'animer le réseau Martial en zone sud. L'abbé Bockel sauvera lui-aussi plusieurs familles juives, ce qui lui vaudra d'être fait « Juste parmi les justes » en 1988. Il terminera la guerre comme aumônier de la brigade Alsace-Lorraine, commandée par André Malraux, *alias* « colonel Berger », qui dira de lui, après avoir écouté son homélie pendant la messe célébrée dans la cathédrale de Strasbourg au lendemain de la libération de la ville : « C'est un prêtre selon l'Evangile. »

Aux côtés du père Chaillet et de l'abbé Bockel, se trouve aussi l'abbé Glasberg, un juif ukrainien converti au catholicisme, ancien élève de l'éminent père jésuite Henri de Lubac. Glasberg a pris, dès juin 1940, la responsabilité du Comité d'aide aux réfugiés, à la demande du cardinal Gerlier. C'est presque naturellement qu'avec Chaillet et Bockel il se retrouve dans le groupe de résistance L'Amitié chrétienne et participe avec eux au sauvetage des 180 enfants juifs détenus au camp de Vénissieux, pendant l'été 1942. Lui aussi recevra la médaille de « Juste parmi les justes »[51].

C'est aussi à Lyon, à partir du printemps 1942, que Georges Bidault, chef de file des catholiques engagés dans la Résistance, prend la tête du Bureau d'information et de presse (BIP) créé par Jean Moulin. Le Bulletin d'information de la France combattante, édité par le BIP, est télégraphié à de Gaulle à Londres et à tous les dirigeants des réseaux clandestins. Il est fabriqué dans le presbytère d'un prêtre de Villeurbanne, l'abbé Bourcier, qui sera abattu chez lui par la Gestapo le jour même de la découverte du matériel d'imprimerie.

Si elle joue un rôle central, la ville de Lyon n'est pas un pôle isolé de résistance chrétienne. A Montpellier, par exemple, l'un des principaux meneurs de l'action clandestine est un autre catholique, Pierre-Henri Teitgen, qui se fait vite remarquer après un accrochage avec son curé qui lui a refusé l'absolution pour désobéissance à Pétain ! Arrêté par la police de Vichy, Pierre-Henri Teitgen déclare : « Je fais de la résistance au nazisme parce que je suis catholique et que le pape a condamné le nazisme[52]. »

Le Général n'oubliera jamais plus ces militants catholiques, ces chrétiens de la base, ces héros des mouvements ouvriers, étudiants, agricoles, ces prêtres, religieux et religieuses qui cachaient des armes, nourrissaient les résistants, abritaient des enfants juifs, souvent au péril de leur vie… autant d'anonymes qui sont à ses yeux l'honneur de l'Eglise et qu'il opposera définitivement à l'élite, à cette hiérarchie qui a perverti le message évangélique qu'elle était pourtant chargée de faire vivre. Il mesure le mérite et le sens du devoir de ceux qui ont osé désobéir aux dignitaires de l'Eglise, en tournant le dos à la parole de religieux influents comme, par exemple, celle du père Maurice Lesaunier, sulpicien et professeur au séminaire universitaire des carmes de Paris, qui vient d'attaquer « l'homme de Londres » dans un texte sur « La conscience catholique face au devoir civique actuel ». Le père Lesaunier y affirme à propos du Général : « Par le fait qu'il résiste au pouvoir légal, il s'oppose à l'ordre même voulu par Dieu et mérite châtiment[53]. » Pour le condamner, le père Lesaunier se réfère aux textes du pape Léon XIII sur le devoir d'obéissance des catholiques à toute autorité légitime : « Est-il besoin de longs raisonnements pour montrer que de Gaulle tombe sous le coup de cette réprobation [...] Il en résulte que ceux qui se déclarent ses partisans opposent la même résistance à l'ordre divin. »

De Louis Terrenoire, arrêté par la Gestapo et interné à Dachau dont il reviendra affaibli mais vivant, de Gaulle fera l'un de ses ministres et même son porte-parole entre 1960 et 1962. Au juriste François de Menthon, Compagnon de la Libération, il confiera le délicat ministère de la Justice en septembre 1944 puis le poste de procureur au tribunal de Nuremberg. Pendant quelques mois, après la Libération, le père Chaillet deviendra l'adjoint du ministre de la Santé. Bien des années plus tard, à son ami Stanislas Fumet, le reclus de Colombey demandera des intentions de prière.

Parmi les grandes figures dont de Gaulle déplore l'absence à ses côtés, il y a le comte de Paris, symbole du passé chrétien de la France. A la mort de son père, Jean d'Orléans, duc de Guise, le 25 août 1940, de Gaulle avait pourtant fait célébrer un service religieux à Londres, auquel ceux de la France libre avaient assisté. Il espérait un signe de soutien, sinon de ralliement. Mais le comte de Paris avait préféré se taire et rester au Maroc avec sa famille. En août 1942, de Gaulle apprend que le chef de la Maison de France vient de faire le voyage de Vichy pour y dîner avec Pierre Laval… Quand, en 1963, la candidature du comte de Paris sera évoquée dans quelque gazette pour la présidence de la République, de Gaulle confiera à Alain Peyrefitte : « Les services qu'a rendus le comte de Paris ne pèsent pas très lourd. Il aurait pu en rendre un très grand, il y a quelque vingt ans. Je lui avais tendu la perche. Il ne l'a pas saisie. En juin 40, il aurait pu dire : “Il ne faut jamais capituler.” Il aurait pu relever le drapeau et venir à mes côtés ; il n'y avait pas d'encombrement. Il représentait une part de la France qui eût été bien utile à la France libre[54]. »

Qu'ils aient la volonté de soutenir de Gaulle et la France libre ou simplement le désir de se battre contre la tyrannie nazie au nom des valeurs du christianisme, les catholiques d'influence ou simples anonymes qui s'engagent contre l'occupant vont participer de façon décisive à la victoire finale, souvent aux côtés de résistants de sensibilité très opposée, notamment des communistes. Face à eux, jusqu'aux derniers jours, indifférents à l'entrée en guerre des Etats-Unis et aux succès militaires des Alliés, d'autres catholiques, au sommet de la hiérarchie, vont peser de toute leur influence pour façonner la pensée des plus jeunes.

STO : les évêques contre de Gaulle

Le Service du travail obligatoire en Allemagne (STO), créé par Vichy en septembre 1942 à la demande du Reich, exige le départ de quelque 350 000 travailleurs.

Il a été donné au STO une forme qui devrait lui permettre de ne pas rencontrer l'hostilité de la population, celle de « la relève » : un prisonnier français libéré (y compris les malades qui seraient revenus malgré cela) contre trois travailleurs volontaires. Cette mesure inquiète particulièrement de Gaulle car elle va saigner la France des hommes jeunes qui seront indispensables aux combats décisifs. D'abord applicable aux jeunes gens âgés de vingt et un à trente-cinq ans, le STO est étendu en février 1943 à toute la population masculine. Même les femmes peuvent être « mobilisées » ! De Gaulle s'ouvre d'ailleurs de ses inquiétudes à Churchill en mars 1943, l'informant de son intention de demander aux résistants de se dérober au STO et lui demandant de soutenir les 50 000 hommes de la France combattante en leur fournissant les armes et moyens nécessaires à leur défense. L'aide britannique sera bien apportée aux combattants clandestins, mais le principal obstacle va venir de l'Eglise. Cette fois encore, une bonne partie de sa hiérarchie se montre hostile aux appels à la désobéissance lancés par Radio Londres qui demandent aux jeunes de prendre le maquis pour échapper au STO.

Moins courageux que leurs homologues hollandais et belges, qui voient dans les réquisitions de travailleurs une atteinte « au droit naturel, au droit international et à la morale chrétienne », les évêques français commencent par se taire. Quand ceux de la zone sud abordent le sujet en février 1943, c'est simplement pour déplorer cette « atteinte au droit naturel de la famille ». Il est demandé aux aumôniers de l'Action catholique de s'occuper d'eux, sans plus. A aucun moment n'est seulement évoquée la possibilité de se soustraire à ce travail obligatoire qui va renforcer l'ennemi.

Sans surprise, Lyon est aux avant-postes de la contestation exprimée par les jeunes chrétiens dont certains commencent à s'intéresser à cette France libre et à ce général de Gaulle dont la propagande officielle ne souffle mot. L'Association catholique de la jeunesse française (ACJF) se dresse contre le STO. Elle consulte le cardinal Gerlier sur l'opportunité d'une protestation solennelle mais ce dernier va s'y opposer, estimant qu'il s'agit d'une prise de position politique ! L'ACJF passera outre et finira par diffuser un texte déplorant la collaboration de Vichy dans la mise en place du STO. De son côté, influencée par les appels lancés sur la radio de Londres par André Philip, qui recommande aux jeunes de prendre le maquis, la Jeunesse étudiante chrétienne (JEC) affiche sa désobéissance dans son journal *Messages*. La contestation au sein de la Jeunesse ouvrière chrétienne (JOC) est tout aussi réelle mais ses responsables se trouvent face à un dilemme car ce sont essentiellement les jeunes ouvriers qui sont envoyés en Allemagne. Faut-il renoncer à les accompagner spirituellement, qu'ils appartiennent ou non au mouvement ?

Il faudra que l'épiscopat entende la rébellion que soulèvent contre lui les mouvements de jeunesse pour parvenir en avril 1943 à un texte très balancé, inspiré de la position du cardinal Liénart, évêque de Lille. Ce dernier a prudemment pris soin de dire qu'il ne souscrit ni à la propagande antiallemande qui condamne ceux qui vont travailler en Allemagne, ni la propagande antibolchevique qui soutient ceux qui vont aider à détruire la Russie bolchevique ! La position des évêques, si timorée soit-elle, peut se résumer ainsi : ce n'est pas un devoir de conscience d'accepter le STO, on peut s'y dérober sans péché. C'est tout ce que voulaient entendre les « réfractaires ».

A la radio de Londres, Maurice Schumann s'empare de la nouvelle. De Gaulle a marqué un point car, pour la première fois, par le canal de Radio Vichy, le gouvernement de collaboration attaque les évêques, ces ingrats à qui Pétain et Laval ont pourtant apporté tant de choses. La prise de position des évêques – insuffisante pour les uns, qui marque un progrès pour les autres – ne met pas fin à la division du clergé sur le sujet.

Aumônier général des Scouts de France avant d'occuper les mêmes fonctions aux Chantiers de jeunesse, le père Forestier, dominicain, jouc un rôle dévastateur auprès des jeunes gens tentés par de Gaulle. Encore convaincu que les messages du Maréchal expriment « ce dont les catholiques rêvaient depuis longtemps », il martèle aux jeunes que la désobéissance est un mal et la France libre une aventure. Il les incite à préférer le STO aux maquis de la Résistance. L'évêque d'Arras, Mgr Dutoit, recommande aussi la soumission au travail obligatoire. Mais à Rennes, le nouvel archevêque, Mgr Clément Roques, non seulement protège nombre de juifs et apporte son soutien à la Résistance mais s'oppose farouchement à l'envoi de ses séminaristes au STO. De son côté, le père Jules Lebreton, jésuite, souligne le cas de conscience que pose aux catholiques la collaboration avec l'ennemi, notamment « ces rafles d'ouvriers condamnés aux travaux forcés », qu'il qualifie d'« embauchage immoral ».

Les fractures provoquées au sein du monde catholique par l'absence d'une position claire prise par l'épiscopat sur la question du STO resteront vives et provoqueront des divisions au sein de l'Eglise, bien après la fin de la guerre.

Après l'arrestation de Jean Moulin à Caluire le 21 juin 1943, d'où il sera transporté à Lyon puis à Paris pour y être interrogé sous la torture avant de succomber le 8 juillet dans le train qui le transporte en Allemagne, c'est Georges Bidault qui prend la tête du Comité national de la Résistance (CNR). Bidault a fait ses études chez les jésuites français réfugiés en Italie avant de militer à l'Action catholique pour la jeunesse française. Ses convictions chrétiennes sont connues de tous. Avec son élection à la tête du CNR, les démocrates chrétiens, qui ont été parmi les premiers à se rallier clairement à de Gaulle, retrouvent une vraie influence. Même les communistes ont voté pour lui. Des catholiques de premier plan, comme François Mauriac ou le R.P. Philippe, qui a succédé à Thierry d'Argenlieu comme provincial des carmes, acceptent même de rejoindre le Front national, le mouvement de résistance créé par les communistes. Dans une démarche unitaire, le comité directeur du Front s'enrichit de l'arrivée de Mgr Chevrot, éminent curé de la paroisse Saint-François-Xavier de Paris. Certains tracts imprimés clandestinement par le Front s'adressent spécifiquement aux femmes catholiques françaises pour les appeler à passer à l'action, au nom de la défense de la chrétienté. Tous ces responsables sont favorables à de Gaulle. Pour Georges Bidault, son parcours avec le Général s'arrêtera au moment de la guerre d'Algérie, lorsqu'il optera pour l'Algérie française.

Aucun prélat au Comité français de libération nationale

Avant de rejoindre le Front, Mgr Chevrot avait été approché par Pierre Brossolette, chargé par de Gaulle de recruter des personnalités de toutes tendances dans la perspective de constituer un pré-gouvernement de Libération. C'est par l'intermédiaire de sa femme, qui avait saisi le patriotisme et les sympathies gaullistes du religieux en écoutant ses prêches, que Brossolette s'était rapproché de lui, sans savoir que Mgr Chevrot avait envoyé une lettre peu aimable au cardinal Suhard, dès décembre 1940, pour déplorer la façon dont l'Eglise poussait ouvertement les Français à se rassembler autour de Pétain. Pourtant, Mgr Chevrot va décliner l'offre du Général. C'est à la même époque que de Gaulle envoie un émissaire à Toulouse pour tenter de convaincre Mgr Saliège de le rejoindre. Sans plus de résultat.

Lorsqu'il s'installe à Alger fin mai 1943 et constitue le Comité français de libération nationale (CFLN), de Gaulle revient sur sa volonté d'y faire entrer un religieux éminent, soucieux de marquer la présence de l'Eglise à ses côtés au moment où de nombreux catholiques sont physiquement engagés dans les maquis de métropole et dans les forces de la France libre. Un ralliement spectaculaire dans les milieux d'Eglise ne peut que contribuer à asseoir son crédit auprès des Alliés et leur signifier que toute la hiérarchie catholique n'est pas unanime derrière Vichy. Cela est particulièrement important alors que la répression contre les juifs s'amplifie, ce qui vient de conduire le pape Pie XII, dans une communication faite au Sacré Collège à Rome, à exprimer son angoisse devant la montée de la barbarie nazie.

Hélas, après le refus de MMgrs Chevrot et Saliège, c'est une nouvelle fois sans succès que le Général fait approcher Mgr Hincky, évêque auxiliaire patriote de Colmar, qui est replié à Alger pour s'occuper des Alsaciens et des Lorrains réfugiés en Afrique du Nord. Mgr Hincky s'est imposé comme une personnalité forte alors que, curé-doyen à Colmar, il dirigeait les œuvres diocésaines de Strasbourg et s'opposait, avant la guerre, à ceux qui acceptaient la fatalité d'une Alsace-Lorraine allemande. Son patriotisme l'a conduit à regarder avec bienveillance ce que de Gaulle tente depuis Londres puis Alger. Courant octobre, il donne donc son accord pour occuper auprès du Général un poste officiel dans le Comité qui préfigure le Gouvernement provisoire. Mais le projet capote car les responsables de l'épiscopat vont opposer un refus sans appel à la nomination de Mgr Hincky.

Le Général a-t-il pensé à faire venir auprès de lui Mgr Eugène Tisserant, le seul cardinal français de Rome qui lui soit ouvertement favorable ? Si c'est le cas, il y a vite renoncé car Mgr Tisserant lui est beaucoup plus utile au Vatican où il a reçu la pourpre cardinalice en mars 1936. Ce solide Lorrain, qui porte une longue barbe en bataille, est fait pour lui plaire. Avant d'entrer au séminaire, enfant, il répétait à qui voulait l'entendre qu'il serait général. Et, pendant la Grande Guerre, au sein du détachement français engagé aux côtés de l'armée anglaise contre les Turcs, il a contribué en 1917 à délivrer Jérusalem ! Patriote, viscéralement hostile au nazisme, il est l'homme de la France libre au cœur du Vatican où il fera recevoir de Gaulle par le pape en 1944. Pour l'heure, c'est lui qui agit auprès du Saint-Siège pour que l'ordre soit donné aux évêques français de « pourvoir à l'assistance spirituelle des hommes du maquis » en envoyant des aumôniers à leurs côtés. Toujours soucieux de ne pas déplaire à Vichy, les évêques ne nommeront pas d'aumôniers mais contourneront la difficulté en permettant aux prêtres engagés dans la Résistance de donner les sacrements, en considérant les maquisards comme *in articulo mortis* (« à l'article de la mort »). Ce que permet le droit canon.

La seule « prise religieuse » du Général est finalement le R.P. Anselme Carrière, un dominicain téméraire qui a créé dès 1940 le Comité de la France libre en Egypte où il a organisé des réseaux pour transporter et soigner les combattants français et leurs prisonniers. Le R.P. Carrière est une figure. Il a pris l'habit en 1901 à l'âge de dix-huit ans avant de rejoindre le 162e régiment d'infanterie de Cambrai comme simple soldat en 1914. A la fin de la Grande Guerre, sa vaillance lui a valu les galons de sous-lieutenant et quatre citations. Son arrivée au Caire en 1934 a été un temps considéré comme une mesure d'éloignement en raison de « ses familiarités considérées comme suspectes à l'égard des femmes » ; des soupçons de galanterie qui seront levés après une enquête conduite par ses supérieurs[55]. Mais surtout, le dominicain s'est lié d'amitié avec le cardinal Tisserant au cours d'un épique voyage en Mésopotamie à la recherche de manuscrits anciens pour le compte de la Bibliothèque vaticane. C'est donc avec l'aval non officiel du Vatican, où le gaullisme de Tisserant a bien arrangé les choses, que le R.P. Carrière accepte d'occuper des fonctions officielles en rentrant à l'Assemblée consultative provisoire à Alger en qualité de vice-président. L'aval du Vatican est vraiment officieux, car le maître général de l'ordre dominicain, le père Martin-Stanislas Gillet, fondateur du *Collegium Historicum* de Rome, va envoyer aussitôt depuis la capitale italienne un message de regret à Pétain pour l'assurer que la décision du père Carrière relève d'une initiative individuelle et qu'elle est « formellement désapprouvée », aussi bien par le général de l'ordre que par ses supérieurs directs à Jérusalem !

Même désavoué par son ordre, le père Carrière ne plie pas. Il participe alors aux grandes décisions qui vont structurer l'action du gouvernement de la Libération, notamment dans le domaine social. On trouve, par exemple, la trace de son vote favorable sous le compte rendu de la délibération qui rend les femmes électrices et éligibles au même titre que les hommes.

Les évêques ne peuvent même pas obtenir de Vichy, comme le souhaitait le Vatican, que les séminaristes français soient exemptés du STO. Trois mille deux cents d'entre eux iront tourner des obus en Allemagne[56]. Ils rejoindront les vingt-cinq prêtres-ouvriers clandestins et les quelque deux cents prêtres « déguisés » en civils de la Mission Saint-Paul, envoyés auprès des travailleurs requis et dont beaucoup seront découverts et emprisonnés.

Dans Tunis libérée, le 28 juin 1943, l'archevêque accueille de Gaulle sur le parvis de la cathédrale en lui disant, avec des accents chaleureux : « Nous demandons à Dieu qu'il vous bénisse et vous aide dans la tâche de rénovation nationale que vous avez entreprise. » Mais que pèsent ces soutiens isolés, exprimés en Afrique du Nord, face à l'influence de personnalités laïques comme Jean Le Cour Grandmaison, officier de marine devenu député et surtout promoteur d'un ordre social nouveau d'inspiration chrétienne. Il s'est fait élire à la vice-présidence de la puissante Fédération nationale catholique et en est si fier qu'il fait figurer ce titre sur sa carte de visite de parlementaire. En 1937, Grandmaison n'a pas hésité à mêler sa voix à celles du Front populaire, lors du débat de politique générale du second gouvernement Blum. Après s'être élevé contre « l'oligarchie financière qui dispose sans contrôle des capitaux qui ne lui appartiennent pas » et protesté contre « l'inhumaine absurdité d'un régime qui met l'homme au service de la production et la production au service de l'argent », le député de la Loire-Inférieure n'a pas hésité à soutenir à la tribune : « Nous avons besoin de substituer à l'ordre social actuel un ordre social plus humain qui mette l'argent au service de la production, la production au service de l'homme et l'homme au service d'un idéal qui le dépasse et donne sens à sa vie[57]. » Cette vision novatrice de la place respective de l'homme et de l'argent, héritée du marquis de La Tour du Pin, est celle de l'Eglise. Les dernières encycliques des papes sont sur cette ligne qui redonne à l'homme le primat sur l'argent. Et de Gaulle, frotté au catholicisme du Nord, est lui aussi favorable à cette nouvelle conception de l'économie. On sait à quelle distance il tient l'argent, comme avant lui ses parents. C'est donc tout naturellement que, le 10 mai 1937, il avait écrit à Jean Le Cour Grandmaison pour le soutenir : « Je viens de lire votre admirable discours d'hier et je tiens à vous féliciter de tout cœur. C'est d'abord, pour moi, un grand plaisir de voir grandir la notoriété d'un homme politique (j'entends cet adjectif dans son sens le plus élevé) pour le talent et le caractère duquel je nourris une très vive sympathie… »

Hélas pour de Gaulle, Le Cour Grandmaison a lui aussi choisi Pétain et lui a voté les pleins pouvoirs. Dans *Le Figaro* où il signe des tribunes, il écrit le 19 juin 1940, à propos de Vichy : « Nous venons de retrouver les bases traditionnelles de l'ordre social chrétien. » Et, en mars 1941, il affirme que « la civilisation chrétienne est celle dont se réclame le gouvernement du Maréchal » ! Jusqu'à la Libération, le vice-président de la Fédération nationale catholique ne cessera de jouer de ses réseaux d'influence dans les milieux d'Eglise en faveur de Pétain. Avec lui, pas d'âme qui vacille. Quand il s'adresse à un évêque, c'est pour lui parler d'égal à égal…

Est-ce parce qu'il voit venir la victoire et, avec elle, l'arrivée au pouvoir d'un gouvernement faisant une place aux communistes qu'il écrit dans son *Journal*, le 16 juin 1944 : « J'ai l'impression que Satan a mis sur pied un gigantesque plan de déchristianisation et lance le bolchevisme sur l'Europe, comme un nouvel islam[58] » ? Après avoir redonné vie au magazine *La France catholique*, Grandmaison continuera à publier des chroniques jusqu'à sa mort, en janvier 1974, à l'abbaye bénédictine de Kergonan où il s'était retiré.

A cette époque, toute la famille de Gaulle est traquée par les Allemands. La sœur aînée du Général, Marie-Agnès, et son mari Alfred Cailliau, engagés dans la Résistance, sont arrêtés et déportés, elle au camp de Bad Godesberg après quatorze mois d'internement à Fresnes, lui à Buchenwald. Ils ont perdu un fils, jeune officier de chasseurs, au champ d'honneur en juin 1940. Leurs trois autres fils ont rejoint la France libre. Un autre frère du Général, Pierre, tombé aux mains de l'ennemi en mars 1943, est déporté au camp d'Eisenberg, en Bohême. Sa femme et leurs cinq enfants sont parvenus à rejoindre le Maroc en traversant les Pyrénées et l'Espagne. Enfin, sa nièce Geneviève, entrée dans la Résistance dès juin 1940 à l'âge de dix-neuf ans, a été internée à la prison de Fresnes avant d'être envoyée au camp de Ravensbrück où Himmler la considère comme une monnaie d'échange. Devenue présidente de l'association caritative ATD-Quart Monde de 1964 à 2001, Geneviève Anthonioz-de Gaulle témoignera en 1987 au procès de Klaus Barbie.

Si l'autre frère du Général, Jacques, paralysé depuis 1926 à la suite d'une encéphalite, échappe de peu aux Allemands à Grenoble en novembre 1943, c'est grâce au courage d'un jeune curé de trente ans encore inconnu, Henri Grouès, que la France découvrira lors de son appel du 1er février 1954 sous le nom d'abbé Pierre, un pseudonyme qui n'est autre que son identité clandestine dans les réseaux. Révolté par la barbarie nazie, il se sert de son poste de vicaire à la cathédrale Notre-Dame de Grenoble pour couvrir ses activités dans la Résistance au sein de laquelle il a organisé une filière vers la Suisse pour sauver les enfants des familles juives étrangères arrêtées en France.

« Les Allemands ont manqué de peu l'arrestation de mon père et de ma mère, rue Molière à Grenoble. Sentant le danger arriver, ma mère avait conduit mon père dans un village à quelques kilomètres de la ville », se souvient leur fils, le père François de Gaulle, père blanc des missions d'Afrique[59]. « Revenue prendre des affaires dans son appartement du 3e étage, ma mère a vu les Allemands qui cernaient l'immeuble alors qu'elle se trouvait chez sa sœur, Mme Bourgeaud, qui habitait au 4e étage. Elle a rassemblé son courage puis elle est descendue dans la rue. Quand elle est passée au 3e étage, les Allemands étaient en train de défoncer sa porte. Elle n'a pas bronché. Et dans la rue, puisqu'elle n'avait pas été interceptée dans l'escalier, les Allemands l'ont laissée passer. Elle est allée très vite chercher mon père et elle a alerté l'abbé Grouès, dont l'un des frères était marié à l'une de nos cousines et dont elle connaissait les activités clandestines… »

La suite, c'est l'abbé Pierre qui l'a raconte : « Grand comme son frère, raidi par son mal, le paralytique n'était pas facile à cacher et à porter. Je réussis, après diverses péripéties, à le conduire jusque chez le curé de Collonges-sous-Salève, avec son épouse. Et la nuit suivante, grâce aux douaniers français, ils purent passer. Je portais dans mes bras le malade à travers les barbelés un instant écartés. Quand je le déposai dans la Chevrolet que des amis suisses avaient amenée pour l'accueillir, et que je lui dis : "C'est fait, vous êtes sauvés", je ne puis oublier son regard et, alors que jamais auparavant je n'avais pu discerner clairement un mot sur ses lèvres paralysées, je l'entendis murmurer : "Merci."[60] »

Engagé dans les maquis du Vercors et de la Grande Chartreuse, l'abbé Pierre multiplie les missions jusqu'au jour où les Allemands l'arrêtent à Cambo-les-Bains, dans les Basses-Pyrénées (actuelles Pyrénées-Atlantiques). Il s'évade quelques jours après et gagne Gibraltar en passant par l'Espagne, puis rejoint Alger où de Gaulle l'accueille en ami et l'envoie comme aumônier de la Marine à bord du *Jean-Bart*, au mouillage à Casablanca : « Je voulais rejoindre de Gaulle, qui représentait pour moi la dignité et le courage. Je pensais, comme lui, qu'il fallait parfois ne pas hésiter à s'écarter du devoir d'obéissance pour sauver l'essentiel. Dans la Résistance, j'avais bien senti que le peuple était avec lui, qu'il représentait l'espérance dans son sens le plus chrétien, le plus humain. Après la Libération, si j'ai accepté de m'engager en politique, après avoir rencontré bien des difficultés pour obtenir l'autorisation de l'épiscopat, c'est pour aider de Gaulle et ceux qui l'avaient suivi dans son combat. Je savais qu'il voulait, dans un large esprit d'union nationale, remettre en marche une société fondée sur les droits humains fondamentaux. J'en avais parlé avec lui à Alger. Ensuite, je n'ai pas toujours été d'accord avec sa politique, mais l'homme s'est toujours montré fraternel avec moi. Et quand, pendant le terrible hiver 1954, j'ai décidé de lancer un appel aux Français sur les ondes de Radio-Luxembourg, j'ai beaucoup pensé à l'appel qu'il avait lancé depuis Londres. Ce n'est pas très modeste, que Dieu me pardonne, mais je crois que nos appels ont été portés par la même indignation, la même force, la même certitude qu'il fallait faire ça à ce moment-là. Comme un devoir dicté d'en haut. A plusieurs reprises, le Général s'est ensuite généreusement manifesté pour Emmaüs[61]. »

Un courrier signé par de Gaulle le 28 décembre 1954 confirme son soutien apporté aux chiffonniers d'Emmaüs : « Tous mes vœux de nouvel an pour vous, pour vos compagnons, pour votre œuvre. Je vous envoie ci-joint quelque chose, comptant formellement sur vous pour que ceci échappe à toute publicité. Bien amicalement et respectueusement, cher monsieur l'abbé[62]. »

Entre la Libération et la disparition du Général, les liens ne furent jamais coupés entre les deux hommes. A l'abbé Pierre, député entre 1945 et 1951, qui lui avait fait parvenir une brochure sur la Résistance rassemblant ses actions, de Gaulle avait répondu en lui donnant du « Mon cher ami » : « C'est avec le plus vif intérêt que j'y ai suivi le détail, au jour le jour, de la magnifique action qui fut la vôtre et celle de vos camarades de la Résistance. Puissent les Français conserver le secret de cette fraternité qu'ils surent découvrir aux heures de l'épreuve[63] ! » Et quand, devenu président de la République, de Gaulle abordera avec ses ministres les problèmes de la grande pauvreté, il lui arrivera plusieurs fois de leur conseiller de rencontrer le fondateur d'Emmaüs. « Prenez l'avis de l'abbé Pierre, il va vous éclairer ! »

Un autre religieux frontalier, le père Schwander, vicaire à Montbéliard, écoute chaque semaine de Gaulle à la radio de Londres et se prépare aux combats de la Libération. Il fait passer des aviateurs anglais en Suisse, organise le ravitaillement en armes et va même jusqu'à faire sauter des trains ennemis. Au cours de l'été 1943, le religieux est arrêté sur dénonciation et torturé à la prison de Compiègne avant d'être déporté en Allemagne. Il mourra dans un wagon surchauffé dans lequel les prisonniers avaient été entassés comme du bétail. Deux autres religieux, le chanoine Tachaux et l'abbé Jean Leblanc, curé à Amiens, mourront dans le même convoi. Par centaines, les prêtres sont arrêtés et beaucoup sont envoyés dans les prisons françaises ou déportés[64].

Quand les groupes armés de la Résistance sont réunis au sein des Forces françaises de l'intérieur (FFI) en avril 1944, un aumônier national est aussitôt nommé à la demande du Général. Et c'est sur un dominicain de choc, le R.P. Raymond Bruckberger, que se porte son choix car il apprécie le parcours de ce religieux aussi atypique que courageux. A la déclaration de guerre, « Bruck » a obtenu de ses supérieurs le droit de s'engager. En mars 1940, il commence par rejoindre le corps franc de Joseph Darnand, l'un des futurs fondateurs de la Milice ! Mais il se ravise aussitôt et refuse de prêter serment à Vichy. C'est alors qu'il choisit de poursuivre le combat derrière de Gaulle. En mai 1941 à Nice, il interrompt brutalement le discours d'un responsable de Vichy qui évoque Charles Péguy pour justifier l'amitié franco-allemande ! Cette récupération l'a indigné. Le dominicain est aussitôt expulsé de la ville et rejoint Claude Bourdet dans la Résistance. Arrêté par la Gestapo en 1942, il est libéré cinq mois plus tard et rejoint les maquis du Vivarais où il combat jusqu'à sa participation à la libération de Paris en août 1944.

Reçu au Vatican en « prince héritier »

En visite en Italie pendant les quatre derniers jours de juin 1944 pour visiter les troupes françaises qui ont pris une part décisive à la libération de Rome, de Gaulle est reçu à sa demande par Pie XII. Aux yeux de la diplomatie vaticane dont on connaît les prudentes contorsions, il n'y a aucune raison de le recevoir. Officiellement, il n'est rien. Le Vatican a toujours Mgr Valeri Valerio comme nonce auprès du gouvernement de Vichy, lequel est représenté auprès du Saint-Siège par Léon Bérard, qui passe son temps à dire du mal de la France libre et de son chef et à soutenir que l'urgence est la défense de l'Occident chrétien contre les dangers du communisme. Par ailleurs, il est hors de question que l'Eglise reconnaisse la légitimité de De Gaulle avant les grandes puissances. Du Vatican, ce dernier dira qu'il a observé à son égard « une prudente réserve »...

C'est donc à son ami le cardinal Tisserant qu'il a fait porter, le 4 juin, une lettre adressée au pape depuis Alger, datée du 29 mai, dans laquelle il lui assure que « dès la délivrance, les intérêts spirituels du peuple français retrouveront leur primauté ». Cette lettre est portée en main propre par le commandant de Panafieu et le lieutenant Voizard. Son contenu témoigne de la foi du Général et du profond respect que lui inspire le Saint-Père, notamment lorsqu'il évoque « le respect filial du peuple de France à Votre Sainteté et son attachement filial au Siège apostolique ». Laissant entrevoir la fin du conflit, il affirme que « les opérations militaires dans lesquelles sont engagées nos armées sont et seront conduites avec tout le respect que nous portons aux souvenirs les plus chers de notre foi chrétienne… ». Puis, évoquant l'après-guerre, de Gaulle s'engage « à travailler dans la paix rétablie entre les peuples et entre les diverses catégories sociales », en précisant : « parmi celles-ci, nous pensons, suivant l'enseignement qui nous a été donné, que les plus déshérités méritent la sollicitude la plus grande. » Et de conclure : « Daigne Votre Sainteté bénir nos projets et la foi du peuple français, dont je dépose ce témoignage à Ses pieds[65]. »

Devant tant de dévotion, Pie XII lui a aussitôt répondu, dans une lettre datée du 15 juin ainsi ponctuée : « C'est avec cette prière et ces vœux dans le cœur que Nous vous envoyons, cher Fils, en retour de votre filial hommage et en gage des grâces de choix que Nous appelons d'en haut sur vous et sur votre patrie, Notre Bénédiction apostolique. » Le pape a surtout accédé aux vœux de De Gaulle et donné son accord pour une audience solennelle dès le 30 juin, selon le cérémonial réservé aux princes héritiers ! Avec une subtile dose d'humour, les diplomates du Vatican ont trouvé la bonne clef pour lui permettre d'être reçu de façon officielle comme un personnage déjà désigné pour… monter sur le trône ! Ce que lui confirme d'ailleurs le secrétaire d'Etat, Mgr Maglione. Bien que très malade, le vieux cardinal est sorti de son lit quelques minutes pour le recevoir en tête à tête avant de le conduire auprès du Saint-Père.

« Mgr Maglione, convaincu de la victoire des alliés, se soucie surtout de ses suites, écrira de Gaulle[66]. Pour ce qui est de la France, il escompte la disparition de Vichy et déclare voir en fait, en ma personne, le chef du Gouvernement français. Il espère que le changement de régime pourra s'opérer sans graves secousses, spécialement pour l'Eglise de France. J'indique au cardinal que le Gouvernement de la République entend qu'il en soit ainsi, bien que certains milieux ecclésiastiques français aient pris à son endroit une attitude qui, demain, ne lui facilitera pas les choses. »

Quand il entre dans le bureau de Pie XII, de Gaulle note que le Saint-Père « juge chaque chose d'un point de vue qui dépasse les hommes, leurs entreprises et leurs querelles ». « Du drame qui bouleverse l'univers, ses réflexions et son information ne lui laissent rien ignorer, écrit le Général. Sa lucide pensée est fixée sur la conséquence : déchaînement des idéologies confondues du communisme et du nationalisme sur une grande partie de la terre. Son inspiration lui révèle que, seules, pourront les surmonter la foi, l'espérance, la charité chrétiennes, lors même que celles-ci seraient partout et longtemps submergées. Pour lui, tout dépend donc de la politique de l'Eglise, de son action, de son langage, de la manière dont elle est conduite. […]. Nous parlons des peuples catholiques dont le sort est en balance. De la France, il croit qu'elle ne sera, d'abord, menacée que par elle-même. »

Mais c'est la menace du communisme qui inquiète le plus le pape qui s'en ouvre sans retenue à son visiteur. « … c'est l'action des Soviets, aujourd'hui sur les terres polonaises, demain dans toute l'Europe centrale, qui remplit d'angoisse le Saint-Père, note encore de Gaulle dans ses *Mémoires de guerre*. Dans notre conversation, il évoque ce qui se passe déjà en Galicie où, derrière l'Armée rouge, commence la persécution contre les fidèles et les prêtres. Il croit que, de ce fait, la Chrétienté va subir de très cruelles épreuves et que, seule, l'union étroite des Etats européens inspirés par le catholicisme : Allemagne, France, Italie, Espagne, Belgique, Portugal, pourra endiguer le péril. »

Mais avant de lui donner la bénédiction, le Saint-Père va entretenir de Gaulle d'un sujet sensible que ce dernier s'abstiendra de faire figurer dans ses *Mémoires* mais dont témoigne Bernard Ducamin, qui fut son conseiller technique à l'Elysée où il recueillit cette confidence : « D'une façon assez navrante, le Pape a insisté auprès du Général pour se plaindre des troupes françaises – plus exactement des tabors, ces hommes recrutés dans les goums marocains – qui ne se comportaient pas très bien avec la vertu des Italiennes. Hélas, ce qui est vrai, c'est que les soldats français ont beaucoup pillé en Italie, comme l'armée française l'a toujours fait là où elle est passée. Le Pape voulait sans doute, pour le déplorer, établir un parallèle avec les troupes russes qui déferlaient sur les populations très chrétiennes de Hongrie et de Pologne et dénoncer les horreurs commises de tous côtés[67]. »

Le père blanc François de Gaulle, neveu du Général, affirme ne pas avoir eu connaissance de tels agissements, alors qu'il était engagé dans la campagne d'Italie avec la 3e division d'infanterie algérienne. « En Italie, nous étions devant Monte Cassino quand le Général est venu en inspection et m'a fait appeler.

Nous avons bavardé très longtemps. Je ne l'avais pas revu depuis l'été 43 à Alger, au moment où j'avais fait un séjour chez lui à son invitation. Une première fois déjà, il avait inspecté mon régiment qui manœuvrait en Orannie. Ce que je sais, c'est qu'il y a eu des cas de viols quand nos troupes sont entrées en Allemagne[68]. »

L'attitude de certains soldats français a bien été évoquée avec une certaine insistance par le Saint-Père et c'est, une fois encore, le fidèle cardinal Tisserant qui joue les « messieurs bons offices » pour limiter l'importance de ces faits auxquels Pie XII semble avoir accordé beaucoup d'importance. Dans une lettre qu'il lui adresse le 20 juillet, le cardinal explique au Général que c'est « la propagande allemande au Vatican [qui] fait courir le bruit que les troupes musulmanes du corps expéditionnaire français en Italie se livrent à des violences sur les civils et à des rapines ». Pour rassurer de Gaulle, Mgr Tisserant lui explique que le pape, ne sortant pas, ne voit rien directement et donc subit l'influence de son entourage. Pour le rassurer, il lui précise que, enquête faite, les cas de mauvaise conduite ont été beaucoup plus rares qu'on ne le dit... Dans sa réponse, de Gaulle écrit au cardinal : « Je vous remercie d'avoir bien voulu me signaler la propagande insidieuse faite à l'égard de nos soldats musulmans. Je sais que tout cela a été exagéré. Je n'oublierai pas cette nouvelle marque de la sollicitude que Votre Eminence a toujours témoignée à l'égard des intérêts de notre pays[69]. »

Ce qui l'emporte chez le Général, c'est la satisfaction d'avoir été adoubé par le pape, le chef de son Eglise. Il est réconforté par la qualité de ses entretiens et la confiance que lui a exprimée le Saint-Père, au point de s'en ouvrir devant les membres de l'Assemblée consultative provisoire qu'il réunit à Alger dès son retour. Il commente tout aussi positivement cette visite au Saint-Siège au cours de la conférence de presse qui suit. C'est un pas décisif vers sa reconnaissance par les grandes nations, notamment celle des Etats-Unis qui va intervenir le 12 juillet.

La visite qu'il a effectuée à sa sortie du Vatican, d'abord à l'église Saint-Louis-des-Français, où il a été reçu par Mgr Bouquin, puis à la Villa Médicis, occupée par des religieux, a été entourée de beaucoup de chaleur. Il y a là le cardinal Tisserant, qui noue des relations avec les uns ou les autres. « Nous nous sentons aujourd'hui soulevés par une joie identique, notera le Général. La fierté de la victoire a réuni des âmes qu'avaient pu disperser le désastre et ses chagrins[70]. » Même les Romains l'ont reconnu sur son passage et l'ont chaleureusement acclamé.

Chaque soir, quand il est à Alger, de Gaulle regagne la villa Les Oliviers où il a élu domicile pour retrouver Yvonne et Anne, « dont l'état de santé [nous] attriste toujours autant[71] ». Il y a aussi Elisabeth, revenue de l'université d'Oxford pour dépouiller la presse étrangère à ses côtés. Chaque soir, il se concentre sur ses textes et ses discours du lendemain, et c'est à peine s'il remarque que sa femme supporte très mal l'ambiance d'Alger, avec ses commérages, ses luttes d'influences, l'arrogance des riches colons, les convenances qui l'obligent à recevoir. Elle regarde sans indulgence cette France d'Alger qui s'amuse, se complaît dans les mondanités, se retrouve à l'Opéra comme si l'occupant n'était pas à Paris, va applaudir Joséphine Baker avec sa ceinture de bananes sur la scène du

Majestic. Plus que tout autre, les de Gaulle portent le poids des responsabilités qui s'annoncent, dès que le territoire national sera libéré.

Dans les travaux de l'Assemblée consultative, à partir de novembre 1943, le Général demande que l'on tienne compte de la situation économique de la France où une partie de la population se trouve dans une situation proche de la famine. Entre 1940 et 1944, les sommes versées à l'occupant, fixées au moment de l'armistice, ont été triplées mais les quantités de marchandises livrées divisées par deux. La pression sociale est donc forte, exacerbée par le scandale du marché noir qui s'est développé au grand jour, affamant les plus pauvres et enrichissant scandaleusement les commerçants et autres « trafiquoteurs » sans morale.

De Gaulle a prévu de répondre à cette considérable attente sociale en programmant une forte hausse des salaires et des traitements et en constituant, dès le printemps 1944, des stocks de vivres dans les territoires d'outre-mer qui s'ajouteront au « plan d'aide de six mois » négocié avec les Américains. Dès le 14 mars 1944, il annonce la mise en place d'un système d'allocations pour favoriser la natalité. Sans attendre, la France doit repartir de l'avant.

Enfin, voici que peut venir le moment tant attendu de libérer Notre-Dame la France…

Chapitre 5

La Libération et l'épuration de l'Eglise

Quatre « affreuses années » presque jour pour jour après son départ pour Londres, dans un grand moment d'émotion dont il ne laisse rien paraître, le général de Gaulle pose enfin le pied sur le sol français. Depuis la plage de Courseulles, le 14 juin 1944, huit jours après le début du débarquement, il se met en route pour Bayeux, la première ville libérée par les Alliés. Le matin même, il a nommé François Coulet commissaire de la République pour la partie libérée de la Normandie. En l'envoyant en éclaireur à Bayeux pour préparer son arrivée, de Gaulle lui a demandé qu'un moment soit trouvé pour rendre grâce à Dieu.

Engagé dans la France libre dès juin 1940, diplomate doté d'une belle âme de soldat, Coulet a notamment occupé les fonctions de chef de cabinet de De Gaulle. A Bayeux, il a pour mission de mobiliser le maire et son conseil municipal, de décrocher le portrait de Pétain à l'hôtel de ville mais aussi de rencontrer l'évêque du lieu pour organiser la célébration d'une messe de *Te Deum* à la cathédrale. Le Général tient à assister personnellement à cette cérémonie. L'arrivée à Bayeux du père Louis de la Trinité (Thierry d'Argenlieu), accompagné de Gaston Palewski, n'est sans doute pas étrangère à cette volonté de donner une dimension religieuse à cette journée historique.

François Coulet échoue dans sa mission : aucun *Te Deum* n'aura lieu pour marquer le retour de De Gaulle, sans que l'on sache si la responsabilité en incombe au prudent prélat ou à l'emploi du temps. Dans ses *Mémoires de guerre*, le Général notera assez sèchement que dans le salon de la sous-préfecture « où, une heure plus tôt, était encore suspendu le portrait du Maréchal, [...] la première visite que je reçois est celle de Mgr Picaud, évêque de Bayeux et de Lisieux ». Pas un mot de commentaire. Pourtant, cette marque de préséance n'est pas sans signification Si sa première rencontre officielle en territoire libéré est accordée à Mgr François-Marie Picaud, c'est que le Général veut à la fois marquer sa fidélité à l'Eglise et poser la première pierre de la réconciliation nationale dont les catholiques et leurs pasteurs, quel que fût leur comportement, seront l'un des piliers essentiels.

Que Mgr Picaud, qui s'est comporté de façon plutôt neutre pendant l'Occupation en s'abstenant de toute prise de position trop politique, ait ou non hésité à célébrer la messe de *Te Deum* n'a que peu d'importance ce jour-là face aux enjeux qui se présentent. Pour de Gaulle, c'est le moment de fraternité nationale qui l'emporte : « A la vue du général de Gaulle, une espèce de stupeur saisit les habitants, qui ensuite éclatent en vivats ou bien fondent en larmes. Ils me font cortège au milieu d'une extraordinaire émotion [...]. Nous allons ainsi, tous ensemble, bouleversés et fraternels, sentant la joie, la fierté, l'espérance nationales remonter du fond des abîmes[1]. » Pourtant, en s'adressant à la foule, il précise que « ce n'est pas le moment de parler d'émotion [...]. Notre cri maintenant, comme toujours, est un cri de combat, parce que le chemin du combat est aussi le chemin de la liberté et le chemin de l'honneur. C'est la voix de la mère patrie[2] ». La fraternité et l'espérance du chrétien, le combat du patriote pour la liberté et l'honneur de la mère patrie... Chez de Gaulle, les fondamentaux ne changent pas ! Avec toujours cette pudeur et ce maintien qui empêchent de trop livrer ses émotions.

L'extraordinaire enthousiasme du peuple témoigne de la légitimité du Général qui va ainsi pouvoir repousser les volontés des Américains qui souhaitent faire gérer la France par un gouvernement militaire américano-britannique d'occupation, l'AMGOT[3]. Bien sûr, une célébration solennelle en la cathédrale de Bayeux eût sans doute démontré de façon plus officielle le soutien de l'Eglise à de Gaulle...

Le « Te Deum » manqué
à Notre-Dame de Paris

La consécration religieuse de la Libération aura pourtant bien lieu, mais à Notre-Dame de Paris, en août, à l'occasion de l'arrivée de De Gaulle dans la capitale libérée.

C'est à Chartres, délivrée quelques jours plus tôt par les Américains, que le Général entre d'abord, le 23 août, dans une cathédrale française. La veille, il a obtenu d'Eisenhower que la 2e division blindée (2e DB) de Leclerc, stationnée à Argentan, fasse route vers Paris. De Rennes, en passant par La Ferté-Bernard et Nogent-le-Rotrou, il décide de se rendre à Chartres, dans les pas de Charles Péguy venu deux fois en pèlerinage dans la cité beauceronne où il trouva « une surabondance de grâce inconcevable ». Dans ses *Mémoires de guerre*, de Gaulle évoquera la liesse populaire déclenchée par sa personne tout au long du trajet : « Passant entre deux haies de drapeaux claquant au vent et de gens criant “Vive de Gaulle !”, je me sentais entraîné par une espèce de fleuve de joie. »

Chartres, c'est aussi la ville dont Jean Moulin était le préfet au début de la guerre. La Résistance y a été particulièrement active. Quand de Gaulle arrive pour prendre la parole sur une estrade aménagée face à l'Hôtel des Postes, la place des Epars (rebaptisée place Philippe-Pétain pendant l'occupation) vient de retrouver son nom initial. Les bulletins d'information de la BBC de 12 h 30 et 13 heures ont été diffusés dans des haut-parleurs. A peine les FFI lui ont-elles rendu les honneurs qu'il se dirige vers le Clos Saint-Jean où ont été ensevelis les soldats et les civils tombés pendant la libération de la ville. Puis il se dirige à grands pas vers la cathédrale où l'évêque, Mgr Harscouet, l'accueille au grand portail. De Gaulle manifeste depuis toujours un grand intérêt pour cette cathédrale dédiée à Notre-Dame. Il en a découvert l'histoire, enfant, dans l'un des nombreux livres religieux écrits par sa grand-mère, Joséphine de Gaulle, avec, notamment, le récit du don fait à Charlemagne par l'empereur de Constantinople de la relique d'une tunique ayant appartenu à la mère de Jésus. Avant que l'assistance n'entonne avec lui le *Magnificat* à pleine voix, puis *La Marseillaise*, le Général est allé s'agenouiller devant Notre-Dame du Pilier, une Vierge en bois de poirier, objet de nombreux pèlerinages, dont ceux effectués par Péguy en 1912 et 1913. Sait-il qu'il s'agit d'une copie, la statue originale ayant été détruite pendant la Révolution ?

Quand de Gaulle prend la parole place des Epars se tient derrière lui une jeune résistante de dix-huit ans, Simone Ségouin – « Nicole » dans la clandestinité – engagée six mois plus tôt dans les FTP. En pleurs, elle serre sur sa hanche le pistolet-mitrailleur Schmeisser MP 40 dérobé à l'ennemi et avec lequel elle a déjà fait prisonniers une trentaine de soldats allemands. Saisie par les reporters anglo-saxons, sa photo fera la une des journaux américains. Sitôt de Gaulle parti, elle foncera vers Paris avec ses camarades FTP pour prêter main-forte à la 2e DB.

Les 920 000 soldats alliés débarqués en Normandie, avec 175 000 véhicules et plus de 600 000 tonnes de matériels, progressent avec difficulté face aux troupes allemandes qui se battent avec détermination. Mais déjà, dans Paris pourtant encore livré aux combats, les résistants issus des mouvements et organisations catholiques préparent le volet religieux des manifestations de la Libération. Aussi, dès le 24 août, alors que la capitale vient à peine de se libérer et que les chars de la 2e DB de Leclerc sont aux portes de Paris, les cloches de toutes les églises sonnent à toute volée ainsi que le bourdon de Notre-Dame. Tous les curés en ont reçu l'ordre des résistants.

Le lendemain, entré dans Paris où Leclerc lui a présenté l'acte de reddition signé par le général von Choltitz, de Gaulle se rend au ministère de la Guerre, rue Saint-Dominique, où il installe la présidence du Gouvernement provisoire. Puis il rejoint la Préfecture de police avant de gagner l'Hôtel de Ville, porté par une « foule qui m'enveloppe d'assourdissantes clameurs », écrira-t-il, et où l'attend un groupe de combattants en larmes. Une forte émotion l'étreint, qu'il confesse en des termes qui trahissent la part spirituelle de ses sentiments : « Non, nous ne dissimulerons pas cette émotion profonde et sacrée. Il y a des minutes qui dépassent chacune de nos pauvres vies. » Et c'est alors qu'il lance, de façon improvisée, cette phrase tant reprise par la suite : « Paris ! Paris outragé ! Paris brisé ! Paris martyrisé ! mais Paris libéré ! libéré par lui-même, libéré par son peuple, avec le concours des armées de la France, avec l'appui et le concours de la France toute entière, de la France qui se bat, de la seule France, de la vraie France, de la France éternelle. »

La Résistance exclut le cardinal-archevêque de Paris

En écho aux responsables politiques qui avaient convoqué Dieu à Notre-Dame puis au Sacré-Coeur pour conjurer la défaite peu avant de signer l'armistice avec l'Allemagne le 22 juin 1940, de Gaulle et les libérateurs choisissent Notre-Dame pour un exceptionnel *Magnificat* de la victoire, le 26 août. Il s'agit de rendre grâce à Dieu d'avoir permis la libération de la fille aînée de l'Eglise. Mais le choix de Notre-Dame ne s'est pas fait sans difficulté car les résistants chargés de la préparation de la cérémonie ne voulaient en aucun cas qu'elle soit présidée par le cardinal-archevêque de Paris, Mgr Emmanuel Suhard, considéré comme beaucoup trop proche de Vichy. Sans même en référer à de Gaulle, les catholiques membres des milieux dirigeants de la Résistance parisienne s'y sont donc opposés. A leur tête se trouve le R.P. Bruckberger, l'atypique dominicain, entré dans la Résistance aux côtés de Claude Bourdet. « Bruck » a été nommé aumônier des FFI par Alexandre Parodi, délégué général du Gouvernement provisoire d'Alger dans la France occupée. Il est volontaire, courageux, volubile. C'est lui qui se retrouve à la manœuvre, sans aucun état d'âme, pour exclure l'indésirable Mgr Suhard qui semblait pourtant prêt à accueillir de Gaulle. Suhard hésitait toutefois sur l'opportunité d'un *Te Deum* en raison du caractère autoproclamé de ce gouvernement, ainsi qu'il l'avait dit au Père Houchet, l'un des aumôniers de la 2e DB, au cours d'une rencontre à l'archevêché.

Ce que l'on reproche au cardinal-archevêque de Paris, ce n'est pas seulement son soutien au régime de Vichy, c'est surtout d'avoir accepté de célébrer à Notre-Dame les obsèques de Philippe Henriot, le secrétaire d'Etat à l'Information et à la propagande de Pétain. Henriot a été assassiné sous les yeux de sa femme, le 28 juin 1944, dans leur appartement du ministère, rue de Solférino à Paris, par une équipe de résistants se présentant comme des miliciens, dont l'un lui a vidé le chargeur de son revolver dans le corps. Catholique issu de l'extrême droite, ancien enseignant dans une école libre de Gironde, fils d'un condisciple de Pétain à Saint-Cyr, Philippe Henriot avait mis son exceptionnel talent d'orateur au service de Vichy et de la collaboration. Dans ses interventions très virulentes chaque jour sur les ondes de Radio Paris, il s'en prenait aux juifs, aux francs-maçons, aux radicaux, aux résistants, à de Gaulle, à la France libre…, ciblant nommément les deux voix de Radio Londres, Maurice Schumann et Pierre Dac, dénonçant violemment leurs origines juives. En mai 1944, Pierre Dac avait répondu à l'antenne : « Sur la tombe d'Henriot, on écrira : Mort pour Hitler, fusillé par les Français. »

Quand le gouvernement Laval a décidé de faire à Henriot des obsèques nationales, Pétain a pris ses distances en se limitant à une présence en tenue civile à une simple messe célébrée en l'église Saint-Louis de Vichy. A l'Hôtel de Ville de Paris, les élus ont interdit que la dépouille du ministre assassiné soit exposée dans la maison commune. Malgré les fortes pressions exercées par les autorités allemandes, la police parisienne a refusé que ses fonctionnaires soient mêlés aux miliciens pour protéger les cérémonies. Et le Maréchal a laissé à Pierre Laval le soin de prononcer à la radio l'éloge funèbre d'Henriot. Dans ce contexte, l'accord spontané de Mgr Suhard pour présider les obsèques à l'intérieur de Notre-Dame est apparu comme une sorte d'engagement politique, d'autant plus maladroit que chacun avait compris, en juin 1944, que les Allemands ne pouvaient plus gagner la guerre.

« J'ai été profondément attristé de cet événement qui s'est déroulé à Paris même. C'est le mépris de la personne humaine poussé jusqu'au mépris de la vie », a écrit Mgr Suhard après l'assassinat du ministre.

Malgré une démarche personnelle du très catholique Georges Bidault, président du Conseil national de la Résistance, lui conseillant de ne pas conduire personnellement les obsèques, et les réserves de son propre secrétaire, l'abbé Le Sourd, le cardinal-archevêque était passé outre et avait donné lui-même l'absoute au défunt, entouré de militaires de Vichy et de soldats allemands, dont le général Dietrich von Choltitz, commandant du *Gross Paris*. Il avait même accepté que le cercueil soit déposé dans la crypte de la cathédrale en attendant d'être rapatrié à Bordeaux quelques jours plus tard. « Il n'a fait qu'assister aux obsèques d'un ministre catholique mort pendant ses fonctions », soutiendront ses partisans.

La démarche de Mgr Suhard avait aussi libéré la conscience d'autres prélats français qui, suivant son exemple, ne firent aucune difficulté pour célébrer en personne des messes pour le repos de l'âme de Philippe Henriot. Ce fut le cas à Bordeaux où Mgr Feltin présida une messe et prononça une allocution rendant hommage au disparu, avant de donner l'absoute lors de l'inhumation officielle. Le cardinal Gerlier à Lyon, Mgr Petit de Julleville à Rouen, Mgr Delay à Marseille assistèrent à des célébrations officielles en hommage au ministre assassiné, le dernier prononçant même personnellement l'oraison funèbre[4].

Cette valse d'évêques autour d'une des figures les plus emblématiques de la collaboration avait heurté si profondément les milieux résistants catholiques, notamment les jeunes encore au maquis, qu'il était exclu de faire accueillir de Gaulle sous les voûtes de Notre-Dame par celui qui avait ouvert la voie à cette indécente série d'hommages religieux.

Le 24 août, le R.P. Bruckberger a d'abord envisagé que la cérémonie religieuse marquant la libération de la capitale se déroule à Notre-Dame-des-Victoires, la bien nommée. Le clergé, les équipes paroissiales et une chorale ont été mobilisés à cet effet dès que l'arrivée des premiers blindés de la division Leclerc a été signalée aux portes sud de Paris. C'est, aux yeux de « Bruck » et de son équipe, la meilleure façon de tenir Mgr Suhard à l'écart de ces manifestations officielles, et aussi une façon de le protéger de la vindicte des résistants, voire de réactions plus violentes toujours possibles. Rencontrant fortuitement Mgr Beaussart, évêque auxiliaire de Paris, et Mgr Brot, archiprêtre de Notre-Dame, dans un bureau de la préfecture où ils cherchaient à entrer en contact avec le préfet, le père Bruckberger a refusé de saisir la main que lui tendait l'évêque, se limitant à lui baiser son anneau pastoral pour lui signifier qu'il s'inclinait devant le prélat mais non devant le mauvais citoyen. Le dominicain n'ignore pas que Mgr Beaussart était assidu aux réceptions données par l'occupant à l'ambassade d'Allemagne, et qu'il fut un temps membre du Conseil national de l'Etat français.

« Bruck » se sert de ses fonctions non officielles de conseiller pour les questions religieuses auprès de Parodi pour demander à ce dernier d'informer Mgr Beaussart qu'il est hors de question de présenter le cardinal Suhard à de Gaulle et « de l'exposer à son affront ». C'est donc dans un climat très tendu que les deux « monseigneurs » s'en retournent porter la mauvaise nouvelle à leur supérieur, qui a préféré rester dans ses appartements de la rue Barbet-de-Jouy.

Il faut attendre l'arrivée à Paris, le lendemain 25 août, de Maurice Schumann, qui sert comme agent de liaison auprès de la 2e DB, et de Jean Marin, l'une des voix de la radio de Londres, pour que le projet d'une célébration à Notre-Dame-des-Victoires soit aussitôt abandonné. Jamais de Gaulle, qui a le sens des symboles et connaît la valeur d'une célébration dans le haut lieu de la Chrétienté qu'est la cathédrale de Paris, n'acceptera un *Te Deum* ailleurs qu'à Notre-Dame, soutient Schumann à Parodi sans lui laisser d'autre choix que de faire prévenir l'archevêché. Ce qui sera fait dès le lendemain matin par téléphone puis par une démarche effectuée vers 11 h 30 à l'archevêché par deux collaborateurs de Parodi, MM. Colson et Ségala. Francis-Louis Colson a effectué plusieurs missions clandestines en France pour le compte de De Gaulle, la dernière pour unir les Comités de libération. Fort de cette autorité et avec les mots justes que lui inspire sa foi chrétienne, il se limite à invoquer les risques de troubles à l'ordre public mais il ne se sent pas autorisé à faire un quelconque reproche au cardinal Suhard : « Si le gouvernement vous demande de ne pas paraître dans la cathédrale, c'est qu'il ne peut garantir votre sécurité »...

Ce même matin, deux religieux résistants, l'abbé Lancrenon et le père Chaillet, font à leur tour une visite à l'archevêché pour préciser que Georges Bidault, en sa qualité de président du Conseil national de la Résistance, n'acceptera pas que le cardinal préside la cérémonie à Notre-Dame. Cette nouvelle démarche ne modifie pas l'incompréhension de Mgr Suhard qui voit dans cette décision de l'écarter « une calomnie et une injustice insupportables[5] ». Jusqu'au bout, il veut croire que de Gaulle est étranger à toutes ces manœuvres et se persuade que le « libérateur de la France » voudra être reçu en toute solennité par le cardinal-archevêque en personne.

Pendant toute la matinée du 26, c'est-à-dire à quelques heures à peine du début des manifestations, Mgr Suhard envoie différents émissaires pour contacter le Général et le convaincre qu'il n'a jamais démérité, que son soutien à Pétain n'était qu'une reconnaissance du pouvoir établi. Par centaines de milliers, dans une joie indescriptible, les Parisiens et banlieusards convergent déjà vers les avenues qu'empruntera le cortège pendant que les tractations continuent en coulisses. Les résistants chrétiens redoutent que de Gaulle, dont ils connaissent la mansuétude et l'attachement aux autorités religieuses, cède aux pressions du cardinal. Aussi, Francis-Louis Colson et le R.P. Bruckberger sont-ils dépêchés en urgence auprès de De Gaulle pour l'alerter sur le risque d'entendre Mgr Suhard tenir à Notre-Dame des propos inappropriés, et sur le fait que la sécurité du prélat ne pourra pas être assurée dans ce contexte[6].

Si de Gaulle cède aux arguments avancés par Colson et Bruckberger, c'est uniquement en raison des risques physiques courus par le prélat. Mgr Suhard reçoit donc l'ordre de ne pas quitter l'archevêché, lequel est bientôt entouré de policiers. Indigné par l'interdiction qui lui est faite d'entrer dans sa cathédrale, le cardinal-archevêque incite son entourage à rédiger un texte de protestation que Mgr Brot, archiprêtre de la cathédrale, est chargé de remettre à de Gaulle avant la cérémonie. Dans l'après-midi, à bord d'une Jeep arrivée de la porte d'Orléans, l'abbé Houchet, aumônier de la 2e DB, et l'abbé Rodhain, aumônier des prisonniers de guerre, tentent de franchir le cordon de police qui entoure l'archevêché et se proposent pour emmener Mgr Suhard à Notre-Dame. Sans succès car celui-ci refuse le coup de force…

SUR LES CHAMPS-ELYSÉES, LA FRATERNITÉ ET L'ESPÉRANCE

Quand de Gaulle arrive à l'Arc de Triomphe, vers 15 heures, commence pour lui un moment de pure grâce. Plus de deux millions de personnes sont venues, qui communient avec une même ferveur patriotique. Il y a là des membres du gouvernement, Bidault et le CNR, le Comité parisien de la libération, le jeune délégué militaire de Paris Jacques Chaban-Delmas et les généraux auréolés de prestige, Leclerc, Juin, Koenig, Valin… Et aussi le fidèle amiral Thierry d'Argenlieu.

Pour la première fois depuis quatre ans hors la présence de l'occupant, la flamme est ranimée sur le tombeau du Soldat inconnu. Puis de Gaulle se retourne : « Devant moi, les Champs-Elysées ! Ah ! C'est la mer ! » racontera-t-il dans les plus émouvantes pages de ses *Mémoires de guerre*. S'en dégagent l'émotion, la joie, la fierté bien sûr, mais aussi beaucoup de fraternité, d'espérance, d'humilité et de reconnaissance :

« Je vais à pied. Ce n'est pas le jour de passer une revue où brillent les armes et sonnent les fanfares. Il s'agit, aujourd'hui, de rendre à lui-même, par le spectacle de sa joie et l'évidence de sa liberté, un peuple qui fut, hier, écrasé par la défaite et dispersé par la servitude. Puisque chacun de ceux qui sont là a, dans son cœur, choisi Charles de Gaulle comme recours de sa peine et symbole de son espérance, il s'agit qu'il le voie, familier et fraternel, et qu'à cette vue resplendisse l'unité nationale [...]. Je vais donc, ému et tranquille, au milieu de l'exultation indicible de la foule [...]. Il se passe, en ce moment, un de ces miracles de la conscience nationale, un de ces gestes de la France, qui parfois, au long des siècles, viennent illuminer notre Histoire[7]. »

A la tête de l'immense cortège qui va s'écouler jusqu'à Notre-Dame, à mesure que défilent sous ses yeux les lieux et les monuments, de Gaulle va tourner en historien les pages – glorieuses ou sanglantes – des siècles qui ont façonné la France. « L'Histoire, ramassée dans ces pierres et dans ces places, on dirait qu'elle nous sourit », notera-t-il, sans omettre ce que la Chrétienté a apporté à cette Histoire : « ... Paris, que seule la prière de Geneviève put sauver du feu et du fer d'Attila », « Saint Louis, croisé délaissé, mourut aux sables de l'Afrique », « A la porte Saint-Honoré, Jeanne d'Arc fut repoussée par la Ville qu'elle venait rendre à la France »... Voudrait-on que le patriotisme et la foi qui l'habitent depuis toujours ne submergent pas de Gaulle le jour où, jouant le premier rôle, il appose son nom sur l'une des plus belles pages de l'Histoire de France ?

Il est à peine 16 h 30 quand il arrive en voiture et s'avance jusqu'au parvis de Notre-Dame où l'attendent deux jeunes Alsaciennes avec un bouquet tricolore. Aussitôt commence sur la place un feu roulant de tirs d'armes auquel répondent les éléments de la 2e DB qui ont pris place de chaque côté du portail d'entrée. Les uns tirent en l'air en direction des toits, les autres visent les tours de la cathédrale. « Il me paraît tout de suite évident qu'il s'agit là d'une de ces contagieuses tirailleries que l'émotion déclenche parfois dans des troupes énervées, à l'occasion de quelque incident fortuit ou provoqué », estimera de Gaulle[8]. Quand il entre dans la cathédrale, avec quelques minutes d'avance, il n'y a aucun ecclésiastique pour le recevoir mais de nouveaux coups de feu éclatent en tous sens. Dans la nef qu'il remonte, impassible, pour se diriger vers le chœur, si certains l'applaudissent, beaucoup se sont couchés entre les rangées de chaises ou cachés derrière les piliers. Indigné, le général Koenig ordonne aux peureux d'avoir une attitude digne et de se relever immédiatement. Des odeurs de poudre ont envahi la cathédrale où règne un très grand silence car, faute d'électricité, les grandes orgues sont restées muettes.

Quand de Gaulle s'installe à la place réservée aux chefs d'Etat, avec ses ministres dont le socialiste André Le Troquer (qui devait être impliqué quelques années plus tard dans le scandale des « ballets roses » !) et Alexandre Parodi, les chanoines sont revenus à leurs stalles qu'ils avaient désertées dès les premiers coups de feu en criant à l'attentat. « Il y a beaucoup de culs ici », s'amuse l'agnostique Le Troquer à la vue des fidèles à quatre pattes. C'est alors qu'arrive enfin Mgr Brot, qui commence par transmettre au Général le salut mais surtout les regrets et la protestation du cardinal Suhard. Ce que de Gaulle ignore, c'est qu'au même moment, dans la sacristie, l'évêque auxiliaire, Mgr Beaussart, et le R.P. Bruckberger échangent des propos très vifs. On est à la limite de l'incident. « Monseigneur, le gouvernement ne veut pas que le Général soit reçu par le cardinal qui a reçu le commandant allemand du Grand Paris », explique « Bruck » d'un ton vif, en réponse à l'indignation manifestée par l'adjoint de Mgr Suhard. Il hausse encore le ton pour demander la démission des religieux qui se sont compromis avec les Allemands, ce à quoi Mgr Beaussart lui répond que les nominations d'évêques dépendent du pape et non des autorités politiques. « Nous sommes surpris par l'attitude antireligieuse des gaullistes », conclut le prélat au moment où, dans la cathédrale, commence à monter le chant puissant du *Magnificat*. A aucun moment, il n'y aura le moindre contact entre de Gaulle et Mgr Beaussart, pourtant présent à Notre-Dame. Ce qui fera dire à Alexandre Parodi : « Ce jour, le clergé, nous avons eu l'avantage de le voir surtout de dos » !

« En fut-il jamais chanté de plus ardent ? », écrira de Gaulle à propos du *Magnificat* qu'il entonne au milieu de la foule qui rend grâce. Dans le chœur de Notre-Dame, il est totalement transporté par l'intensité de ce moment tant attendu. Paris est libéré et là où il se bat encore en France, l'ennemi sera tôt ou tard défait. Mais le Général est très lucide. Il sait que la population qui a déjà beaucoup souffert va devoir supporter encore les effets meurtriers de la guerre, jusqu'à la victoire finale. Les faits lui donneront raison puisque Paris sera bombardé dès la nuit suivante par l'aviation allemande, provoquant un millier de morts et de blessés. Et au moment même où l'assistance achève de chanter avec ferveur le *Magnificat*, de nouveaux coups de feu sont tirés depuis les galeries hautes de la cathédrale, faisant plusieurs blessés, ce qui conduit de Gaulle à abréger la cérémonie qui n'a pas duré plus d'un quart d'heure. Le RP Bruckberger trace de grands signes de croix pour donner sa bénédiction à l'assistance effrayée. Le *Te Deum* ne peut, hélas, être chanté.

Le lendemain, dans une lettre qu'il envoie à Yvonne restée à Alger avec leurs deux filles, de Gaulle dédramatise : « Tout va très bien, raconte-il. Hier, manifestation inouïe. Cela s'est terminé à Notre-Dame par une sorte de fusillade qui n'était qu'une tartarinade. Il y a ici beaucoup de gens armés qui, échauffés par les combats précédents, tirent vers les toits à tout propos. Le premier coup de feu déclenche une pétarade générale aux moineaux… » Il termine son courrier en recommandant à sa femme de donner une réponse au général Juin qui va faire un rapide aller-retour entre Paris et Alger et ajoute : « Donne-lui aussi du linge et des souliers pour moi » ! Un détail qui en dit long sur les conditions matérielles dans lesquelles le libérateur de la France vit ces journée historiques[9].

Au ministère de la Guerre où il a installé ses bureaux, ne changeant rien à ses habitudes, il demande au père jésuite Jean Daniélou, le futur cardinal, de venir célébrer l'Eucharistie. Son immense notoriété et l'insécurité qui règne dans Paris ne lui permettent plus de se rendre à la messe incognito.

Quant à « l'exclusion » de Mgr Suhard, qui continue à faire grand bruit dans les milieux catholiques à Paris, les écrits du Général ont montré qu'il n'était pour rien dans cette décision qui lui avait été arrachée par les résistants chrétiens. « L'autorité nouvelle l'a prié de s'abstenir, précisera-t-il dans ses *Mémoires*. En effet, Mgr Suhard a cru devoir, il y a quatre mois, recevoir solennellement ici le maréchal Pétain lors de son passage à Paris occupé par les Allemands, puis, le mois dernier, présider le service funèbre que Vichy a fait célébrer après la mort de Philippe Henriot. De ce fait, beaucoup de résistants s'indignent à l'idée que le prélat pourrait, dès à présent, introduire dans la cathédrale le général de Gaulle. Pour moi, sachant que l'Eglise se considère comme obligée d'accepter "l'ordre établi", n'ignorant pas que chez le cardinal la piété et la charité sont à ce point éminentes qu'elles laissent peu de place dans son âme à l'appréciation de ce qui est temporel, j'aurais volontiers passé outre. Mais l'état de tension d'un grand nombre de combattants au lendemain de la bataille et ma volonté d'éviter toute manifestation désobligeante pour Mgr Suhard m'ont amené à approuver ma délégation qui l'a prié de demeurer à l'archevêché pendant la cérémonie… »

Il est donc évident que de Gaulle était prêt à accepter d'être accueilli en sa cathédrale par le cardinal Suhard. On sait aussi que lorsque Mgr Brot est venu, dans le chœur de Notre-Dame, lui faire part des états d'âme du cardinal, le Général a immédiatement fait un geste d'apaisement. Il en témoigne en écrivant : « Je le charge d'exprimer à Son Eminence mon respect en matière religieuse, mon désir de réconciliation au point de vue national et mon intention de le recevoir avant peu[10]. »

Conscient des divisions provoquées parmi les fidèles par le comportement des responsables du clergé, Mgr Suhard tient à donner sa propre version des faits dans une lettre datée du 29 août qu'il demande à tous ses curés de lire en chaire le dimanche suivant. « Des rumeurs calomnieuses ayant circulé au sujet de Notre absence à la cérémonie d'action de grâce célébrée à Notre-Dame, le samedi 26 août, nous croyons de Notre devoir de rétablir la vérité... De Notre propre initiative, Nous avons décidé de chanter un *Te Deum* à la cathédrale pour remercier Dieu de la libération de Paris, de la victoire remportée par nos soldats, par les armes de nos alliés, par le peuple parisien. Averti des intentions du chef du Gouvernement provisoire de la République, Nous voulions accueillir Nous-même le général de Gaulle à Notre-Dame, en cette heure historique. Une décision de l'ordre gouvernemental Nous a empêché par la force de sortir de l'archevêché et de Nous rendre à la cérémonie.

« Cette mesure que Nous ne voulons pas qualifier Nous a profondément peiné. Notre peine, Nous en sommes sûr, sera partagée par le clergé et les fidèles du diocèse... » Mais, cette fois encore, son secrétaire, l'abbé Le Sourd, n'est pas d'accord et fait pression sur le cardinal jusqu'à le faire renoncer à la lecture de ce texte qui donne le sentiment d'un conflit ouvert avec le Général. L'abbé Le Sourd mesure combien Mgr Suhard n'a rien compris à la situation. Le soir du

26 août, alors que le peuple en liesse se fait entendre dans les rues de la capitale, Suhard n'a-t-il pas noté sur son journal personnel : « Cette journée fut l'une des plus pénibles de ma vie. » Avant de consigner, le 30 août : « J'apprends que les membres de la Résistance me reprochent d'avoir collaboré avec le maréchal Pétain, surtout depuis 1942. » Informé par plusieurs jeunes curés de banlieue que les couches populaires apportent leur adhésion à de Gaulle, Mgr Suhard va finir par admettre qu'il a fait fausse route et mesurer l'incompréhension suscitée chez les catholiques par son comportement.

Certains témoignages affirment que le cardinal s'est alors effondré dans une crise de larmes. Il va multiplier les contacts pour renouer avec de Gaulle, notamment en se servant de Mgr Théas, le courageux évêque de Mautauban. Mgr Théas choisit de s'adresser directement au Général qu'il rencontre le 7 septembre pour plaider la cause du malheureux cardinal-archevêque de Paris. « Vous êtes militaire et vous me permettrez de vous parler en style militaire », déclare-t-il dès le début de l'entretien. « Et vous auriez voulu que celui qui a honoré deux antilibérateurs reçoivent le libérateur que je suis ? » lui répond le Général. Mgr Théas dira qu'il a été écouté « avec sérénité, avec suavité, avec humilité[11] ».

Il faut attendre le 20 septembre pour que de Gaulle accorde une audience à Mgr Suhard. Ce dernier est dans ses petits souliers mais l'échange est courtois. Le Général ne revient pas sur le passé mais s'interroge sur les liens futurs entre l'Eglise et l'Etat, et sur ce que la première peut apporter au second dans la difficile période qui s'ouvre. Habile comme un dignitaire religieux qui a ressassé son argumentaire, Mgr Suhard commence par reconnaître le long et courageux combat de De Gaulle pour libérer la France. Il rend hommage au sacrifice personnel que cette lutte a exigé et promet que l'Eglise se comportera « en toute loyauté et sans inféodation », reprenant exactement le discours tenu par l'épiscopat en 1940 pour justifier ses relations avec Vichy ! Comme ses collègues quatre années plus tôt auprès de Pétain, Mgr Suhard commence par aborder la question de l'école libre et de ses subventions. Mais sur ce point, de Gaulle se garde bien de prendre des engagements, se limitant à préciser que la législation de Vichy est abrogée, y compris sur l'école religieuse pour laquelle on revient aux lois de 1939. S'il indique sa volonté de maintenir la liberté de l'enseignement, il refuse de s'avancer plus[12].

Le Général change opportunément de sujet pour rappeler sa conversation avec le pape lors de sa visite au Vatican. « Le souverain pontife est inquiet du communisme et m'a demandé de ne pas l'introduire en France », raconte-t-il à son interlocuteur qu'il sait, lui aussi, angoissé à l'idée de voir les marxistes – arrivés dans les bagages de la Libération – tenter un coup de force ou simplement noyauter le nouveau régime. Mais de Gaulle l'assure que, pour le moment au moins, « le risque n'est pas important ». Avant de se quitter, les deux hommes évoquent les attaques qui se multiplient contre l'épiscopat dans les journaux remis en route par les résistants, où l'on commence à réclamer que des têtes tombent parmi les dignitaires de l'Eglise. Mais sur ce point « le Maréchal » – comme le note à la suite d'un fâcheux lapsus Mgr Suhard dans son journal le soir même –, le Général ne répond pas...

Dans ses *Mémoires de guerre*, de Gaulle précise qu'au moment où, partout où il passe, le clergé s'empresse de lui « déployer ses hommages officiels », il a recueilli de Mgr Suhard « l'assurance du concours moral de l'épiscopat ».

Peu à peu, les choses rentrent dans l'ordre. Mgr Suhard n'a pas senti un ennemi en de Gaulle, loin s'en faut. Et la lettre qu'il reçoit du Saint-Père, le 14 octobre, vient lui mettre du baume au cœur : « Nous n'avons pu apprendre sans une douloureuse émotion, ni sans partager votre tristesse, le pénible épisode du 26 août. Connaissant bien la fidélité indéfectible et l'esprit de sacrifice avec lesquels vous avez servi la cause sainte de l'Eglise, nous saisissons, avec tout l'empressement de notre affection paternelle en ces jours d'amertume pour vous, l'occasion de vous faire parvenir une parole de réconfort et d'encouragement. »

La page sera définitivement tournée lorsque le cardinal Suhard présidera la messe et le *Te Deum* de la Victoire, le 9 mai 1945, à Notre-Dame, en présence du Général et d'Yvonne de Gaulle. Suhard, que le prêtre de son village de la Mayenne avait jugé « trop peu dégourdi pour faire un curé » n'avait pas fait plus allégeance au Maréchal que les autres évêques et archevêques de France. Il avait même envoyé une lettre à Hitler pour tenter de sauver les otages de Nantes et de Châteaubriant. Dès juillet 1941, il avait aussi négocié avec Vichy un système de financement des écoles libres par des subventions d'Etat réparties par les préfets.

Pour dépasser les péripéties de la célébration avortée à Notre-Dame le 26 août, le Général a, dès le lendemain, demandé à assister à la messe dominicale au milieu de plusieurs milliers d'hommes des Forces françaises de l'intérieur. C'est l'omniprésent R.P. Bruckberger qui célèbre la messe et fait chanter les cantiques avec une telle foi et une telle passion que le Général – qui chante faux – s'est laissé aller sans retenue pour accompagner ses valeureux compagnons… Mais pour « Bruck », il fallait faire mieux encore, plus solennel, avec une cérémonie plus représentative et plus digne de l'événement.

Dans ses souvenirs[13], le dominicain raconte dans quelles conditions il a proposé à de Gaulle d'organiser une « vraie » messe de la Libération en la basilique Notre-Dame-des-Victoires, pour faire oublier la rocambolesque cérémonie de Notre-Dame qui avait, selon lui, singulièrement fâché le Général. Avant même d'en parler à l'intéressé, Bruckberger a dû affronter le général Koenig qui ne voulait pas risquer un nouveau fiasco : « S'il y a la moindre pagaille, le Général ne met plus les pieds dans une église », avait tonné Koenig, sans réelle conviction. La messe aura lieu le 1er septembre en présence de De Gaulle, placé en face de cinq cercueils de résistants parisiens tués lors des ultimes combats. Doté d'un sens aigu de la communication et de la mise en scène (qui lui vaudra ensuite de faire du cinéma), l'aumônier des FFI choisit de lire l'épître de la messe de Saint Louis, celle qui correspond au 25 août, jour réel de la Libération. Regardant de Gaulle en face, il fait la lecture d'une voix lente, insistant bien sur chaque mot lorsqu'il dit : « En ces jours-là, un chef se leva, qui accrut la gloire de son peuple [...]. Il poursuivit les méchants et fit brûler dans les flammes ceux qui troublaient son peuple... »

Une politique sociale de réconciliation

De Gaulle ne va pas attendre la signature de la capitulation de l'Allemagne, le 8 mai 1945, pour entreprendre une œuvre de reconstruction nationale qu'il fonde sur des valeurs d'union et réconciliation, de fraternité et de justice sociale, de liberté et de progrès. Rarement ses convictions chrétiennes n'auront autant guidé l'homme dans son action qu'en cette période où la perspective de la paix commence à aiguiser les appétits politiques, à conduire les plus forts à vouloir écraser les plus faibles, à creuser les divisions d'antan, à livrer les Français qui ont fait le mauvais choix à la vindicte et à l'arbitraire des « vainqueurs », parfois autoproclamés. A tout cela, de Gaulle va s'opposer avec énergie, en y mettant tout le prestige du Libérateur, l'autorité du chef et l'humanité du chrétien.

L'ennemi n'a pas totalement libéré le territoire, les velléités des Alliés hypothèquent le rôle de la France à la table de la Victoire et son influence sur l'avenir de l'Allemagne vaincue, l'indépendance et la grandeur du pays sont à restaurer mais la priorité que se donne le Général est de faire repartir la France en y associant ceux et celles qui se sont battus pour la sauver, sans exclusive. Dès le 9 septembre 1944, il remanie profondément le Gouvernement provisoire de la République française (GPRF), appelant à y siéger les représentants des vieilles formations politiques qu'il a pourtant pourfendues, les grandes figures de la Résistance intérieure et quelques fidèles compagnons de la France libre. S'y côtoient notamment le très catholique Georges Bidault, élevé chez les jésuites ; le dirigeant communiste Charles Tillon, ancien ajusteur dans la marine ; le socialiste Augustin Laurent, ancien mineur de fond ; le conseiller d'Etat Alexandre Parodi, entré dans la clandestinité pour servir de Gaulle...

Le GPRF remanié, reconnu par les grandes puissances le 23 octobre, gouvernera la France jusqu'à l'adoption d'une nouvelle Constitution. De Gaulle, son président, y aura les pouvoirs d'un chef d'Etat. On sait que, pour lui, Pétain et le régime de Vichy n'ont jamais représenté le gouvernement de la France, c'est pourquoi il a refusé de proclamer la République comme le lui demandaient Georges Bidault et le CNR, leur déclarant : « La République n'a jamais cessé d'être. La France libre, la France combattante, le Comité français de libération nationale l'ont tour à tour incorporée. Vichy fut toujours et demeure nul et non avenu. Moi-même suis le président du gouvernement de la République. Pourquoi irais-je la proclamer ? »

Pour marquer son empreinte sociale, de Gaulle a fait majorer dès septembre les salaires de 40 % et les allocations familiales de 50 %. Il est impossible de faire plus, estime-t-il, sans risquer la faillite de l'Etat, mais il sait que cet effort reste insuffisant. Ministre du Travail, Alexandre Parodi est pressé par le Général de mettre en place la Sécurité sociale, ce qui sera fait par ordonnances en octobre 1945. Pour les ministres de gauche, il s'agit naturellement de pousser leur avantage, mais pour de Gaulle, l'amélioration du statut des travailleurs répond, autant qu'à la nécessité de relancer la machine économique, à la volonté de soutenir le peuple de France qui s'est montré exemplaire pendant la guerre, quand les élites – « les possédants » – lui avaient globalement fait défaut.

Tout salarié se trouve obligatoirement couvert par les assurances sociales. Pour de Gaulle, avec cette politique de partage et de fraternité « disparaît l'angoisse, aussi ancienne que l'espèce humaine, que la maladie, l'accident, la vieillesse, le chômage faisaient peser sur les laborieux ». Dans ce même élan humaniste, loin des clivages partisans, seront bientôt créés les comités d'entreprises et la classification des travailleurs entre manœuvres, ouvriers qualifiés et ouvriers spécialisés. Le Général y voit le socle d'une grande politique sociale qui, écrira-t-il dans ses *Mémoires de guerre*, va bien au-delà de ces réformes d'ordre matériel. Son plan « vise à attribuer aux travailleurs, dans l'économie nationale, des responsabilités qui rehaussent de beaucoup le rôle d'instruments où ils étaient jusqu'alors confinés. Qu'ils soient associés à la marche des entreprises, que leur travail y ait les mêmes droits que détient le capital, que leur rémunération soit liée, comme le revenu des actionnaires, aux résultats de l'exploitation, c'est à quoi je projette d'aboutir ». Toutes ces réformes sont conduites dans l'esprit des grandes encycliques relatives à la doctrine sociale de l'Eglise, publiées par le Vatican.

Pour répondre à l'attitude exemplaire des femmes pendant les années de guerre, à l'héroïsme de celles qui ont rejoint les réseaux de la Résistance comme au courage des mères de famille qui ont fait front pendant l'absence de leurs maris, de Gaulle signe dès le 5 octobre une ordonnance leur donnant le même droit de vote que les hommes.

Parcourant en quinze jours les plus grandes villes, souvent affreusement sinistrées par les bombardements, son but est d'endiguer le risque de désordre né de la volonté des communistes de tirer les ficelles. Partout, à Lyon, Marseille, Toulon, Toulouse, Bordeaux, Saintes, Orléans puis à Soissons, Saint-Quentin, Lille et Lens, il reçoit un accueil très chaleureux. A propos de ses bains de foule qui donnent des sueurs froides à ses gardes du corps, le Général écrira plus tard dans ses *Mémoires de guerre* : « Serrant les mains, écoutant les cris, je tâche que ce contact soit un échange de pensées. "Me voilà, tel que Dieu m'a fait ! voudrais-je faire entendre à ceux qui m'entourent. Comme vous voyez, je suis votre frère, chez lui au milieu des siens, mais un chef qui ne saurait ni composer avec son devoir, ni plier sous son fardeau." Inversement, sous les clameurs et à travers les regards, j'aperçois le reflet des âmes... » Avec ce vocabulaire sans cesse inspiré par sa foi chrétienne, n'avait-il pas, déjà à Alger, le 18 juin 1943, pour le troisième anniversaire de la France libre, appelé au « grand rassemblement de nos âmes » ?

Face aux petites manœuvres déstabilisatrices des cadres du PCF s'imposent à chaque étape les « Vive de Gaulle » des électeurs communistes, souvent aux premiers rangs dans la foule. La grâce accordée en novembre 1944 par de Gaulle à Maurice Thorez, leur leader, condamné pour désertion cinq ans plus tôt, va contribuer à maîtriser les surenchères et même à désarmer les dernières « milices patriotiques ». Jusqu'à son départ du pouvoir en janvier 1946, de Gaulle ne va pas connaître un seul jour de grève !

A Toulouse où il reçoit les notables dans les salons de l'hôtel de ville, il remarque avec joie la présence au premier rang de Mgr Jules Saliège – « le vaillant archevêque », écrira-t-il – qui a, plus que tout autre, sauvé l'honneur de l'épiscopat. « Vaillant » se rapporte au courage du prélat, victime d'un accident vasculaire cérébral en 1932 et, depuis, paralysé et privé de l'usage de la parole. Malgré ce handicap, l'échange avec de Gaulle est on ne peut plus chaleureux. Quand Mgr Saliège, âgé de soixante-quatorze ans, sort du Capitole, plus de vingt mille Toulousains lui font une véritable ovation. Il sera fait Compagnon de la Libération en août 1945.

Après sa rencontre à Toulouse avec Mgr Saliège, le Général va croiser à Bordeaux l'archevêque de la ville, Mgr Feltin, qui se tient en tête de la délégation des personnalités venues le saluer. Dans ses *Mémoires de guerre*, de Gaulle se limitera à signaler sa présence, sans plus. S'il a condamné l'antisémitisme du régime, Mgr Feltin a adhéré sans réserve à la politique de Pétain, allant jusqu'à condamner les combats de la Résistance. Il fait partie des évêques et archevêques contre lesquels les mouvements de résistants réclament des sanctions.

Chez lui, à Lille, face au « cardinal rouge »

A Lille, le Général mesure l'ampleur de la pauvreté qui s'est abattue sur les plus humbles et qui justifient ses mesures sociales d'urgence : « A peine arrivé, je suis saisi par ce que le problème de la subsistance ouvrière avait, dans la région, de dramatique et de pressant. Les masses laborieuses s'étaient vues, pendant l'Occupation, condamnées à des salaires que les ordres de l'ennemi tenaient bloqués au plus bas. Et voici que beaucoup d'ouvriers se trouvaient en chômage [...]. Le ravitaillement était tombé au-dessous du minimum vital. En parcourant ma ville natale où les Lillois me faisaient fête, je voyais trop de visages dont le sourire n'effaçait ni la pâleur ni la maigreur[14]. »

Le temps du week-end des 30 septembre et 1er octobre, de Gaulle va rencontrer l'hostilité polie du cardinal Liénart, l'un des aristocrates de l'Eglise, qui n'a aucune sympathie pour lui.

« Je vais serrer la main au général parce que je le dois, mais je ne l'aime pas », lâche Mgr Achille Liénart devant ses curés avant de célébrer la messe dominicale à l'église Saint-Michel de Lille où de Gaulle vient de se présenter. Il ne daigne pas aller l'accueillir et en laisse le soin au chanoine Léon Desmet, très heureux de cette aubaine car profondément gaulliste. La presse lilloise affirmera que de Gaulle a choisi l'église Saint-Michel et non Saint-André, « son » église, pour faire plaisir au chanoine Desmet. Pendant l'office, entre le cardinal et le Général, le climat est glacial. Mgr Liénart a perdu son sourire bonhomme et son affabilité légendaire ; de Gaulle a gardé un flegme imperturbable.

Tout pourtant aurait dû rapprocher les deux Lillois les plus illustres de leur siècle, l'un et l'autre issus de la bourgeoisie catholique et industrielle du Nord et portés sur les mêmes fonts baptismaux de l'église Saint-André. En remontant dans les arbres généalogiques des deux familles, on y découvre des liens de parenté sans que, pour cela, les Liénart et les de Gaulle aient été ensuite proches les uns des autres. Les deux hommes sont nés – le religieux six années avant le militaire – dans la même rue Princesse, Achille dans un immeuble situé à deux numéros de la maison natale de Charles. Aujourd'hui encore, deux plaques commémorent ces deux personnages historiques près des fonts baptismaux de l'église Saint-André.

Leur forte personnalité, leur ambition, leur courage pendant la Grande Guerre (qui a valu au cardinal la croix de guerre et la Légion d'honneur remise par Pétain en 1917), leur ancrage dans le Nord, leur engagement social... sont autant de points qui auraient dû les lier. Sauf à croire qu'ils devaient les conduire à se mesurer. Chacun dans son domaine, ces deux fils du Nord ont brûlé les étapes. Achille Liénart est devenu, à quarante-quatre ans, le plus jeune évêque de France avant d'être créé cardinal deux ans après ! Comme de Gaulle, il fut très jeune préoccupé par la montée du communisme, se demandant comment, en ces temps nouveaux, il était possible d'annoncer l'Evangile, notamment dans les milieux ouvriers. Leur adhésion à la doctrine sociale de l'Eglise et leur inquiétude face au matérialisme, au poids de l'argent et aux jeux stériles auxquels se livrent les milieux politiques ne sont pas éloignées. Chacun à sa place, ils nourrissent la même inquiétude face au reflux de l'influence des milieux catholiques. C'est bien leur attitude en juin 1940 qui a provoqué entre eux ce climat d'hostilité.

Pendant l'Occupation, le cardinal Liénart a choisi de « rester fidèle au poste », comme Pétain pour lequel il a une réelle admiration. Au milieu de sa population meurtrie après la chute de la poche de Lille le 31 mai 1940, il a, lui aussi, « fait le don de sa personne » à sa région et à ses ouailles. Il dira plus tard avoir cru longtemps à une connivence secrète entre de Gaulle et Pétain, « deux faces d'un même combat », le premier étant l'épée, le second le bouclier. Il sera beaucoup reproché à Mgr Liénart son silence sur le sort des juifs, son ambiguïté sur le STO dont il disait que ceux qui s'y soustrayaient se mettaient « en état de péché », sa condamnation de la Résistance en laquelle il voyait le bras du communisme, son indignation sélective pour les bombardements qu'il condamnait plus ardemment lorsqu'ils étaient alliés[15].

Les bonnes relations que le cardinal entretient avec l'occupant se heurtent à la cruauté du massacre d'Ascq, lorsque les Allemands fusillent quatre-vingt-neuf hommes âgés de quinze à soixante-quinze ans en représailles au sabotage, dans la nuit du 1er au 2 avril 1944, d'un train de la 12e *Panzerdivision* qui acheminait des blindés pour renforcer les troupes allemandes sur les côtes de Normandie. La lettre de protestation qu'il adresse aux autorités allemandes lui a valu un interrogatoire en règle mais ne l'a pas empêché, le 5 avril, de célébrer les funérailles des fusillés.

En 1945, son antigaullisme va conduire Mgr Liénart à s'opposer à la candidature du R.P. Anselme Carrière aux élections à l'Assemblée constituante où il souhaite représenter sa région, le Nord. Ayant quitté la vice-présidence de l'Assemblée consultative provisoire d'Alger, le dominicain, appuyé par ses amis gaullistes, veut rester dans l'action auprès de De Gaulle, « l'homme, dit-il, vraiment suscité par la Providence pour sauver et régénérer la France ». Son supérieur provincial, le nonce apostolique à Paris et même la secrétairerie d'Etat à Rome n'opposent aucune objection à cette candidature lorsque le cardinal Liénart, dans une lettre du 22 août 1945, s'y déclare « tout à fait défavorable ». Il soutient qu'il « faut laisser aux laïques le soin des questions politiques » car, selon lui, « aucun parti en France ne peut se présenter comme étant "le" parti catholique… ».

Le R.P. Carrière va préférer renoncer à son projet. En juin 1947, en sa qualité de président des anciens combattants, c'est lui qui accueillera de Gaulle à sa descente du train en gare d'Ascq et conduira sa visite dans la commune martyre où nombre de familles portent encore le deuil des résistants abattus trois ans plus tôt. Le religieux, frère de la comédienne Anne-Marie Carrière, se contentera d'un mandat local dans sa commune natale de Bois-Grenier (Nord) mais, en avril 1947, fidèle parmi les fidèles, il participera activement à la fondation du Rassemblement du peuple français (RPF), créé par de Gaulle.

Quand il apprend le décès du R.P. Carrière, en mai 1957, le Général exprime son « chagrin » et son « émotion » dans une lettre adressée au R.P. Ducatillon, supérieur des dominicains : « Vous savez quel respect et quelle estime j'avais pour lui, qui m'avait “accompagné” tout au long de ma mission nationale. C'est vous dire quelle part je prends au deuil des siens, de votre Ordre et au vôtre, mon Révérend Père. Je joins mon humble prière à celles qui s'élèvent vers Dieu à son attention[16]. »

Engagé « par devoir de charité » auprès des grévistes du Nord dès la fin des années 1920, ardent promoteur dans les années 1950 des prêtres-ouvriers en qui il voyait un moyen de ramener les ouvriers vers l'Eglise, le cardinal Liénart, pourtant profondément antimarxiste, sera appelé « le cardinal rouge » ou « l'évêque des ouvriers ». L'hostilité du prélat sera tenace car lors d'un nouveau déplacement du Général à Lille le 27 septembre 1959, Mgr Liénart fera l'effort de l'accueillir, en souriant, avec à ses côtés le chanoine Arthur Carette, mais il prétextera « une cérémonie importante en dehors de Lille » pour ne pas le rejoindre à la réception organisée à la préfecture. Ce jour-là, le Général recevra en cadeau la photocopie de son acte de baptême des mains de M. Lescure, membre du conseil paroissial. Pendant l'office, les travaux en cours dans l'église ont été sommairement masqués, mais deux heures après le départ de De Gaulle, sur le chemin emprunté avec son épouse pour quitter le sanctuaire, un énorme bloc de plâtre viendra s'écraser dans l'allée[17]...

Dans son souci de ne pas rouvrir les blessures du passé, de Gaulle ne tiendra nullement rigueur à Mgr Liénart de ses engagements et de leurs relations personnelles un peu chaotiques. Il le recevra à l'Elysée en janvier 1962 pour lui remettre les insignes de grand officier de la Légion d'honneur... Un entretien d'une dizaine de minutes, dont rien ne filtrera, suivra la cérémonie, en présence du secrétaire particulier du cardinal, Mgr Lothé, et de deux ou trois proches collaborateurs de la présidence.

Un carme à l'Assemblée consultative

Dans le même esprit que celui qui l'avait conduit à faire siéger le R.P. Carrière à l'Assemblée consultative provisoire d'Alger, de Gaulle insiste pour qu'un religieux participe à l'Assemblée consultative élargie qu'il va personnellement installer en novembre 1944 au palais du Luxembourg. Il s'en ouvre à Thierry d'Argenlieu – père Louis de la Trinité – qui lui propose la nomination du père Philippe de la Trinité, de son vrai nom Jean Rambaud, qui a été son successeur au poste de supérieur des carmes de Paris après son départ pour Londres. Les deux religieux sont très proches, leur confiance l'un pour l'autre est totale, ce qui suffit au Général, ému par le portrait que Thierry d'Argenlieu lui brosse du jeune carme.

Le père Philippe de la Trinité n'a que trente-six ans mais il a fait preuve d'un courage exceptionnel pendant la guerre en multipliant les actes de résistance, ce qui lui a valu d'être décoré. Au monastère d'Avon, près de Fontainebleau, il a supporté sans flancher plusieurs interrogatoires de la Gestapo. Chaque fois, les policiers du Reich et leurs auxiliaires français de la Carlingue ont cherché, sans succès, à lui extirper des informations concernant un autre jeune carme déchaussé, le père Jacques de Jésus (Lucien Bunel).

Indigné par la barbarie nazie, le père Jacques de Jésus avait caché trois enfants juifs à partir de janvier 1943. Malgré le silence observé par son supérieur, le jeune carme et ses trois protégés furent arrêtés le 15 janvier 1944. Envoyé à Mauthausen puis à Güsen et à Linz, le père Jacques de Jésus y mourut d'épuisement, revêtu de l'habit du Carmel, le 2 juin 1945, quelques jours après la libération de son camp par les Américains. Il avait quarante-cinq ans[18].

La tâche qui attend de Gaulle et le gouvernement est considérable. Tous ses voyages en province lui ont laissé « l'impression de dégâts matériels immenses et d'un éclatement profond de la structure politique, administrative, sociale, morale du pays ». Face à ce constat, pour lui « il était clair que le peuple, pour ravi qu'il fût de sa libération, aurait à subir longtemps de dures épreuves que ne manqueraient pas d'exploiter la démagogie des partis et l'ambition des communistes[19] ».

Sa volonté de tuer dans l'œuf l'action des milieux communistes qui cherchent, estime-t-il, à contraindre ou à prendre le pouvoir, conduit le Général à ordonner, fin octobre 1944, la dissolution des milices et le retour de toutes les armes dans les gendarmeries et commissariats. Le Front national communiste est le premier visé par cette décision. Mais le dossier le plus douloureux du moment est celui de l'épuration, à laquelle l'Eglise ne peut échapper.

Ni pour la population, ni pour le gouvernement, moins encore pour de Gaulle, l'épuration dans l'Eglise n'apparaît comme une priorité. Mais ce sont les milieux catholiques de la Résistance et notamment Georges Bidault, ancien président du CNR devenu ministre (démocrate-chrétien) des Affaires étrangères, qui demandent des sanctions rapides et fortes contre les hommes d'Eglise qui ont contrarié l'action de la France libre, gêné la Résistance intérieure et exercé une mauvaise influence sur les jeunes catholiques appelés au STO. La création, le 12 septembre, des cours spéciales de justice appelées à connaître des faits de collaboration ne fait que les pousser à faire pression.

En créant ces cours de justice spéciales, qui vont fonctionner avec un magistrat et un jury désignés par le président de la cour d'appel, il s'agit de mettre fin aux cours martiales mises en place par les Forces de l'intérieur, où règnent trop souvent l'arbitraire, les règlements de compte, les assassinats sans procès. On estime à 11 000 le nombre des personnes – miliciens, fonctionnaires, collaborateurs… – exécutées sans vrai procès, accusées d'avoir provoqué la mort ou l'arrestation de résistants, les deux tiers au cours des combats dans les maquis. Aucun responsable d'Eglise n'a été exposé à de telles représailles mais il faut maintenant chasser les plus compromis avec Vichy car leur maintien expose au risque d'une montée de l'anticléricalisme. Tel est le discours des catholiques qui prient de Gaulle de bien vouloir les entendre. « A une France renouvelée, il faut un épiscopat neuf [...] Lorsqu'il sera clair pour tous que l'Eglise demeure, même si certains prélats ont pris une honorable retraite et que l'institution n'était pas engagée par les fautes politiques des hommes, nul n'aura plus le droit de chercher à venger sur elle les fautes ou les faiblesses de ces derniers », a affirmé Joseph Hours, homme d'influence des catholiques résistants lyonnais, dès janvier 1944, dans les *Cahiers politiques*[20].

L'épuration dans le clergé est devenu un sujet très conflictuel que de Gaulle aborde avec la volonté de ne pas faire exception aux règles de la justice mais aussi avec le souci de ne pas affaiblir « son » Eglise, ni de créer des difficultés avec le Vatican. Dès Londres, où la consigne avait été donnée de ne pas nuire de façon généralisée à l'image et à la dignité de l'institution, il avait dit à Maurice Schumann : « Si la France doit connaître une vague d'anticléricalisme, ce ne sera pas de ma faute ni de la vôtre. »

Différentes thèses s'affrontent alors. Pour certains, l'Eglise de France doit faire elle-même le ménage dans ses rangs. Cette position a été défendue dès 1943 par André Philip, protestant et socialiste, qui travaille près de De Gaulle à Alger. Avant même la Libération, des résistants communistes voulaient envoyer certains évêques en prison. Georges Bidault, le seul à rester en ligne directe avec de Gaulle sur ce sujet, continue à affirmer que l'épuration dans l'Eglise ne pourra pas être évitée mais qu'il s'agit d'une affaire de gouvernement. Le ministre, qui revient en toute occasion sur le sujet, semble à la fois le plus déterminé et le plus prudent quant à la façon de procéder.

Avec humour, en voyant certains prélats retourner leur veste, comme Mgr Cesbron, évêque d'Annecy, qui manifeste une joie nouvelle et très ostentatoire, Bidault affirme : « Si le Saint-Esprit ne sert à éclairer les évêques que quatre ans après tout le monde, ce n'était pas la peine de leur conférer les ordres ! »

La Libération a fait souffler un vent de panique chez certains évêques dont les noms sont livrés en pâture dans les gazettes qui recommencent à paraître. A Lyon, dans un *Te Deum* d'action de grâces, le 8 septembre, le cardinal Gerlier a amorcé un virage en rendant un hommage appuyé aux résistants, ces hommes « vaillants qui ont affronté héroïquement tant de périls et subi parfois tant de tortures atroces ». Il condamne les représailles et en appelle à l'union de tous les fils et filles de France… L'évêque de Mende, Mgr Auvity, va se cacher à la trappe de Bonne-Combe, en Aveyron, dès que les FFI commencent la libération de Rodez. Menacé de prison et d'être frappé d'indignité nationale, celui d'Arras, Mgr Dutoit, quitte précipitamment son évêché pour aller se cacher à Lille alors que l'un de ses vicaires généraux, le chanoine Maréchal, est inculpé d'intelligence avec l'ennemi et condamné par la cour de justice à neuf ans de réclusion. A Aix-en-Provence, tremblant de peur, Mgr du Bois de la Villerabel s'entend dire par des militants ouvriers catholiques qu'une rumeur court son diocèse affirmant qu'il faut « pendre l'archevêque ». Le prélat préfère quitter la ville sans délais pour se réfugier à l'abbaye de Solesmes. Il choisira, par la suite, de donner sa démission. A Marseille, Mgr Delay apprend qu'il est visé par des propos menaçants et préfère ne pas assister en personne au *Te Deum* de la Libération, de crainte d'être pris à partie. Les prêtres-résistants du diocèse, qu'il a couverts de son autorité quand ils étaient inquiétés par la police de Vichy, le protégeront par leurs témoignages de toute difficulté ultérieure.

Les évêques et archevêques ont, à cette époque, de sérieuses raisons d'avoir peur car les nouveaux justiciers ont commencé à s'en prendre à des religieux, parfois sans aucune raison sérieuse. A Tautavel (Pyrénées-Orientales), l'abbé Niort, âgé de soixante-cinq ans, a été passé devant une cour martiale après avoir eu le thorax défoncé par ses « juges ». On lui a arraché les ongles avec des tenailles et il a fallu lui faire des piqûres pour qu'il tienne debout jusqu'au peloton d'exécution. Dès qu'il fut à terre, la foule s'est ruée sur lui, les femmes lui arrachant les cheveux, les hommes urinant sur son cadavre. Innocent, l'abbé Niort sera réhabilité à titre posthume quelques mois plus tard[21].

D'autres religieux ont été abattus, comme l'abbé Bonnet, curé de la Légion de Vichy à Périgueux, trop favorable à Pétain, ou l'abbé Mandaroux, curé à Saint-Privas, qui avait commis l'imprudence de menacer un jeune réfractaire au STO de le dénoncer aux gendarmes. Dès le 20 décembre 1943, des membres de l'unité FTP-MOI (main-d'œuvre immigrée) de Toulouse avaient tué en pleine rue l'abbé Sorel, délégué à la propagande de Vichy, alors qu'il sortait de la messe pour aller acheter son pain, en soutane et béret de milicien.

Le plus compromis de tous, l'abbé Jean de Mayol de Luppé, a pris les devants en partant très vite se cacher à Bad-Reichenhall, en Bavière. Farouchement hostile depuis toujours à la République, à son drapeau tricolore et à sa *Marseillaise*, le prêtre, qui avait obtenu d'être appelé Monseigneur sans être évêque, s'était porté volontaire pour devenir l'aumônier de la Légion des volontaires français (LVF), sous l'uniforme allemand. Son zèle lui avait valu d'être décoré de la croix de fer. « Monseigneur » de Mayol de Luppé devait ensuite intégrer la Division SS Charlemagne, célébrant la messe de prestation de serment en faisant prier les fidèles, en uniforme allemand, pour « notre Très Saint-Père le Pape et notre Führer Adolf Hitler ». Il devait être trahi par une lettre imprudemment envoyée depuis la Bavière à sa famille à Paris. Condamné à quinze années de réclusion en mai 1947, il fera l'objet d'une mesure de grâce en 1951 et terminera ses jours dans une abbaye bénédictine.

Les responsables de l'Eglise de France redoutent les communistes qui avancent leurs pions dans le sillage de De Gaulle. Cette peur en conduit beaucoup à juger le nouveau chef du gouvernement avec beaucoup de réserve, parfois de sévérité. Dans un discours prononcé le 18 septembre 1941 à la radio de Londres, le Général n'avait-il pas déclaré : « Pour le présent, il est évident que nous nous sommes laissé surprendre d'abord par une force mécanique foudroyante, ensuite par une colossale entreprise de trahison ; il n'est pas moins évident que la France, toute la France, se redresse dans la résistance, en attendant qu'elle le fasse dans la vengeance organisée[22]. » Des propos opportunément ressortis par ses opposants dans le clergé qui y voient une justification de la justice expéditive et sans procès.

Pourtant l'épuration dans l'Eglise sera la plus indolore possible, surtout si on la compare à celle qui a lieu dans l'administration, la justice, l'armée ou les milieux intellectuels. Et de Gaulle jouera un grand rôle pour qu'il en soit ainsi, en imposant le renvoi de leur charge comme seule sanction à infliger aux prélats les plus compromis.

Au Vatican, où l'on refuse par principe que la nomination des évêques soit liée aux aléas politiques des pays où ils exercent, les intentions du gouvernement français sont reçues avec hostilité. Le nonce apostolique, Mgr Valerio Valeri, qui est resté quatre années à Vichy et d'où il n'est parti qu'après que les Allemands eurent emmené le maréchal Pétain, laisse entendre à l'épiscopat français que le pape n'est pas disposé à céder à de Gaulle. L'affaire s'annonce donc délicate car le Général exige que soient changés tous les ambassadeurs qui ont été en poste auprès de Pétain. Et il ne compte pas faire exception pour le représentant du Vatican. C'est avec Georges Bidault qu'il va trouver la voie diplomatique la plus apte à sortir de cette situation. Ensemble, ils décident d'envoyer en mission auprès du Saint-Siège un homme de confiance, Charles Flory, un laïc qui a été président de l'Action catholique de la jeunesse française (ACJF) avec Bidault pour vice-président. De son côté, Mgr Théas, l'évêque de Montauban, va lui aussi être chargé d'une mission discrète au Vatican dont l'objet reste mal précisé, le prélat-résistant s'étant par la suite défendu d'être allé demander des sanctions contre ses confrères moins vertueux...

A l'issue d'une tournée en France en novembre et décembre, Mgr Tisserant, le gaulliste du Vatican, est reçu par le Général à qui il fait part du malaise qu'il vient de mesurer au sein des milieux catholiques français, lui donnant des conseils de modération à propos de l'épuration. Sur ses notes préparatoires à cet entretien, Mgr Tisserant a écrit : « Abus qui continuent dans certaines zones. Jacqueries. Crainte du communisme. De l'insécurité. Crainte de la campagne d'épuration qui ne s'arrête pas. Plaintes sur la lenteur de la procédure[23]. »

Chaleureusement reçu à Rome par Mgr Montini, substitut à la secrétairerie d'Etat, Charles Flory arrive officiellement pour rétablir des relations diplomatiques normales. Il n'a pas grandes difficultés à obtenir de Pie XII la reconnaissance du Gouvernement provisoire car celle des grandes puissances a eu lieu quinze jours plus tôt, faisant dire à de Gaulle qu'il était « satisfait qu'on voulût bien enfin appeler la France par son nom ».

Mais le Général devra patienter plus d'un mois avant d'obtenir un accord pour le remplacement du nonce. Le pape, avec la subtilité et les formes propres à la diplomatie vaticane, va demander aux autorités françaises de disculper Mgr Valeri de toute faute avant d'accorder son départ. Lui donner satisfaction ne pose aucun problème car rien de grave ne peut être reproché au nonce, dont la conduite a été légitimiste sans plus, sinon d'avoir été nommé au mauvais endroit à un mauvais moment. Selon son éditeur et ami, l'historien catholique Daniel-Rops, le Général nourrissait quand même quelques griefs à l'encontre du nonce. Au cours d'un dîner d'une douzaine de personnes, le 9 novembre 1944, dans la villa qu'il louait pour sa famille au bois de Boulogne, de Gaulle a déclaré que la volonté d'épurer vigoureusement l'épiscopat « se tassera ». « Mais, a-t-il dit, il faut que Mgr Valerio Valeri s'en aille. Quand même ! Il ne faut pas se moquer du monde. Il a joué un trop grand rôle à Vichy. D'ailleurs, c'est l'opinion du cardinal Tisserant, lui aussi[24]. »

Le départ de Mgr Valeri, familièrement surnommé « le petit chat » dans les milieux diplomatiques, reste un dossier brûlant car le pape, préoccupé par la progression de l'Armée rouge en Europe de l'Est, garde le dossier sous le coude. Or, le 1er janvier 1945 approche et avec lui la cérémonie des vœux du corps diplomatique à l'Elysée, traditionnellement présentés par le nonce apostolique au nom de l'ensemble des ambassadeurs. Les jours passent et le Général refuse que le discours d'usage lui soit adressé par le nonce actuel, et encore moins par le doyen d'âge du corps diplomatique qui se trouve être l'ambassadeur d'URSS, M. Bogomolov. C'est le soulagement général du côté français lorsque la nomination du nouveau nonce à Paris est publiée le 22 décembre dans les colonnes de *L'Osservatore Romano*. Le choix de Pie XII s'est porté sur un inconnu, Mgr Giuseppe Angelo Roncalli, jusque-là délégué apostolique à Ankara pour la Grèce et la Turquie. Les premières informations qui arrivent à Paris le présentent comme un diplomate sans grand relief qui aurait été initié à la franc-maçonnerie au milieu des années 1930. Personne ne peut alors prévoir qu'il va devenir pape en 1958 sous le nom de Jean XXIII !

Comme la fin de l'année approche, de Gaulle veut que l'on fasse vite. Il reçoit Mgr Valerio Valeri en audience privée le jour même de son départ, le 23 décembre, et le fait commandeur de la Légion d'honneur pour bien lui signifier – et surtout au

Vatican – que la mesure qui le frappe ne vise pas sa personne. Le nonce a droit aux honneurs militaires, ce qui le conduira à témoigner auprès du pape des bonnes manières qui lui ont été faites. Quant à Mgr Roncalli, qui a dû faire ses valises à Ankara dans l'urgence, il arrive à Paris le 31 décembre seulement. Pour être sûr de l'avoir sous la main à temps, de Gaulle a envoyé un avion militaire pour le chercher. Le garde des Sceaux, Pierre-Henri Teitgen, a été chargé de l'accueillir à sa descente d'avion. Peu impressionné par le nouveau nonce, il dira : « C'est un bon curé de campagne devenu chanoine rondouillard dans la force de l'âge. » Quand la voiture passe devant l'église Saint-Pierre-de-Chaillot et que Teitgen l'en informe, Mgr Roncalli réplique : « Des églises Saint-Pierre à Paris, mais alors vous n'êtes pas aussi gallicans qu'on le dit[25]. » Il expliquera plus tard qu'en arrivant à Paris dans un contexte difficile, il a eu comme une inspiration du Saint-Esprit : « Mon petit Angelo, me suis-je dit, étant donné les circonstances, tu n'as qu'un moyen de t'en tirer, même si ça ne plaît pas à ton amour-propre : fais l'imbécile, Angelo, fais l'imbécile »...

Dès 9 h 45, le 1er janvier, le nouveau nonce remet ses lettres de créances à de Gaulle qu'il retrouve à 11 heures pour lui présenter les vœux du corps diplomatique. Le Général a suivi le dossier du changement de nonce heure après heure, comme s'il s'agissait d'une question de survie ! Les propos que Mgr Roncalli va prononcer seront analysés comme une sorte de ralliement de l'Eglise à la République française incarnée par le Général : « Grâce à votre clairvoyance politique et à votre énergie, ce cher pays a retrouvé sa liberté et sa foi dans ses destinées [...] La France reprend ainsi sa traditionnelle physionomie et la place qui lui revient parmi les nations [...] Avec son amour de la liberté, elle saura montrer le chemin qui, dans l'union des cœurs et dans la justice, amène finalement notre société vers des périodes de tranquillité et de paix durables[26]. »

Jacques Maritain, ambassadeur près le Saint-Siège

Jusqu'à son départ des affaires en janvier 1946, le Général va entretenir des relations très confiantes avec Mgr Roncalli, dont il a vite découvert la hauteur de vue et l'intelligence vive. Les deux hommes ne peuvent imaginer qu'ils se retrouveront au sommet du pouvoir en 1958, l'un à l'Elysée, l'autre sur le Siège de Pierre. Dès les premiers jours de 1945, le nonce devient une pièce maîtresse pour régler le dossier, toujours pendant, de l'épuration dans l'épiscopat. Il s'en acquittera avec intelligence et fermeté, s'alignant sur la position du pape qui estime que rien de très grave ne peut être reproché aux évêques français. Aussi, quand Georges Bidault lui présentera une liste de « 30 évêques à démissionner », le nonce se bornera-t-il à rayer le 0 d'un trait de crayon ! Mais pour débloquer la situation, de Gaulle a une carte secrète, le philosophe thomiste Jacques Maritain, éminemment respecté au Vatican où il va l'envoyer comme ambassadeur de France.

Contrarié par le refus renouvelé du philosophe de le rejoindre à Londres où il le pressait de se rendre, de Gaulle l'a rencontré au cours de son voyage à New York le 10 juillet 1944. Chaleureusement reçu par le président Roosevelt à Washington, le Général a ensuite fait étape à New York où il a d'abord été accueilli par le maire au City Hall, puis au Waldorf Astoria par les Français de l'Association *France for ever* qui soutiennent son combat. C'est là qu'il a rencontré Jacques Maritain qui, le soir même, a brossé du Général un étonnant portrait dans son journal : « Figure complexe avec sans doute un fond d'angoisse et de scrupule, grande simplicité, du rêve et de la grandeur, une espèce de détachement pour les détails et de fatalisme de chef de bande et de confiance élevée dans les forces nécessaires de l'histoire. Magnanimité et introversion. Quelque chose d'un homme de destin, mais avec de la tristesse, de la gaucherie, peut-être une destinée de sacrifice. Péguy l'aurait aimé. Il me semble infiniment plus sympathique humainement que je n'aurais pensé et du même coup politiquement plus enveloppé de nuages[27]. »

Au cours de leur conversation en tête à tête au milieu de l'assistance, de Gaulle a proposé à Jacques Maritain d'être son ambassadeur auprès du Saint-Siège. « Je tâche d'esquiver, parlant de mon travail, disant que je ne suis pas sûr d'avoir des qualités diplomatiques, écrira-t-il. J'ai peur qu'on me demande du travail pratique. Et j'ai encore des livres à écrire, notamment une grande affaire sur la grâce et la liberté…[28] » De Gaulle n'insista pas mais n'abandonna plus l'idée.

Rentré en France en novembre à bord d'un avion militaire américain, le philosophe a été très ému de retrouver Paris libéré. Il a consacré ses premiers jours à recevoir tous ses amis[29], de grandes figures chrétiennes, comme Louis Massignon « purifié encore par la douleur », Etienne Gilson, Nokolaï Berdiaiev « toujours dans la solitude et la pauvreté », l'abbé Charles Journet « ami sublime, angélique », Stanislas Fumet « admirable et plein d'activité », le père Chaillet, qui a repris les *Cahiers du Témoignage chrétien*, ou encore Emmanuel Mounier, qui dirige désormais la revue *Esprit*.

Quand de Gaulle reçoit Jacques Maritain en audience privée le 29 décembre 1944, il lui dit tout de go : « Tout est à refaire. » Après avoir obtenu la nomination d'un nouveau nonce à Paris, il entend envoyer un signal fort au Vatican, c'est pourquoi il se fait beaucoup plus pressant qu'à New York et agite le drapeau tricolore devant son interlocuteur qui témoignera ainsi : « Accueil très simple, très cordial. A écouté mes raisons, dit qu'il les appréciait et que cependant il me demandait ce sacrifice pour faire quelque chose de grand pour la France. Pour leur faire comprendre que la France est aujourd'hui la chrétienté. Insistance non pas brutale mais profondément et immuablement convaincue. Je n'ai pas vu comment refuser ! Il va donc falloir aller dans quelques semaines à Rome[30]. »

Georges Bidault, très lié à Maritain, lui avait expliqué qu'il ne lui était pas possible de refuser une nouvelle fois d'aider de Gaulle. Il lui avait fait valoir que son crédit auprès du Saint-Siège, l'autorité morale et spirituelle dont il jouissait tant au Vatican que dans les milieux catholiques français étaient des atouts importants pour la France. Que le courage dont il avait fait preuve très tôt en dénonçant, depuis New

York, l'Occupation et les mesures contre les juifs, était un élément capital dans cette période troublée.

Dans une lettre « à Sa Sainteté le Pape » datée du 31 mars 1945, contresignée par Bidault, de Gaulle demande l'accréditation de Maritain en des termes particulièrement empreints de dévotion : « Très Saint-Père, Désirant ne laisser aucune interruption dans les heureuses relations qui unissent la France et le Saint-Siège, j'ai décidé d'accréditer auprès de Votre Sainteté en qualité d'Ambassadeur Extraordinaire et Plénipotentiaire de la République Française M. Jacques Maritain. Les qualités qui le distinguent, son zèle et son dévouement me sont un sûr garant du soin qu'il mettra à obtenir la confiance de Votre Sainteté et mériter ainsi mon approbation. C'est dans cette conviction que Je prie Votre Sainteté d'accueillir M. Jacques Maritain avec bienveillance, d'ajouter foi et créance entière à tout ce qu'il Lui dira de ma part et surtout lorsqu'il Vous exprimera, Très Saint-Père, les assurances de mon filial dévouement. » Signé : C. de Gaulle.

Le pape accepte aussitôt la nomination de Jacques Maritain mais celui-ci est un peu chagriné de devoir mettre ses travaux philosophiques entre parenthèses. S'il obéit, dit-il, c'est qu'il voit dans cette mission « la volonté de Dieu ». Le jour de son arrivée à Rome, il fera une déclaration qui exprime parfaitement les sentiments du président du Gouvernement provisoire : « Je me sens fortifié par l'affection paternelle dont Sa Sainteté. Pie XII a maintes fois déjà [...] donné la preuve à notre pays. La France a vécu quatre années d'agonie, elle s'est relevée dans sa liberté reconquise et dans la conscience de sa vocation.

Ses liens traditionnels avec la plus haute puissance spirituelle, qui domine les siècles et qui défend dans le monde la sainteté des principes éternels, lui sont plus chers que jamais[31]. »

Le discours que prononce Jacques Maritain le 10 mai 1945 lors de la présentation de ses lettres de créance au pape – un texte qui ne peut pas ne pas avoir été préalablement communiqué au Général – marque sans doute les limites de ce qu'un Etat laïc peut s'autoriser, car c'est bien le nouveau représentant de la France et non le philosophe chrétien qui s'exprime. « Dans mon amour pour l'Eglise et mon amour pour mon pays, j'ai la fidèle confiance, que j'exprime devant Dieu dans ma plus fervente prière et qui me guidera au cours de ma mission, que l'Eglise aidera et bénira l'effort de la nation qui se glorifie d'être appelée sa fille aînée, et que le cœur généreux de Votre Sainteté ouvrira plus largement que jamais à cette France antique et nouvelle, travaillée par le levain de l'Evangile, les trésors d'une affection dont le peuple français a déjà eu maintes fois la preuve… »

Jacques Maritain va plus loin en indiquant à Pie XII le sens de la politique que le Général entend mettre en œuvre : *Opus justitiae pax.* Dans l'organisation de la paix future et le travail de reconstruction, la France sera guidée par le souci de la justice et du bien de la communauté civilisée, et par le souci de faire prévaloir dans le monde le respect de la personne humaine et de ses droits […]. C'est pour elle un inestimable gage d'espérance de penser que son idéal pour la reconstruction de l'univers civilisé est en accord avec les principes formulés par Votre Sainteté dans les encycliques et les discours que le monde entier a écoutés avec vénération [...].

« La France ne se fait pas d'illusion sur les difficultés dont notre âge aura à triompher, soutient Maritain. Elle sait que la guerre, après sa conclusion militaire, risque de se continuer sous d'autres formes, d'ordre moral et spirituel, où le nihilisme païen qui compte follement sur la fécondité du mal prendra tous les masques afin de semer partout des germes de corruption, de haine et de désintégration morale [...]. Elle sera à sa place dans ce combat. Nourrie [...] des leçons et de l'idéal de la chrétienté, c'est ma conviction que la flamme qu'elle tient de sa vocation historique, son action dans le monde et l'idéal temporel qu'elle poursuit des espoirs majeurs de cette civilisation vraiment humaine et vraiment universelle, de cette chrétienté, pour l'appeler de son nom chrétien, dont la vie et la tradition perdurables se rénovent de siècle en siècle...[32] »

Pour régler son dossier le plus urgent, le philosophe va se servir d'un « mémoire confidentiel » sur le comportement des évêques français pendant la guerre, qui va lui parvenir en mai 1945, un mois après sa prise de fonction. Ce mémoire, rédigé par le R.P. de Lubac, aidé, semble-t-il, par son ami le père Chaillet (ce point fait encore polémique et justifie le conditionnel), est très accablant pour l'épiscopat et certains prêtres. Maritain est blessé par ce qu'il apprend mais veut s'en tenir à ce qu'il a écrit dans le *Courrier français du Témoignage chrétien*, fin décembre 1944, lorsqu'il affirmait que, si certains prélats avaient adopté un comportement condamnable, à la même époque, « traqués par les Allemands et par la police de Vichy, des chrétiens disaient intrépidement la vérité, sauvaient l'honneur de l'Eglise et l'espoir des hommes en l'Evangile[33] ».

QUAND DE GAULLE CALME BIDAULT

La position du Général sur l'épuration dans le clergé apparaît clairement à ceux qui l'entoure : les sanctions qui pourront viser individuellement les hommes d'Eglise doivent se fonder sur des faits vérifiés, être proportionnées aux fautes et ne pas nuire à l'institution elle-même ni aux bonnes relations avec le Saint-Père. « J'ai souvent pensé qu'il faisait la même distinction entre le clergé et l'Eglise qu'entre les Français et la France », estime le colonel d'Escrienne, son dernier aide de camp[34].

Pour choisir le fonctionnaire qui va conduire ce dossier sensible avec le sérieux et la modération nécessaires, de Gaulle et son ministre de l'Intérieur, le socialiste Adrien Tixier – un laïc si loin de l'Eglise qu'il avait beaucoup de peine à en comprendre les problèmes – vont faire confiance au père Maydieu, le très influent dominicain qui dirige le centre Latour-Maubourg, *La Vie intellectuelle* et les éditions du Cerf. Le religieux, qui avait déjà présenté Edmond Michelet à de Gaulle, propose la nomination d'André Latreille à la direction des Cultes. Latreille est professeur d'histoire moderne à l'université de Poitiers. Il a acquis par ses travaux une expertise en matière de démissions épiscopales. Il est catholique, gaulliste et ses relations d'amitié avec le père Maydieu se sont nouées dans la clandestinité. Sa nomination est aussitôt entérinée et il est reçu le 12 novembre 1944 par Adrien Tixier, après avoir assisté la veille au défilé historique organisé sur les Champs-Elysées où une foule immense a ovationné de Gaulle et Churchill côte à côte.

Au cours de l'entretien, dira Latreille, « le ministre insiste sur l'intention du gouvernement – ce qui signifiait naturellement du général de Gaulle – de rétablir la légalité républicaine, mais de façon à faire fonctionner le régime des Cultes dans une atmosphère de concorde avec les Eglises ». Quand Latreille indique que l'éviction du nonce va avoir comme contrepartie la réduction du nombre des évêques sanctionnés, Adrien Tixier se montre choqué par une telle explication. Il en oublie d'informer le nouveau conseiller de la liste des prélats déjà rencontrés par de Gaulle au cours de ses voyages en province et même de la mission envoyée au Vatican pour demander le changement du nonce. Décidément, ces « affaires de curés » sont totalement étrangères au ministre SFIO. Latreille va devoir travailler sans information, avec les seules archives de Sauret, son prédécesseur à la direction des Cultes… sous Vichy, car les dossiers sur les affaires religieuses d'avant 1939 ont été égarés. On ne les retrouvera jamais[35].

Seul, sans relations politiques à Paris, c'est curieusement sur des religieux que va s'appuyer Latreille pour régler les problèmes de l'Eglise ! Sans jamais s'interroger sur le possible manque d'objectivité de ses contacts, il écrira : « Le père Maydieu, responsable de ma nomination aux Cultes, ne m'abandonnait pas, et la maison dominicaine de Latour-Maubourg, avec les pères Dubarle, Serrand, Carré, etc., hommes admirables d'équilibre, d'indépendance, d'ouverture et de désintéressement, allait m'offrir mes conseillers les plus habituels. J'en pourrais presque dire autant de la maison jésuite des *Etudes*, dirigée par un prêtre d'une distinction égale à son ardeur et à sa simplicité d'accès, le père d'Ouince, et où se trouvaient quelques-uns des premiers rédacteurs de *Témoignage chrétien* et des spécialistes de l'ecclésiologie. Je pense que c'est par Maydieu que j'appris à connaître l'homme qui devait devenir mon meilleur guide ès questions ecclésiastiques [...] : Alfred Michelin, qui avait si bien fait ses preuves de résistant à la direction de *La Croix* sous l'Occupation... Par son intermédiaire, j'entrai en relations avec Pierre-Henri Teitgen, ministre de l'Information [...], avec Jean Letourneau, son directeur de cabinet, un des meilleurs connaisseurs du personnel ecclésiastique et des milieux démocrates-chrétiens ; enfin avec Hubert Beuve-Méry, qui allait fonder *Le Monde*, et dont l'intégrité et l'autorité m'inspirèrent vite une amitié qui ne laisserait plus de s'approfondir[36]. »

André Latreille se souvient avoir entendu son grand ami Georges Bidault, au temps de la clandestinité, se prononcer pour « une épuration drastique dans le haut clergé ». On lui dit que les dispositions du nouveau ministre des Affaires étrangères à l'égard des évêques sont « plus implacables que celles du Général ». Il a donc hâte d'en savoir plus sur « l'étendue des sacrifices » demandés par son ami et sur « les moyens de procédure par où il se flattait d'aboutir ». A peine installé dans ses fonctions, Latreille reçoit une très longue note de Bidault, datée du 26 juillet 1944 mais ne portant pas sa signature. Ce sera longtemps le seul document écrit dont il disposera pour conduire sa mission.

« S'il n'existe pas d'évêques français auxquels puisse s'appliquer la qualification de "collaborationnistes", il n'en est pas moins évident que leur soumission générale, enthousiaste chez certains, aux consignes de Vichy, en a mené un bon nombre à prendre publiquement des positions favorables aux thèmes de la propagande allemande en France, à tout le moins aisément exploitables par elle, quand leur autorité ne s'engageait pas plus directement au service de cette propagande », explique la note de Bidault qui précise : « Cette position a été prise dans l'espoir de sauver les œuvres, d'obtenir de Vichy des faveurs, en particulier pour les écoles libres, sans que les responsables se soient toujours rendu compte qu'ils servaient ainsi le premier désir de Vichy, en quête d'une clientèle, et se montraient prêts, pour l'obtenir, à paraître rééditer la politique de l'Ordre moral. »

« Dans les premières années du régime, nombre d'évêques ont ainsi fait un devoir de conscience à tous les catholiques, non seulement d'obéir à Vichy, mais de le soutenir en tout, donnant ainsi une consigne politique. Certains ont poussé cette attitude jusqu'à des déclarations démesurées d'attachement à la personne du Maréchal (Lyon, Marseille, Reims, Nancy...). D'aucuns ont interdit l'audition des "radios étrangères" (Aix...), la lecture de publications clandestines, en particulier *Témoignage chrétien* (Montpellier), condamné l'action clandestine de "théologiens sans mandat" (Aix, Clermont-Ferrand, Le Puy...), d'autres ont tenu au moment de la campagne des nazis contre le bolchevisme à rappeler les condamnations pontificales contre le communisme antichrétien, sans rappeler en même temps l'encyclique *Mit Brennender Sorge*. Il en est qui ont accepté de justifier chaque point du programme politique de Vichy (Bordeaux...) et qui ont publié des pastorales ou fait des déclarations faisant aux jeunes un devoir de conscience de répondre aux convocations pour le Travail obligatoire en Allemagne (Clermont-Ferrand, Le Puy, Viviers, Mende, Rodez, Montpellier, Lille, coadjuteur Cambrai...). Le "terrorisme" et les bombardements aériens firent l'objet de pastorales de condamnation sans nuances ni réserves. En particulier les obsèques de victimes de bombardements furent l'occasion de manifestations véhémentes, parfois loin des lieux sinistrés (par exemple : Dijon pour Billancourt) ».

L'acte d'accusation de Bidault est précis et documenté, nourri des informations fournies par ses réseaux à l'ancien président du CNR. S'en dégage clairement une volonté d'arriver à des sanctions sévères. La suite de son rapport indique les noms des prélats compromis car, précise-t-il, « ... ce qui eut surtout du retentissement en France, ce furent les manifestes collectifs de l'Assemblée des cardinaux et archevêques de France, savamment utilisés par la propagande ennemie, quelles qu'aient pu être les habiletés de plume de leurs auteurs. [...] C'est à ce propos qu'apparaît surtout la responsabilité de ceux qui jouent les grands rôles à cette Assemblée ou dans sa préparation : S. Em. le cardinal Suhard, archevêque de Paris, S. Exc. Mgr Courbe, évêque auxiliaire de Paris, secrétaire général de l'Action catholique française, Mgr Chappoulie, délégué des cardinaux et archevêques à Vichy ».

« Enfin, certains évêques ont encouru des responsabilités dans le domaine de la presse. La parution généralement continuée des *Semaines religieuses* et d'autres organes d'œuvres les a soumis à la censure et conduits à accepter dans leurs colonnes des articles tendancieux. Il convient de signaler particulièrement en la matière le cas de l'archevêque de Bordeaux. Deux prêtres de son diocèse, auxquels il aurait pu retirer l'autorisation de publier, éditent des journaux notoirement favorables à l'ennemi : l'abbé Bergey – *Soutanes de France* –, le chanoine Peuch, membre du Conseil archiépiscopal – *La Liberté du Sud-Ouest* – et, en collaboration avec Paul Lesourd, *Voix françaises.* »

Georges Bidault n'oublie pas de souligner que « ce qui a le plus scandalisé l'opinion française, c'est le silence conservé par l'épiscopat de France en face d'atteintes portées par l'occupant et par Vichy aux droits les plus sacrés des consciences des personnes, sa décision ayant été bien arrêtée de ne pas contrarier la politique de Vichy par des manifestations qui auraient rallié autour de lui l'ensemble des Français. Il suffit de se souvenir du succès qui fut fait aux évêques qui se décidèrent à protester contre les persécutions infligées aux Juifs. Les Français attendaient de l'épiscopat de France, comme ils savaient que les épiscopats belge, hollandais et allemands l'avaient fait, un témoignage qui n'a pas été porté ».

Le rapport note encore que nombre de prélats qui ont soutenu Vichy sont tout prêts à « prêcher le ralliement aux autorités nouvelles » et souligne le risque, en cas d'absence de sanctions, de campagnes antireligieuses qui nuiraient à la volonté d'unir la nation. Bidault insiste sur le fait que l'épiscopat français ne semble nullement mesurer la gravité de la situation qu'il a créée.

« Il semble donc indispensable, la démission collective de l'épiscopat français paraissant difficilement réalisable, que quelques exemples soient faits [...]. Pour éviter, précise-t-il, que ces exemples soient trop nombreux, le mieux serait qu'ils frappent très haut, ce qui serait plus significatif pour l'opinion. Mais il est vraisemblable que le Saint-Siège répugnera à laisser porter atteinte aux cardinaux, considérés comme des "princes de sang". Il convient donc que le gouvernement négocie avec le Saint-Siège...[37] »

Georges Bidault précise encore que l'opinion comprendrait mal que le chapeau cardinalice soit conféré aux archevêques de Bordeaux et de Reims, de même que toute distinction accordée au R.P. Gillet, maître général des dominicains à Rome, « serait cause de scandale ». Il recommande de signaler « tout de suite » au Vatican que certains ecclésiastiques, tant réguliers que séculiers, seront « justiciables des tribunaux chargés de réprimer la trahison ». Figurent parmi eux, outre Mgr Mayol de Luppé (écrit avec deux p), aumônier de la L.V.F., l'abbé Bergey et le chanoine Peuch, déjà cités, l'abbé Polimann, député, le chanoine Renaud, curé à Paris, le R.P. Forestier, aumônier général des Scouts de France, le R.P. George, le R.P. Bruno, carme...

A sa note, il a joint trois listes de prélats, toutes trois datées du 26 juillet 1944. La liste « A » comporte les noms des vingt-deux « monseigneurs » dont il faut absolument obtenir le départ. La liste « A bis » y ajoute deux dignitaires à exclure dans la mesure du possible. La liste « B » donne le nom de six « évêques dont la promotion à un siège archiépiscopal serait souhaitable » et de vingt-deux « prêtres dont l'élection à un siège épiscopal serait souhaitable ». On remarquera que le nombre des prêtres à promouvoir est strictement le même que celui des prélats à écarter[38]...

C'est le nom de Mgr Suhard, cardinal-archevêque de Paris, qui arrive en tête des bannis de la liste « A », suivi de son archevêque auxiliaire, Mgr Beaussard, de Mgr Courbe, évêque auxiliaire de Paris pour son rôle au secrétariat général de l'Action catholique, des archevêques, Mgr du Bois de la Villerabel (Aix), Mgr Feltin (Bordeaux), Mgr Guerry (coadjuteur à Cambrai), Mgr Marmottin (Reims), des évêques, Mgr Auvity (Mende), Mgr Brunhes (Montpellier), Mgr Caillot (Grenoble), Mgr Challiol (Rodez), Mgr Chevrier (Cahors), Mgr Couderc (Viviers), Mgr Delay (Marseille), Mgr Dutoit (Arras), Mgr Fleury (Nancy), Mgr Martin (Le Puy), Mgr Piguet, alors « emprisonné » (Clermont-Ferrand), Mgr Rambert Faure (Saint-Claude), Mgr Rodié (Agen), Mgr Sembel (Dijon) et Mgr Serrand (Saint-Brieuc).

Mgr Gerlier, cardinal-archevêque de Lyon et Mgr Liénart, cardinal-évêque de Lille sont les seuls à figurer sur la liste « A bis », celle des prélats qu'il faut chasser dans la mesure du possible.

Le travail d'André Latreille est très délicat. Comme il l'écrira à propos de ces listes, « est-il besoin d'en souligner l'aspect assez singulier, avec son mélange de vues judicieuses et de mises en cause hasardées, de modération dans le ton et de prétentions exorbitantes ? ». Eclairé, influencé par ses amis dominicains ou jésuites, il retient que des responsables d'Eglise ont été dénoncés à partir d'un sermon ou d'un écrit qui a choqué, mais sans que fût mis dans l'autre plateau de la balance leur comportement pour dénoncer les persécutions juives ou protéger des résistants. C'est le cas notamment de MMgrs Gerlier et Liénart. Ou encore de Mgr Delay, très en pointe pour dénoncer les déportations de juifs. Ou de Mgr Piguet, non pas « emprisonné » comme l'indique la note de Bidault mais déporté par les Allemands à Dachau.

Dans une note à son ministre qui sera transmise au Général, Latreille calme le jeu en préconisant de limiter l'épuration aux cas les plus graves et de prendre les mesures dès que possible. Traîner ne peut qu'envenimer les choses. Mais il estime que seules les voies canoniques sont possibles, le gouvernement ne pouvant absolument pas agir sans le pape, seul habilité à pouvoir retirer à un évêque la juridiction qu'il lui a confiée. Il faut à la fois agir sans attendre auprès du Vatican et auprès de son représentant, le nonce à Paris, car déjà les prélats organisent leur défense. Secrétaire de l'Assemblée des cardinaux et archevêques, Mgr Guerry publie à Lille une brochure sur « Le rôle de l'épiscopat français sous l'occupation allemande » qui, estime Latreille, relève du « genre apologétique le plus contestable ». Quand il reçoit Mgr Chappoulie, ancien délégué de l'épiscopat auprès du Maréchal à Vichy, il l'entend même regretter la venue de De Gaulle à Notre-Dame le 26 août ! Quant à Mgr Gerlier, il s'exprimera devant lui avec beaucoup de sévérité sur la politique gouvernementale d'épuration. Même les plus compromis des prélats ne sont pas disposés à se faire épurer sans combattre.

Le 30 janvier 1945, alors que cette affaire traîne et empoisonne les relations entre Paris et le Vatican, de Gaulle décide de recevoir lui-même André Latreille. Pour la première et la dernière fois. L'entretien dure une demi-heure. « Le Général écoute, très calme, froid [...] Il me laisse parler, puis il convient qu'il ne s'agit que d'une opération limitée, quatre ou cinq ; mais il ne semble pas concevoir la difficulté de réunir des documents et de se présenter fort en face du partenaire romain. Cela lui paraît simple... », consigne le conseiller, le soir même, dans son journal.

De Gaulle assume pleinement la responsabilité de jouer la carte de l'apaisement, ce qui rassure Latreille que Bidault avait sommé, quelques jours plus tôt, de lui fournir une liste de « dix ou douze noms ». C'était deux fois moins que dans sa note de juillet, mais beaucoup trop encore aux yeux du Général qui ne confond pas la force et la permanence du message chrétien – qu'il faut absolument préserver de tout discrédit – avec le comportement des hommes, ainsi qu'il l'écrira dans une lettre du 12 juin 1967 à l'académicien René de la Croix, duc de Castries, qui lui a fait parvenir son livre *Orages de l'Eglise* : « Les crises dramatiques dont vous faites le récit dans votre livre [...] sont assurément saisissantes par la comparaison qu'elles démontrent entre la mission spirituelle et morale de la chrétienté et la faiblesse naturelle des hommes de tous les temps[39]. »

Plusieurs rencontres seront nécessaires entre le nouveau nonce, Mgr Roncalli, et André Latreille pour convaincre le Vatican, d'abord hostile à toute sanction, d'accepter des mesures d'éloignement, en très petit nombre, pour le haut clergé le plus exposé.

A son arrivée à l'ambassade de France près le Saint-Siège, Jacques Maritain, soutenu par Mgr Montini qui suit le dossier, va conduire le pape à accepter, le 29 mai 1945, le principe du départ de quelques évêques en recevant la démission spontanée, ou plutôt raisonnée, des plus compromis. La cause finalement retenue est celle de l'*odium plebis* (l'hostilité des fidèles qui empêche tout ministère), ce que le Vatican traduit pudiquement par « le bien de la paix » au sein de l'Eglise. La liste acceptée le 27 juillet suivant à Rome par Pie XII et à Paris par le nonce se limite à sept évêques : Mgr de la Villerabel (Aix) et Mgr Dutoit (Arras) qui avaient dénoncé « les rapines et les vengeances des bandits » de la Résistance, Mgr Auvity (Mende) pour avoir interdit à ses séminaristes d'entrer dans la clandestinité et Mgr Beaussart, archevêque auxiliaire de Paris, trop proche de l'occupant. A ces quatre évêques métropolitains s'ajoutent les vicaires apostoliques de Rabat, Mgr Vielle, de Saint-Pierre-et-Miquelon, Mgr Poisson, et de Dakar, Mgr Grimaud. Quant à Mgr Serrant, évêque de Saint-Brieuc, qui a critiqué en termes peu choisis le débarquement allié, il se voit, contre son gré, flanqué d'un coadjuteur. Il a été sauvé grâce à l'intervention de résistants, dont son neveu, le R.P. Fleury, jésuite, qui s'est illustré au sein de la résistance poitevine en protégeant les Gitans traqués par les nazis.

Les « démissionnaires » recevront une pension prélevée sur leur ancien diocèse et non sur des ressources d'Etat, comme cela avait été initialement demandé par le Saint-Siège. Le garde des Sceaux met fin immédiatement à l'action judiciaire qui avait été engagée contre Mgr Dutoit à la demande des résistants diffamés.

Cette décision tardive du Vatican avait fini par provoquer beaucoup d'impatience dans les milieux catholiques. En témoigne l'entretien accordé à *Temps présent* le 16 mars 1945 par le R.P. Carrière, vice-président de l'Assemblée consultative : « Les mêmes hommes sont demeurés aux mêmes postes, manifestant extérieurement une évolution qui n'est pas réelle. Les aumôniers de certains mouvements ou de certaines écoles qui avaient outrageusement appuyé Vichy et lutté contre ce qu'ils appelaient la dissidence sont toujours en place. Les mêmes qui conduisaient leurs troupes de jeunes gens au chant de *Maréchal, nous voilà* président encore à leur formation… Quand on ne voit aucun signe de compréhension ou même de regret chez tant qui se sont si lourdement et si constamment trompés, comment voulez-vous que le crédit de confiance obtenu par la Résistance catholique ne s'épuise pas[40] ! »

Reste maintenant à de Gaulle – qui a gagné la première manche, celle de la modération – à veiller à la nomination des nouveaux cardinaux au moment où Pie XII veut compléter le Sacré-Collège. La France n'a plus que trois cardinaux résidentiels alors que la tradition lui en accorde généralement cinq ou six. Les bonnes relations désormais établies avec le nonce Roncalli conduisent à lui faire passer le message : le nouveau gouvernement français verrait d'un bon œil l'élévation à la pourpre cardinalice de l'héroïque Mgr Saliège de Toulouse, de Mgr Petit de Julleville de Rouen et Mgr Roques de Rennes. Mais cette simple suggestion fâche Mgr Roncalli qui soutient n'avoir aucun pouvoir sur la nomination des cardinaux, laquelle relève du pape et de lui seul. Il se limite à faire observer que Mgr Saliège, âgé et paralysé, ne pourrait pas se rendre à Rome pour y remplir ses devoirs. Le souci de ne pas marcher sur les plates-bandes du pape avait déjà été avancé en mai 1945 par Mgr Montini, le plus proche conseiller de Pie XII, lorsque Jacques Maritain, nouvellement installé dans son ambassade, était allé lui expliquer que le Général considérait que certains des évêques dont les noms étaient évoqués pour le cardinalat (MMgrs Feltin, Grente, Marmottin et le père Gillet) étaient des hommes trop proches de Pétain.

Les liens très étroits et fraternels noués au Vatican entre Jacques Maritain et le cardinal Tisserant ainsi qu'avec d'autres membres influents de la Curie, notamment Mgr Montini, ne sont sans doute pas étrangers à l'excellente nouvelle qui est directement portée au Général : le pape a décidé de créer trois nouveaux cardinaux français et son choix s'est porté sur ses trois « favoris » ! De Gaulle vient de gagner la seconde manche. L'élévation à la pourpre cardinalice de MMgrs Saliège, Petit de Julleville et Roques sera effective à la date du 26 février 1946, marquant ainsi la fin du long épisode de l'épuration épiscopale.

Les évêques de la liste « B », que Georges Bidault souhaitait voir élevés au rang d'archevêques, seront vite oubliés. De MMgrs Blanchet (Saint-Dié), Debray (Meaux), Heintz (Metz), Mathieu (Aire et Dax), Terrier (Tarentaise) et Théas, (Montauban), encore interné quand son nom fut cité, aucun ne bénéficiera de la promotion souhaitée.

Quant aux prêtres cités dans cette même note pour être élus à un siège d'évêque, trois d'entre eux, toulousains, avaient été internés : Mgr Bruno de Solages, recteur des facultés catholiques de la ville, l'abbé Jeze, directeur des Œuvres et son adjoint, l'abbé Garail. Trois autres avaient été déportés : l'abbé Bourgeois, professeur au grand séminaire de Besançon, l'abbé Richard, sulpicien, professeur à la faculté de théologie de Lyon et le chanoine Ségala, également professeur mais à celle de Périgueux. D'autres s'étaient distingués par leur courage dans leurs fonctions d'encadrement de la Jeunesse ouvrière catholique ou au sein de la Mission de France. Mais aucun ne portera jamais la mitre d'évêque…

En conscience, face à la peine de mort

L'épuration, beaucoup plus sévère, qui touche tous les grands secteurs de la vie nationale va obliger de Gaulle à l'exercice du droit de grâce, c'est-à-dire du pouvoir régalien du refus du pardon et de la peine de mort. Il ne l'ignore pas, chaque refus d'accorder la grâce va l'exposer à des critiques que certains vont exploiter pour mettre en doute sa foi chrétienne. Pourtant, il ne veut déléguer cette responsabilité à personne, ainsi qu'il le dit catégoriquement à son chef de cabinet, René Brouillet, qui avait envisagé de transférer cette prérogative régalienne au ministre d'Etat, Jules Jeanneney, ou au Conseil supérieur de la magistrature : « L'exercice du droit de grâce est la prérogative la plus haute d'un chef d'Etat, qui n'a de comptes à rendre qu'à Dieu. Comment avez-vous pu l'oublier ? », lui dira de Gaulle dont on remarquera qu'il n'a de comptes à rendre qu'à Dieu !

Le père François de Gaulle se souvient d'avoir parlé plusieurs fois de ce sujet avec son oncle. « Le Général admettait que dans certains cas, l'application de la peine de mort se justifie parfaitement ; que dans certains moments dramatiques, quand des centaines et des centaines de vies sont en jeu, l'application de la peine capitale, quand elle est codifiée, fait partie de ce qu'il faut faire. Mais pour lui, il me l'avait dit, c'était un cas de conscience excessivement difficile. Il regardait chaque cas avec beaucoup d'attention et s'interrogeait parfois longtemps pour savoir à quel moment user ou ne pas user du droit de grâce[41]. » Selon le religieux, la peine de mort ne posait pas un problème particulier à son oncle spécifiquement en regard de sa foi chrétienne car il est clairement précisé dans le catéchisme que « l'enseignement traditionnel de l'Eglise n'exclut pas, quand l'identité et la responsabilité du coupable sont pleinement vérifiées, le recours à la peine de mort si celle-ci est l'unique moyen praticable pour protéger efficacement de l'injuste agresseur des êtres humains ».

En plus des contumaces, 2 071 condamnations à mort vont être prononcées par les cours spéciales de justice. Chaque condamnation va faire l'objet d'un examen et d'un avis de la commission des grâces du ministère de la Justice puis d'un avis motivé du garde des Sceaux, François de Menthon, un ancien militant de l'Action catholique de la jeunesse française (ACJF), cofondateur de la Jeunesse ouvrière chrétienne. Eminent juriste, Menthon a fondé le mouvement Combat avec Henri Frenay puis il a travaillé avec Jean Moulin aux réformes juridiques à mettre en place à la Libération. Ce catholique convaincu, père de six enfants, partage la volonté du Général quant à la nécessité d'une épuration conduite de façon maîtrisée et justifiée, selon les règles du droit. Très attaqué par les communistes partisans d'une épuration massive, il sera conduit à la démission le 8 mai 1945.

A propos des dossiers de condamnation, Charles de Gaulle écrira : « Je les ai tous étudiés, directement assisté que j'étais par le conseiller Patin, directeur des affaires criminelles et des grâces à la Chancellerie, et recevant les avocats chaque fois qu'ils en faisaient la demande. Rien au monde ne m'a paru plus triste que l'étalage des meurtres, des tortures, des délations, des appels à la trahison, qui venaient ainsi sous mes yeux. En conscience, j'atteste, qu'à part une centaine de cas, tous les condamnés avaient mérité d'être exécutés. Pourtant, j'accordai la grâce à 1 303 d'entre eux, commuant, en particulier, la peine de toutes les femmes, de presque tous les mineurs, et, parmi les hommes, de la plupart de ceux qui avaient agi d'après un ordre formel et en exposant leur vie. Je dus rejeter 768 recours. C'est qu'alors il s'agissait de condamnés dont l'action personnelle et spontanée avait causé la mort d'autres Français ou servi directement l'ennemi[42]. »

Le président Maurice Patin, dont le service verra passer 69 688 dossiers de demande de grâce entre le 20 août 1944 et le 31 juillet 1946, a précisé que de Gaulle a accordé personnellement 20 320 des 29 678 mesures de clémence, les autres ayant été signées par ses successeurs après son départ du gouvernement en janvier 1946. Pour les condamnations à mort, de Gaulle recevait Maurice Patin seul à seul, la première fois le 25 septembre 1944 pour examiner les condamnations des militaires qui avaient déserté ou trahi.

« Le Général était assis devant son bureau et fumait une cigarette. Il se leva, très grand, un peu raide, fixa sur moi son regard perçant dans lequel paraissait se mêler quelque tristesse ou quelque lassitude [...]. Il gracia plusieurs militaires qui avaient abandonné leur poste en disant : "C'est un coup de cafard"... », racontera le président Patin[43]. Puis, le nombre des dossiers relatifs aux condamnés à mort devenant trop important, le Général a décidé de les examiner tard le soir, chez lui, loin du tumulte. « ... ce fut presque toujours à la villa du bois de Boulogne, le soir à 22 h 15, quelquefois même à 23 heures, que le Général me reçut [...]. Le Général était toujours calme, impassible [...] Il prenait sa décision sur-le-champ [...] Le Général parlait très peu. Un mot seulement de temps en temps pour demander confirmation d'un détail [...] Le Général était d'une intelligence à la fois très aiguë et très droite. »

Le haut magistrat témoignera encore : « En ma présence, le Général a statué sur le sort de centaines de condamnés à mort, avec une sûreté de jugement, une clairvoyance et une hauteur de vue qui m'impressionnaient, à quoi se mêlait une sensibilité qui se dissimulait mal sous une apparente rigueur [...]. Il ne décidait que d'après sa conscience, et sa conscience était telle qu'à plusieurs reprises, après avoir signé dans la nuit l'ordre de fusiller un condamné, il me pria le lendemain de surseoir à l'exécution et de lui rapporter le dossier pour un nouvel examen. »

Cette mansuétude, cette « volonté de réintégrer dans la communauté nationale ceux qui avaient seulement été dévoyés par l'odieux régime de Vichy », selon Jean-Jacques de Bresson, secrétaire du président Patin[44], provoque le mécontentement dans les milieux de la Résistance. Elle renvoie pourtant à l'exigence de réconciliation entre les Français et au nécessaire pardon auxquels le Général est très attaché, ainsi qu'il l'exprima à sa façon dans ses écrits : « Il faut qu'un jour nous puissions, sauf pour les criminels, voir la France retrouver ceux qui ont été trompés. Il faut qu'un jour nous puissions lui dire, comme Péguy : "Mère, voyez vos fils qui se sont tant perdus ! qu'ils ne soient pas jugés sur quelque basse intrigue ! qu'ils soient réintégrés comme l'enfant prodigue ! qu'ils viennent s'écrouler entre deux bras tendus !" »

L'amiral Philippe de Gaulle témoigne de cette volonté : « Ceux qui l'accusent d'avoir laissé s'accomplir tous les dénis de la terre auraient dû vivre cette époque à ses côtés. Ils auraient vu comment il réagissait chaque fois qu'il entendait qu'un tribunal avait manqué d'équité ou qu'une erreur d'enquête avait été commise. Ma mère aurait pu en témoigner, elle qui le voyait quelquefois rentrer, le soir, furieux ou attristé, réprouvant tel jugement ou plaignant tel condamné [...]. Mais les moments les plus pénibles survenaient quand mon père devait exercer son droit de grâce. Ma mère se souvenait de certaines fois où elle le voyait marcher et marcher après le dîner dans le grand salon de leur résidence [...], tourmenté par la décision qu'il allait devoir prendre, incapable d'aller rejoindre leur chambre[45]. »

« Il a toujours été très indulgent avec les femmes. Il les a toutes graciées systématiquement. Il expliquait : "La femme s'adapte à un monde. Ce n'est pas elle qui choisit les événements. Elle en est la victime". » Plus tard, le Général précisera à Alain Peyrefitte : « Il y a quelque chose de sacré dans la femme. Elle peut devenir mère. Une mère, c'est beaucoup plus qu'un individu. C'est une lignée. Il faut respecter dans la femme les enfants qu'elle peut avoir [...]. C'est sur les femmes que repose le destin de la nation[46]. »

Philippe de Gaulle affirme que sa mère était plus sévère envers les femmes : « Elles ont une conscience comme les hommes, disait-elle. Elles sont donc tout aussi responsables de leurs actes. » Par exemple, « elle n'excusait pas celles dont on rasait la tête pour avoir couché avec l'occupant, tout en blâmant la punition ».

La première fois que de Gaulle a été confronté à l'exercice du droit de grâce, c'était à Alger, en mars 1944, à propos de Pierre Pucheu. Engagé en 1934 dans les Croix-de-Feu derrière le colonel de La Rocque puis, en 1936, derrière Jacques Doriot au Parti populaire français (PPF), Pucheu avait été plusieurs fois secrétaire d'Etat de Vichy dont il était devenu le ministre de l'Intérieur en août 1941, créant les sinistres Sections spéciales chargées de juger en urgence les « terroristes » qui commettaient des actes de commando contre l'occupant. En novembre 1942, après avoir pris des contacts avec la Résistance, Pierre Pucheu avait décidé de changer de camp, passant par l'Espagne pour rallier l'Afrique du Nord. Il avait alors écrit au général Giraud pour s'engager dans une unité combattante au Maroc, recevant un accord de ce dernier, à la condition de prendre un nom d'emprunt et de s'abstenir de toute activité politique.

Pucheu était à Casablanca depuis moins d'une semaine quand Giraud, qui le trouvait trop visible, l'avait fait placer en résidence surveillée. Premier membre du gouvernement de Vichy à être traduit devant un « tribunal d'armée », il devait être condamné à mort pour avoir fourni aux Allemands la liste des résistants détenus à Chateaubriant, lesquels devaient être – « de préférence » – exécutés en représailles des attentats qui avaient visé leurs gradés de l'armée d'occupation. Il était aussi reproché à Pucheu d'avoir envoyé aux préfets une circulaire leur demandant de fournir à l'occupant les listes de travailleurs qu'il réclamait.

A Giraud qui lui demande de surseoir à l'exécution de Pucheu, de Gaulle oppose un refus immédiat : « La raison d'Etat exige un rapide exemple, écrira-t-il dans ses *Mémoires de guerre*. C'est le moment où la Résistance va devenir, pour la prochaine bataille, un élément essentiel de la défense nationale [...] Il faut que nos combattants, il faut que leurs adversaires, aient sans délai la preuve que les coupables ont à répondre de leur actes. »

Dans ses dernières paroles, Pucheu déclare à propos de De Gaulle : « Celui-là, qui porte aujourd'hui l'espérance suprême de la France, si ma vie peut lui servir dans la mission qu'il accomplit, qu'il prenne ma vie ! Je la lui donne. » Le 20 mars 1944, face au peloton d'exécution, le condamné a lui-même commandé le feu... La veille, recevant son avocat, de

Gaulle l'avait chargé de dire à Pucheu qu'il lui gardait « toute son estime » et qu'il s'engageait à agir personnellement pour que l'éducation de ses enfants soit assurée. Pour motiver son refus de le gracier, le Général a fait dire à Pucheu que « dans le drame que nous vivons, que la France vit, alors que tout le monde souffre, nos personnes ne comptent pas, notre seul guide doit être la raison d'Etat... ». Dans ses *Mémoires de guerre*, à propos de cette première grâce refusée, de Gaulle précisera encore que les hommes ne jugent que les actes. « Mais ensuite ? Ensuite ? Ah ! Que Dieu juge toutes les âmes ! Que la France enterre tous les corps ! »

Les interventions se multiplient pour tenter d'arracher des grâces, tel ce député communiste qui plaide en faveur d'un jeune de dix-huit ans qui avait combattu dans les LVF ou ce curé-député qui dépose chaque jour un paquet de demandes de grâce signées de sa main et qu'il a collectées auprès de ses collègues à l'Assemblée nationale[47]. Le R.P. Bruckberger intervient aussi très régulièrement auprès de De Gaulle. Il aurait obtenu au moins une dizaine de grâces. « Il n'est pas une seule prérogative du chef de l'Etat à laquelle de Gaulle ait attaché plus de prix, qu'il ait exercée avec un soin plus jaloux, plus exclusif que celui du droit de grâce, témoignera le religieux. [...] Pour lui, seul le souverain avait la grâce du droit de grâce [...] Je peux personnellement témoigner du soin exceptionnel qu'il prenait dans ces affaires. Je suis intervenu souvent auprès de lui en faveur de condamnés à mort. Parmi ceux dont j'ai demandé la grâce, certains avaient des dossiers bien lourds, vraiment très lourds. Mais alors que de Gaulle passait pour un homme implacable, j'ai le devoir de dire que je ne lui ai jamais demandé une grâce qu'elle n'ait été accordée[48]. »

Dans les grands procès qui suivent la Libération, au moment d'examiner les recours en grâce présentés par les avocats des personnalités condamnées à mort, de Gaulle continue à tenir compte de la seule raison d'Etat, se montrant particulièrement sévère envers les opposants idéologiques au régime démocratique. Quand il explique les raisons qui le guident, ce n'est pas sans heurter certaines consciences, jusque parmi ses amis politiques. « Soumis à la hiérarchie chrétienne des valeurs, persuadé que la morale domine, en toute hypothèse, la politique, j'avoue que semblables propos me font peur », écrira le catholique ministre de l'Information puis de la Justice du gouvernement provisoire, Pierre-Henri Teitgen, qui vient d'être fait Compagnon de la Libération[49].

Chaque fois, dans les cas les plus graves, la raison d'Etat l'emporte sur ses convictions chrétiennes. Si l'intellectuel maurrassien Robert Brasillach, patron de *Je suis partout* et chantre fanatique de la cause ennemie, est fusillé le 6 février 1945, c'est qu'il symbolise la collaboration intellectuelle. « Le talent est un titre de responsabilité », écrira de Gaulle. Yvonne confiera que son mari a été torturé au moment de prendre sa décision : « Il ne dort plus, c'est épouvantable. » Puis, le jour de l'exécution, il lui a dit : « Vous prierez, Yvonne[50]. » Un mois plus tôt, un autre intellectuel, l'écrivain de marine Paul Chack, favorable à l'Allemagne et fondateur du Comité d'action antibolchévique, avait été condamné à mort pour intelligence avec l'ennemi et fusillé pour les mêmes raisons. Condamné à la réclusion perpétuelle et à la dégradation nationale en janvier 1945 à Lyon, Charles Maurras, inspirateur de la Révolution nationale et de la politique antijuive, n'aura pas à déposer un recours en grâce, ce qui évitera à de Gaulle d'avoir à ouvrir le dossier de celui dont il avait, dans sa jeunesse, partagé bien des idées.

La même raison d'Etat conduit de Gaulle à rejeter la grâce sollicitée pour Joseph Darnand, le fondateur de la Milice française, supplétive de la Gestapo. Celui-ci sera fusillé au fort de Châtillon le 10 octobre 1945, cinq jours avant l'exécution à Fresnes de Pierre Laval, le numéro deux de Pétain, deux fois chef du gouvernement de Vichy et maître d'œuvre de la collaboration avec les nazis. « Je souhaite la victoire de l'Allemagne », avait clamé Laval sur les ondes de Radio Paris. Comment de Gaulle pouvait-il lui pardonner, ou simplement lui trouver des excuses ?

Face au cas du maréchal Pétain, dont il avait été le collaborateur et la plume et pour qui il avait un profond respect depuis Verdun, de Gaulle va adopter l'attitude de clémence que lui recommandait la Haute Cour dans son arrêt du 15 août 1945. Deux jours après le procès, en raison du grand âge du condamné, sa peine de mort est commuée en réclusion perpétuelle. Pétain avait quatre-vingt-quatre ans en 1940 et en a donc quatre-vingt-neuf lors de sa condamnation. La dégradation nationale dont il a été frappé l'a conduit à perdre sa dignité de maréchal de France.

« Il sera condamné à la peine capitale et je le gracierai sans hésiter en raison de son grand âge [...] Personne ne pourra jamais me convaincre de le faire exécuter », avait dit de Gaulle à son fils Philippe, bien avant l'ouverture du procès. L'amiral dément que son père soit intervenu auprès du procureur général de la Haute Cour. « Ce procès devait obligatoirement se dérouler car c'était celui du peuple français tout entier. Ainsi, le peuple français a pu se justifier devant lui-même », lui aurait également assuré le Général[51].

Dans ses *Mémoires de guerre*, de Gaulle portera un jugement nuancé sur le maréchal Pétain « … Malgré tout, conclura-t-il, je suis convaincu qu'en d'autres temps, le maréchal Pétain n'aurait pas consenti à revêtir la pourpre dans l'abandon national. Je suis sûr, en tout cas, qu'aussi longtemps qu'il fût lui-même, il eût repris la route de la guerre dès qu'il pût voir qu'il s'était trompé, que la victoire demeurait possible, que la France y aurait sa part. Mais, hélas ! Les années, par-dessous l'enveloppe, avaient rongé son caractère. L'âge le livrait aux manœuvres de gens habiles à se couvrir de sa majestueuse lassitude. La vieillesse est un naufrage. Pour que rien ne nous fût épargné, la vieillesse du maréchal Pétain allait s'identifier avec le naufrage de la France. »

L'ÉPINEUX DOSSIER DE L'ÉCOLE LIBRE

Sans même attendre le règlement de l'épuration en son sein, l'Eglise va se saisir du dossier de l'école libre. La présence autour de De Gaulle des formations politiques qui lui étaient hostiles avant-guerre et notamment celle du parti communiste dont le poids s'est accru inspirent les pires inquiétudes à l'épiscopat. Abordé dans les travaux du gouvernement d'Alger et plus discrètement par les instances de réflexion de la Résistance, le problème de l'école redevient une pomme de discorde dès la publication de l'ordonnance du 9 août 1944 qui décrète la nullité de l'ensemble des actes législatifs et règlementaires de Vichy, dont ceux relatifs à l'enseignement libre.

La possibilité pour les caisses des écoles de secourir les élèves du privé, l'enseignement des « devoirs de Dieu » par les instituteurs de « la laïque », les subventions accordées à l'école libre par les communes, les cours (optionnels) du catéchisme effectués par les curés dans les écoles laïques pendant les horaires scolaires, l'attribution de bourses nationales aux enfants des écoles libres... tout ce qui a été généreusement accordé par Philippe Pétain et son gouvernement entre octobre 1940 et février 1941 se trouve remis en cause par l'ordonnance d'août 1944, même si certaines mesures avaient déjà été revues à la baisse par Jérôme Carcopino, secrétaire d'Etat à l'Education nationale après février 1941.

Par ailleurs, l'arrestation par les maquis et la condamnation à vingt ans de travaux forcés (qui seront commués en quatre années de prison pour atteinte à la sûreté de l'Etat) de Jacques Chevalier renforcent encore l'inquiétude des dirigeants catholiques. Le philosophe avait été l'artisan de ces dispositions si généreuses pour l'Eglise pendant son passage au secrétariat d'Etat à l'Instruction publique de Vichy, entre septembre 1940 et le 24 févier 1941. Et voici qu'il venait d'être jeté en prison.

En janvier 1945, le cardinal Liénart interpelle le gouvernement pour rappeler que les subventions correspondant au dernier trimestre de l'année scolaire

1943-1944 restent à payer et qu'il convient d'augmenter celles à venir pour permettre de réviser les salaires – trop bas – des enseignants des écoles chrétiennes. A l'Assemblée consultative, le lobby catholique, représenté par Maurice Schumann, le R.P. Philippe et André Colin, appuie cette démarche, mais de Gaulle va ordonner le maintien provisoire des subventions pour l'année 1944-1945. Le caractère provisoire de cette mesure de financement – 490 millions de francs – va conduire le R.P. Philippe à la démission. Pour gagner du temps, de Gaulle décide alors de créer une commission de concertation…

Quelques jours avant le vote parlementaire, il a reçu Mgr Roncalli, venu insister sur le droit des chefs de famille à choisir librement l'établissement scolaire de leurs enfants. Le nouveau nonce est sorti furieux de l'entretien et s'en est ouvert à Pierre-Henri Teitgen qu'il a croisé dans le grand escalier : « Je lui ai montré une carte de France marquée de points rouges qui représentaient des écoles catholiques à la veille de disparaître faute de ressources. Eh bien, il m'a brutalement répondu : "Cette carte, c'est celle de la France, alors c'est aux Français, pas à une autorité étrangère, de décider." Le pape… "une autorité étrangère", je n'avais jamais imaginé qu'il pouvait parler comme ça[52]. »

Le climat n'est pas à la conciliation. Le puissant syndicat national des instituteurs, mêlant sa voix à la protestation bruyante des communistes et des socialistes, profite de la campagne qui précède les élections municipales d'avril-mai 1945 pour réclamer la suppression des écoles libres et le renvoi des fonctionnaires qui leur confieraient leurs enfants ! « On reprend la partie de belote interrompue il y a cinq ans », écrit François Mauriac. A Angers, le commissaire de la République, Michel Debré, qui fait face à la fronde des enseignants en campagne pour « l'école unique », réfléchit à l'avenir de l'école libre et pose les bases de la loi qu'il fera voter... mais seulement en 1959. Dans sa ville, les catholiques résistants quittent le Comité départemental de libération noyauté par les communistes qui proposent de priver les religieuses du droit de vote. A Montauban, Mgr Théas, toujours aussi courageux, adresse une lettre ouverte aux élus de la ville qui ont supprimé toutes leurs subventions aux écoles libres[53]. Même les protestants, par la voix du pasteur Boegner, plaident pour la laïcité républicaine.

Pour dégager les éléments d'un dialogue et mettre fin à une querelle vieille de cent cinquante ans, c'est à nouveau André Latreille, l'homme de l'épuration dans l'Eglise, que l'on charge d'un rapport de synthèse.

« Je savais que, faute de pouvoir exterminer un adversaire qui obéissait à sa conscience libre, un temps venait toujours où il fallait clore les débats par un édit de Nantes, c'est-à-dire un compromis empirique et boiteux, mais qui, imposé par une volonté forte, créait la paix, expliquera Latreille[54]. Or, il me semblait que le général de Gaulle pouvait être, là comme dans le débat sur l'épuration, le Henri IV d'un nouvel édit de pacification. Conviction qui se trouvait renforcée en moi par les propos d'un des interlocuteurs les plus solides, les plus posés, les mieux placés de tous ceux que j'entendis alors, l'abbé Bourgeon, ancien aumônier de la division blindée du Général.

Il avait une énorme admiration pour de Gaulle, qu'il peignait comme un grand chef qui, sentant l'étendue de sa mission historique, cherchait avec scrupule le droit chemin… »

Dans sa note, Latreille démontre que ni le *statu quo* ni l'abrogation pure et simple du système mis en place par Vichy n'est une bonne solution. Il va proposer une troisième voie préconisant 1) l'abandon du système de Vichy ; 2) l'examen par l'Assemblée constituante de l'ensemble de la question scolaire ; 3) une formule d'aide à l'école libre et aux familles, avec, en contrepartie, un contrôle de l'enseignement privé travaillant à l'unité nationale. Cette proposition a le mérite de respecter le libre choix scolaire et de mieux contrôler la qualité de l'enseignement privé, et non pas seulement dans les domaines de l'hygiène et des mœurs, comme avant 1939.

Quand de Gaulle, sibyllin, le reçoit le 30 janvier 1945, Latreille l'entend dire : « Mais on va donner beaucoup plus cher que sous Vichy ! » Le conseiller notera : « Pas un mot de plus, pas d'opposition formelle, pas d'instructions positives : ce qui n'est guère encourageant et ne laisse pas trop espérer l'initiative gouvernementale que nous souhaitons… » Un peu plus tard, Adrien Tixier, son ministre de tutelle, lui confie « avec une sympathie très sincère, qu'il est inquiet de la fatigue imposée à de Gaulle par un effort surhumain. Effort qu'aggrave maintenant la fronde de l'Assemblée consultative. Il est convaincu de la force des éléments hostiles à la paix religieuse que veut le gouvernement. Lui-même ne croit pas possible d'obtenir de De Gaulle qu'il soulève ces questions devant le Conseil des ministres[55] ».

Michel Debré propose alors que le gouvernement reprenne l'initiative, élabore un statut de séparation commençant par « l'affirmation violente » de la laïcité de l'Etat pour aboutir *in fine* à une convention avec le Saint-Siège, à un « concordat de la séparation », selon Latreille. La lassitude gagne. De Gaulle est indisposé par l'insistance de l'épiscopat qui veut conserver tous les avantages de Vichy, et même un peu plus. Le sectarisme qui se manifeste de tous côtés rend toute solution explosive. « … la position laïque irréductible était non seulement celle des socialistes et des communistes, mais encore des radicaux et d'une bonne partie de l'opinion. Le Général ne voulait ni ne pouvait gouverner contre la majorité. Et la minorité devait se rendre compte de l'intérêt national, primordial, de la continuation du gouvernement de Gaulle appuyé sur l'accord des partis », estimera encore André Latreille.

Le ministre de l'Intérieur, Adrien Tixier, s'est efforcé de faire valoir la nécessité de fixer une politique religieuse mais le général de Gaulle s'y refuse. « Ce n'est pas un homme dont on puisse brusquer ou devancer les décisions : il réfléchit, il se décide à son heure. Là, il n'a rien voulu décider », explique-t-il à Latreille[56] avant de lâcher : « Il répugne à parler de ces questions qui tiennent à ses convictions intimes devant l'auditoire… mêlé de son Conseil des ministres. Et voilà ce que c'est que d'avoir des ministres communistes. »

Continuant à cristalliser les oppositions, le dossier de l'école libre ne trouvera pas de solution avant le retour de De Gaulle en 1958 et la loi Debré de 1959.

L'examen du statut des congrégations, qui ne suscite pas de grande passion dans l'opinion, va-t-il se laisser enfermer lui aussi dans l'interprétation étroite du « retour à la légalité républicaine » ? Les congrégations religieuses, fort nombreuses en France, sont encore principalement régies par la loi Waldeck-Rousseau de 1901 sur les contrats d'association (qui, à l'origine, visait exclusivement les communautés religieuses) et par le loi Combes de 1904 contre l'enseignement congréganiste. La première impose à toute congrégation d'être autorisée par une loi votée par le Parlement et d'obtenir un décret en Conseil d'Etat pour créer un nouvel établissement. Toute congrégation interdite ou clandestine doit être dissoute et ses biens confisqués. La seconde loi retire le droit d'enseigner à tous les religieux et donne dix ans pour disparaître aux congrégations exclusivement enseignantes. On sait que l'Eglise et les catholiques ont vu dans ces textes d'affreuses mesures de persécution.

Dans bien des cas, ces lois n'avaient pas été appliquées à la lettre car, nous l'avons évoqué, le comportement exemplaire de nombreux religieux pendant la Grande Guerre avait conduit à une certaine tolérance. Avec le même empressement que pour l'école, le régime de Vichy avait, entre septembre 1940 et décembre 1942, accordé aux congrégations religieuses à peu près tout ce qu'elles réclamaient, sans abolir vraiment les deux lois du début du siècle, créant souvent un vide juridique dont les intéressés avaient bénéficié. Parmi les principales mesures de Vichy figuraient notamment la restauration de l'autorisation d'enseigner pour tous les congréganistes, le retour des chartreux expulsés depuis 1903 de leur couvent du Dauphiné, le statut des religieuses employées dans certains hôpitaux, la capacité juridique pour certains ordres, la mise en place d'un nouveau régime fiscal et l'incorporation des immeubles dans le patrimoine des congrégations reconnues...

Mais l'ordonnance du 8 août 1944 a annulé ces mesures ou maintenu le flou juridique autour des congrégations. Cette situation n'est pas satisfaisante car, à la Libération, l'opinion sait bien que les religieux et religieuses, contemplatifs ou non, se sont dans leur immense majorité conduits avec courage et dignité, beaucoup ayant rejoint de Gaulle ou la Résistance. Les noms de l'amiral Thierry d'Argenlieu, que le Général va nommer haut-commissaire en Indochine en aout 1945, du père Chaillet de *Témoignage chrétien*, des pères de Lubac ou Fessard, du père de Moncheuil, tué dans les maquis du Vercors... sont dans tous les esprits. Chez les dominicains, les jésuites, les carmes, les bénédictins... se sont élevées les plus belles voix de la résistance spirituelle. A la Direction des cultes du ministère de l'Intérieur convergent des rapports qui attestent de la conduite héroïque des salésiens de Marets et des camilliens de Raucourt (Nord), des frères des Ecoles chrétiennes en Champagne, des religieuses de Limoges venues soigner sous le feu des FFI blessés... Toutes les congrégations attendent de De Gaulle des mesures qui ne viendront pas !

Il y a trop de priorités, trop de difficultés pour que le Général, dans un contexte politique miné, prenne le risque d'exacerber les divisions au sein même de son gouvernement... Tout ce qui touche aux congrégations comme à l'école libre est pour l'heure trop sensible pour être abordé devant les communistes et les socialistes. C'est dans ce contexte que le chef du gouvernement s'intéresse à ces dossiers mais pour les laisser sous le coude, convaincu qu'il pourra les reprendre le moment venu, quand il aura les mains plus libres. Mais peut-être mesure-t-il déjà que le temps lui est compté, que le régime des partis est en train de le priver de sa liberté d'action.

Pour anecdotique qu'elle puisse paraître, la participation des religieuses aux élections municipales, notamment dans certains villages de l'Ouest où elles sont plus nombreuses que les habitants, est devenue un problème depuis que de Gaulle a accordé le droit de vote à toutes les femmes. Ceux qui souhaitent, à des fins partisanes, rouvrir la guerre des religions voudraient bien priver les bonnes sœurs de leur droit nouveau. Pour ne pas attiser l'anticléricalisme, il est donc recommandé aux religieuses de ne pas voter toutes. Il ne faudrait pas qu'un couvent semble faire l'élection, et encore moins qu'une religieuse se retrouve maire de sa commune ! La solution de l'abstention partielle a été soufflée au gouvernement par les dominicains du Saulchoir, qui pratiquent ainsi dans la petite commune d'Etiolles, près de Corbeil, où ils sont majoritaires.

Cet épisode montre combien, en matière religieuse, le gouvernement du Général marche sur des œufs. Le *statu quo* imposé aux congrégations maintient les religieux dans la même inconfortable situation de tolérance qu'avant 1939. Pas même les frères des Ecoles chrétiennes, chassés de France en 1904 et qui s'étaient développés partout dans le monde en y exportant à la fois la chrétienté mais aussi la langue française, ne purent faire avancer leur cause. De même, présentés par André Latreille, trois dossiers concernant de petites congrégations féminines furent oubliés dans les tiroirs du ministère de l'Intérieur alors qu'ils avaient été favorablement accueillis par le Conseil d'Etat[57].

La joie de la Victoire et l'ombre du départ

Est-ce aussi en raison de la présence de ses encombrants partenaires au sein de son gouvernement que de Gaulle, dans son allocution à la radio le 8 mai 1945, jour de la Victoire, ne fait aucune référence au vocabulaire chrétien, en rupture avec la teneur de ses grandes interventions antérieures ?

Seul Jacques Maritain, à la résidence de l'ambassade près le Saint-Siège, garde le cap. Ayant salué « Dieu premier remercié », il s'adresse aux « victimes d'attentats contre la nature humaine qui montrent à quel point la perversion morale organisée peut déshumaniser l'homme ». La torture, les massacres d'enfants, les chambres à gaz et les fours crématoires des camps sont évoqués. « Notre civilisation est blessée, soutient le diplomate. Pour la guérir, il faudra chez tous les peuples un immense travail des énergies morales et spirituelles[58]. » Rien de tout cela chez de Gaulle. Une semaine plus tôt, il a appris la libération de sa nièce Geneviève du camp de Ravensbrück et lui a écrit qu'il était fier qu'elle soit sa « chère nièce », que la France avait besoin de filles comme elle.

Et voici, dès le lendemain de la Victoire, de Gaulle de nouveau à Notre-Dame de Paris pour un *Te Deum* solennel en action de grâce à Dieu, cette fois présidé par Mgr Suhard. Les relations entre les deux hommes ayant retrouvé un cours normal, c'est le cardinal qui vient l'accueillir sous le portail. La cathédrale est bondée. « Tandis que le cantique du triomphe faisait retentir les voûtes et qu'une sorte de frémissement, s'élevant de l'assistance, glissait vers le parvis, les quais, les rues de Paris, je me sentais, à la place que la tradition m'avait assignée dans le chœur, envahi des mêmes sentiments qui avaient exalté nos pères chaque fois que la gloire couronnait la patrie », commentera de Gaulle[59].

En novembre 1945, l'avalanche des critiques traduit la reprise par les partis des jeux d'autrefois. « Les ressorts fléchissent », reconnaît le Général. Pour remettre la France sur les rails, il avait cru possible de surmonter les divisions paralysantes en refusant de s'enfermer dans un affrontement sans issue entre une « droite contre le peuple » et une « gauche contre l'Etat ». Le 11 novembre, au pied de l'Arc de Triomphe, devant quinze cercueils ramenés des principaux champs de bataille, il prêche « l'unité et la fraternité » : « Levons vers l'avenir les regards d'un grand peuple rassemblé », proclame-t-il avec force. Mais y croit-il encore lui-même ?

« Ce que voulait de Gaulle, c'était assurer durablement la renaissance du pays et ouvrir les voies de son avenir, non point en additionnant les promesses des formations partisanes murées dans leur passé, mais en empruntant le meilleur d'elles-mêmes aux familles politiques et spirituelles qui s'étaient associées au combat collectif : à la démocratie chrétienne, il souhaitait prendre le respect de la personne ; au socialisme, la volonté de justice et de progrès ; au radicalisme jacobin, le sens de l'Etat ; à la droite républicaine, l'amour de la patrie ; à tous, le souci intransigeant de la liberté », résumera le gaulliste de gauche Jean Charbonnel[60].

Quand, gagné par la lassitude, il démissionne le 20 janvier 1946, le Général s'abstient de toute déclaration. Il précisera dans ses *Mémoires* qu'il jugeait que « [son] silence pèserait plus lourd que tout »...

Chapitre 6

La « traversée du désert » ou la tentation du pouvoir

On ne peut être l'homme des grandes tempêtes et celui des basses combinaisons ! Ainsi de Gaulle explique-t-il sa démission du 20 janvier 1946 dans une lettre qu'il adresse quelques jours plus tard à son fils, enseigne de vaisseau sur la base aéronavale de Memphis au Tennessee. L'éloignement de Philippe provoque chez lui comme chez Yvonne « un peu de mélancolie », comme il va l'avouer peu après dans un nouveau courrier. Chez cet homme si pudique, c'est la marque d'une vraie tristesse. Las, découragé par les minables divisions d'une classe politique sourde à ses appels à la réconciliation et au rassemblement, l'option du retrait s'est imposée à lui : « Dans le tumulte des hommes et des événements, la solitude était ma tentation. Maintenant, elle est mon amie. De quelle autre se contenter quand on a rencontré l'Histoire ? »

A peine a-t-il quitté le pouvoir que son frère Jacques, atteint depuis une vingtaine d'années d'une encéphalite léthargique, décède à Grenoble. Pour éviter toute manifestation publique, le Général s'abstient d'assister à ses obsèques, laissant son épouse s'y rendre seule. En attendant la remise en état de leur maison de Colombey-les-Deux-Eglises, totalement dévastée par des pillards pendant la guerre, les de Gaulle séjournent dans une maison qu'ils louent à Marly-le-Roi, près de Versailles, suffisamment loin de Paris pour le tenir à l'écart des événements auxquels il ne souhaite pas prendre part mais dont il suit le cours avec consternation : « La vague de bassesse continue à déferler, écrit-il. Rien ni personne n'aurait pu l'empêcher. C'est la rançon fatale de trop de malheurs et de démissions. Je ne voulais à aucun prix me laisser salir par ce flot. Mais je crois au reflux qui, tôt ou tard, dégagera des rivages sur lesquels on pourra construire[1]. »

A Pierre-Henri Teitgen, il dira encore : « Dans ce pays, voyez-vous, il n'y a rien à faire. Les Français retourneront à leurs vomissements. La France ira à vau-l'eau. Elle glissera au bord de l'abîme. Et puis, le destin suscitera un homme qui redressera la situation. Dès qu'il aura le dos tourné, soyez-en sûr, la pagaïe recommencera[2] ! » Le pessimisme s'est installé en lui, renforcé par la crainte d'un conflit imminent entre les Soviétiques et les Américains.

Le pavillon de Marly loué aux Domaines est très inconfortable. Les calorifères parviennent à peine à y sécher l'humidité des murs. Sans fortune, le libérateur de la France et sa famille vont devoir y vivre à l'économie, ce qui ne les gêne pas. Le seul luxe du Général est la Cadillac que lui a offerte Roosevelt peu avant sa mort. En cette année 1946, à titre personnel, le nouveau président américain, Harry Truman, lui a aussi fait cadeau d'un avion DC 4 que de Gaulle a aussitôt donné à l'armée de l'air, se réservant la possibilité de l'utiliser de façon temporaire.

Un courrier très abondant lui porte de toute la France des témoignages de regrets et de remerciements. Nombreux sont les religieux et religieuses à lui exprimer des sentiments de fidélité. Ses compagnons de la France Libre ne sont pas les derniers à se manifester. Le RP Florent représente dans le Nord l'Association des Français libres dont le Général va accepter la présidence d'honneur. A Maurice Schumann, qui préside le Mouvement républicain populaire (MRP), parti de la démocratie chrétienne, et se désole de sa démission, de Gaulle répond qu'il attribue aux contorsions des partis trop peu d'intérêt pour en demeurer prisonnier. « Y compris – excusez-moi – le vôtre », insiste le Général dans sa lettre[3], sans oublier de lui témoigner son amitié. A l'amiral Thierry d'Argenlieu qui, au lendemain du départ de De Gaulle, envisageait de quitter ses fonctions de haut-commissaire, commandant en chef pour l'Indochine, pour rejoindre la province des carmes de Paris, il envoie un télégramme à Saigon pour lui demander « formellement » de poursuivre sa mission.

Le 12 mai, à l'occasion de la fête nationale de Jeanne d'Arc et du premier anniversaire de la Victoire, il accepte un déplacement public en Vendée pour rendre hommage à Georges Clemenceau. Sans doute s'adresse-t-il au « Père la Victoire » plus qu'à l'anticlérical sénateur du début du siècle lorsqu'il évoque l'homme « inébranlable au milieu des tempêtes, intransigeant dans sa foi en la France, inlassablement dévoué à la cause de la liberté, d'autant plus dur et d'autant plus ardent qu'il voyait fléchir plus d'âmes et s'amollir plus de cœurs... ». Le de

Gaulle pénétré du vocabulaire chrétien donne aux mots, ce jour-là comme souvent, leur sens profane.

Le « parti de l'Eglise » ne suit pas de Gaulle

Depuis La Boisserie où il vient enfin de s'installer, de Gaulle observe l'évolution de la situation politique et particulièrement l'attitude que va adopter l'Eglise face au projet de Constitution ratifié le 29 septembre par 440 voix (MRP, socialistes et communistes) contre 106 (radicaux et modérés) et qui est soumis à référendum le 13 octobre. Dans une déclaration remise à la presse quatre jours avant le scrutin, il appelle les électeurs à repousser ce texte qui, à ses yeux, rétablit le pouvoir des partis et le régime d'Assemblée. Le MRP, que beaucoup considèrent comme le « parti de l'Eglise » ne suit pas de Gaulle et milite en faveur du « oui », pesant fortement sur le vote des catholiques. Parmi les députés du mouvement figurent des personnalités catholiques marquantes, comme l'abbé Pierre ou encore André Debray, frère de Mgr Georges Debray, évêque de Meaux. Pour cette raison surnommé « Bossuet », André Debray, alors dirigeant de la banque de Paris et des Pays-Bas, avait joué un rôle considérable pendant l'Occupation en renseignant de Gaulle sur l'état réel des finances du pays puis en organisant au sein même de Paribas le financement de la Résistance. Pour l'heure, le « parti chrétien » n'écoute plus l'ermite de Colombey. Dans une jolie formule, il dira qu'au sein du MRP « les requins ont mangé les apôtres ! ».

« Il faudrait que l'Eglise intervienne catégoriquement en faveur du "non" », déclare Yvonne de Gaulle à son mari qu'elle voit profondément contrarié par l'attitude des milieux catholiques.

— Ne vous illusionnez pas : l'Eglise, sans s'abstenir, ne prendra aucune position tranchée à l'endroit de ce projet de Constitution, à part, bien entendu, quelques voix isolées, comme celle de Mgr Théas, l'évêque de Montauban, lui répond-il.

— Cette intervention de l'Eglise dans la politique, vous en parlez bien ironiquement, comme si vous ne la souhaitiez pas », remarque alors Yvonne qui ne comprend pas pourquoi, cette fois encore, l'Eglise semble trahir le Général.

Elle l'entend alors répliquer, dans un grand éclat de rire : « Que voulez-vous, chère amie, j'ai toujours été gallican[4]. »

Toujours ambassadeur de France auprès du Vatican, le fidèle Jacques Maritain ne voit-il pas, lui aussi, le MRP comme une chance d'imposer une voix chrétienne dans le débat politique ? « Qu'en France, à côté d'autres partis qui correspondent aussi à des réalités et des forces profondes, il y ait désormais un parti manifestant des forces et des réalités civiques profondes qui relèvent d'une inspiration chrétienne mais qui n'avaient pas trouvé jusqu'à présent d'expression politique, c'est là une grande nouveauté dont la signification historique est considérable[5] », déclare l'ambassadeur-philosophe, considéré comme la voix chrétienne de la France auprès du pape, devant la colonie française de Rome réunie au palais Tavera à l'occasion du 14 juillet. De ce côté-là non plus, le Général n'est donc plus suivi !

Si le Général déplore le retour du régime des partis et de leurs combinaisons politiciennes, « un système suivant lequel chacun d'entre eux cuit sa petite soupe, à petit feu, dans son petit coin », Maritain voit dans le tripartisme « une formule politique nouvelle », « un signe remarquable des nécessités majeures qui font rechercher la stabilité et la cohésion nationales et la participation de la nation dans son ensemble aux directions gouvernementales… ». Cette union des forces, l'homme de foi n'en fait pas la même analyse que le chef politique. « Nous savons que sur le sol de France, ajoute-t-il, il y a en ce moment, dans l'ordre religieux, une volonté de renouvellement évangélique, des germinations extraordinairement variées de vie spirituelle et de dévouement missionnaire, un foisonnement d'initiatives, d'aspirations, de recherches qui auront sans doute à se décanter mais qui témoignent d'une vitalité, d'une sensibilité aux besoins des âmes [...] Il n'y a pour la France qu'un problème absolument fondamental : celui de la réconciliation de ses deux traditions, la tradition de la France messagère de l'Evangile et la tradition de la France messagère des droits de l'homme, symbolisés dans nos deux fêtes nationales, celle de Jeanne d'Arc et celle du 14 juillet. »

C'est sans surprise que la nouvelle Constitution est, cette fois, adoptée le 13 octobre par 9 039 032 voix contre 7 830 369[6]. Sans doute les appels de De Gaulle à voter « non » ont-ils pesé mais ils n'ont pas suffi. Dans sa solitude de Colombey, il alterne les phases d'ennui et de motivation : « Vieil homme, recru d'épreuves, détaché des entreprises, sentant venir le froid éternel, mais jamais las de guetter dans l'ombre la lueur de l'espérance ! », résumera-t-il en conclusion du volume *Le Salut* de ses *Mémoires de guerre*. Avec son départ des affaires, il considère comme clos les nominations dans l'ordre de la Libération. Au nouveau gouvernement qui le sollicite pour régulariser sa situation de général de brigade à titre temporaire, il répond avec une ironie mordante : « Ils ne peuvent, quoi qu'ils fassent, se hisser à mon niveau, car le grandiose ne pénètre dans leur esprit. Oui, ils ne peuvent percevoir le caractère absolument unique et exceptionnel de ce qu'a été l'odyssée de 1940 à la Libération, dont il n'est aucun précédent dans l'Histoire. Pauvres bougres ! […] Je ne suis pas un général vainqueur, on ne décore pas la France[7]. »

Le paroissien de Colombey

A partir de juin et pendant tout l'été, Yvonne de Gaulle se consacre à l'aménagement de La Boisserie. Acquise en viager en 1934 alors qu'elle ne disposait pas encore de l'eau courante, la maison avait été mise aux enchères publiques à l'automne 1940 après la condamnation du Général à la peine de mort et la confiscation de ses biens par la justice de Vichy. Mais personne ne s'en était porté acquéreur… De Gaulle avait englouti l'héritage de son père, mort en 1932, dans cette maison qui demeurera toute sa vie son seul bien immobilier. Il aime son austérité et se prépare à y vivre ce qui sera appelé sa « traversée du désert » par ceux qui y verront quelque similitude avec la retraite du Christ au désert. Dans les faits, l'intérieur de la maison témoigne de la foi chrétienne de ses occupants. Un crucifix est aussitôt fixé dans l'entrée et un autre dans la chambre du couple, au premier étage, où la cheminée de marbre gris est ornée de deux statues en ivoire de la Sainte Vierge et de sainte Anne, patronne des marins, particulièrement vénérée par Yvonne de Gaulle[8].

Tandis que le Général est porté à la présidence d'honneur de l'Association des anciens combattants de Colombey et se fera désormais un devoir de se rendre en uniforme au monument aux morts chaque 11 novembre, Yvonne se charge de tricoter elle-même un élément de layette pour les nouveau-nés de la commune. De même ne manque-t-elle jamais de se manifester par un petit cadeau à l'occasion des mariages. Villageois parmi les villageois, les de Gaulle sont aussi des paroissiens parmi les paroissiens. Et l'un des premiers invités à La Boisserie où les visites sont très rares est l'abbé Drouot, nommé curé de la paroisse en 1943 et qui n'avait jamais rencontré son illustre fidèle.

Avec admiration et respect, l'abbé Drouot appelle de Gaulle « ce grand sur la terre ». Quand, alors qu'il était jeune vicaire à Saint-Dizier, son curé lui avait appris sa nomination à Colombey, il avait aussitôt fait le rapprochement : « J'allais donc devenir le curé du général de Gaulle ! J'ai toujours pensé que l'autorité diocésaine ne savait pas que là était la résidence du Général [...] Et quand, plus tard, il y revint habiter, on ne jugea pas à propos de me déplacer. » A son arrivée, le brave curé s'était rassuré en pensant que sa rencontre avec de Gaulle n'était pas pour demain : « ... je me répétais qu'il avait encore beaucoup à faire au gouvernement, que sa maison n'était pas encore en état de le recevoir, et qu'il n'était pas encore sur le point d'être mon paroissien », consigne l'abbé dans son journal personnel.

A la Libération, l'abbé Drouot est allé trouver son évêque pour savoir s'il devait prendre des dispositions particulières en raison de la personnalité de son futur paroissien. « Je comprends que cela vienne troubler votre quiétude. Informez-vous auprès de l'entourage. Recevez-le à la porte de l'église. S'il le désire, et seulement s'il le désire », lui avait répondu le vicaire général, Mgr Michel. Mais le curé allait être pris de vitesse. Les de Gaulle ont emménagé le samedi 1er juin 1946 et, dès le lendemain, les voici qui assistent à la messe. « Je me trouvais dans l'entrée de la sacristie [...] Le premier des servants se retourne soudainement et me dit avec de grands yeux : “Monsieur le curé, le Général est à son banc.” Je lui répondis froidement : “Il faut y aller.” Je montai en chaire pour le prêche. Alors je vis pour la première fois de ma vie, et assis pour m'entendre, le grand homme qu'était le général de Gaulle. Je n'en fus d'ailleurs nullement troublé[9]. »

Quand ils sont à Colombey, les de Gaulle et leurs enfants assistent régulièrement à la messe dominicale. La légende affirme que le Général s'installait régulièrement au dixième rang à gauche, afin d'avoir la meilleure vue sur les vitraux de Saint Louis et de Jeanne d'Arc. En réalité, il n'avait fait que reprendre les chaises et prie-Dieu réservés à Mme Bombal, l'ancienne propriétaire de La Boisserie, et d'ailleurs longtemps marqués à son nom, selon la tradition de l'époque. Ce n'est que par un heureux hasard si ces places permettaient à de Gaulle de contempler les vitraux de deux grands personnages de l'Histoire de France parmi ses préférés.

Pour se rendre, sans être importuné, notamment par les photographes de presse, de sa maison à l'église, distantes d'environ quatre cents mètres, le couple utilise sa voiture, d'abord une vieille Delahaye, ensuite une Traction avant Citroën. Seule la présence à leurs côtés d'amis ou de membres de la famille les entraîne à faire le chemin à pied. « Lorsqu'on annonce une petite foule de curieux, lors de quelque jour férié, ils se rabattent sur une église des environs : Rizaucourt, Juzencourt, Argentolles, Harricourt ou Lamothe-en-Blaisy. Ces églises sont similaires à celle de Colombey, adossées à un petit cimetière devant la place du village, en vis-à-vis du monument aux morts...[10] » Cette fuite discrète vers une église des environs est préférée lorsqu'à l'occasion d'un événement – élections, changement de gouvernement – des journalistes venus de Paris guettent le Général pour tenter de lui arracher un commentaire. L'amiral de Gaulle précisera encore : « Selon les habitudes familiales, [mes parents] participent à l'office, impassibles, sans rien manifester de leur foi ni se joindre aux chants et aux répons. Ma mère suit son missel. Mon père se conforme aux coutumes locales de la population masculine où seuls les hommes se lèvent pour répondre à la Préface. C'est à eux, en effet, de présenter leurs "gens" à Dieu. »

Dès le dimanche 26 août 1946, l'inauguration d'une statue de la Vierge érigée au pied de la colline de Colombey, là où se dresse désormais l'immense croix de Lorraine, donne l'occasion au Général de rencontrer l'évêque de Langres, Mgr Chiron. Pour échapper à une foule de près de trois mille personnes, il a choisi de rester dans sa maison. Seule Yvonne assiste donc à la cérémonie. La statue, haute de 2,20 mètres et pesant plus de six cents kilos, a été financée par les habitants de Colombey pour remercier la Vierge d'avoir sauvé les vingt-deux enfants du village pris en otages par les Allemands le 19 août 1944, en représailles après l'assassinat de trois soldats de la Luftwaffe abattus par une équipe de FFI venue de l'Aube. Alors réunie autour de l'abbé Drouot pour prier Marie, la population avait fait la promesse de lui élever une statue si les fils du village échappaient à la mort, ce qui avait été le cas puisque tous devaient rentrer sains et saufs le 23 août[11].

D'abord hésitant, Mgr Chiron s'est laissé convaincre par son curé qui lui a fait valoir l'occasion de rencontrer « ce grand sur la terre ». Aussi l'évêque manifeste-t-il un peu de déception en arrivant au pied de la statue où Mme de Gaulle est seule. Mais le Général a tenu à faire l'honneur de sa maison à l'évêque, à son vicaire général et à l'abbé Drouot en les recevant à déjeuner à l'issue de l'inauguration. Le repas est très simple : une viande-purée, de l'eau et un verre de vin en fin de repas. L'évêque, qui s'attendait sans doute à des agapes, est déçu, note dans ses cahiers le curé de Colombey[12]. Son agacement ira en s'accentuant l'après-midi lorsque le couple de Gaulle arrive à l'église pour assister au salut. L'assistance nombreuse n'accorde en effet aucun intérêt à l'évêque et à peine plus au Saint-Sacrement mais se bouscule autour du Général en criant « Vive de Gaulle ! » L'abbé Drouot note encore, un peu amusé : « "Rentrons vite à la cure", me dit l'évêque. Je sentis qu'il était mécontent. » Mgr Chiron va s'arranger pour ne plus jamais remettre les pieds à La Boisserie mais de Gaulle continuera à prendre régulièrement de ses nouvelles chaque fois qu'il recevra l'abbé Drouot à sa table…

Le prêtre, précédemment reçu par le Général, racontera avec amusement son premier repas à La Boisserie : « Je me rendais au déjeuner avec une certaine appréhension. Je me revois encore à la grille de la grande propriété, poussant la porte. J'aurais donné gros pour que cette démarche me fût épargnée. Je fus accueilli par un commandant en grande tenue, le commandant de Bonneval. Il prit mon chapeau, ma douillette et prévint le Général de mon arrivée. Je pris place dans le petit salon lorsque le Général de Gaulle se présenta et presque aussitôt Madame de Gaulle. Vraiment toutes mes appréhensions tombèrent. Je me trouvais avec des personnes de grande éducation, cherchant à me mettre à l'aise le plus possible. Je perdis ma timidité naturelle, soutins la conversation avec plaisir. Le Général me présenta son bureau, m'offrit cigare et cigarettes, se chargeant lui-même d'enflammer le briquet. »

Un dimanche de décembre 1946, alors qu'ils viennent de quitter l'église où ils ont assisté à la messe, le Général et son aide de camp échangent leurs impressions à propos du sermon du curé, consacré au thème du sacrifice. « Qu'est-ce que c'est que ça, s'étonne Claude Guy, on nous rappelle des sacrifices païens dans une messe, ce n'est pas normal ! » Et de Gaulle de lui expliquer : « C'est tout à fait normal. Dans toutes les religions qui précédent l'avènement du christianisme, vous trouverez ces trois notions : le sacrifice par rapport à un Dieu vengeur, le sacrifice comme recours à un arbitre moral et le sacrifice pour une croyance en l'au-delà. Mais ce qui est nouveau dans ce qu'apporte le Christ, c'est qu'il change le sens de chacune d'entre elles. Dans le sacrifice antique, les fidèles président eux-mêmes au sacrifice et égorgent un agneau, un taureau ou un homme. Et le Christ nous dit : "C'est moi, fils de Dieu, qui préside au sacrifice. Mais de ce sacrifice, je suis également la victime pour votre rachat. Je prends sur moi tous les péchés des hommes, je m'offre à souffrir pour vous, je suis prêt à mourir." Et finalement, il meurt. Eh oui, il meurt et il en meurt. Quand à la seconde notion, le Christ y ajoute l'idée de la Providence et d'un Dieu profondément bon et aimable. Enfin, on trouve dans le christianisme la promesse d'une autre vie avec ceci en plus que dans le royaume de Dieu les pauvres et les abandonnés auront une première place. Oui, c'est cela qui est admirable, que le Christ ait élargi l'horizon religieux bien au-delà du cœur de l'homme, vers des régions démesurées en faisant appel et en donnant du champ à la souffrance de l'homme, à l'angoisse de l'homme, à sa dignité. Dignité de l'homme, c'est admirable[13] ! » Intarissable lorsqu'il s'agit d'expliquer les textes bibliques, de Gaulle montre à son interlocuteur qu'il a beaucoup réfléchi au sens du message chrétien.

Dans la modeste église de Colombey seront baptisés plusieurs de leurs petits-enfants. Le premier baptême est celui de Charles, premier enfant de Philippe et d'Henriette de Montalembert, le 9 octobre 1948. C'est le Général, heureux que son premier petit-fils porte son prénom, qui sollicite l'abbé Drouot en lui demandant comme une faveur que le sacrement soit coadministré au bébé par le père de Dartein, l'oncle de sa belle-fille. Aumônier de la France libre, le père de Dartein est à l'origine de la rencontre du jeune couple. Dans une lettre, il avait vanté les mérites de sa nièce auprès de Philippe au point que celui-ci s'en était ouvert à son père. Ainsi chaperonnée, Henriette avait été reçue par les de Gaulle : « Ma future femme était terrorisée. Elle n'osait ouvrir la bouche », racontera Philippe[14]. La messe de mariage avait été célébrée par l'amiral Thierry d'Argenlieu, redevenu le père Louis de la Trinité, dans la chapelle du château d'Epierre, dans l'Ain, propriété de la famille de Montalembert.

Le second baptême, à l'automne 1951, est celui d'Yves, deuxième fils de Philippe et Henriette, dont le prénom a été choisi sur la recommandation du Général : « Si votre deuxième fils s'appelait Yves, je crois que ce serait bien pour ta mère certes, mais aussi pour la Bretagne où il fut "imaginé"[15]. » Et l'abbé Drouot, devenu un véritable chroniqueur de la vie spirituelle des De Gaulle, notera qu'au cours du repas de famille auquel il a été associé, « le chanoine Kirr (*sic*), député-maire de Dijon, fit les frais de la conversation, et qu'il ne reçut pas des fleurs ». L'intrépide chanoine, qui s'était distingué dans la Résistance, venait de se faire réélire dans sa Bourgogne en s'opposant à la fois aux gaullistes et aux communistes, avec pour slogan : « Ni aventure, ni dictature », ce qui avait consterné le Général, une fois encore lâché par un homme d'Eglise.

Sur le plan politique, le Général n'est pas, pour l'heure, sorti vainqueur de l'aventure car le régime des partis est parvenu à faire adopter une Constitution opposée à ses thèses. Après tant d'années consacrées au service de la France, il accorde désormais plus de temps à sa famille, et notamment à Anne, qui a maintenant dix-huit ans mais dont l'âge mental est celui d'une enfant de cinq à six ans. On sait quelle haute importance il accorde à la cellule familiale, élément essentiel et à ses yeux irremplaçable pour l'enseignement et la transmission aux jeunes générations des valeurs patriotiques, sociales et religieuses.

Avec son épouse, ils retournent effectuer un bref séjour au mont Sainte-Odile, en Alsace, dans le couvent des religieuses où ils s'étaient rendus plusieurs fois avant la guerre. Au fil des années, cette retraite à deux sera renouvelée. L'année 1946 est aussi marquée par le mariage de leur fille Elisabeth avec le futur général Alain de Boissieu, ce qui est l'occasion d'une joyeuse réunion de famille. Le reste du temps, de Gaulle se consacre à la rédaction de ses *Mémoires* car « écrire permet d'oublier la meute », dira-t-il à André Malraux. Il se garde d'entrer dans des jeux politiciens qu'il réprouve, ce qui se vérifiera encore en janvier 1947 lorsqu'il repoussera en termes vifs l'offre de se présenter à la présidence de la République que lui fera, en termes amicaux et pressants, le général Leclerc venu tout spécialement le rencontrer à Colombey.

De Gaulle, qui espérait dans les circonstances pour revenir rapidement au pouvoir, se désole de la situation ; un peu plus chaque fois que ses compagnons de la France libre et de la Libération le sollicitent. Georges Loustaunau-Lacau, qui a été son condisciple à l'Ecole de guerre avant de lui succéder comme écrivain d'état-major auprès de Pétain, écrira qu'il est au nombre de « ces hommes dont l'orgueil s'exaspère dans la solitude plus qu'il ne se résorbe[16] ». C'est surtout la volonté d'agir qui va l'emporter, malgré les réserves maintes fois exprimées par Yvonne pour qui le Général a assez servi la France. L'heure est venue pour lui, à cinquante-sept ans, de se reposer, répète-t-elle. Aux rares visiteurs qui se présentent à La Boisserie pour lui forcer la main, elle réserve un accueil très distant. Pourtant, rien ne va empêcher de Gaulle de se lancer une nouvelle fois dans l'aventure en créant sa propre formation, le Rassemblement du peuple français (RPF)...

La création du RPF est officiellement annoncée dans un discours prononcé à Strasbourg le 7 avril 1947, moins de trois mois après l'élection du socialiste Vincent Auriol à la présidence de la République. Le Général est sans illusion sur la capacité du premier président de la IVe République à diriger la France : « Avec une Constitution aussi bancale, que va pouvoir faire ce pauvre Auriol, commente-t-il. Seulement combiner, comme il l'a toujours fait ! Il est en réalité le prête-nom de Léon Blum... » De Gaulle va beaucoup s'amuser de la façon dont Auriol – « ce vieux socialiste franc-maçon et athée » – va gérer ses relations avec l'Eglise, notamment lorsqu'il va recevoir solennellement, en avril 1948, les insignes de bailli grand-croix du très catholique ordre de Malte, en récitant la « prière des lépreux » ! Et encore, en 1951, lorsque il remettra sa barrette de cardinal à Mgr Roncalli, le nonce apostolique à Paris, qui se tient à genoux devant lui. « Que ne faut-il pas faire pour aider l'Eglise quand on est cardinal italien ![17] » s'exclame de Gaulle…

Il n'en doute pas : le chef politique catholique dont la France a besoin pour se montrer fidèle à son Histoire et à la hauteur des enjeux de civilisation qui s'imposent à elle, c'est lui. Le programme du RPF va lui fournir l'occasion de le prouver, en s'inspirant très directement de la doctrine sociale de l'Eglise et en prenant les grands enseignements de l'Evangile comme axes de réflexion. A la droite et à la gauche, se plaçant au-dessus des partis pour ne voir que l'intérêt général, de Gaulle va préférer la place et la dignité de l'homme, dans une France appelée à reprendre sa place dans le monde : la première.

Il n'y a aucun doute sur la volonté du Général de donner une orientation profondément chrétienne au Rassemblement. Pour symboliser ce choix, il se tourne vers Paul Claudel qui vient de rejoindre le mouvement. Qui, mieux que le plus emblématique des écrivains catholiques de son temps, peut incarner le chemin politique que de Gaulle entend suivre ? Si Jacques Maritain avait refusé l'ambassade de France auprès du Vatican à la Libération, c'est à Claudel qu'il l'aurait proposée. C'est donc la présidence nationale du RPF qu'il lui offre. Mais Paul Claudel décline cette proposition en raison de son grand âge (il a soixante-dix-neuf ans) et, explique-t-il, de son absence de compétences dans le domaine politique. Sur l'insistance du Général, il accepte d'entrer au conseil national du Rassemblement et d'y animer un comité destiné à regrouper des intellectuels. Les échanges entre les deux hommes sont confiants et fraternels, inspirés des mêmes valeurs. Oubliées les *Paroles* à la gloire de Pétain, c'est l'auteur de l'*Ode au général de Gaulle*, de l'*Ode à la Croix de Lorraine* qui est mobilisé pour regrouper des intellectuels autour de De Gaulle. Hélas, l'écrivain ne fera jamais fonctionner son comité...

Dans son discours de Bayeux, le 16 juin 1946, à l'occasion du deuxième anniversaire de la libération de la première ville reconquise en métropole, le Général avait affirmé la prédominance du chef de l'Etat sur les partis, faisant de lui l'arbitre suprême et le garant de l'intérêt général. En lançant le RPF à Strasbourg, il dépasse les clivages traditionnels pour mettre l'accent sur la reconstruction sociale de la France, qui ne pourra se faire sans la reconnaissance des travailleurs dans le système de production : « Faudra-t-il donc que nous demeurions dans cet état de malaise ruineux et exaspérant où les hommes qui travaillent ensemble à une même tâche opposent organiquement leurs intérêts et leurs sentiments ? Sommes-nous condamnés à osciller toujours douloureusement entre un système en vertu duquel les travailleurs seraient de simples instruments dans l'entreprise dont ils font partie et un autre qui écraserait tous et chacun, corps et âme, dans une odieuse machinerie totalitaire et bureaucratique ? Non ! La solution humaine, française, pratique de cette question qui domine tout n'est ni dans cet abaissement des uns, ni dans cette servitude de tous. Elle est dans l'association digne et féconde de ceux qui mettraient en commun, à l'intérieur d'une même entreprise, soit leur travail, soit leur technique, soit leurs biens, et qui devraient s'en partager, à visage découvert et en parfaits actionnaires, les bénéfices et les risques. » Il va même jusqu'à baptiser *L'Etincelle ouvrière* le bulletin intérieur du RPF…

Huit jours plus tard, plusieurs centaines de milliers de demandes d'adhésion sont arrivées au siège parisien du RPF et quarante départements se sont dotés d'une structure militante ! Ce raz-de-marée prouve à de Gaulle la lassitude du peuple face aux turbulences parlementaires et à la lutte des classes entretenues comme autant de fonds de commerce électoraux. Créer un vaste rassemblement au-dessus des partis pour conduire une réforme profonde de l'Etat qui procède du peuple : voilà ce que le Général précise aux journalistes quelques jours plus tard, avec de conclure : « Nous sommes les enfants malheureux d'un siècle effrayant. Le peuple français doit maintenant, par-dessus ses divergences, se réunir pour sauver – dans un monde très dur – une chose sacrée, parfois oubliée, qui s'appelle notre Patrie[18]. » Nombreux sont les prêtres et les religieux à soutenir le Rassemblement. En Lozère, c'est un curé, l'abbé Viallet, qui en devient le délégué départemental.

Dans sa chère ville de Lille, le 29 juin 1947, il trouve les mots justes pour en appeler à l'effort de tous et souligner que « les travailleurs français ont acquis une valeur et une dignité telles que ce serait de l'injustice et du gaspillage que de les confiner au rôle de simples instruments ». « Il n'est plus acceptable, dit-il, que les rapports entre patrons et ouvriers consistent en un marchandage entre celui qui emploie et celui qui est employé… […] Il est donc clair que les conflits inspirés par la lutte des classes ne correspondent plus en rien aux réalités d'aujourd'hui et ne peuvent que nous mener à la ruine, à la misère et à la servitude. » Le problème des rémunérations et des conditions de travail doit se traiter « d'égal à égal » à l'intérieur de l'entreprise, avec pour arbitre suprême l'Etat, ce qui exige que celui-ci soit impartial, donc au-dessus des partis !

De Gaulle sillonne la France dans la perspective des élections municipales d'octobre 1947, reprenant dans ses longs discours la doctrine sociale portée par le RPF dans un contexte de crise politique, économique et morale grave. Le Rassemblement a accepté la double appartenance pour permettre aux hommes politiques de toutes sensibilités de le rejoindre sans abandonner leur famille d'origine. Le seul ennemi irréductible reste le parti communiste, accusé de faire le lit de la puissance soviétique dont on redoute l'invasion. Mais, cette fois encore, le MRP, le « parti catholique », va imiter les socialistes de la SFIO et exclure ceux de ses membres qui choisissent de suivre le Général !

Pourtant, la doctrine sociale du RPF peut, en de très nombreux points, se calquer sur celle de l'Eglise que de Gaulle connaît dans le détail et dont il s'inspire indiscutablement. On sait que, dans sa jeunesse, il a étudié chez les pères jésuites l'encyclique *Rerum Novarum* publiée par Léon XIII en 1891 (un an après sa naissance). Et que dit ce premier texte papal consacré à la condition ouvrière ? Que l'homme doit avoir la première place, passer avant l'outil et la production. « L'industrie s'est développée et ses méthodes se sont complètement renouvelées. Les rapports entre patrons et ouvriers se sont modifiés. La richesse a afflué entre les mains d'un petit nombre et la multitude a été laissée dans l'indigence [...] Tous ces faits, sans parler de la corruption des mœurs, ont eu pour résultat un redoutable conflit [...] En ce moment, il n'est pas de question qui tourmente davantage l'esprit humain », avait affirmé Léon XIII.

Au cours de ses lectures, de ses échanges avec les intellectuels chrétiens, des conférences qu'il a pu suivre avant la guerre, de Gaulle a aussi été marqué par l'encyclique *Quadragesimo Anno* signée par Pie XI en mai 1931 et qui confirmait, précisait et souvent amplifiait *Rerum Novarum*. Le texte de Pie XI redisait l'importance des droits et devoirs qui doivent régler les rapports entre riches et prolétaires, entre capital et travail, mais il renvoyait dos à dos le capitalisme et le libéralisme d'une part, et le collectivisme et le socialisme d'autre part, en se référant aux enseignements de l'Evangile, selon des principes qui seront très exactement ceux observés par de Gaulle dans la définition de sa politique sociale, d'abord au RPF puis à partir de 1959 à l'Elysée.

Que dit *Quadregesimo Anno* à propos du libéralisme ? Qu'il a été « totalement impuissant à résoudre la question sociale », qu'il y a lieu pour la puissance publique de créer des « normes régulatrices » pour encadrer « la liberté du marché et la libre concurrence qui conduisent à un néfaste individualisme et à la dictature économique ». Qu'il y a des hommes qui « tout en se disant catholiques [...] ne craignent pas d'opprimer les travailleurs par esprit de lucre »...

Que soutient l'encyclique de Pie XI à propos du socialisme ? Que s'il « contient une part de vérité », il repose sur « une théorie inconciliable avec le christianisme authentique. Socialisme religieux, socialisme chrétien sont des contradictions : personne ne peut être en même temps bon catholique et vrai socialiste ». Quant au communisme, selon le pape, « il n'est rien qu'il n'ose, rien qu'il respecte ; là où il a pris le pouvoir, il se montre sauvage et inhumain à un degré qu'on a peine à croire [...] il est l'adversaire et l'ennemi déclaré de la sainte Eglise et de Dieu lui-même ».

On trouve à ce moment-là dans les propos et discours du Général la nécessité d'établir des liens entre l'ordre économique et l'ordre moral, ce qui s'exprime notamment par l'obligation pour l'autorité publique de concilier le droit de propriété – reconnu par l'encyclique – avec les exigences de l'intérêt général. La volonté de respecter la dignité de la personne humaine, de créer les conditions sociales favorables au développement individuel, de promouvoir la famille, le groupe, l'association, l'entreprise... tout ce corps de la doctrine gaulliste est directement inspiré par *Quadragesimo Anno* ! Comment les hommes politiques catholiques rangés sous la bannière du MRP peuvent-ils ignorer cette proximité entre les textes fondamentaux du Vatican et les propositions sociales du fondateur du RPF que chacun sait depuis toujours influencé par les Lamennais, Frédéric Ozanam, Albert de Mun ou Marc Sangnier ?

Le peuple – « arbitre suprême » pour le Général – va lui répondre aux élections municipales du 27 octobre 1947 en faisant un triomphe au RPF et en imposant un fort recul au MRP comme aux autres partis. Dans les communes de plus de 9 000 habitants, le

Rassemblement gaulliste obtient près de 40 % des voix et conquiert les treize plus grandes villes de France. 52 des 92 villes-préfectures ont une municipalité RPF. « Ça vaudrait un *Magnificat* », lâche le Général à André Malraux. Les communistes, que de Gaulle appellent « les Séparatistes » ou encore les « mauvais apôtres », perdent de nombreuses communes dans la « ceinture rouge » de Paris. « C'est dans l'ordre professionnel et dans l'ordre social que nous poussons notre organisation, déclare-t-il à la presse au lendemain de la victoire [...] Moi je prétends que les objectifs de salut public que nous avons à atteindre [...] sont de nature à rallier toutes les familles spirituelles françaises. Il y a là une situation assez analogue à celle que nous avons connue dans la Résistance... Personnellement, je ne me suis alors jamais occupé de savoir de quelle famille spirituelle provenaient les hommes qui voulaient collaborer avec moi. Je tâchais de les juger seulement d'après leurs capacités, leur dignité et leur bonne volonté. Que n'en ferions-nous autant[19] ? »

L'association capital-travail, visant à améliorer la condition ouvrière au sein d'une entreprise aux rouages rénovés, avec l'abolition de la lutte des classes et la redéfinition du rôle des syndicats, va être, en janvier 1948, la première d'une longue série de propositions de réformes allant toutes dans le même sens. Au fil des années, jusqu'au déclin et à la disparition du RPF en 1955, de Gaulle va rester invariablement accroché à cette volonté de restaurer la dignité des travailleurs, dans le droit fil des recommandations de l'Eglise. Dignité de l'homme, condition ouvrière, renouveau économique de la France et avenir de la civilisation se trouvent toujours, en ses propos, étroitement associés.

Aux élections législatives de juin 1951, le RPF veut confirmer les excellents résultats des municipales de 1947. La bataille s'annonce rude car les résultats risquent d'être influencés par la guerre scolaire rallumée quelques semaines plus tôt par la création d'une Association parlementaire pour la liberté de l'enseignement. Il s'agit de faire rétablir les subventions accordées à l'école libre par Vichy et supprimées en 1945... Pendant toute la campagne électorale, des responsables gaullistes – le général Koenig, Léon Noël, Pierre Guillain de Bénouville – font le siège du nonce apostolique à Paris pour tenter d'obtenir un signe de sa part. Le but est clairement de faire voter les catholiques pour le RPF et non pour le MRP. Dans ses agendas, Mgr Roncalli consigne le contenu des démarches « très insistantes » dont il est l'objet.

Pourtant, à la grande stupeur des gaullistes, le MRP reçoit un soutien indirect du Vatican, deux semaines avant le scrutin, par le biais d'un éditorial publié dans *L'Osservatore Romano* sous la signature de son rédacteur en chef, Federico Alessandrini. Sous le titre *Electionni in Francia*, celui qui est considéré comme la voix autorisée du pape écrit : « Comme dans d'autres domaines, l'union des catholiques sur le terrain politique autour d'un parti qui, sous l'aspect religieux, offre le plus de garantie est une nécessité dont chacun devrait mesurer l'urgence. » On affirmera par la suite que le choix de soutenir le « parti de Dieu » contre de Gaulle a été celui de Mgr Montini, alors à la secrétairerie d'Etat du Vatican. Ce soutien est naturellement aussitôt exploité par le MRP. De

Gaulle est très en colère contre ce coup bas. Un de plus ! Certes, placé au-dessus des partis et réunissant en son sein des dirigeants de toutes sensibilités, le RPF n'a pas pris une position très claire sur le dossier de l'école libre, mais l'ingérence du Vatican dans les affaires électorales françaises est jugée inadmissible. Cette fois encore, de Gaulle le croyant n'est pas prophète en son Eglise...

« Le Général était furieux, raconte Pierre de Bénouville[20]. C'est ainsi que je fus amené à me rendre à Rome pour y être reçu par le pape qui me parla d'ailleurs de De Gaulle en termes d'admiration. » L'urgence était telle que Bénouville a demandé l'aide de son ami Alfred Michelin, le directeur de *La Croix*, pour obtenir une audience dans les meilleurs délais. A quelques jours du scrutin, pour tenter de ramener le Vatican de leur côté, les gaullistes vont tenter une ultime manœuvre. C'est Pierre de Gaulle, alors président du Conseil municipal de Paris, qui s'en charge. Après avoir envoyé une invitation très anodine au nonce apostolique pour le prier d'assister à une cérémonie, le frère du Général a provoqué l'occasion de s'adresser à lui en public en des termes chaleureux mais très ambigus, laissant croire que la présence du nonce a valeur de soutien au régime. « Pierre de Gaulle me reçoit avec beaucoup d'honneurs... Dans son bref discours, quelques paroles imprudentes quant à la signification de la présence du nonce du pape, par rapport à certaines positions attribuées au pape concernant le RPF et les prochaines élections en France... », notera Mgr Roncalli. A la suite de plusieurs articles de presse, c'est maintenant le nonce qui doit se justifier auprès du Vatican sur son manque de prudence !

Avec 21,7 % des suffrages exprimés, le RPF arrive en deuxième position derrière le parti communiste (26,5 %). Sa poussée électorale n'a pas eu lieu mais le très catholique MRP connaît pour sa part une chute importante avec 12,3 % des voix. Le jeu du Vatican n'a pas pesé bien lourd, mais cela n'empêche pas quelques gaullistes de s'en prendre à Mgr Roncalli. Dans ses carnets, ce dernier note un entretien assez houleux avec Marcelle Devaud, une parlementaire gaulliste qui s'est adressée à lui de façon très vive. Pour quelles raisons le Vatican refuse-t-il de comprendre que de Gaulle est le seul dont le projet politique est de pure inspiration chrétienne ? s'insurgent les visiteurs qui se succèdent chez le nonce.

Au cours d'une conférence de presse qui suit les élections, en réponse à une question sur l'éditorial partisan de *L'Osservatore Romano*, de Gaulle répond non sans humour :

« J'ai lu, comme beaucoup, l'article... Naturellement, s'il s'agissait de foi, et de dogme, il n'y aurait pas de question. Je suis aussi catholique que M. Alessandrini qui a écrit cet article. Tout au moins, je présume qu'il est aussi catholique que moi.

« S'il s'agit de politique générale, M. Alessandrini a parfaitement le droit de faire des papiers et d'avoir l'opinion qu'il veut comme j'ai celui d'avoir la mienne. Je dois vous dire que, depuis que je vis, j'ai été souvent d'accord avec *L'Osservatore Romano*, mais pas toujours. En particulier, pendant la récente guerre.

« S'il s'agit de politique française, M. Alessandrini n'est pas français. A moi, qui le suis, il semble qu'il devrait considérer ce fait quand il traite des affaires françaises. Mais, surtout, je regrette que l'équivoque créée par son article ait pu indûment faire croire à des gens mal informés que la hiérarchie religieuse intervenait dans la compétition électorale française. Oui, je trouve cela déplorable, et d'autant plus que le grand respect que j'ai pour cette hiérarchie me garantit que c'est faux. »

Rien dans la conduite des affaires ne trouve grâce à ses yeux. C'est à cette époque qu'il note sur son carnet personnel :

« Socialistes : Parti du lâche soulagement

« Modérés : Concours à acheter. Trahisons à vendre

« Radicaux : Places ! Places ! (« places » au pluriel, naturellement !)

« Mouvement républicain populaire : Enfants de chœur qui ont bu les burettes. »

Son irritation est grande lorsque des membres du RFP, qui lui reprochent de jouer la carte du pire pour revenir au pouvoir, décident de faire sécession, fin 1952, pour soutenir le gouvernement Pinay. A un député de Loire-Inférieure, Olivier de Sesmaisons, qui vient, la mort dans l'âme, lui expliquer les raisons de sa défection, de Gaulle, les dents serrées, répond : « Le Christ aussi a été trahi[21] ! »

Les divergences au sein du Rassemblement sont accentuées par le débat sur l'Europe, quand les députés gaullistes mêlent leurs voix aux communistes pour contrer les plans de Robert Schumann. C'en est trop pour Paul Claudel qui claque la porte. Son anticommunisme viscéral le conduit à écrire au Général qu'il a « éprouvé une véritable honte, ou pour mieux dire une profonde indignation, à voir les cent vingt députés gaullistes – à l'exception de trois hommes courageux – s'engager, drapeau déployé, sous le commandement du traître Jacques Duclos ». Déjà, après la Libération, à propos du gouvernement tripartite conduit par de Gaulle, il avait fustigé « ... Thorez, Tillon, tous ces communistes à gueules de marchands de vin, de maquereaux et d'assassins ! » Voici donc ce grand chrétien, à qui le Général voulait donner les clefs du RPF, qui lui tourne le dos brutalement. Est-ce cette défection qui conduit le Général à noter sur son carnet personnel : « D'un écrivain, rien à attendre, sauf le talent » ? Après sa mort en 1955, il écrira pourtant à sa veuve : « En retirant de ce monde le génie de Paul Claudel, Dieu y a laissé son œuvre. Et je crois que c'est pour toujours. »

Le RPF de De Gaulle n'est pas le seul, dans cette période, à s'intéresser de près au monde ouvrier. Il y a bien sûr les communistes, qui exacerbent la lutte des classes, mais il y a aussi l'Eglise, qui entend toujours reconquérir les couches populaires. L'un des premiers prélats français à se soucier du problème a été Mgr Suhard, alors évêque de Bayeux à la fin des années 1920. « Le Christ est inconnu dans les usines de Caen », remarquait-il. Il fera le même constat à son arrivée à l'archevêché de Paris à propos du peuple des villes. Pour lui, la France est un « territoire de mission ». A leur retour d'Allemagne où on les avait envoyés au STO, vingt-cinq prêtres ne veulent pas retourner en paroisse et demandent à s'engager dans le milieu ouvrier, sur les lieux de travail. Ceux qui sont alors baptisés « les suhardiens » deviennent l'avant-garde des prêtres ouvriers, souvent très proches du parti communiste. Mgr Suhard comptent sur eux pour « sauver les âmes de Paris »...

Leur première bévue intervient à la « conférence sur la paix » de Varsovie en novembre 1948, lorsque l'abbé Jean Boulier, représentant des « curés rouges », déclare : « Si l'on nous demandait à nous qui sommes engagés dans le combat pour la paix : qui est communiste parmi vous ?, nous répondrions : tous ! » Mgr Suhard se voit dans l'obligation de sanctionner l'abbé Boulier et de dénoncer « la collaboration habituelle et étroite (des prêtres-ouvriers) avec le communisme » que Pie XI avait condamné sans appel avant la guerre en le déclarant « intrinsèquement pervers ». C'est le nonce, Mgr Roncalli, que l'on dit bienveillant envers les prêtres-ouvriers, qui va plaider auprès du Vatican en faveur de l'archevêque de Paris, mais « l'expérience » des prêtres-ouvriers va être interrompue entre 1954 et le concile Vatican II. Quant à l'abbé Boulier, réduit à l'état laïc dès 1953, il sera réintégré après le concile[22].

Anne, l'indicible deuil

La « traversée du désert », qui se prolonge bien au-delà des espérances de De Gaulle, l'expose à une série de deuils qui vont le marquer profondément. Le premier est celui du général Leclerc, dont l'avion est pris dans une tempête de sable près de Colomb-Béchar, en Algérie, au cours d'une tournée d'inspection le 28 novembre 1947. Leclerc, âgé de quarante-cinq ans, est l'autre grand héros de la guerre.

Catholique pratiquant comme de Gaulle, il s'est, comme lui, d'abord inspiré de Maurras sans jamais céder à l'antisémitisme de l'Action française. Les deux soldats vénèrent à égalité Dieu et la patrie.

« Ce qu'a su réaliser Philippe Leclerc de Hautecloque est de l'ordre du merveilleux [...]. Il y a réussi grâce à une extraordinaire qualité humaine qui lui fit son prestige et, désormais, lui dore sa gloire [...] Leclerc nous a été retiré par Dieu sans que l'écume ait jamais pu l'atteindre », dira de Gaulle en évoquant avec émotion le prestigieux parcours du chef de la 2e DB, du serment de Koufra au « nid d'aigle » de Berchtesgaden. A Claude Guy, il confie : « La mort de Leclerc est une perte incalculable pour le pays. Je l'aimais[23]. » A la générale Leclerc, il écrira : « J'aimais votre mari, qui ne fut pas seulement le compagnon des pires et des plus grands jours, mais aussi l'ami sûr dont jamais aucun sentiment, aucun acte, aucun geste, aucun mot, ne fut marqué même d'une ombre par la médiocrité. Sous l'écorce, nous n'avons jamais cessé d'être profondément liés l'un à l'autre. » C'est sans doute pour toutes ces raisons qu'après la Libération de Gaulle avait envisagé d'appeler Leclerc pour lui succéder à la tête du pays. Toutefois, se faisant un devoir de ne jamais paraître publiquement, il n'assistera pas à la messe de funérailles présidée par le R.P. Riquet à Notre-Dame de Paris.

Le décès du général de Lattre de Tassigny, en janvier 1952, va tout autant toucher de Gaulle. Celui qui a commandé avec courage la Ire armée, qui a assisté au nom de la France à la signature de l'acte de capitulation de l'Allemagne le 8 mai 1945, a côtoyé de Gaulle depuis Saint-Cyr. Nommé commandant en chef en

Indochine, de Lattre a été très affecté par la mort de son fils Bernard, jeune officier de vingt-trois ans, tué au Tonkin six mois plus tôt. En 1944, alors âgé de seize ans, le jeune homme avait voulu s'engager dans l'armée de libération. C'est de Gaulle qui lui avait accordé une dispense d'âge… « Du royaume de la lumière, que votre cher et glorieux fils vous assiste… », a écrit de Gaulle à la générale de Lattre après la mort de son mari[24].

Après la disparition de ses deux frères d'armes, de Gaulle est très affecté. Le lendemain des obsèques de De Lattre, il s'enferme pour rédiger son testament. Dans les jours qui avaient suivi la disparition de Leclerc, déjà secoué, il avait renoncé à ses trois à quatre paquets de cigarettes quotidiens.

Mais – qui pourrait en douter ? – la mort qui va causer au Général « une immense peine » est celle de sa fille Anne, emportée par une broncho-pneumonie double le soir du 6 février 1948 dans sa chambre de La Boisserie alors qu'il la serrait dans ses bras pendant que le médecin lui faisait une ultime piqûre. « Je trouvai le Général effondré dans une incroyable douleur. Il me dit à peu près ceci : "Je suis un homme anéanti. Vous déciderez de tout : du jour et de l'heure. Je voudrais d'un enterrement comme on les fait à Colombey"[25] », va consigner dans son journal l'abbé Drouot que le colonel de Bonneval, l'aide de camp, est allé chercher en urgence pour administrer les derniers sacrements à la jeune handicapée.

C'est la première fois que le prêtre se trouve en présence de la jeune fille que ses parents ont tenue à l'abri de toutes les curiosités. « Présumant qu'il était encore temps, je lui donnai l'extrême-onction. Dans la suite, je me le suis reproché. Anne-de-Gaulle n'avait jamais eu la raison », notera-t-il encore. Sans doute est-il arrivé bien tard. Ni le Dr Colomb, le médecin du village, ni le Dr Hurez, un spécialiste venu précipitamment de Troyes, n'avaient pu maintenir Anne en vie. Elle avait vingt ans.

Quand il arrive à Colombey venant de la base de Hyères, Philippe se trouve plongé dans une ambiance de grand recueillement : « Mes parents étaient silencieux. Ma mère avait fait fermer tous les rideaux et volets de la maison [...] Je suis arrivé à temps pour assister à la mise en bière de ma petite sœur. On a ensuite descendu le cercueil dans le salon où on l'a posé sur deux tabourets, au milieu d'un grand tapis décoré de roses. A côté, sur un guéridon, brûlaient des bougies près d'une assiette remplie d'eau bénite et d'un rameau de buis[26]. » Deux jours après la mort d'Anne, à l'issue des vêpres du dimanche, l'abbé Drouot se rend à La Boisserie accompagné des jeunes filles de Colombey, comme cela est de coutume, pour réciter le chapelet devant la dépouille de la jeune défunte. « Le Général et Madame de Gaulle se mirent à genoux à même le sol et le récitèrent avec nous », notera-t-il.

Le jour des obsèques, la « messe des Anges » est concélébrée en l'église de Colombey par l'abbé Drouot et le curé de Lignol, un village voisin. Seuls la famille, les très proches de la France libre et quelques villageois sont admis. L'absence de l'évêque est remarquée, d'autant plus que presque tous les évêques et cardinaux de France ont envoyé un témoignage de condoléances. En moins d'une semaine, plus de dix mille lettres vont arriver à La Boisserie. Pendant la cérémonie, Yvonne est impassible, les mains jointes. Le Général fixe le cercueil, puis, se penchant vers le colonel de Bonneval, lui souffle : « Evidemment, il y en a beaucoup qui ont été plus utiles et qui sont morts. Mais, s'il y a un Dieu, c'est une âme libérée qu'Il vient de rappeler à Lui. » Et à Philippe, à voix basse : « Puisse-t-elle nous protéger du haut du ciel. » Avant de quitter la tombe face à laquelle il est resté seul avec Yvonne, il lui prend la main et lâche : « Venez, maintenant, elle est comme les autres. »

A sa fille Elisabeth, qui vit à Brazzaville où son mari est en garnison, son père écrit : « ... Monsieur le curé est accouru pour la bénir. C'est une âme libérée. Mais la disparition de notre pauvre enfant souffrante, de notre petite fille sans espérance, nous a fait une immense peine. Je sais qu'elle vous en fait aussi. Puisse la petite Anne nous protéger du haut du ciel et protéger, d'abord, vous-même, ma bien chère Elisabeth. » Trois mois plus tard, il se livre un peu plus : « ... nous sommes bien seuls, votre Maman et moi. La pauvre petite Anne, quel que fût son état, jouait tout de même son rôle de présence, de sujet d'intérêt et d'affection. Qu'il en soit comme Dieu l'a voulu ! » Un an après, il lui demandera de prier pour Anne « qui, dit-il, nous aura quittés pour trouver sa libération au Ciel où elle nous attend[27] ».

Sa nièce Geneviève Anthonioz-de Gaulle, très proche de lui, dira plus tard : « Il a eu un chagrin terrible. Il a dit à sa sœur Marie-Agnès que "son âme était dans un corps qui n'était pas fait pour elle". Je pense qu'il voulait dire qu'Anne avait une petite âme immortelle, créée par Dieu, baptisée. Et pour lui, il ne faisait aucun doute qu'il la retrouverait après la mort. N'est-ce pas cela le test de la foi ? Ne point douter que l'on retrouve ses morts auprès de Dieu[28] ? » Pour l'essayiste catholique Stanislas Fumet, « de son innocente main, Anne conduisait son père en tous ses chemins de responsabilités et d'audace, de réussites et d'échecs qui, tous, sont chemins de Dieu ». De son côté, la mystique catholique Marthe Robin fera à Jean Guitton la confidence de ses convictions. Selon l'académicien, Marthe Robin « pensait que le dernier secret, inexprimable et crucifiant, du Général était la douleur d'Anne. Elle pensait aussi que si le Général avait, dans l'au-delà, des comptes à rendre devant la Justice éternelle, Anne serait sa protectrice, sa "rédemptrice", comme elle se considérait elle-même pour l'humanité[29] ».

De cet homme galvanisé par les épreuves, Anne avait la capacité à fendre l'armure. Sa retraite à Colombey l'avait encore rapproché d'elle. Il avait renoué avec l'habitude de lui fredonner des chansons, de lui faire réciter ses prières, comme il le faisait avant la guerre. « Anne avait un amour fou pour son père. Lorsque celui-ci mettait son habit militaire, elle pressentait son départ et manifestait sa contrariété et sa tristesse », témoignera la gouvernante qui s'occupait d'elle quand de Gaulle commandait le 507e RCC de Metz[30]. « Le colonel se souciait beaucoup d'Anne, il était plein d'attention pour elle. Je le revois encore près de son lit lui faisant dire ses prières du soir. L'enfant répétait mot à mot après son père. Celui-ci était ravi de voir sa fille ainsi appliquée : "Vous voyez, disait-il, elle connaît ses prières." Plusieurs de ses proches pensent que le Général espérait que ses propres prières et celles, même inconscientes, de sa fille conduiraient Dieu à accorder un miracle. »

Quant à Yvonne, qui dissimule son chagrin avec une infinie pudeur, tout la renvoie à ces vingt années passées auprès de sa fille anormale. « Celui qui n'a pas jeté un coup d'œil vers Madame de Gaulle promenant sa fille à son bras soit dans la villa de Neuilly, soit à Marly, soit à Colombey n'a pas connu le visage de la souffrance d'une mère », témoignera son gendre Alain de Boissieu[31]. Chaque année, le 6 février, une messe sera célébrée à Colombey à la mémoire d'Anne et, à l'issue de la célébration, le Général et son épouse iront se recueillir en silence devant cette tombe où, c'est leur choix, ils rejoindront un jour cette enfant pas comme les autres qu'ils ont su accueillir, en croyants, comme un don de Dieu.

Dans un courrier adressé après le décès d'Anne à la supérieure de la Fondation Charles-de-Gaulle, Yvonne précise : « A 10 heures du soir, elle est morte dans nos bras. Sans doute Dieu avait-il besoin de cette âme si pure pour protéger le Général dans l'œuvre qu'il a entreprise. » Dès lors, Charles et Yvonne de Gaulle vont mettre une bonne partie de leur énergie à faire vivre la mémoire de la jeune Anne à travers la Fondation Charles-de-Gaulle, créée en 1946, qu'ils transforment en « Fondation Anne-de-Gaulle » mais sans en changer le but. A cette institution est alloué le contenu du livret d'épargne ouvert au nom de la jeune défunte. Il servira à l'entretien de la chapelle. Les droits d'auteur des *Mémoires* du Général seront, à leur tour, intégralement versés à l'œuvre.

La mission chrétienne de la Fondation Anne-de-Gaulle

Dès le 15 mai 1945, alors que le Général présidait le Gouvernement provisoire, Yvonne s'était adressée au ministre de l'Intérieur, Adrien Tixier, pour l'informer de la création de la Fondation Charles-de-Gaulle et lui demander une reconnaissance d'utilité publique. À ce ministre très laïc, elle ne cache pas le sens chrétien de sa démarche, qui est aussi celle de son mari dont elle a le soutien sans réserve : « L'œuvre dont nous envisageons la création aura pour but de recueillir les jeunes filles arriérées, imperfectibles mais valides, dont les familles ne peuvent assurer la charge. Les jeunes filles dont il s'agit n'ont besoin d'aucun soin médical particulier ; mais les tares dont elles sont frappées les empêchent de vivre au milieu des jeunes filles normales de leur âge ; bien souvent leurs familles ne peuvent leur assurer les conditions de vie particulières qui leur sont nécessaires. Notre but sera de les recueillir, de leur offrir tous les moyens d'existence, de faire assurer par des religieuses leur surveillance et leur éducation.

« Notre choix se portera exclusivement sur des jeunes filles indigentes bénéficiant des secours de l'Assistance publique et notamment celles qui appartiennent à des familles éprouvées par la guerre. Nous comptons recevoir, dès l'ouverture de l'asile, une soixantaine de jeunes filles[32]. » Ce qu'elle ne dit pas, c'est qu'en créant cette Fondation le Général et elle veulent aussi assurer l'avenir de leur fille trisomique s'ils venaient à disparaître avant elle.

Avec des fonds collectés auprès de donateurs, notamment dans les milieux de la France libre et dans les pays africains de l'Empire, la Fondation s'installe dans le château de Vertcœur, en vallée de Chevreuse, au sud de Paris, au milieu d'un parc de 14 hectares. Secrétaire particulier du Général pendant la « traversée du désert », Xavier de Beaulaincourt est nommé au conseil d'administration. Il est père d'un enfant handicapé mental. Tous deux feront sur place plusieurs visites au début des travaux. Yvonne supervise tous les dossiers d'admission et ne tolère aucun passe-droit : « Nous ne sommes pas là pour les gens à millions », dit-elle. Mais la gestion chrétienne de la Fondation, que les de Gaulle posent comme condition incontournable, va devenir pour eux l'objet de nombreuses difficultés avec les autorités religieuses. Yvonne doit se plaindre auprès de l'évêque de Versailles qui lui envoie des aumôniers « originaux », cela jusqu'à l'arrivée en 1959 de l'abbé Dupont, l'un des seuls survivants parmi les cinquante prêtres déportés à Dachau. Dix ans plus tard, le relais sera pris par un religieux des Missions d'Afrique, le père Hébert, à la suite d'une intervention du père François de Gaulle.

La plus grosse difficulté concerne, dès 1949, le recrutement des religieuses pour s'occuper des jeunes pensionnaires, les aider à réciter leurs prières, les encadrer pendant la messe célébrée chaque jour dans la chapelle dont le mobilier et les ornements ont été financés sur les fonds privés des De Gaulle. La crise des vocations, à l'origine de ce problème, les consterne. En 1950, lorsque la communauté franciscaine de Devèze (Cantal), initialement recommandée par Georges Pompidou, l'informe qu'elle ne peut plus lui envoyer de religieuses, la plaçant devant le fait accompli, Yvonne de Gaulle va même jusqu'à alerter le pape, avec l'accord du Général ! Après avoir sollicité l'évêque de Versailles, qui reste sourd, et contacté vingt-neuf communautés, elle s'irrite : « Que pouvons-nous faire devant cette défaillance de l'élite chrétienne ? Partout on m'a donné l'assurance de prières mais personne n'a offert *l'action* », écrit-elle au chanoine de Versailles. Désespérée, elle envisage de fermer Vertcœur et de diriger une partie des filles vers des maisons religieuses, l'autre partie vers l'Assistance publique : celles de plus de quatorze ans, « choisies parmi les arriérées les plus atteintes [...] Ainsi, selon elle, la question religieuse sera moins sensible puisqu'elles ne comprennent pas[33] ».

Le château de Vertcœur[34] va continuer à fonctionner grâce aux petites sœurs du Sacré-Cœur de Saint-Jacut, dans le Morbihan, qui acceptent de prendre en charge la Fondation dès l'été 1951. Il s'agit d'un vrai petit miracle auquel les de Gaulle ne croyaient plus. Ils le doivent à un médecin de Vannes, le Dr Mabin, admirateur du Libérateur de la France, qui n'a rien trouvé de mieux qu'un pèlerinage à Sainte-Anne d'Auray, avec sa femme et leurs douze enfants, pour implorer sainte Anne d'aider les de Gaulle. Ces derniers confieront y voir la sainte intervention de sainte Anne mais aussi de leur petite disparue. Dès 1947, ils avaient fait acheter une statue de Sainte-Anne d'Auray pour mettre à Vertcœur : « Hauteur, un mètre. En couleurs pour que les enfants la trouvent plus belle [...]. Ce sera un cadeau de notre petite Anne pour la chapelle »...

Dans sa remarquable biographie d'Yvonne de Gaulle, l'historienne Frédérique Neau-Dufour souligne combien la foi chrétienne du couple a conduit à ce que la vie spirituelle occupe une place centrale à Vertcœur, persuadé que « Dieu a placé dans ces cœurs innocents une part extraordinaire d'humanité ». Les statuts de la Fondation en témoignent qui précisent (article 2) : « Une communauté religieuse assiste [...] les personnes hébergées dans le souci de leur faire connaître les valeurs catholiques tout en respectant leur liberté de conscience. » Bonne cliente du Bon Marché où elle aime faire ses courses parmi les autres femmes, Yvonne va même obtenir qu'une coiffe blanche soit offerte par le grand magasin à chaque pensionnaire pour la messe de Noël 1951. Et le jour de la Sainte-Anne qui suit la mort de leur fille, les de Gaulle offrent à la Fondation un ostensoir pour lequel ont été fondus les médailles, les chaînes et les bijoux de la jeune disparue.

L'œuvre commune entreprise par Charles et Yvonne au service de ces jeunes filles handicapées mentales n'est qu'un témoignage supplémentaire de leur foi et de la permanence de leur union. Chez eux, ni effusion ni démonstration publique de leurs sentiments, y compris devant leurs enfants. A peine si l'on aborde ces choses-là en famille, ce que fera toutefois le Général en écrivant à sa nièce Claude Vendroux qui vient de lui annoncer son prochain mariage[35] : « Notre famille a toujours été profondément liée et c'est une des douceurs et des consolations de mon existence depuis le jour où j'eus moi-même le bonheur de recevoir à Calais la bénédiction qui m'unissait à ta tante Yvonne. Depuis, les plus graves événements n'ont pu que resserrer encore les liens qui nous rassemblent tous. Tes chers grands-parents Vendroux en sont, au Ciel, les témoins. »

La mort de sa fille n'ayant en rien entamé sa foi, Yvonne demeure plus que jamais une pratiquante assidue. Quand le Général est en déplacement en France pour une réunion du RPF, elle conduit elle-même sa voiture pour se rendre dans les églises alentour. Pendant l'hiver 1952, sa voiture a dérapé sur le verglas et terminé sa course dans le fossé ; ce sera sans doute la seule fois de sa vie où elle aura manqué la messe dominicale. Elle gère avec beaucoup de rigueur le budget familial, partageant en cela le peu d'intérêt du Général pour l'argent. Chez eux, jamais de gaspillage ni de dépense inutile. Encore moins de luxe ostentatoire.

A l'occasion de la sortie du premier tome de ses *Mémoires*, en 1954, de Gaulle avait accepté, à titre très exceptionnel, que *Paris Match* réalise un reportage photographique sur La Boisserie, mais la somme offerte par l'hebdomadaire – de l'ordre de quatre millions de francs – avait aussitôt été versée en totalité à la Fondation. Pour illustrer son dédain à l'égard de l'argent, Yvonne aime à dire qu'elle n'a besoin que de deux robes, « l'une sur moi, l'autre en train de sécher sur le fil ». Un jour que Claude Guy, secrétaire particulier du Général, l'observe alors qu'elle quitte La Boisserie pour aller faire ses courses, elle lui dit : « Ne regardez pas ce manteau, je sais bien qu'il est très simple et très usé. C'est un manteau de guerre acheté en Grande-Bretagne… Voyez-vous, lorsque je me sens envahie par des idées de grandeur, eh bien, je me rappelle à l'humilité chrétienne en le mettant[36]. »

Un religieux nommé de Gaulle

Retiré à Colombey, celui qui incarne pour toujours le sursaut et l'indépendance retrouvée reste incontestablement une conscience morale, une référence nationale, mais le jeu des partis continue à lui barrer la route du pouvoir. L'éloignement de la menace communiste et le sentiment du retour à une paix durable soutenue par l'aide économique américaine du plan Marshall relativisent le rôle du Général et le poids de ses interventions. Après son succès aux municipales, le RPF traverse des années difficiles à partir de 1949. En 1951, avec un cinquième des voix et 117 députés seulement, le « parti de De Gaulle » ne pèse plus sur les grands choix du pays. Mais le Général voit plus loin. Face au communisme – si contraire à sa conception chrétienne du monde – qui s'étend à l'est de l'Europe en asservissant les peuples, il continue à plaider pour une « une réforme de la condition humaine » basée sur l'association capital-travail au sein des entreprises[37]. Peu lui importe d'être moins écouté. Son projet vise, dit-il, à « la domination de toutes les âmes sur toutes les matières », pour assurer à chacun progrès, bien-être et responsabilité. « Pour l'Occident, écrit-il, ce ne sera qu'être fidèle aux sources de sa grandeur : l'Humanisme et la Chrétienté. »

La dimension chrétienne n'est jamais absente de ses analyses, qu'elles portent sur la situation de la

France ou celle du monde. Dans une lettre au nonce apostolique à Paris, à propos de « nos pauvres peuples déchirés par la crise terrible dont nous sortons », ne plaide-t-il pas pour « le redressement de notre Europe, si essentielle à la Chrétienté » ; un souhait qui « répond au désir de Notre Saint-Père le Pape[38] » ? Pendant cette « traversée du désert », de Gaulle a continué à entretenir des relations épistolaires avec Mgr Roncalli. A l'occasion des vœux du Nouvel An 1950, c'est Thierry d'Argenlieu qui a été chargé de remettre au Général le message du nonce. « Que Dieu veuille bien faire aussi que l'année 1950 voie la cause du Bien s'affermir dans le monde… », répond de Gaulle. En février 1953, il a refusé d'assister à la réception donnée par le cardinal Roncalli, à l'occasion de son départ, pour l'ensemble des présidents du Conseil français. « Vous savez dans quels sentiments je vous avais accueilli quand le Saint-Père daigna vous envoyer en France auprès de moi », lui rappelle-t-il avant de justifier ainsi son absence : « Je craindrais […] de m'y trouver dans une situation assez singulière, puisque je n'ai jamais exercé la fonction de président du Conseil, rétablie après que j'eus cessé d'être à la tête de l'Etat et du Gouvernement. »

Dans cette période d'attente qui n'en finit pas, l'une des joies du Général va être la décision de son neveu François, fils de son frère Jacques, d'entrer dans les ordres. La vocation lui était venue très jeune, vers l'âge de huit ans, et c'est d'abord à sa mère qu'il s'en était confié. Il venait de fêter ses quatre ans quand son père avait été frappé de paralysie, atteint d'une encéphalite léthargique. En entrant au scolasticat Sainte-Croix à Thibar, en Tunisie, en 1940, le jeune garçon souhaite entrer chez les pères blancs, dans les Missions d'Afrique. Mais il lui fallut d'abord être intégré aux Chantiers de Jeunesse puis combattre dans la 3e division d'infanterie algérienne. Il sait que son oncle est fier de lui, de son comportement pendant la campagne d'Italie puis en Provence et en Alsace, pendant les derniers mois de la guerre. Ils se sont entretenus au hasard des inspections du Général, en Oranie puis à Monte-Cassino.

Quand, après la guerre, François de Gaulle rejoint le scolasticat, le Général répond à ses vœux en lui confiant : « Souvent, sache-le, je pense à toi, à ton enfance, à ton adolescence, au chemin que tu as choisi pour marcher dans cette vallée d'ombre vers la divine lumière, à ton simple et noble courage de combattant, à ta vie d'aujourd'hui enfin qui est : étude, abnégation, prière. » Et le père de Gaulle de se souvenir : « Suffisamment tôt avant mon ordination au début de l'année 1950, j'avais envoyé une lettre à "oncle Charles" pour l'informer de mes intentions et solliciter son avis. J'ai toujours conservé sa réponse[39]. »

« Il n'appartient qu'à toi-même de reconnaître si tu es "appelé", lui a conseillé le Général. Mais si tu t'en sens certain, je puis te dire – comme ton cher papa te l'aurait dit – que tu dois répondre. En tout cas, tu peux être sûr que si tu t'engages dans la Société des Pères Blancs, tu ne porteras atteinte – bien au contraire – à aucun intérêt national, ni à aucun intérêt familial. Quant à l'ordre surnaturel, je ne puis que répéter que toi seul es en mesure de juger devant Dieu. Mes prières, celles de ta tante Yvonne [...] se joignent aux tiennes. La petite Anne, ton Papa, tes grands-parents, te protègent du haut du ciel[40]. »

Le souvenir le plus émouvant du père François de Gaulle remonte à la première visite faite à son oncle après son ordination. « Il s'est agenouillé devant moi et a sollicité ma bénédiction. J'étais très ému. » Quand le religieux part s'installer pour près d'un demi-siècle à Koudougou, en Haute-Volta (devenu Burkina Faso), où il fera édifier une vingtaine d'églises, la correspondance régulière qui va s'établir entre eux montre chez le vieux soldat chrétien une réelle admiration pour ce neveu devenu « soldat de Dieu » : « Ce combat sans fin, mais non sans difficiles succès que tu mènes dans cette contrée dure et dramatique à tous les égards, est un témoignage de foi, d'espérance, de charité dont je fais, veuille le croire, mon profit moral », lui écrit le Général.

L'EXPRESSION D'UNE FOI PROFONDE

Ces mots d'humilité montrent combien l'engagement religieux force chez lui le respect. On le voit aussi dans la belle lettre qu'il adresse à la veuve de Xavier Langlois, Compagnon de la Libération, tué en novembre 1944 en Alsace. A celle qui lui fait part de sa décision d'entrer dans les ordres, il répond : « Permettez-moi de vous dire, du plus profond de mon respect, combien j'admire et combien j'envie la vocation de renoncement humain que vous avez choisi d'écouter. » Il évoque le sacrifice de Xavier Langlois et « son séjour d'immortelle lumière » et ajoute à l'adresse de la future religieuse : « je remercierai Dieu de la leçon de si pure humilité que, de sa part, vous me donnez… »

C'est le même homme qui trouve très naturellement des accents de guide, de pasteur, pour parler au peuple. Les mots inspirés qu'il emploie ne sont pas très différents – la référence à la patrie en plus – de ceux utilisés par un prêtre s'adressant à ses paroissiens :

« Pour bâtir la France nouvelle et d'abord pour la sauver, venez à nous ! Vous que soulève la passion de la justice sociale, vous qui voulez briser les barrières de l'égoïsme et du privilège, vous qui exigez pour chaque homme, pour chaque femme, pour chaque enfant, la fierté, la douceur de vivre.

« Venez à nous ! Vous aussi qui gardez vivante la tradition nationale, vous qui respectez avec piété les fondations de la patrie…

« Venez à nous ! Vous encore, qu'anime la flamme chrétienne, celle qui répand la lumière de l'amour et de la fraternité sur la vallée des peines humaines, celle où s'alluma, de siècle en siècle, l'inspiration spirituelle et morale de la France…[41] »

Imagine-t-on pareils propos, aujourd'hui, dans la bouche d'un responsable politique ?

Sa foi s'exprime plus explicitement encore dans la sphère privée, par exemple lorsqu'il s'adresse au lendemain d'un jour de Toussaint à sa sœur aînée Marie-Agnès, qui a perdu deux enfants : « Les fils que tu as perdus sont passés plus tôt que nous sur les rivages de l'autre vie. Dieu a voulu que leur destin s'accomplisse plus vite pour eux que pour d'autres. Mais le terme est toujours le même. Puissent-ils, là où ils sont, nous assister le long de la route et surtout quand nous serons aux derniers pas ! » Même piété affichée dans le message de condoléances qu'il envoie au fils du général Boud'hors, qui avait été son colonel au 33e RI pendant la guerre de 14-18 : « … je ne l'oublierai pas tant que Dieu m'accordera la vie. Il est à présent aux rivages de la divine lumière…[42] »

Le 2 janvier 1956, la lettre qu'il adresse à son neveu en dit long sur ce que ressent le Général dix ans après sa démission : « Notre pays se traîne dans un état de dépression attristant et inquiétant. Cela est, hélas ! conforme à la nature des choses après tout ce qui nous est arrivé depuis cent cinquante ans. Je ne suis nullement optimiste pour le présent. Mais les sources ne sont pas taries et je garde “les ailes de l'espérance”. »

Au élections municipales d'avril 1953, le RPF n'a-t-il pas perdu 60 % de ses voix et les quatre cinquièmes de ses élus dans les grandes villes ? Chez de Gaulle, très souvent, le découragement du chef politique et l'espérance du chrétien se conjuguent en une subtile alchimie. En 1952 déjà, dans un courrier adressé au R.P. Bruckberger, installé dans le Minnesota, il avait déploré que « la politique se liquéfie en infimes combinaisons » avant d'ajouter : « Cependant, l'avenir est ouvert à la France. Nous sommes quelques-uns qui le savent et qui le disent […] Que Dieu nous aide jusqu'à ce qu'il nous rappelle ! » Et, en juillet 1955, il avait écrit à François Mauriac que « pour servir la France, mieux vaut cultiver l'espérance qu'entretenir l'illusion[43] ».

Ce balancement entre lassitude et volontarisme, les visiteurs – qui sont de plus en plus nombreux à se rendre à La Boisserie pour presser de Gaulle de revenir dans le jeu – vont le constater. Dès le début de l'année 1955, des militaires de haut rang, des hommes politiques très influents et pour la plupart compagnons de route de longue date mais aussi des responsables politiques longtemps opposés à de Gaulle se succèdent pour lui demander de reprendre les rênes d'une France à la dérive, au bord de la faillite, affaiblie par le projet d'intégration de son armée dans la Communauté européenne de défense, menacée par l'éclatement de l'Empire, minée par la guerre en Indochine et par ce qui va devenir « l'affaire algérienne ». Un homme aussi modéré qu'Edmond Michelet, qui partage avec le Général une profonde fraternité chrétienne, va même à plusieurs reprises lui demander de faire un « coup de force » pour reprendre le pouvoir. Sans succès.

Ni l'élection de René Coty à la présidence de la République, ni l'autonomie accordée à la Tunisie puis au Maroc, ni la chute de Diên Biên Phu, ni plus tard la crise de Suez ne tirent de Gaulle de sa réserve : « L'actuel régime ne saurait produire qu'illusions et velléités, dit-il. Je demande aux Français de croire que, ni directement, ni par personnes interposées, je ne prends aucune part à aucune de ses combinaisons. » Il refuse d'endosser la responsabilité des propos, parfois tronqués, qui lui sont prêtés par ses visiteurs. En septembre 1957, dans une déclaration à la presse, il indique : « Quand le général de Gaulle croit utile de faire connaître à l'opinion ce qu'il pense, on sait qu'il le fait lui-même et publiquement. Cela s'applique, notamment, au sujet de l'Algérie. »

On sait dans quelles conditions, le 29 mai 1958, après trois années de violences et de revendications d'indépendance en Algérie auxquelles les gouvernements successifs n'ont pu trouver de réponse, le président René Coty fait appel « au plus illustre des Français ». Sorti de son ermitage, de Gaulle va – cette fois encore – tenter l'unité nationale et rentrer dans l'action, fidèle à la parole de son père : « L'avenir est à Dieu, mais il est aussi à nous puisque Dieu l'a remis entre nos mains »…

Chapitre 7

A l'Elysée, le dernier roi chrétien

« J'ai dit ce que j'avais à dire. A présent, je vais rentrer dans mon village et m'y tiendrai à la disposition du pays. »

Après l'insurrection contre le Gouvernement général en Algérie et la constitution par le général Massu d'un Comité de salut public, de Gaulle précise on ne peut plus clairement sa position : il se tient prêt à assumer les pouvoirs de la République. Si la tâche devait lui incomber de tirer de la crise l'Etat et la Nation, il l'aborderait « sans outrecuidance, car elle serait dure et redoutable ». Il est, précise-t-il, « un homme qui n'appartient à personne et qui appartient à tout le monde ». Et à ceux qui redoutent de le voir attenter aux libertés publiques, il lance sa célèbre phrase : « Croit-on qu'à soixante-sept ans, je vais commencer une carrière de dictateur ? » Il le sait, une nouvelle fois, les dés – c'est-à-dire la Providence – roulent pour lui sur la carte de l'Histoire… Huit mois plus tard, en l'accueillant à l'Elysée comme nouveau président de la Ve République, le président René Coty résumera la situation en lui disant : « Le premier des Français est désormais le premier en France. »

Sitôt investi par l'Assemblée nationale qui lui accorde, le 2 juin 1958, les pouvoirs spéciaux et la possibilité de faire adopter une nouvelle Constitution par référendum, le Général se jette dans les dossiers brûlants de l'Algérie avec l'ardeur d'un homme dont l'âge n'a pas atteint la volonté. Il ne sous-estime pas plus le caractère périlleux de sa mission que l'inquiétude visible de sa femme lorsqu'il part, deux jours plus tard, pour son premier voyage en Algérie où il va s'adresser à la foule à Alger puis à Constantine, Bône, Oran et Mostaganem. Les « politichiens » de la IVe République agonisante – ainsi qu'il les brocarde dans ses moments de colère – ont fait appel à lui pour sortir la France de l'ornière algérienne, éviter le péril financier et rétablir l'autorité de l'Etat. Il va s'y employer.

Nul n'est besoin de revenir ici sur tous les événements – souvent très sanglants – qui ont jalonné l'action de De Gaulle entre son retour au pouvoir et le règlement de l'affaire algérienne conclu par le référendum d'autodétermination du 1er juillet 1962. Même si beaucoup y ont vu – ou ont voulu y voir – un double discours et du machiavélisme, c'est bien un message de pacification et de fraternité entre les Français originaires de métropole et les populations arabes d'Algérie que le Général veut porter lorsqu'il déclare, dès son arrivée : « Oui, moi, de Gaulle, à ceux-là, j'ouvre les portes de la réconciliation. »

Dans son allocution prononcée au Forum d'Alger, le 4 juin, qui commence par le fameux « Je vous ai compris », il s'agit bien pour lui d'en appeler à la communion des peuples. « Vous offrez, dit-il à la foule rassemblée, ce spectacle magnifique d'hommes qui, d'un bout à l'autre, quelles que soient leurs communautés, communient dans la même ardeur et se tiennent par la main [...] Je déclare qu'à partir d'aujourd'hui, la France considère que, dans toute l'Algérie, il n'y a qu'une seule catégorie d'habitants : il n'y a que des Français à part entière ; des Français à part entière, avec les mêmes droits et les mêmes devoirs [...] Cela signifie qu'il faut donner les moyens de vivre à ceux qui ne les avaient pas. Cela signifie qu'il faut reconnaître la dignité de ceux à qui on la contestait... »

En gage de sa sincérité, il abolit le système du double collège électoral (les citoyens de droit commun d'un côté, et les musulmans de l'autre) en cours sous la IVe République pour le remplacer par un collège unique. Un mois plus tard, au cours d'un deuxième voyage à Alger, il martèle à nouveau l'impératif de fraternité et d'égalité, y compris pour les femmes musulmanes qui auront désormais le même droit de vote que les femmes de métropole. Un ambitieux plan de scolarisation est mis en place pour les enfants d'Algérie, sans distinction. Il présente ses décisions comme de « de grands objectifs sociaux et moraux », de « grands projets humains »[1].

Au moment de cette nouvelle rencontre avec le peuple, quelle place la foi du Général a-t-elle tenue dans son comportement et sa détermination ? Une place essentielle, soutient Laurent de Gaulle, son petit-neveu[2] : « Cette très rare et très lourde destinée de l'homme providentiel, il ne se peut pourtant qu'il l'assume entièrement seul. Elle vient aussi d'ailleurs. Pour en arriver là, outre des capacités exceptionnelles et un travail permanent, il faut bien qu'il y ait une espérance et une foi qui le dépassent et le mènent vers son destin. Et pour de Gaulle, c'est à l'évidence [...] une foi chrétienne, une foi catholique qui sous-tend sa pensée et son action [...]. C'est une foi qui l'habite intérieurement, et qui va guider son action pour le plus grand bien possible du pays et de l'humanité en général, mais dont il doit bien se garder qu'elle nuise aux institutions laïques qu'il a mises en place. » Ce point de vue renvoie à la façon dont de Gaulle parle de son retour au pouvoir comme d'une consécration, sans droit héréditaire ni élection, au seul appel du peuple : « Si j'y assume à présent la fonction suprême, c'est parce que je suis consacré comme son recours. »

Dans les jours et les heures qui ont précédé et suivi son rappel, de Gaulle a reçu toutes les grandes figures politiques et les responsables de partis venus lui faire allégeance. Le seul à lui avoir résisté a été un certain François Mitterrand, déjà connu pour avoir été plusieurs fois ministre. Avec son humour froid, de Gaulle lui a dit : « Vous êtes un homme politique, monsieur Mitterrand. C'est bien, il en faut. Mais en certaines circonstances, les hommes politiques doivent savoir se hausser au niveau des hommes d'Etat ! » C'est dans cet esprit qu'il a regroupé autour de lui, au sein d'un gouvernement de salut national, des hommes de toutes sensibilités, y compris ceux qui l'avaient combattu politiquement : des socialistes, des radicaux, des MRP... L'heure est à l'union. Comme en 1940 et à la Libération, pour de Gaulle, seul l'avenir de la France compte !

Sa façon de conduire le pays et sa conception de l'Etat seront ultérieurement ainsi résumées par Alain

Peyrefitte[3], qui deviendra son ministre et le plus permanent de ses confidents : « Sa mission lui paraît être d'unir le passé et l'avenir. Homme du passé, il récapitule en lui des siècles de notre histoire ; il ne renie aucune de nos traditions diverses et même opposées. Homme de l'avenir, il l'est dans le même élan ; au point que je n'ai jamais vu pareille attention au futur ; ni, au bord de l'extrême vieillesse, pareille jeunesse dans l'esprit.

« C'est sans doute là qu'il puise cette force permanente. Par un étrange phénomène d'identification, il se confond avec la France et avec la rumeur des siècles. Il ne se contente pas de parler au nom de la France. Il est la France elle-même. Dans l'écheveau embrouillé des circonstances, dans les conflits d'intérêts, dans les jeux du hasard, il se guide sur cette seule certitude. »

Préparer la France de demain est bien la tâche suprême à laquelle il veut s'attaquer, en associant les jeunes générations, ainsi qu'il l'écrit au tout nouveau haut-commissaire à la Jeunesse et aux Sports, l'illustre alpiniste Maurice Herzog, pour lui fixer le cap de son action : « L'essentiel est de faire accéder cette jeunesse à la connaissance de notre patrimoine et de l'associer, en respectant son indépendance, à l'œuvre technique et scientifique de notre pays ; en fait il s'agit de faire prendre conscience aux jeunes Français de la vocation de la France[4]. » La « vocation », un mot qui n'a pas été choisi au hasard.

Parmi ceux qui observent attentivement le retour du Général, les gens d'Eglise ne sont pas les moins vigilants, notamment parce que reviennent aux « affaires » des responsables des formations les plus anticléricales, et que restent à régler les dossiers non solutionnés par le gouvernement de la Libération, comme l'école libre, les biens du clergé ou les congrégations. De son côté, particulièrement dans cette période très difficile, de Gaulle espère que l'Eglise va, cette fois, lui apporter son soutien. Pour cela, il va s'attacher à établir un lien personnel totalement inédit avec le pape à qui il adresse un message le 21 juin, c'est-à-dire quelques jours après son investiture ! « Au moment où j'assume cette lourde responsabilité, ma pensée respectueuse se porte vers Votre Sainteté. En toute piété, j'appelle Son soutien spirituel sur mon action et lui demande de bénir la France. » Exprimé en ces termes, c'est beaucoup plus la « fille aînée de l'Eglise » que la République laïque que de Gaulle propose à la bénédiction du Saint-Père. Par égard pour son destinataire, la lettre a été portée au Vatican par René Brouillet, qui travaille auprès du Général sur les affaires algériennes après avoir été premier secrétaire à l'ambassade de France près le Saint-Siège. En retour, Pie XII exprime son soutien au Général et la chaleureuse affection qu'il porte à la France.

Un peu plus tard, en réponse au message de soutien qu'il a reçu du cardinal Grente, archevêque (gaulliste) du Mans, de Gaulle esquisse un chemin entre l'identité chrétienne de la France et le caractère laïque de la République : « En présence du devoir que je suis amené à assumer, aucun encouragement, aucun témoignage ne peut m'être plus précieux que les vôtres. A moins que l'Etat ne soit ecclésiastique, je ne vois pas – non plus, j'en suis sûr, que Votre Eminence – qu'il puisse être autre chose que laïc. Toute la question est de savoir comment, dans quel esprit, il le sera ? Pour qu'il le soit comme il faut, je crois bon, en toute conscience, qu'il reçoive le baptême de l'Eglise de France[5]. »

Pour de Gaulle, « baptême » veut clairement dire adoubement et soutien, et sans doute même complicité. Et s'il précise « de l'Eglise de France », c'est pour bien réaffirmer son gallicanisme : ces affaires-là concernent la seule communauté catholique nationale et son clergé ; seules les affaires purement spirituelles devant relever du pape. Malgré l'immense respect qu'il porte au Saint-Père, le Général est très peu ultramontain. On ne sait d'ailleurs comment interpréter les réflexions personnelles – non commentées – retrouvées dans ses carnets : « Le Pape est-il nécessaire ? Il m'arrive d'en douter. Le Pape est-il infaillible ? Billevesée[6] ! »

Le cardinal Grente, qui ne cache pas sa joie depuis le retour de De Gaulle au pouvoir, va entretenir avec lui une correspondance régulière, ne manquant aucune occasion de lui manifester sa sympathie. Aussi lui adresse-t-il ses félicitations au lendemain du référendum du 28 septembre qui a ratifié la nouvelle Constitution avec 79,25 % de « oui ». « Dieu a marqué, cette fois encore, qu'il veut se servir de la France », lui répond le Général.

Sa première sortie officielle à caractère religieux, le chef du gouvernement la réserve le 23 août à la célébration organisée à Notre-Dame de Paris par les combattants de la 2e DB. Pendant la « traversée du désert », il n'avait pu assister en ces lieux aux obsèques du maréchal Leclerc, c'est donc à son frère d'armes qu'il vient ainsi rendre hommage, aux côtés de Mme de Hauteclocque. Sans surprise, on voit ensuite le Général en tenue militaire accompagner le président Coty à la messe de Requiem célébrée le 16 octobre, à Notre-Dame de Paris toujours, pour le repos de l'âme de Pie XII, mort une semaine plus tôt dans sa résidence de Castel Gandolfo. La cérémonie est présidée par le nonce apostolique, Mgr Paolo Marella, qui a succédé à Mgr Roncalli en 1953, l'année où le Vatican a ordonné aux prêtres-ouvriers d'abandonner les usines et le mouvement syndical pour reprendre une vie sacerdotale plus classique.

C'est la première fois que de Gaulle, alors président du Conseil, rencontre Mgr Marella, beaucoup moins progressiste que son prédécesseur. On le présente comme un prélat choisi par Rome pour rassurer les milieux catholiques de France. Il est aussi beaucoup plus mondain, au point d'avoir son couvert chez le comte de Paris au manoir de Cœur-Volant à Louveciennes. Selon la tradition, le 1er janvier 1959, c'est lui qui présentera les vœux du corps diplomatique au général de Gaulle, élu président de la République dix jours plus tôt par le Congrès avec 77,5 % des suffrages. On voit le nonce assis aux côtés de Mme de Gaulle pendant la réponse du Général. Pour la première fois, un catholique pratiquant préside sans complexe la République française et, même si le plus grand soin sera toujours apporté au respect de la laïcité de l'Etat, cette réalité dérange. Les sarcasmes qu'elle déclenche vont jusqu'à la caricature, telle la flèche de Jean-Paul Sartre qui fustige « ce prince-président qui règne et qui n'est responsable que devant Dieu ».

FAISEUR DE PAPE

Dès le lendemain de la mort de Pie XII, le 9 octobre 1958, alors qu'il est aux prises avec les suites d'un nouveau voyage en Algérie où la situation s'aggrave et avec la préparation des élections législatives, de Gaulle va considérer comme une urgence de convoquer à Paris l'ambassadeur de France près le Saint-Siège, Roland Jacquin de Margerie, marquant là tout l'intérêt qu'il porte à ses relations personnelles avec le Saint-Siège. Il envoie même son avion personnel à Rome pour que le diplomate arrive plus vite à Paris. Avant même d'accéder à la présidence de la République, il mobilise donc les moyens de l'Etat tant il accorde d'importance à ce dossier. Dans une démarche très inédite, de Gaulle va tenter de peser sur l'élection du nouveau pape en faisant passer discrètement ses consignes aux cardinaux du Vatican les plus amis de la France, notamment à Mgr Tisserant.

Après un large tour d'horizon avec l'ambassadeur au cours duquel tous les *papabile* sont passés en revue, le Général conclut que le meilleur candidat est Mgr Roncalli. Il pense que l'ancien nonce à Paris est l'homme modéré, francophile, bien introduit dans les cercles d'influence français, qui saura le mieux gérer les relations entre l'Eglise de France, marquée par son progressisme, et le Vatican, en évitant tout ce qui pourrait nuire aux relations bilatérales. De Gaulle veut aussi un pape « à sa main », bien conscient de la place que la France souhaite jouer dans le monde sous sa conduite, notamment lorsqu'il s'agira de rappeler l'importance de la dignité humaine et du droit des peuples.

Le jour de l'ouverture du conclave, alors que Margerie s'est employé à faire passer le message à Rome avec la plus grande discrétion, de Gaulle adresse un télégramme de soutien à Mgr Roncalli, lequel lui répond aussitôt en termes on ne peut plus aimables et complices. Tout indique que les manœuvres françaises n'ont pas été vaines puisque le « candidat » de De Gaulle est élu pape le 28 octobre 1958 sous le nom de Jean XXIII. « Unissant ma joie à celle de toute la chrétienté, je prie Votre Sainteté d'accueillir l'hommage de mon filial respect », lui télégraphie-t-il dans les minutes qui suivent l'apparition de la fumée blanche au-dessus de la chapelle Sixtine. Voici donc assis sur le trône de Pierre ce « monseigneur » dont il était de bon ton de moquer la « bonne tête de notable » à son arrivée à Paris après la Libération ! Pendant sa mission en France de 1945 à 1953, Mgr Roncalli avait certes eu le temps de montrer son intelligence et ses talents de fin diplomate, mais de là à devenir pape... Jamais de Gaulle n'avait semblé dérangé par les prises de position de ce nonce progressiste, proche de la cause ouvrière, ni par son appartenance supposée à la franc-maçonnerie. Les relations avec le Saint-Siège vont être si bonnes dans les années qui suivront que le Général notera sur son cahier personnel, au soir de la mort de Jean XXIII, en 1963 : « Ils se sont trompés une fois, ils ne sont pas prêts de recommencer à élire un pape gaulliste[7] ! »

Cette fois encore, le fidèle cardinal Grente avait été mis à contribution. De Gaulle avait envisagé de le rencontrer lors de son passage à Paris, entre Le Mans et Rome où s'ouvrait le conclave, mais le prélat avait craint que sa visite ne soit interprétée comme un signe trop visible d'allégeance. « Je comprends pleinement les raisons qui incitent Votre Eminence à préférer que Son passage par Paris ne puisse prêter à aucune remarque, lui répond le chef du gouvernement. Son Eminence le cardinal Feltin, comme M. Wladimir d'Ormesson et M. Roland de Margerie, feront part à Votre Eminence de mes préoccupations à la veille d'une élection d'une importance capitale pour la France et pour la catholicité. J'ai la conviction que mon sentiment coïncide avec celui de Votre Eminence et l'espoir qu'il sera également celui des autres représentants de l'Eglise de France au sein du Sacré Collège. »

Cette lettre[8], curieusement signée « Charles de Gaulle, le très humble serviteur » montre à quel point il a tiré les ficelles en coulisses pour favoriser l'élection de Mgr Roncalli. Non seulement il a mobilisé son ambassadeur auprès du Vatican mais aussi Mgr Maurice Feltin, cardinal-archevêque de Paris depuis 1949 après avoir échappé à l'épuration grâce à lui et Wladimir d'Ormesson, ancien ambassadeur auprès du Saint-Siège entre 1948 et 1956. Ce diplomate d'une parfaite distinction avait été nommé une première fois à ces fonctions en mai 1940 par Paul Reynaud avant d'être rappelé en octobre par Pétain et rayé des cadres diplomatiques, contraint à entrer dans la clandestinité. Elu à l'Académie française au fauteuil de Paul Claudel en mai 1956, Wladimir d'Ormesson avait conservé d'excellentes relations dans les instances vaticanes. De Gaulle le savait et s'en était servi !

Le Général n'est pas mécontent d'être parvenu à ses fins, ainsi qu'en témoigne ce qu'il écrit à Mgr Grente qui lui a, semble-t-il, envoyé quelques informations confidentielles sur le vote : « Sans nul doute, l'élection du pape Jean XXIII est un bienfait pour la France. [...] j'ai su de quelle considération, de quelle estime, particulières, étaient entourés les cardinaux français venus à l'occasion du conclave et je leur en suis, pour la France, profondément reconnaissant[9]. » Cet échange de courrier révèle aussi que le cardinal-archevêque du Mans a profité du conclave pour vanter les qualités du Général auprès des cardinaux espagnols, allemands, portugais et sud-américains, ainsi qu'auprès du cardinal maronite Tappouni, qui connaissait déjà de Gaulle ! Non seulement Mgr Grente a exercé son pouvoir d'influence pour faire élire le candidat de la France, mais il a aussi joué les *missi dominici* gaullistes auprès de ses homologues étrangers qui, pour beaucoup, accueilleront ultérieurement avec chaleur le président français au cours de ses voyages officiels.

Dès l'annonce du décès de Pie XII, de Gaulle avait aussi jugé utile de se manifester en envoyant au Vatican un « message à leurs Eminences Révérendissimes Messieurs les cardinaux composant le Sacré Collège[10] ». Sa démarche est privée car il ne fait nulle référence à la France : « Je prie Vos Eminences d'accepter mes condoléances personnelles et l'expression de ma douloureuse sympathie. Au soir de ce grand et illustre pontificat, pendant lequel l'humanité a connu les plus terribles épreuves, j'évoque avec émotion et respect la haute figure de Pie XII dont le fervent témoignage a inspiré à tant d'hommes le courage et l'espérance. » La teneur de ce message montre que de Gaulle ne cède en rien aux polémiques qui se sont développées après la guerre sur le rôle et les silences du Saint-Père à propos de l'extermination des juifs par les nazis.

Tout naturellement, un déplacement officiel du président de Gaulle au Vatican est aussitôt mis sur pied. « Le Général tenait beaucoup à cette visite et à sa réussite. Elle revêtait pour lui un caractère de très haute importance, comme s'il souhaitait une sorte d'adoubement », selon l'historien du Vatican Philippe Levillain, membre du Comité pontifical des sciences historiques[11]. « Pour cette raison, il a multiplié à cette époque les manifestations personnelles envers les dignitaires de l'Eglise de France. » On sait, par exemple, qu'il entretient les meilleures relations avec le cardinal français André Jullien, doyen du collège des juges de la Rote romaine où il veille aux évolutions du droit canon depuis 1922. Quand Mgr Jullien, le plus ancien des Français du Vatican, est créé cardinal en novembre 1958, le Général lui adresse aussitôt ses « chaleureuses » félicitations et ne manque pas de le remercier pour ce qu'il a fait pour la France pendant la guerre. Là encore, l'influence du vieux prélat est précieuse.

Les chanoines du chapitre de l'archibasilique patriarcale de Saint-Jean-de-Latran, à Rome, se manifestent au lendemain de son élection à la présidence de la République pour le féliciter et l'assurer de leurs prières. Une prérogative ancienne fait du président de la République française l'unique chanoine d'honneur de Saint-Jean-de-Latran, la cathédrale du pape. « Vous avez, avec ferveur, évoqué l'amitié séculaire qui unit à la France l'Eglise mère et cathédrale de toutes les Eglises, leur répond-il. Cette amitié et les liens privilégiés qu'elle crée pour moi avec votre Vénérable Chapitre constituent un legs auquel j'attache le plus grand prix. » En toute place au sein de l'Eglise, de Gaulle est dans sa maison.

Le Vatican comme allié

La visite va avoir lieu le 27 juin 1959 après une minutieuse préparation car elle s'inscrit dans le cadre d'un voyage officiel de cinq jours en Italie. Si l'on excepte la brève visite effectuée en mai 1957 par René Coty à Pie XII, c'est le premier déplacement officiel d'un président français au Saint-Siège depuis 1495 ! L'audience privée accordée par Jean XXIII se déroule dans un climat très fraternel et très complice. Pour le chef du Gouvernement provisoire de la Libération comme pour le nonce arrivé à Paris en urgence dans les derniers jours de 1944, que de chemin parcouru ! C'est sans doute pourquoi, de part et d'autre, l'émotion est palpable. D'abord accueilli par un détachement de gardes suisses et de la garde Palatine, de Gaulle, accompagné d'Yvonne la tête couverte d'une mantille noire, traverse la cour Saint-Damase puis gagne la salle du Trône où le Saint-Père est venu à sa rencontre. Pliant sa grande silhouette, il s'agenouille ensuite devant le Saint-Père avant de lui offrir une bible du XIVe siècle sur parchemin. En échange, il reçoit la grande médaille du Vatican frappée pour l'occasion.

Sur un ton de grande douceur, le pape rappelle que son visiteur a déjà été reçu en ces lieux en juin 1944 par son prédécesseur, Pie XII : « Vous vous plaisiez alors à admirer la clarté de vue et la sérénité de jugement de ce grand pontife, la force et l'inaltérable confiance de ce héros de la vraie paix dont les enseignements continuent encore à tracer la voie à tous les hommes de bonne volonté. Cette œuvre de paix et de prospérité, vous désirez, Monsieur le Président, la réaliser dans votre propre pays [...] mais vous avez également conscience de devoir la poursuivre plus largement encore au bénéfice de l'Homme dans le monde. [...] En travaillant au bonheur de vos concitoyens, vous souhaitez aussi avec noblesse que les ressources de votre pays comme celles d'autres nations favorisées par la nature puissent servir avec désintéressement au mieux-être des peuples économiquement moins développés. Est-il une perspective d'action plus conforme à l'idéal de justice et de charité fraternelle dont le christianisme a pour toujours jeté le ferment dans la société humaine ?... » Avant de conclure, Jean XXIII exprime sa « paternelle affection » pour le peuple de France.

Dans sa réponse, de Gaulle, très ému, exprime le « très particulier respect » de la France pour Sa Sainteté : « Nous la connaissons d'abord comme le vicaire du Christ et puis aussi comme un prélat qui, naguère, nous a beaucoup connus et qui nous a aimés. Nous déposons, au nom de la France, nos respects à ses pieds. Et nous lui demandons, dans la tâche difficile qui est celle du président de la République [...], tout son bienveillant appui. C'est cela que je tenais à dire en formant les vœux les plus ardents pour la santé du Très Saint-Père et pour la prospérité et la gloire de notre Eglise catholique. » Ce que la France va retenir de cette visite, c'est l'hommage rendu par Jean XXIII au chef d'Etat chrétien, à l'artisan de la paix en ces temps de guerre froide, au dirigeant humaniste fraternellement soucieux du sort des peuples les plus pauvres. Le soir, le reportage sur cette rencontre va occuper six minutes et cinquante-six secondes au journal télévisé[12].

Sur ce que les deux hommes se sont dit pendant leur entretien privé, seul existe le témoignage du Général jusqu'à l'ouverture des archives du Vatican. Le résumé – surchargé de corrections – qu'il en fait lui-même insiste sur la satisfaction du pape de le voir « à nouveau assumer les destinées de la France » où « les choses marchent bien ». Jean XXIII a fait une discrète allusion à l'aide que la France lui a apportée pour son élection. Mais, consigne de Gaulle, « ce qui préoccupe le plus le Pape, c'est la crise morale du jeune clergé. Il s'inquiète des tendances progressistes des jeunes ecclésiastiques français. Il cite l'exemple des prêtres ouvriers, inventés par le cardinal Suhard. Or, sans son habit un prêtre devient plus un homme qu'un prêtre. Il faut qu'un prêtre reste un prêtre ».

« *Le général de Gaulle* soulève le problème des clergés africains. *Le pape* observe que dans ce domaine, il ne faut pas aller trop vite. Il faut créer un milieu pour les prêtres noirs. Il faut qu'ils s'y sentent soutenus par ce milieu et par des habitudes. C'est la voie dans laquelle il faut persévérer. »

« En ce qui concerne le clergé dans les pays de l'autre côté du rideau de fer, le pape indique qu'il est en butte à toutes sortes de persécutions. C'est notamment le cas en Hongrie. Il eût été préférable que le cardinal Mindszenty[13] soit mis en prison plutôt que de le voir se réfugier à l'ambassade des Etats-Unis. Les dirigeants hongrois font une pression féroce, dans l'espoir de provoquer un schisme. En Pologne, la situation est moins difficile, en raison de la présence du cardinal[14] et aussi parce que la religion y est un élément véritablement national. Il n'empêche que le clergé polonais est, lui aussi, soumis à toutes sortes de brimades. Il n'y a guère autre chose à faire qu'à prier. »

Parmi les autres sujets de politique étrangère abordés, il y a bien sûr l'Allemagne. De Gaulle déclare qu'il ne faut pas lâcher Berlin et qu'on ne le lâchera pas. Quant à l'Algérie, qui commence à diviser profondément les catholiques français, il note que le pape a écouté ses indications sans prendre position.

Au cours de cet entretien[15], Jean XXIII n'oublie pas d'aborder l'avenir de l'école libre en France, un sujet dont il est régulièrement saisi par les évêques français. Mais de Gaulle, qui estime que ce problème relève de sa seule responsabilité, répond « qu'il ne faut pas que cela se fasse dans une atmosphère de bataille ». Le pape en convient, note-t-il. « Il indique qu'il faut y aller doucement mais que si une occasion se présente, il faut la saisir. » Il n'est pas question pour le Général de se laisser dicter son calendrier, même si le dossier est très sensible en raison de la situation désespérée de beaucoup d'écoles chrétiennes qui n'ont plus d'argent pour fonctionner.

A l'évidence, ce ne sont pas les quarante-quatre hectares de l'Etat du Vatican qui justifient tant de sollicitude ! La volonté du président français est de donner un caractère régulier à ses relations avec le Vatican pour y trouver un appui et un relais dans le traitement des grandes questions du moment, parmi lesquelles il place d'abord la paix et l'avenir du tiers monde. Avec plus d'un demi-milliard de fidèles répartis sur tous les continents, l'autorité spirituelle du pape se double d'un rôle d'observateur privilégié et influent de la marche du monde, un monde dans lequel de Gaulle veut que son pays joue un premier rôle. La France devient ainsi le seul Etat dont l'ambassadeur peut s'entretenir au moins deux fois par an en tête à tête avec le pape et qui a un accès direct avec le secrétaire d'Etat, équivalent du Premier ministre. Chaque semaine en moyenne, il est reçu par le secrétaire de la Sacrée Congrégation (Affaires étrangères) et à tout moment, quand il le demande, par les prélats responsables des dicastères (ministères)[16]. Aucun Etat, même l'Italie, n'entretient avec le Vatican des relations aussi suivies que celles voulues par de Gaulle. N'avait-il pas affirmé au Vatican que « notre pays ne serait pas ce qu'il est – c'est presque banal de le dire – s'il n'était d'abord un pays catholique » ?

En juillet 1962, dans une note assez sèche adressée au Premier ministre et aux ministres des Affaires étrangères, de l'Intérieur et de la Justice, il va même jusqu'à demander la réorganisation complète de la Direction des cultes pour que le gouvernement – c'est-à-dire lui, seul vraiment intéressé par le sujet – ait une « vue effective sur les candidats à l'épiscopat », ce que l'on peut traduire par une possibilité d'intervention sur la nomination des évêques. « Le Vatican les nomme après avoir apparemment demandé notre avis, écrit-il, mais les délais et les conditions font que cela n'est qu'une fiction. » Plus aucune nomination d'évêque, plus aucune élévation à la pourpre cardinalice ne va désormais lui échapper. Et il ne manquera pas de « dire son mot », chaque fois qu'il le jugera utile.

Une chapelle à l'Elysée

En 1945, le chef du gouvernement provisoire avait refusé de s'installer au palais de l'Elysée et de passer ses week-ends au château de Rambouillet, résidence d'été du chef de l'Etat. Pour le premier, qui nécessitait d'importants travaux d'aménagement, il lui semblait indécent d'utiliser de cette façon l'argent public alors que les Français étaient encore soumis aux tickets de rationnement. Quant à bénéficier de la vie de château dans l'ancienne résidence royale de François Ier, c'était hors de question.

C'est après avoir été élu à la présidence de la République que de Gaulle va accepter, en 1959, d'occuper le palais de l'Elysée restauré sous Vincent Auriol. Vivre dans l'ancien hôtel particulier de la Pompadour ne le séduit pas vraiment mais ses conseillers lui ont expliqué qu'une installation au château de Vincennes, qui avait sa préférence, nécessiterait beaucoup de travaux, c'est-à-dire beaucoup d'argent, et des délais très longs. L'hôtel de Biron avait aussi été évoqué mais de Gaulle en avait chassé l'hypothèse d'un revers de main : « Je ne vais tout de même pas installer la République dans un bâtiment qu'elle a volé aux dames du Sacré-Cœur[17] ! » Alors, va pour l'Elysée…

L'installation sous les ors de la République va donner lieu à des recadrages immédiats, décidés en accord avec Yvonne au grand dam du personnel qui se demande quelle mouche a bien pu piquer les de Gaulle pour exiger autant de rigueur. On sait quel regard, directement hérité de leur éducation chrétienne, l'un et l'autre portent sur l'argent, la rigueur et l'honnêteté. « Je n'aime pas mes partisans parce qu'ils aiment l'argent », confia-t-il au journaliste américain Cyrus Sulzberger, à propos des partis de droite. Chez les de Gaulle, jamais de luxe inutile ni de dépenses ostentatoires, alors pourquoi changeraient-ils leur mode de vie du seul fait que c'est maintenant l'Etat qui paie ? A peine installés, ils vont donner une série de consignes auxquelles ils ne dérogeront plus pendant les dix années de présidence. La pose d'un compteur électrique dans les appartements privés pour payer de leur poche le courant utilisé à titre personnel est connue. On sait moins que Mme de Gaulle trouve déplacé d'utiliser la vaisselle de l'Etat, essentiellement en porcelaine de Sèvres, pour les repas pris en tête à tête avec le Général ou en famille et qu'elle se rend sans délais au Bon Marché pour acheter, à ses frais, une nouvelle vaisselle plus ordinaire. C'est encore Yvonne qui convoque l'intendant de l'Elysée pour lui ordonner de lui présenter chaque fin de mois la facture correspondant aux repas de famille dominicaux.

Jamais la demeure présidentielle n'avait connu – et ne connaîtra – pareil souci de rigueur.

Les de Gaulle se trouvent aussitôt confrontés au problème de la messe dominicale. L'Elysée dépend de la paroisse de la Madeleine mais il est exclu qu'ils puissent y assister aux offices. Pour des problèmes de sécurité d'abord, liés aux menaces qui pèsent sur le Général pendant la guerre d'Algérie. Mais surtout parce que le président veut, quand il est en fonctions, respecter les principes de laïcité de la République. A Colombey, le contexte n'est pas le même ; il est chez lui, dans un contexte privé, et c'est donc à titre personnel qu'il peut se rendre à la messe. A Paris, à deux pas de l'Elysée, l'office à la Madeleine deviendrait une messe d'Etat. La décision est donc prise de créer une petite chapelle à l'intérieur du palais présidentiel, où ils pourront pratiquer à l'abri des regards. « J'étais tout juste installé dans un bureau qui donnait sur la cour d'honneur, au rez-de-chaussée, dans l'aile gauche de l'Elysée quand Madame de Gaulle l'a transformé en chapelle. J'ai dû changer de bureau, sans protester bien sûr, raconte Jean Méo, alors jeune conseiller pour les affaires économiques et sociales[18]. Cela m'a été présenté comme une initiative de Madame de Gaulle. » Sous Vincent Auriol, ce bureau avait servi de bar pour les chauffeurs !

C'est de Gaulle lui-même qui demande à François Flohic, son aide de camp, de s'occuper de cette affaire. « J'avais été chargé d'approvisionner l'autel : objets de culte, ornements sacerdotaux, bref tout ce qui était nécessaire à la messe, ce que je fis avec l'accord de Madame de Gaulle. Tout ce qui a été livré, du plus grand dépouillement, a été payé sur la cassette personnelle du Général », raconte-t-il[19]. Ordre a été donné de limiter à quatre le nombre des chaises avec prie-Dieu car, outre l'aide de camp, aucune personne étrangère à la famille ne sera jamais admise à assister à la célébration qui a lieu chaque dimanche à 11 heures, quand les de Gaulle ne sont pas à Colombey ou en voyage officiel. La messe est le plus souvent célébrée par le père François de Gaulle, qui a interrompu pendant quelques années sa mission en Haute-Volta. Elle ne dure pas plus de trois quarts d'heure, parfois accompagnée d'un petit sermon qui prend un sens particulier – celui d'une réflexion en famille – dans le cadre de cette chapelle. « Oh, une chapelle ! Non, un simple oratoire, avec un petit autel collé au mur et quatre chaises ! Oncle Charles faisait téléphoner le vendredi à la maison mère des pères blancs pour me demander de venir dire la messe. Si je n'étais pas libre, c'est un autre missionnaire d'Afrique qui se déplaçait, le père François de Montclos, vice-provincial, ou le père Saclier. Souvent, le Général et ma tante Yvonne assistaient seuls à la célébration, lui en civil ou en tenue militaire selon la suite du programme dominical. Il y avait parfois un ou deux invités, jamais plus, et strictement des membres de la famille », témoigne le religieux.

Dans ce cadre privé, le Général et son épouse recevaient chaque dimanche la communion mais le père François refuse d'en dire plus. « C'est privé ! », tranche-t-il. Pourtant, sur la confession, il accepte de confirmer que son oncle rencontrait régulièrement un prêtre pour demander le pardon de ses péchés : « Moi, je n'ai jamais été son confesseur. Jamais. Je connaissais certains de ses confesseurs, tous sont morts. Moi, d'une part, j'étais "un petit garçon" avec une différence d'âge de trente-deux ans. Et d'autre part, j'étais membre de sa famille. Ce n'était pas possible. » A deux reprises, le missionnaire ira célébrer la messe de la Nativité dans l'intimité de La Boisserie. « Dès qu'oncle Charles se déplaçait, il y avait une masse de gens autour de lui, et aussi des journalistes, souvent malveillants. » Sur la presse, il porte un regard aussi sévère que celui du Général : « Une fois, séjournant à Colombey, j'ai dit la messe dans l'église du village, en présence de mon oncle. Il devait y avoir un journaliste parmi les fidèles. Comme on lui a dit que l'officiant était un neveu du Général, il a inventé un "père Vendroux", et comme ceux-ci sont de Calais et que j'étais vêtu de blanc, il a fait de moi un "père Vendroux, dominicain, venu spécialement du Nord !". Le Général en a beaucoup ri[20]. »

YVONNE, DÉVOTE ET INFLUENTE

La complicité entre le Général et son neveu, le père François de Gaulle, pas seulement sur le plan religieux, fut incontestablement plus grande que ce dernier ne consent à le dire. « Oui, lâche le missionnaire, nous parlions, nous parlions de beaucoup de choses. » De Dieu, de l'évolution de l'Eglise de France, de la place du religieux en Afrique, de la guerre aussi… Une même proximité s'était établie avec sa tante Yvonne. « Je l'aimais beaucoup, lâche-t-il, notamment parce que, pendant la guerre, c'est elle qui avait toujours fait de façon remarquable la liaison entre toute notre famille dispersée. » Il pense qu'elle a « d'une certaine façon, influencé le Général dans le domaine de la morale et des mœurs ». « Oui, bien sûr, dit-il, comme toute femme dans un couple. C'est dans la nature des choses. »

Si le catholicisme du Général s'est frotté à la philosophie et aux réalités du monde, la piété d'Yvonne est plus terre à terre, plus étroitement inspirée des Ecritures, de l'exemplarité de la vie des saints, de la parole du Christ. Si lui donne à la foi une dimension surnaturelle destinée à élever l'homme, Yvonne la limite à l'observation des devoirs et des règles de vie puisés dans les Evangiles. Il a maintes fois été rapporté qu'elle n'aimait ni les divorcés ni les couples illégitimes, et qu'elle les refusait à sa table. Quand son mari travaillait au cabinet de Pétain, elle avait marqué sa froideur envers Eugénie de Herrains, une divorcée devenue la compagne du héros de Verdun, ne faisant aucun effort lors des dîners qui réunissaient les deux couples au Grand Café, à Paris. Selon Philippe de Gaulle « qu'on la prît pour une bigote lui importait peu. Elle savait qu'elle était loin d'en être une et cela lui suffisait. Elle-même connaissait des femmes à la dévotion étroite et était la première à en plaisanter ». Aussi dément-il que sa mère excluait les divorcés de sa maison[21], quand les témoignages des collaborateurs de l'Elysée continuent à l'affirmer.

Jusqu'à la naissance de la petite Anne, qui l'avait douloureusement marquée, la rigueur religieuse n'empêchait pas chez Yvonne une certaine gaieté, comme en ont témoigné ses relations de jeunesse. Et il lui arrivait encore de se laisser aller à quelque plaisanterie, comme ce jour de 1959, peu après leur installation à l'Elysée, alors que Pierre Lefranc, conseiller technique à la présidence[22], lui faisait visiter le palais, ses bureaux et ses appartements. Lefranc, un peu sur ses gardes, avait été surpris d'entendre la « première dame » lui demander, dans un rire : « C'est par là que le président perdit sa connaissance ? », allusion à la fuite de Marguerite Steinheil après la mort, dans ses bras, du président Félix Faure dont elle était la maîtresse. Le Général avait rappelé, peu avant, devant son épouse, comment l'archevêque de Paris, venu donner les derniers sacrements à Félix Faure, avait demandé à son arrivée si le président avait encore sa connaissance et s'était entendu répondre par le valet de chambre : « Oh non, on l'a fait sortir par-derrière »...

Un échange privé, rapporté par Claude Guy, proche collaborateur du Général, montre comment le couple pouvait diverger sur la notion même du péché[23]. Yvonne reproche au pape de recevoir trop fréquemment des gens qui sont ouvertement des pécheurs. Elle évoque notamment l'audience accordée à Maria Eva Perón, l'épouse du président argentin, « une femme qui a tout fait », dit-elle. Le Général sourit, tire sur son cigare et lui dit : « Au total, voyez-vous, l'Eglise plane toujours largement au-dessus de ses propres erreurs. En définitive, elle considère en toute chose l'aspect surnaturel. Voilà pourquoi il faut bien se garder de juger l'Eglise à l'échelle humaine. Ce qui compte pour elle, c'est de conduire les fidèles vers leur salut, c'est d'assurer celui-ci. Voilà pourquoi l'Eglise considère les choses humaines avec cette suprême indifférence [...]. » Mais Yvonne, obstinée selon Claude Guy, revient sur le cas d'Eva Duarte Perón, une actrice qui avait vécu cinq ans avec le président argentin avant de l'épouser : « Enfin, vous me direz ce que vous voudrez, mais moi je ne vois qu'une chose : tout le monde s'intéresse beaucoup plus à ces femmes-là ! [...] Tenez, Chateaubriand, par exemple... Eh bien, quand sa bonne amie... Vous savez bien, Charles, celle qui était malade...

— Madame de Beaumont, répond de Gaulle, tout à son cigare.

— Eh bien, le pape demanda à Chateaubriand des nouvelles de la santé de cette femme [...] moi, je ne trouve pas ça bien. Ce n'était pas une femme honorable. C'est comme Madame Pétain : quand le Maréchal a été à Rome, le pape l'a reçue.

— Que voulez-vous, Yvonne, ils s'étaient mariés religieusement.

— N'empêche qu'ils avaient vécu ensemble dans le péché. Alors moi je dis : ils n'auraient pas dû se marier à l'église. »

Et Claude Guy de raconter que le Général interrompit alors sa femme « avec une indulgence narquoise » : « Oh ! Vous... pourquoi voulez-vous toujours la mort du pécheur ? Est-ce que je sais, moi ? Il faut tout de même que vous leur laissiez une chance ! L'Eglise l'a bien fait. »

« Bienheureux les miséricordieux car ils obtiendront miséricorde », lâcha Yvonne, comprenant que là était la conclusion de son mari.

Yvonne de Gaulle est choquée par beaucoup de choses qui laissent le Général parfaitement indifférent. « Pourtant, la morale sexuelle catholique traditionnelle était pour lui sans bavure. Il ne voulait pas de choses choquantes immédiatement autour de lui à l'Elysée mais, par exemple, il acceptait sans difficulté la présence d'homosexuels, y compris au sein du gouvernement », témoigne Bernard Ducamin, éminent juriste, alors conseiller technique à l'Elysée. « L'influence de Madame de Gaulle, sur le plan religieux, a sûrement été capitale. Au moment de la censure du film *La Religieuse*, c'est elle qui a dit au Général de ne pas laisser passer ça. Il n'y a pas de doute[24]. » Le film de Jacques Rivette, inspiré du roman de Diderot, raconte l'histoire d'une jeune fille, Suzanne Simonin, envoyée au couvent contre sa volonté puis transférée dans une autre institution où elle est l'objet des avances amoureuses de l'abbesse. Mme de Gaulle a – semble-t-il – été saisie personnellement du problème par des religieuses alors que l'Union des sœurs supérieures majeures venait, de son côté, d'envoyer une lettre à Alain Peyrefitte, ministre de l'Education nationale, pour s'indigner du caractère blasphématoire du film. Une longue bagarre juridique s'ensuivra qui assurera au film un immense succès.

L'attitude d'Yvonne envers les divorcés n'est autre que celle de l'Eglise à cette époque. En octobre 1963, Mgr Feltin, archevêque de Paris, refuse des obsèques religieuses à Edith Piaf, malgré la grande piété manifestée par la chanteuse. Son divorce et ses liaisons tumultueuses l'ont placée « en état de péché public » et en ont fait, selon *L'Osservatore Romano*, une « idole du bonheur préfabriqué ». Seul le père Thouvenin de Villaret, aumônier du théâtre et de la musique, est autorisé à bénir le corps de l'artiste. Moins de trois mois après ce refus qui a fait débat parmi les catholiques, de Gaulle reçoit à sa table Mgr Feltin, ses évêques auxiliaires, l'évêque de Versailles,

Mgr Renard (c'est de lui dont dépend géographiquement la maison de la Fondation à Vertcœur), ainsi que le provincial des pères blancs d'Afrique. Mais Yvonne n'assiste pas à cette réception, pas plus qu'à aucune de celles, nombreuses, que de Gaulle va réserver aux autorités religieuses puisqu'il s'agit de manifestations officielles.

L'intransigeance de Mme de Gaulle s'exerce en 1963 contre un ancien prêtre « défroqué » qui – curieusement – est entré au protocole de l'Elysée l'année précédente. Jusqu'à obtenir son départ. Et pourtant, Claude Mantel n'est pas n'importe qui. Engagé dans les Forces françaises libres dès le 1er juillet 1940, il s'est illustré dans les campagnes d'Orient puis d'Italie avant de débarquer en Provence et de poursuivre la lutte jusqu'en Alsace. Commandeur de la Légion d'honneur, il est fait Compagnon de la Libération le 7 mars 1945 avant de rejoindre le ministère des Affaires étrangères. Peu après son arrivée à l'Elysée comme directeur-adjoint du protocole, commence à courir le bruit que Claude Mantel a été ordonné avant la guerre mais qu'il a quitté la prêtrise après ses cinq années passées au combat, puis qu'il s'est marié. « Tante Yvonne » a eu connaissance de cette rumeur et fait pression sur le Général pour écarter ce curé défroqué, sans réussir à obtenir son départ. Pour les questions protocolaires liées aux réceptions, elle décide donc de ne plus adresser la parole à Mantel et passe par Georges Galichon, le directeur du cabinet, pour lui transmettre ses consignes. Jusqu'au jour où l'hebdomadaire *Minute* titre « Un défroqué à l'Elysée ! ». Cette fois, le Général tranche et l'ancien prêtre est expédié comme conseiller diplomatique à Khartoum, au Soudan, pour un purgatoire de près de trois ans[25].

Certains membres du cabinet estiment que le Général écoute sa femme plus qu'on ne l'imagine, notamment dans le domaine des mœurs. C'est le cas d'Alain Plantey, alors conseiller pour les Affaires africaines et malgaches : « Un membre de son cabinet a dû, un jour, quitter ses fonctions parce qu'il était l'amant de la femme d'un ministre. Quand Madame de Gaulle l'a appris, elle a conseillé au Général de se débarrasser de lui. Et le malheureux a dû faire ses bagages. » C'est souvent en recevant les épouses des collaborateurs de son mari à l'heure du thé qu'Yvonne recueille ce genre de confidences. Selon le général du Payrat, de l'état-major particulier, la découverte d'un officier en galante compagnie alors qu'il était de permanence de nuit a entraîné l'interdiction stricte de recevoir toute personne pendant ces gardes, y compris son épouse. Et le couturier situé en face de l'Elysée est même invité à obstruer sa vitrine, à la demande d'Yvonne, car le garde républicain en faction près de la porte d'honneur garde les yeux fixés sur le salon d'essayage[26] !

Mais Yvonne n'a jamais su qu'une jeune infirmière militaire au physique avantageux, en poste à l'Elysée, recevait pendant l'heure de midi quelques conseillers sensibles à son charme. « Heureusement, le pot aux roses n'a jamais été découvert ! », raconte sous couvert d'anonymat ce proche collaborateur du Général[27].

La République associée au 8e centenaire de Notre-Dame de Paris

L'une des plus importantes réceptions données à l'Elysée à l'occasion d'un événement religieux vise à marquer de façon solennelle le huitième centenaire de Notre-Dame de Paris, le dimanche 31 mai 1964. Pas moins de trente-sept « monseigneurs », dont Mgr Marella, devenu cardinal-légat de Paul VI et qui conduit la mission pontificale créée pour l'événement, sont reçus à la table présidentielle. Le Général, visiblement heureux de commémorer officiellement l'histoire de Notre-Dame, se montre très à l'aise au milieu des dignitaires de l'Eglise. Dans le toast qu'il porte, il dit toute l'espérance qu'il place dans le « grand mouvement du renouveau religieux, moral et social que l'Eglise et ses pasteurs ont estimé nécessaire ».

Il connaît bien et apprécie Mgr Marella, auquel il a conféré la barrette cardinalice en décembre 1959 quand celui-ci représentait le pape à Paris. Ce jour-là, le Général se tenait debout et le prélat agenouillé à ses pieds, selon un cérémonial hérité des rois, au temps où le souverain remettait sa crosse à l'évêque et le pape son anneau. Son seul moment d'irritation envers Mgr Marella pendant son passage à la nonciature de Paris avait été provoqué par le peu d'ardeur mis par celui-ci pour soutenir l'élévation à la pourpre cardinalice de Mgr Saliège, le plus courageux des évêques face à Vichy et à l'occupant. De Gaulle avait peu apprécié que sa demande ne soit pas exaucée dans les meilleurs délais. Mais tout cela est oublié lorsque le président français et le légat du pape se retrouvent dans le chœur de la cathédrale…

On sait le Général très attaché à Notre-Dame de Paris, la « paroisse de l'Histoire de France ». C'est une cathédrale à sa mesure, où sa foi et son patriotisme trouvent leur ultime point de convergence. Jeune officier, il y a écouté les conférences de Carême. A la Libération, il est venu y remercier Dieu qui lui a permis de sauver la France. Le 11 juin 1963, il a assisté à la messe célébrée pour le repos de l'âme de son ami Jean XXIII. Mais c'est le 25 avril 1965 que de Gaulle semblera porter tout le poids de l'Histoire en pénétrant sous les voûtes de Notre-Dame où plus de quatre mille anciens déportés sont réunis à l'occasion du vingtième anniversaire de la libération des camps. Quand il s'agenouille pour prier, il est comme absent, absorbé par le souvenir de tant de drames. De sa forte voix qui sonne faux, il chante le *Magnificat* en communion avec l'assistance. Quelques rangées derrière lui, effacée et silencieuse, est assise sa nièce Geneviève, déportée à Ravensbrück où Himmler l'avait enfermée dans le « bunker » pour en faire une monnaie d'échange. Après la grand-messe, le regard figé, le Général inaugure le Mémorial des martyrs de la déportation, érigé deux ans plus tôt sous le square de Notre-Dame, devenu square Jean-XXIII…

Le 1er février 1967, toujours à Notre-Dame, on le verra recueilli aux obsèques du maréchal Juin à qui la France réserve des funérailles nationales. Le 17 février 1968, il assistera aux obsèques du cardinal-archevêque de Paris, Mgr Veuillot, entouré de tous les dignitaires de l'Eglise de France, du corps diplomatique et de la presque totalité du gouvernement.

Emporté par une leucémie à l'âge de cinquante-cinq ans, Mgr Veuillot avait été l'élève d'Henri de Gaulle, le père du Général, au cours libre Fontanes à Paris. Un lien particulier unissait donc pour cette raison le prélat et le président que l'on entend ce jour-là chanter le *Magnificat* à pleine voix… « Nous avons entendu un des plus émouvants *Magnificat* de notre vie », confie-t-il à sa femme à son retour à l'Elysée[28]. Le Général savait-il que, quelques mois avant sa mort, le cardinal s'était rendu au Vatican pour solliciter – avec succès – une autorisation pour deux prêtres-ouvriers de la Mission ouvrière, l'un à la CGT, l'autre à la CFDT, qui souhaitaient se présenter aux élections de délégués du personnel au Mans ? Elus, ces deux prêtres engagés devaient se retrouver, avec beaucoup d'autres « curés rouges », aux avant-postes de la contestation en mai 1968…

Mais revenons sur le huitième centenaire de Notre-Dame auquel le Général attache la plus haute importance. Il entend qu'à travers sa personne la République soit explicitement associée à cette célébration. Un an plus tôt, il a renforcé ses liens personnels avec le Saint-Siège en nommant le fidèle René Brouillet au poste d'ambassadeur de France auprès du Vatican. Ancien directeur du cabinet clandestin de Georges Bidault au Conseil national de la Résistance, Brouillet est un diplomate courageux, profondément catholique, qui a très vite rompu avec Vichy pour choisir le camp de l'honneur. Il a ensuite été nommé premier conseiller à l'ambassade dont de Gaulle lui donne maintenant les rênes. C'est donc lui qui a été chargé de donner aux cérémonies la plus grande solennité possible.

De Gaulle rayonne en prenant place, ce 31 mai, dans le fauteuil qui lui est réservé, au premier rang à gauche dans le chœur de Notre-Dame. Sa joie contraste avec la discrétion d'Yvonne, assise en retrait, son missel à la main. Le pape n'a pu faire le voyage de Paris mais il assiste, au même moment, à une messe célébrée à Saint-Louis-des-Français à Rome, l'église des Français installés dans la capitale italienne, dédiée à Notre-Dame et aux saints de France. René Brouillet y représente de Gaulle et le cardinal le plus gaulliste de la Curie, Mgr Tisserant, illustre doyen du Sacré Collège, se tient avec lui au premier rang.

Dans un message en français retransmis à Notre-Dame de Paris depuis Rome, Paul VI rappelle que « c'est Saint Louis et son frère Robert qui apportèrent dans ce sanctuaire la couronne du Seigneur, que Louis XIII y voua son royaume à Notre-Dame, que Pie VII y sacra Napoléon empereur [...], c'est le futur Pie XII qui y chante en des termes inoubliables la vocation historique et chrétienne de la France ». Puis le pape insiste, pour le grand bonheur de De Gaulle, sur « le triomphe ardent du *Magnificat* de tout un peuple à peine libéré » en 1944. Il évoque encore « le grand Paul Claudel, soudain illuminé par la grâce, un soir de Noël, près d'un pilier de Notre-Dame » avant de conclure, dans une vague d'allégresse, que la vocation de la France est de « cuire le pain intellectuel de la chrétienté ». A l'attention du Général, le Saint-Père ne manque pas d'adresser « un salut particulier aux plus hautes autorités françaises [...] dont les responsabilités sont lourdes et qui ont voulu donner à ces fêtes jubilaires un grand éclat ». Quand de Gaulle quitte la cathédrale, les flots de musique descendus du grand orgue tenu par Pierre Cochereau ne peuvent couvrir les applaudissements des fidèles. Le plus ému est le maître de chapelle, l'abbé Jehan Revert, un authentique patriote qui avait demandé à être ordonné dans l'urgence en mars 1944 pour, le cas échéant, partir comme prêtre au STO. Dans la grande histoire de l'Eglise, et de celle de la France qui puise ses racines dans la chrétienté, Charles le catholique vient de poser sa pierre.

Paul VI envoie quelques jours plus tard un chaleureux message au président français dont il souligne la présence personnelle à Notre-Dame, « ce sanctuaire national qui résume et symbolise toute la richesse spirituelle et religieuse de [votre] Patrie ». Il remercie aussi le Général pour le cadeau qu'il lui a fait remettre par René Brouillet : une lettre autographe de sainte Thérèse d'Avila, adressée de Tolède en 1577.

Ce même dimanche 31 mai 1964, invité à présider personnellement les fêtes de Jeanne d'Arc à Rouen, de Gaulle y a envoyé André Malraux. Là encore, il veut que l'État ne se dérobe pas au moment de célébrer celle qui synthétise mieux que personne le courage patriotique et la foi chrétienne. Agnostique sans cesse interpellé par le mystère de Dieu, voici donc le ministre de la Culture rappelant opportunément que Jeanne, à Patay, un 18 juin, combattait pour l'essentiel : « Dieu premier servi. » « Depuis que le monde est monde, dit-il, tel est le génie de l'action. » Avec son lyrisme habituel, Malraux, ministre d'une République laïque, célèbre la sainteté de Jeanne d'une façon qu'aucun homme politique n'osera plus rééditer de peur de s'attirer les foudres des milieux laïcs :

« Et la première flamme vint, et avec elle le cri atroce qui allait faire écho, dans tous les peuples chrétiens, au cri de la Vierge lorsqu'elle vit monter la croix du Christ sur le ciel livide ;

« … Dans le silence de la nuit funèbre, écartant les mains jointes de leurs gisants de pierre, les preux de la Table Ronde et les compagnons de Saint Louis, les premiers combattants tombés à la prise de Jérusalem et les derniers fidèles du petit roi lépreux, toute l'assemblée des rêves de la chrétienté regardait, de ses yeux d'ombre, monter les flammes qui allaient traverser les siècles, vers cette forme immobile, qui devenait le corps brûlé de la chevalerie[29]. »

Quand de Gaulle soutient Vatican II

Rien de ce qui touche de près ou de loin l'Eglise ne laisse de Gaulle indifférent. Il analyse avec soin la moindre note diplomatique transmise par René Brouillet et y apporte ses commentaires. C'est donc avec beaucoup d'intérêt qu'il va suivre les travaux du concile Vatican II ouvert par Jean XXIII en octobre 1962. Parmi les représentants de la France se trouvent deux éminents théologiens, le jésuite Henri de Lubac et le dominicain Yves-Marie Congar, pour lesquels il a un très grand respect. La volonté du pape d'adapter l'Eglise au monde moderne n'appelle aucun commentaire négatif de sa part alors que la réforme de la liturgie, l'introduction de la langue française dans les offices, la suppression de l'obligation du port de la soutane… provoquent pourtant de sérieux débats dans le monde catholique. Dans un télégramme porteur de son « filial dévouement », le président de Gaulle est sorti de sa neutralité pour encourager le Saint-Père : « La France, qui sait combien la paix entre les hommes est liée au respect des valeurs qu'ont exaltées vingt siècles de christianisme, porte ses vœux vers Rome. » A l'académicien Daniel-Rops, qui lui a fait parvenir son livre *Combat pour Dieu*[30], il affirme qu'avec le concile, l'histoire de la Chrétienté semble sur le « point d'aboutir à une grande victoire spirituelle ».

Deux jours après le décès de Jean XXIII, mort le 3 juin 1963 avant d'avoir pu conclure le concile, le Général va s'exprimer devant ses ministres plus en responsable de la fille aînée de l'Eglise qu'en président de la République laïque, ainsi que le relève Alain Peyreffite[31] : « Jean XXIII, à cause de son caractère, de sa nature et des circonstances, a pris une position originale et très publique, qui répondait au sentiment général des hommes, à une propension générale à la détente et à l'entente, compte tenu de l'équilibre de la terreur ; compte tenu aussi de la tendance au déclin de l'autorité ; compte tenu enfin du fait communiste, du bloc communiste chinois, du matérialisme extrême des pays marxistes. Cette position répondait également à un souhait qui portait les chrétiens à se rapprocher les uns des autres. Il a voulu pousser les spiritualistes de tous bords à s'entendre pour surmonter leurs oppositions […] C'était un bonhomme, au sens noble du terme, un homme bon, déclare de Gaulle. Il a exprimé cela par le concile, qui était une entente entre les spiritualistes de tous les pays et une position de bonne volonté à l'égard de l'autre bloc. Il y a là quelque chose de mondial, dont un pays comme le nôtre ne peut pas ne pas tenir compte. »

« Nous ne sommes pas les adversaires de la politique de Jean XXIII, poursuit-il. C'est conforme à notre génie, à notre nature, à notre histoire, d'être favorables à la paix des hommes et au rapprochement des chrétiens. Nous souhaitons que la politique qu'il a commencée soit poursuivie. C'est l'intérêt de la France. Il est possible que cette politique doive être reprise en étant plus dirigée. On se fait souvent entortiller ; ça a été le cas de Jean XXIII, surtout à la fin du concile. Il est souhaitable que le nouveau pape ne se laisse entortiller par personne. En tout cas, le déclenchement qui s'est produit pendant le pontificat de Jean XXIII doit se poursuivre et se poursuivra. Nous n'y verrons pas d'objection, bien au contraire.

« ... L'Eglise s'était crispée dans une attitude conservatrice et même, tranchons le mot, réactionnaire, qu'elle avait gardée en gros depuis quatre cents ans. Disons, pour simplifier, qu'elle avait refusé le monde moderne. Il fallait en finir avec cette attitude de rejet. L'esprit du temps l'exigeait. Jean XXIII a lancé cette grande affaire de l'*aggiornamento*. Ce n'était pas si simple. Il fallait beaucoup d'estomac, ou beaucoup d'innocence.

« Je crains qu'il ne soit allé trop vite, commente le Général devant ses ministres. Il fallait donner un coup de neuf. Mais il a subi l'influence d'une coterie qui prétendait tout révolutionner d'un seul coup. Il y a toujours des gens qui veulent aller si vite qu'ils détruisent tout. Pour construire, il faut mettre le temps de son côté. Je ne suis pas sûr que l'Eglise ait eu raison de supprimer les processions, les manifestations extérieures du culte, les chants en latin. On a toujours tort de donner l'apparence de se renier, d'avoir honte de soi-même. Comment voulez-vous que les autres croient en vous, si vous n'y croyez pas vous-même ? Il n'a pas pris ses précautions pour que ça n'aille pas trop vite et trop loin. Il a ouvert toutes grandes les vannes. Il n'a pas pu les refermer. C'est comme si un barrage s'était rompu. Il est dépassé par ce qu'il a déclenché. »

De Gaulle espère que le pape qui va succéder à Jean XXIII « domine le tumulte et ne se laisse pas emprisonner par une camarilla », mais il soutient la poursuite des travaux de Vatican II et compte sur les huit cardinaux français pour, cette fois encore, peser sur le choix du conclave. Pour la succession au trône de Pierre, il fait savoir sa préférence pour le cardinal Giovanni Battista Montini qui a joué un rôle important pendant la guerre en dénonçant la persécution des juifs par le régime nazi et en venant en aide aux réfugiés politiques. « Mon père exprime le souhait auprès des cardinaux français, sud-américains, africains et de certains européens que le cardinal Montini, d'une grande culture française, soit élu. Il le sera sous le nom de Paul VI », témoigne Philippe de Gaulle[32]. De retour de Rome où il a assisté à l'installation du nouveau souverain pontife, le Premier ministre, Georges Pompidou, est sur un petit nuage tant l'accueil du nouveau pape a été chaleureux : « Il nous a entourés d'égards. La France était en tête des Etats, aussitôt après les princes, raconte Pompidou à Alain Peyrefitte. Son rôle de fille aînée de l'Eglise est confirmée.

Il a tout appris dans les livres français. Il lit la *Revue des Deux Mondes* et *Le Figaro*. Il a rendu un hommage appuyé au général de Gaulle. » Lequel reste placé au centre du jeu, avec un nouveau pape qu'il a contribué à faire élire et qui ne l'oubliera pas.

« L'EGLISE EST ÉTERNELLE ET LA FRANCE NE MOURRA PAS »

Quelques semaines avant la clôture du concile, au moment où Paul VI survole la France pour se rendre à New York et s'y s'exprimer à la tribune de l'ONU à l'occasion du vingtième anniversaire de l'institution, le 4 octobre 1965, il ne manque pas d'adresser un télégramme chaleureux à de Gaulle, lequel lui répond : « Comme toute la chrétienté, la France suit [cette visite] de toute son âme et de toute son espérance. » Porteur d'un message de paix, le pape se présente comme un « expert en humanité » et affirme à la tribune de l'ONU que sa démarche ne fait que répondre au commandement du Christ qui, deux mille ans plus tôt, avait demandé à ses apôtres : « Allez porter la bonne nouvelle à toutes les nations. » Il plaide pour un développement de l'aide aux pays du tiers monde à partir des budgets consacrés à la guerre : « Ils fondront leurs épées pour en faire des charrues et leurs lances pour en faire des faux » (Is 2,4). Paul VI avait déjà tenu un discours semblable à Bombay, en décembre 1964. De Gaulle y voit beaucoup de points communs avec sa conception du développement des peuples, ce qui le renforce dans sa volonté, face aux deux blocs, de faire du pape son allié sur la scène diplomatique internationale. « Le contenu du discours du pape ressemble, comme une goutte d'eau à une autre, à tous les discours que je peux faire à travers le monde », dit-il à Alain Peyrefitte, à l'issue du Conseil des ministres du 6 octobre.

Ce n'est pas la première fois que de Gaulle commente à voix haute les similitudes qu'il voit entre sa politique et l'action du pape. En décembre 1964 déjà, au lendemain de la visite en Inde du Saint-Père, il avait dit à Alain Peyrefitte : « Je n'ose pas comparer ce qui n'est pas comparable, mais au fond, c'est un peu la politique que nous faisons. [...] Pour lui, c'est pas tant le tiers monde qui compte que ce qui n'est pas catholique, et même ce qui n'est pas chrétien. De tout ça, il ressort d'abord que le christianisme est la plus grande religion du monde, ensuite que l'Eglise catholique est l'essentiel de la chrétienté. Et ça, c'est très important. Là, il est gagnant sur les protestants et même sur les orthodoxes. Il n'y a qu'une Eglise qui compte, c'est la sienne. L'essentiel, vis-à-vis de tout ce qui est chrétien et vis-à-vis de tout ce qui n'est pas chrétien, c'est l'Eglise catholique. C'est le Pape... » Il va donc mettre tout en œuvre, avec l'aide de René Brouillet, toujours en poste auprès du Vatican, pour faire une visite officielle au Saint-Père.

Troisième pape à le recevoir au Vatican, Paul VI va réserver à de Gaulle un accueil digne des plus grands. Quand le Général se présente dans la salle du Trône le 31 mai 1967, il porte le grand cordon de la Légion d'honneur et le collier de l'ordre souverain du Christ que lui avait remis Jean XXIII. Dans leurs allocutions, les préoccupations qu'ils expriment, sur le plan spirituel pour l'un, temporel pour l'autre, sont rigoureusement convergentes. Deux mois avant cette rencontre, Paul VI a publié son encyclique *Populorum progressio* sur le développement des peuples confrontés à la faim, à la misère, aux maladies endémiques et à l'ignorance. Pour le pape, qui en appelle à la solidarité des pays développés, « la question sociale est aujourd'hui mondiale ». En reconnaissant les apports d'un certain type de colonisation, il attire l'attention sur la situation précaire des pays qui accèdent à l'indépendance sans les moyens nécessaires, notamment quand le colonisateur les a dépouillés. A l'exigence de la paix s'ajoute celle du développement, qui lui est consubstantielle.

Dans sa réponse, le Général se dit touché par les paroles « émouvantes » du pape à l'adresse de son pays, en précisant : « Comment la France pourrait-elle méconnaître une Histoire qui a fait d'elle la fille aînée de l'Eglise ? » Au lendemain de la clôture de Vatican II, c'est bien en chef d'Etat chrétien qu'il salue la volonté d'ouverture et de renouveau spirituel du concile, ainsi que sa recherche œcuménique « qui vise à préparer le jour où seront effacées toutes divisions entre les fidèles du Christ ». Il manifeste ensuite respect et sympathie pour « le souci de dialogue avec ceux qui ne sont pas chrétiens et avec ceux qui ne croient pas » avant d'évoquer la paix dans le monde qui, soutient-il, « n'a jamais été plus aveuglément menacée ». Le président français fait siennes les paroles du pape, « premier défenseur d'une paix qui, pour être valable, requiert que soient bannies les disparités qui séparent les peuples démunis des peuples pourvus ». Et de conclure : « Ai-je besoin de redire à Votre Sainteté à quel point ce noble programme rencontre l'adhésion des Français ? D'autant mieux que ces mêmes mots d'ordre sont ceux que mon pays, de tout son effort, en Afrique, en Europe et dans le reste du monde, s'applique à inscrire dans les faits. »

A l'issue de l'audience, Paul VI va remettre des chapelets bénis au Général et à Yvonne de Gaulle, pour eux et leur famille, et un autre à Georges Pompidou, Premier ministre, sous le regard de l'ambassadeur René Brouillet. Le diplomate connaît bien Pompidou, son condisciple à l'Ecole normale supérieure ; c'est lui qui l'a fait entrer au cabinet du Général en octobre 1944. Puis tout le monde se rend à la villa Bonaparte, siège de l'ambassade, où le président a souhaité recevoir l'ensemble de la colonie ecclésiastique française. Cette fois encore, il va prononcer un discours assez étonnant de la part du chef d'un Etat laïc. « Quel honneur, quelle joie » pour lui de se retrouver au milieu de tous ces religieux et religieuses qui l'acclament et, pour beaucoup, le vénèrent. Ses paroles sont les plus fortes jamais prononcées pour marquer l'ancrage indéfectible de la France dans la chrétienté :

« Qui sait mieux que vous quelle part notre pays, nous Français, ont eue depuis toujours, et ont aujourd'hui, dans la vie de l'Eglise catholique ? A tous les égards, qu'il s'agisse de la pensée, de la doctrine, de la théologie, qu'il s'agisse de l'action et de la vie religieuses, qu'il s'agisse de l'apostolat, des missions, que de Français et de Françaises, ceux que l'on connaît, ceux que l'on ne connaît pas, ont apporté leur dévouement, leur piété à cette œuvre immense qui toujours se transforme et qui jamais ne change !

« Aujourd'hui, vous êtes là, à Rome, toutes et tous employés, je peux le dire, au service de Dieu, au service de l'Eglise. Je sais quel rôle vous jouez, quelle importance vous avez, quel exemple vous donnez. Il m'appartient de déclarer qu'en le faisant comme vous le faites, vous apportez au prestige de la France une contribution exceptionnelle dont, en son nom, je vous remercie, vous qui êtes ses fils et ses filles.

« L'avenir : l'Eglise, la France aussi qui est sa fille aînée, le voient avec sérénité, avec fermeté, avec confiance. L'Eglise est éternelle et la France ne mourra pas. L'essentiel, pour elle, est qu'elle reste fidèle à ce qu'elle est et, par conséquent, fidèle à tous les liens qui l'attachent à notre Eglise.

« C'est le cas ! Et c'est pourquoi, quels que soient les dangers, les crises, les drames, que nous avons à traverser, par-dessus tout et toujours nous savons où nous allons. Nous allons, même quand nous mourons, vers la Vie[33]. »

Plus que jamais, de Gaulle rentre du Vatican et de son voyage officiel en Italie avec la conviction que seul le développement des peuples peut assurer la paix du monde. Signe annonciateur de la décolonisation, la conférence de Brazzaville, en février 1944, lui avait permis de donner le cap : « En Afrique française, comme partout où des hommes vivent sous notre drapeau, il n'y aurait aucun progrès qui soit un progrès, si les hommes, sur leur terre natale, n'en profitaient pas moralement et matériellement, s'ils ne pouvaient s'élever peu à peu jusqu'au niveau où ils seront capables de participer chez eux à la gestion de leurs propres affaires. » En décembre 1959, à Saint-Louis du Sénégal où s'était réuni le Comité exécutif de la Communauté, il avait demandé que « les Français, les Africains, les Malgaches, restent étroitement ensemble [...] pour que nous soyons en mesure de défendre nos terres contre ceux qui les menacent et nos âmes contre ceux qui voudraient les asservir... ». En juin 1958, au cours d'un voyage en Kabylie, répondant à un officier qui lui présentait des villageois en lui disant : « Tous Français, mon Général », il avait rétorqué, irrité : « Habillez-les d'abord ! » Pour le président sénégalais Léopold Sédar Senghor, « entre de Gaulle et l'Afrique passait une sorte de contrat mystérieux. Il n'oubliait pas que beaucoup d'hommes venus de ce continent s'étaient battus pour la France, ni que la langue française y était parlée par des multitudes. Il était sensible à l'humanisme africain[34] ».

La fraternité entre les hommes et la solidarité entre les peuples – ces valeurs éminemment chrétiennes – qu'il prêche sans relâche donnent à de Gaulle un prestige sans égal auprès des pays au prise avec le sous-développement, regroupés au sein des « non-alignés ». A la politique des blocs et à l'hégémonie des grandes puissances, il oppose le développement et l'émancipation des pays les plus pauvres. Dès mars 1959, n'a-t-il pas déclaré : « La seule querelle qui vaille est celle de l'homme. C'est l'homme qu'il s'agit de sauver, de faire vivre et de développer » ? Chaque fois qu'il va prendre la parole, notamment au cours de ses voyages en Amérique latine ou en Asie, il va chercher à s'imposer comme la voix du tiers monde, hélas sans beaucoup d'autres moyens que le verbe car les efforts financiers que la France peut consentir au développement sont significatifs mais loin d'être à la hauteur des besoins.

Devant plusieurs ministres, Georges Pompidou analyse ainsi la pensée de De Gaulle : « L'idée clé de [sa] philosophie, c'est le respect de la dignité. En politique intérieure, dignité des individus, des ouvriers, des paysans, des classes défavorisées. En politique étrangère, dignité des peuples, si pauvres et si arriérés soient-ils, et surtout s'ils le sont. Dignité des humiliés et offensés. » Un peu plus tard, en mars 1964, le Général confie à Peyrefitte : « L'essentiel, c'est de ne pas laisser l'univers se diviser entre pays bien pourvus et mal lotis. Le monde entier participe à une civilisation commune. Tous les peuples qui vivaient à des années-lumière font désormais partie du même village. » Notons qu'il devance de trois ans le concept de « global village » de McLuhan. « Il devient de plus en plus insupportable que les uns soient voués à la misère pendant que d'autres se roulent dans l'opulence. » C'est très exactement ce que va défendre Paul VI trois ans plus tard dans *Populorum progressio* !

Pratiquant serein, communiant discret

Rien ne lui échappe dans l'évolution de la liturgie conduite par le concile. En avril 1965 par exemple, il s'inquiète de ce qu'il va advenir de la prière *Domine salvum fac Republicam* faite en faveur des pouvoirs publics au terme des messes solennelles. Il interroge donc Edmond Michelet, le plus croyant des membres du Conseil constitutionnel, pour obtenir un avis. « Il y a là pour l'Etat et, je le crois, pour l'Eglise aussi quelque chose d'important, lui écrit le Général[35]. La question avait été réglée par le Concordat. Elle le reste, en principe, pour nos trois départements du Bas-Rhin, du Haut-Rhin et de la Moselle. Elle donnait lieu ailleurs, très souvent, à un maintien pratique et gracieux de l'usage. Mais, désormais, comment, sous quelle forme, à quel moment de l'office divin, pourrait-on faire cette prière ? » On conviendra qu'en dehors de De Gaulle, aucun chef d'Etat ne se sera soucié d'un tel problème…

A l'école de saint Augustin et du père Emmanuel d'Alzon, de Gaulle se préoccupe beaucoup de l'unité de l'Eglise. Parce que le monde s'ouvre, que les peuples bougent, que les religions ne sont plus confinées dans les zones géographiques de leurs origines, la question de l'œcuménisme dont s'est saisi le concile lui apparaît comme très importante. Le dialogue entre l'Eglise catholique et les autres Eglises chrétiennes, mais aussi celui entre le christianisme et les autres grandes religions le passionnent. Bien après la clôture de Vatican II, qui a fait progresser la nécessité de ces rapprochements, il cherche à mieux en saisir les réalités et les enjeux en recevant à sa table, à l'Elysée, des personnalités aussi marquantes que le cardinal Tappouni, patriarche d'Antioche. Le chef des catholiques syriaques fait figure de héros depuis son incarcération en 1915 par les Ottomans qui cherchaient à éliminer les chrétiens. Après avoir échappé à la mort, Tappouni avait racheté plus de deux mille enfants arméniens destinés à la conversion et de nombreuses jeunes filles destinées… à l'accroissement du peuple musulman ! De Gaulle nourrit un profond respect pour ce pasteur courageux. Il sait aussi le rôle qu'il a joué auprès des cardinaux français, un temps divisés, au moment de l'élection de Jean XXIII, pour faire prévaloir les choix de la France. Quelques jours plus tard, c'est le patriarche Maximos IV de l'Eglise melkite catholique qui sera à son tour reçu à déjeuner à l'Elysée. Toujours dans le souci de mieux appréhender l'évolution du dialogue œcuménique.

« De Gaulle n'a pas le droit, devant les Français, de s'afficher comme un dévot », dira-t-il un jour à Alain Peyrefitte. Pourtant, si dans la conduite des affaires du pays, le président se montre très soucieux du respect de laïcité, il est difficile de ne pas voir en lui un croyant qui assume pleinement – et même parfois très publiquement – sa foi. Devant ses ministres ou ses conseillers, il lui arrive fréquemment d'émailler son propos de citations de saint Marc, de saint Jean, de saint Luc. Devant les chefs d'Etat africains de la francophonie, il cite saint Paul : « Il n'y a qu'un Rédempteur pour tous, quelle que soit la couleur de la peau. » Face aux foules immenses qui l'acclament dans les capitales catholiques pendant sa tournée en Amérique du Sud, en 1964, il cite le Très-Haut, comme à Buenos Aires où il lance à la foule : « Rien ne procède que de l'esprit et celui que Dieu nous a donné forme un tout » !

S'il a choisi d'échapper à la curiosité critique du microcosme parisien en installant une chapelle à l'Elysée pour y communier loin des regards, il n'a pas renoncé pour autant à assister à la messe en public. « Oui, le Général était très soucieux de pratiquer sa religion. Pour lui, c'était important. Chaque fois que j'ai été amené à organiser pour lui des voyages officiels, tant en France qu'à l'étranger, il insistait toujours pour que je lui prévoie du temps pour assister à la messe. Quand le programme d'un voyage était arrêté, il s'assurait toujours que je n'avais pas oublié la messe », raconte Pierre Lefranc, l'un des derniers « barons » du gaullisme[36].

Dans ses longs voyages en province qui suivent l'adoption par référendum, en octobre 1962, de l'élection du président de la République au suffrage universel, on le voit faire une parenthèse dans sa tournée des villes pour assister à la messe, dans la cathédrale du Mans ou de Beauvais, par exemple. A la cathédrale de Limoges, dans ce Limousin où les communistes sont chez eux, il assume à nouveau sa foi. Placé dans le chœur, comme chaque fois, il sait que sa haute silhouette capte tous les regards. D'humeur légère, avant de remonter dans la micheline présidentielle, il confie à ses ministres : « J'aime bien ces messes. C'est le seul endroit où je n'ai pas à répondre au discours qu'on m'adresse. » Au cours d'un autre voyage régional, cette fois dans le Nord, c'est Calais qu'il choisit. Fait exceptionnel, sans doute parce qu'il s'agit de sa ville natale et qu'il a voulu lui faire plaisir, Yvonne arrive dans la même voiture que lui, la fameuse DS noire qui marquera sa présidence. C'est alors que s'avance un vieux prêtre très intimidé, l'abbé Baheux, qui lui déclare : « Mon Général, c'est moi qui vous ai marié en 1921. – Rassurez-vous, Monsieur le curé, je ne vous en veux pas ! » lui répond-il, fort amusé[37].

Il est là, impassible au milieu de ses Compagnons de la Libération, en septembre 1964, dans la modeste église d'Avrechy-Argenlieu (Oise) pour rendre un dernier hommage à l'amiral Georges Thierry d'Argenlieu, son fidèle ami redevenu depuis 1958 simple religieux au carmel d'Avon, en Seine-et-Marne. Le père Louis de la Trinité est décédé quelques jours plus tôt, en prière. La correspondance entre les deux hommes n'avait jamais cessé et souvent de Gaulle sollicitait la prière du religieux, l'invitant parfois à séjourner à La Boisserie. A Elisée Alford qui lui a envoyé son livre[38] consacré au père Louis de la Trinité, le Général répondra : « Ma lettre part de ma maison de Colombey dans laquelle le père d'Argenlieu disait la messe devant les miens et devant moi quand il lui arrivait d'y venir. Dieu a voulu qu'un religieux, ardent serviteur de la foi et de son ministère, ait été lié de près à ce que j'ai pu tenter de faire pour la France. J'en remercie Notre Père du Ciel. »

Complicité intellectuelle oblige, André Malraux n'a aucun mal à convaincre le Général d'assister le 19 juin 1965 dans la cathédrale de Chartres à la création de l'œuvre qui a été commandée à Olivier Messiaen pour célébrer la mémoire des morts des deux guerres mondiales. Pour de Gaulle, Messiaen n'est pas seulement le compositeur-ornithologue qui considère l'oiseau comme le plus grand des musiciens, c'est surtout le légendaire organiste-titulaire de l'église de la Trinité à Paris, profondément croyant, déporté au stalag VIII-A pendant la dernière guerre et dont l'inspiration divine est marquée par l'Holocauste. De *Vingt Regards sur l'Enfant-Jésus* à la fameuse *Messe de Pentecôte* en passant par *La Nativité du Seigneur* ou *L'Apparition de l'Eglise éternelle*, l'essentiel de sa création a jailli de sa foi. Pour ceux tombés au champ d'honneur, Messiaen a composé un envoûtant *Et exspecto resurretionem mortuorum* (Et j'attends la Résurrection des morts). De Gaulle est statufié, comme figé par l'émotion, alors que l'orchestre de la Garde républicaine exécute pour la première fois officiellement cette œuvre inspirée de saint Thomas d'Aquin, où dominent les cuivres et les percussions choisis pour souligner la majesté des voûtes des cathédrales. Dans cette cathédrale de Chartres, l'ombre de Jean Moulin rôde bien sûr. Malraux, secoué par ses tics, observe de Gaulle. Nul ne saura dire lequel des deux est le plus bouleversé.

La seule limite que de Gaulle s'impose le conduit à renoncer à communier en public, notamment pendant les cérémonies officielles. Il sait que son geste, dans les moments où il représente la France, serait de nature à choquer les non-croyants et à déclencher des polémiques dans les milieux laïcs. Il fera toutefois quatre entorses à cette règle, toujours au cours de visites d'Etat à l'étranger. La première fois qu'il communie en public, c'est le 26 juin 1966 à Leningrad, au terme de son voyage officiel de dix jours en URSS au cours duquel il aura prononcé trente discours, rencontré tous les responsables du pays, assisté au lancement d'un satellite et parlé des valeurs de la France aux étudiants de l'université de Moscou. Le Général, avec Yvonne à ses côtés, assiste à la messe dominicale en l'église Notre-Dame-de-Lourdes, l'ancienne cathédrale catholique fermée depuis cinquante ans et dont les autorités ont fait rafraîchir les peintures murales pour l'occasion. On a fait venir un chœur d'opéra, qui chante en latin une partie de la liturgie, et un prêtre lituanien, très pâle et tremblant, pour dire l'office qui semble bien conforme au droit, raconte Philippe de Gaulle[39]. Soudain, le prêtre s'avance vers le président avec dans une main le ciboire et dans l'autre une hostie consacrée. De Gaulle accepte l'hostie, s'incline et se recueille quelques instants mais son irritation est visible quand il sort de l'église. De retour à l'ambassade, il reproche à son épouse et au diplomate Gilbert Pérol de lui avoir forcé la main. « Il vous a grondé mais le bon Dieu vous le rendra ! » lance Mme de Gaulle à Pérol, tout amusée d'avoir réussi son coup car c'est elle qui a fait savoir, pendant l'office, que le Général communierait. Philippe de Gaulle se souvient aussi que son père est allé saluer l'officiant à l'issue de la messe avant de s'interroger à voix haute : « J'espère que ce prêtre est bien consacré. Peut-être l'a-t-on fait sortir pour nous de quelque goulag. » L'amiral conteste que son père ait été conduit à communier contre sa volonté. Selon lui, il l'a fait par fraternité à l'égard des martyrs de l'Eglise russe.

Un an plus tard, le 23 juin 1967, c'est au cours de son voyage au Québec au cours duquel il prononcera son célèbre « Vive le Québec libre ! » qu'il reçoit publiquement une nouvelle fois la communion, cette fois de façon volontaire. Parti huit jours plus tôt de Brest à bord du croiseur *Colbert*, le couple présidentiel a débarqué le matin même à l'Anse aux Foulons, à Québec, quand il se présente à la basilique Sainte-Anne-de-Beaupré, fondée par des marins bretons rescapés d'un naufrage. Mgr Maurice Roy, l'archevêque de Québec, primat du Canada, a tenu à être présent mais c'est le recteur qui accueille le Général comme « un sauveur, héraut de la culture humaine et chrétienne de la France dans le monde entier ». Quant à Mgr Roy, il salue « l'héritage de foi, de fidélité et de courage du peuple français dont nous sommes tous sortis ». En recevant à genoux le Corps du Christ, de Gaulle veut rendre hommage à tous les Français, notamment aux premières générations de missionnaires, qui ont fondé la Belle Province et forgé son histoire chrétienne. A l'issue de la messe, détendu et rayonnant, il accepte l'invitation à déjeuner de Mgr Roy. Ah, si seulement le clergé français s'adressait à lui en ces termes !

Le 10 septembre suivant, c'est pour manifester sa solidarité envers l'Eglise de Pologne, dont il sait le rôle historique et admire le courage, qu'il demande la communion à la cathédrale d'Oliwa à Gdansk, alors que l'immense orgue aux sept mille tuyaux emplit la nef où se sont massés les catholiques de l'ancienne ville martyre de Dantzig. Mais ce voyage ne se déroule pas sans difficulté car les dignitaires de l'Eglise de Pologne, dont le premier d'entre eux, le cardinal Wyszynski, considèrent que de Gaulle, par sa présence, légitime les autorités communistes qui tiennent le pays sous leur joug. Pour cette raison, Mgr Wyszynski n'accepte pas de rencontrer le président français ailleurs qu'à la primature, ce que refuse catégoriquement le pouvoir politique local. Il décline donc toute rencontre avec le Général, lequel avait envisagé une entrevue à l'occasion d'une messe dominicale avant que le pouvoir communiste n'y mette, cette fois encore, son veto.

L'inflexible cardinal, premier résistant aux communistes dans son pays, se limite à faire remettre à de Gaulle un message de bienvenue et une plaque gravée représentant la Vierge Noire de Czestochowa. Rien de plus. Embarrassé, le Général va contourner l'obstacle en prenant de la hauteur. Sa réponse au cardinal dépasse la situation politique du moment : « C'est à la Pologne millénaire, qui a connu comme la France, et récemment en même temps qu'elle, tant de grandeur et tant d'épreuves, que j'ai l'honneur de rendre visite, avec l'espoir que l'amitié entre les deux peuples en sortira renforcée. » Au cours du dîner officiel offert par le président Ochab, c'est un de Gaulle visionnaire qui annonce que « le rapprochement entre la France et la Pologne [est l'] amorce du rapprochement entre l'Est et l'Ouest de l'Europe, artificiellement séparés [...] Cette évolution entre nos deux pays ne peut manquer de jouer un rôle d'entraînement en faveur de la paix. »

Hélas, ce voyage officiel dans la chrétienne Pologne – où de Gaulle avait servi en 1919 comme instructeur à l'école d'infanterie de Rembertow – va être l'objet d'un rendez-vous manqué. Alors qu'il se présente à la cathédrale de Cracovie, le Général y constate l'absence du nouveau cardinal-archevêque, Mgr Karol Wojtyla, le futur Jean-Paul II. Solidaire du cardinal Wyszynski, celui qui va contribuer vingt ans plus tard à l'écroulement du communisme s'est fait excuser et représenter par un modeste chanoine ! Alors consul à Cracovie, Alain Peyrefitte, qui accompagne de Gaulle, avait connu l'abbé Wojtyla, jeune professeur au séminaire. « Je me faisais une joie de le retrouver. Mais [il] ne voulut pas se dissocier le moins du monde du muet boycottage décidé par le primat. Il nous manque cette photographie de Wojtyla et de De Gaulle échangeant leurs regards, cette image qui serait devenue si émouvante de la rencontre entre deux géants de ce siècle[40]. »

Pour la dernière fois en public, le 27 octobre 1967, de Gaulle communie en l'église Saint-Louis-des-Français d'Istanbul, proche de la demeure offerte par Soliman le Magnifique à la France, première nation chrétienne à avoir établi des relations diplomatiques régulières avec l'Empire ottoman dès 1534. « Dans l'ancienne Byzance, l'ancienne Constantinople, il se présente comme un chrétien d'Occident, non oublieux, dans un pays devenu largement musulman, des riches heures de l'ancienne capitale de l'Empire romain d'Orient », estime l'historien Michel Brisacier, ancien chef du Bureau des cultes au ministère de l'Intérieur[41]. Pour Malraux, quand de Gaulle, par exception, communie publiquement comme il l'a fait à quatre reprises, c'est bien, chaque fois, qu'il veut témoigner.

Le cercle des religieux

Sa participation à la messe dominicale, ses confessions régulières auprès de simples prêtres, sa volonté de communier publiquement quand il s'agit de délivrer un message… tout cela est unique dans l'histoire de la République et lui vaut la sympathie de nombreux religieux. Ses amitiés se retrouvent dans les ordres les plus discrets comme dans les plus influents. Ne revenons pas sur ses liens exceptionnels avec Thierry d'Argenlieu, le père Louis de la Trinité, supérieur des carmes. Sans doute en souvenir de ses années de jeunesse, de Gaulle a pour les jésuites un attachement filial. Avec eux, il se sent un peu chez lui.

Parmi d'autres, le R.P. Riquet lui fait savoir à maintes occasions qu'il prie pour lui. Pour les religieux de la Compagnie de Jésus, il sera toujours là, ainsi qu'en témoigne la correspondance suivie qu'il entretient depuis l'Elysée avec le père Lacourt, recteur du collège de la Providence d'Amiens, qui lui a envoyé une photo de groupe sur laquelle il figure, à l'époque où il s'était « exilé » avec les jésuites à Antoing, en Belgique. On y apprend que, quarante ans plus tard, les jésuites prient et font prier leurs élèves pour soutenir de Gaulle dans son action à la tête de la France[42] ! En 1967, à l'ambassade de France près le Saint-Siège, le père Pedro Arrupe, préposé général de la Compagnie de Jésus, va avoir la surprise d'entendre le Général faire l'éloge des jésuites de France en disant « mes jésuites ».

Chez les dominicains, il peut bien sûr compter sur le soutien du père Bruckberger mais aussi sur celui de l'influent père Carré, l'un des plus talentueux prédicateurs de tous les temps des conférences de Carême de Notre-Dame. Présenté à de Gaulle par Edmond Michelet, cet ancien résistant ne manque jamais, entre 1959 et 1966, d'adresser chaque année à l'Elysée le texte de ses conférences, accompagné de ses prières personnelles. « Il est bien vrai que rien n'est plus important, ni plus beau, que d'entraîner le peuple vers une lumière et dans une action. Mais combien est-ce vrai surtout quand il s'agit de l'œuvre que Dieu commande », lui écrit le Général en 1961 dans son message de remerciements. Puis, en 1965, après avoir reçu le texte des six conférences dont le thème retenu est celui du « *Pater* sur le monde », il lui répond : « Oui ! Pour le monde des hommes, c'est-à-dire celui des combats, il y a le "Pater" du salut et de la paix et, aujourd'hui comme toujours, rien d'autre[43]. »

Jamais les religieux ne feront appel en vain à de Gaulle pour obtenir une aide ou un appui. On ne compte pas les soutiens discrètement apportés par le couple présidentiel, toujours sur ses fonds personnels, aux congrégations dans le besoin, aux œuvres de charité, aux prêtres et religieux en difficulté. Par exemple, en 1963, apprenant par le général Catroux l'extrême vétusté du sanctuaire Notre-Dame-du-Rosaire de Guernesey[44], dont les fidèles de langue française se détournent en raison de son état de délabrement, de Gaulle fait aussitôt parvenir son obole personnelle au recteur français de Saint-Pierre-Port ; une somme suffisante pour financer le nouvel autel de granit rose. « Je suis touché par l'entreprise d'un homme qui confond dans le même geste sa foi de chrétien et son amour de la France », dira de Gaulle à Catroux, à propos du recteur.

Yvonne de Gaulle, qui s'est pourtant donné comme règle d'or de ne jamais appuyer un dossier auprès de son mari, fait souvent exception lorsqu'il s'agit de soutenir les intérêts de l'Eglise. C'est elle qui, en 1961, fait débloquer les fonds nécessaires à la restauration de la cathédrale de Calais. Au cours du voyage officiel de septembre 1959, le couple présidentiel avait bien visité le chantier en cours, guidé par l'évêque, Mgr Evrard, mais les travaux avaient ensuite été interrompus, faute de financement.

« Ma femme, en toute discrétion, est allée voir quelque 300 hôpitaux, maternités, maisons de retraite, orphelinats, centres d'enfants malades ou handicapés », révèlera de Gaulle dans ses *Mémoires d'espoir*. Le plus souvent, il s'agit d'établissements tenus par des religieuses. La presse est systématiquement tenue à l'écart car chez les de Gaulle, on ne fait pas le bien sous l'œil des caméras. Le couple présidentiel se réjouit lorsque Geneviève de Gaulle-Anthonioz accède en 1964 à la présidence de l'association caritative d'inspiration chrétienne ATD-Quart Monde. C'est avec le même empressement que le Général va recevoir officiellement à l'Elysée l'ordre souverain militaire et hospitalier de Malte, dont il va vanter « la haute valeur spirituelle et morale ». Les activités de l'ordre, « au service de l'homme et sous le signe chrétien de la charité », précise-t-il, lui semblent méritoires, « à l'époque où l'évolution moderne porte ce qui est matériel au premier plan des esprits et des sociétés ».

Une bonne loi pour l'école libre

Chaque manifestation publique de sa foi chrétienne vaut à de Gaulle les critiques acérées des milieux laïcs, enseignants surtout, soutenus par les partis de gauche. Dans ce contexte, le dossier de l'école libre, qu'il n'avait pu solutionner avant son départ en janvier 1946, fait toujours l'objet d'un bras de fer qui oblige le gouvernement à la prudence. Entre la loi Barangé de 1951 et la naissance de la Ve République, dans une sorte de trêve précaire, Pierre Mendès France puis Guy Mollet avaient bien tenté de trouver une solution sans légiférer, en cherchant à s'arranger discrètement avec le Vatican et l'épiscopat français.

Fin 1958, pressé par les congrégations enseignantes, le Général envisage d'abord de procéder par ordonnance pour régler le problème du salaire des maîtres du privé, avant d'y renoncer et de préférer la voie parlementaire. C'est Michel Debré, Premier ministre, qui se saisit directement du dossier, expliquant que l'enseignement privé a acquis ses « lettres de noblesse républicaine »... De janvier à juillet 1959, alors que l'opinion se déchire, il fait travailler plusieurs groupes dans les bureaux de l'hôtel Matignon. L'épiscopat est représenté par le cardinal Roques, président de la Commission épiscopale de l'enseignement. Les associations de parents d'élèves de l'enseignement libre multiplient les pressions tandis que les associations laïques crient au scandale. Albert Bayet, président de la Ligue française de l'enseignement, saisit par lettre le Général et Michel Debré, les informant que toute mesure d'aide à l'enseignement libre serait « le triomphe de l'esprit de Vichy sur celui de la Résistance » et porterait gravement atteinte à la laïcité de l'Etat[45]. Mais rien ne va pouvoir venir à bout de la volonté de De Gaulle et de son Premier ministre. La loi Debré est votée le 23 décembre 1959 par 427 voix contre 71. Elle provoque aussitôt la démission d'André Boulloche, le ministre de l'Education nationale, issu des rangs de la SFIO.

Cette loi, encore largement en cours aujourd'hui, place les établissements privés sous contrat avec l'Etat, lequel prend en charge les salaires des enseignants à la condition qu'ils soient régulièrement diplômés. Les écoles libres doivent respecter les programmes, les normes et les horaires nationaux et doivent accueillir les élèves sans distinction d'opinions, de croyances et d'origine. L'enseignement doit y être donné dans le respect total de la liberté de conscience. Enfin, les collectivités locales peuvent participer aux dépenses des établissements privés et faire bénéficier leurs élèves des aides et avantages consentis aux enfants du public. On se souvient qu'en juin 1959 le pape Jean XXIII avait demandé à de Gaulle de « faire quelque chose pour les écoles privées ». Même si le président français avait refusé de répondre pour marquer son indépendance, six mois après, voilà qui est fait.

En septembre 1964, interrogé par le Général en Conseil des ministres à propos d'un projet d'emprunt pour les écoles libres, avec garantie de l'Etat, le ministre de l'Education nationale, Christian Fouchet, dit craindre de vives réactions à l'intérieur de son ministère[46]. Il fait remarquer l'effort exceptionnel, sans précédent, déjà consenti pour l'enseignement privé depuis la loi de 1959. L'aide est passée de 5 milliards au temps de la loi Barangé à 100 milliards avec la loi Debré ! C'est alors que le Général déplore que ce gros effort n'ait rien changé dans ses relations avec l'épiscopat français : « L'Eglise ne nous est pas tellement reconnaissante de ce que nous avons fait pour elle. Enfin, disons-nous, pour n'avoir pas de remords, que c'est pour l'intérêt général que nous l'avons fait... » Puis, au sujet de l'emprunt, il tranche : « Non ! On reporte cette affaire à plus tard. » C'est à dire à jamais !

Les enseignants de l'école laïque ne pardonneront jamais à de Gaulle – et ils le lui rappelleront en 1968 – les cadeaux faits à l'enseignement privé. On sait avec quel zèle une bonne partie du corps enseignant va soutenir la rébellion étudiante. Près de vingt ans après le vote de la loi Debré, Jean Cornec, membre de « La révolution prolétarienne » et président de la puissante Fédération des conseils de parents d'élèves (FCPE), écrira dans *Le Monde* : « A partir de 1959, ce fut, pour les dirigeants ecclésiastiques, Vichy sous de Gaulle. » Et de revenir sur la participation du Général à des cérémonies religieuses : « … le jour de la plus grande gloire étant le 31 mai 1964. Ce jour-là, vingt ans exactement après le maréchal Pétain, le général de Gaulle était reçu en grandes pompes à Notre-Dame, tandis que notre ambassadeur à Rome remettait au pape, en son nom, "un témoignage de la filiale gratitude" du président de la République française. On était loin du principe constitutionnel de la séparation des Eglises et de l'Etat, et l'occasion était trop belle pour ne pas en profiter et pour ne pas continuer de mener – avec l'alliance des forces patronales les plus réactionnaires – une guerre dont le but était le démantèlement de la forteresse Education nationale[47]. »

L'autre dossier laissé en jachère en 1946 est celui des congrégations, dont l'examen avait été rendu impossible après la Libération dans le contexte du régime tripartite. Ainsi s'était-on limité à proroger la plupart des décisions de Vichy. Cette question tenait pourtant beaucoup à cœur à de Gaulle, c'est pourquoi il va s'en emparer dès son retour au pouvoir, mais avec la même prudence extrême. « On ne peut comprendre cette prudence du Général sans se remémorer l'univers politique de cette époque, explique Bernard Ducamin, le conseiller technique en charge de ce dossier[48]. Il y a 20 % des Français qui votent communiste et les socialistes font encore référence au marxisme. C'est toute la société intellectuelle qui est travaillée par le marxisme, les élèves de l'Ecole normale supérieure qui refusent de serrer la main du Général, les élus socialistes de Lille qui n'acceptent pas de le recevoir dans sa ville natale, les dirigeants de la CGT qui prennent leurs ordres à Moscou… »

Les lois de Vichy avaient modifié la loi de 1901 et les congrégations n'avaient plus à être reconnues par une loi mais par décret sur avis conforme du Conseil d'Etat. Depuis le retour de De Gaulle, plusieurs d'entre elles font passer des messages à l'Elysée pour demander une reconnaissance officielle et la restitution de leurs biens souvent encore sous séquestre. Mais les choses traînent…

En 1968, le dossier étant resté en l'état, Bernard Ducamin rédige trois notes pour le Général, en lien avec Christian Fouchet devenu ministre de l'Intérieur, donc en charge des Cultes. « On peut se demander si ce ne serait pas à l'honneur de la Ve République, qui a su prendre à bras-le-corps un problème aussi difficile que l'enseignement privé, de donner un statut régulier à des institutions qui ne représentent plus un danger pour le pays », note le conseiller technique, ajoutant qu'il « n'est pas décent, alors que plus de cinquante ans ont passé, de les maintenir hors du cadre juridique prévu à leur endroit ». Bernard Ducamin recommande donc au président de suivre la proposition examinée avec Fouchet et ajoute : « Si vous prenez une décision de principe favorable, il faudrait commencer par le dossier des sœurs de l'Immaculée-Conception de Bordeaux, qui pourrait être traité avec discrétion. »

La prudence va continuer à l'emporter car l'urgence est de ne pas faire de vague ! Différents événements, comme le tohu-bohu provoqué par la censure du film *La Religieuse*, les débats autour de la révision de la loi Debré sur l'enseignement libre puis les désordres de 1968 auront suffi à enterrer ce dossier une nouvelle fois. De leur côté, les congrégations, elles aussi très timorées, déposent les demandes de reconnaissance au compte-gouttes. Religieux et religieuses restent traumatisés par le sort qui leur a été réservé par la République depuis le début du siècle, notamment depuis le fameux discours d'Emile Combes qui s'était vanté dès 1904 d'avoir fermé 13 904 écoles congréganistes !

De Gaulle va quitter le pouvoir et c'est finalement Georges Pompidou qui, en 1970, prendra des mesures exécutives pour la reconnaissance légale des congrégations. Puis Valéry Giscard d'Estaing qui, en 1978, accordera aux religieux le bénéfice de l'assurance maladie. La première congrégation reconnue, en 1970, sera celle des petites sœurs de l'Assomption qui avaient déposé leur dossier deux ans plus tôt. Appartenant à la communauté des augustins de l'Assomption, propriétaire du journal *La Croix* et de nombreuses autres publications catholiques, ces courageuses religieuses n'avaient cessé – sans reconnaissance légale – de se consacrer aux œuvres sociales. Le règlement de ce dossier ouvrit la voie. Trente ans après, le Conseil d'Etat continue périodiquement à examiner de nouvelles demandes de reconnaissance. Toujours dans la plus grande discrétion.

Avec la volonté de redonner à la France toute son influence et toute sa grandeur dans le monde, l'autre grande ambition que le Général s'est fixée en 1958 est de faire de son pays un modèle de justice sociale. Très tôt, il a eu pleinement conscience du retard pris en ce domaine par la société française par rapport à ses grands voisins, notamment à l'Allemagne qu'il ne quitte pas des yeux. Dès la période de la France libre, dans plusieurs discours, on se souvient qu'il avait annoncé sa volonté de reconstruire la France libérée sur la base d'un modèle social beaucoup plus juste, plus fraternel, plus respectueux de la dignité humaine, pour « mettre toutes les forces vives, dans un même élan, au service du pays pour le bonheur de ses enfants ». « Objectivement, le Général a été le meilleur traducteur dans la loi française de la doctrine sociale de l'Eglise », assure Bernard Ducamin[49], toujours conseiller technique à l'Elysée au moment de l'ordonnance de 1967 sur la participation des salariés.

Nous avons vu combien les lectures du jeune Charles de Gaulle avaient, avec les expériences sociales innovantes du patronat chrétien du Nord, définitivement imprégné la pensée de l'officier puis de l'homme politique. Il a lu *Vers un ordre social chrétien* de La Tour du Pin mais aussi *La Réforme sociale* de Frédéric Le Play, qui associe le rôle de l'Etat et de l'Eglise à celui du capital pour établir dans l'entreprise des liens de respect mutuel et de fraternité. Il n'ignore rien des théories développées par les maîtres à penser du catholicisme social, comme Lamennais, Lacordaire, Montalembert ou encore Albert de Mun, auteur dès 1885 de *La Question ouvrière* et créateur des Cercles ouvriers catholiques après la guerre de 1870. Lecteur de Péguy, de Gaulle sait aussi que « celui qui manque trop du pain quotidien n'a plus goût au pain éternel ».

Jacques Chaban-Delmas, figure de proue du gaullisme social, qui eut maintes occasions d'aborder avec le Général la place du social dans l'action politique alors qu'il était président de l'Assemblée nationale entre décembre 1958 et juin 1969, soutenait que la période de la guerre de 14-18, pendant laquelle de Gaulle avait commandé en direct de braves soldats issus du peuple, l'avait beaucoup rapproché du monde ouvrier : « Il n'avait jamais eu l'occasion de côtoyer des ouvriers, et voilà qu'il les voyait se battre courageusement pour la patrie, vivre dans les pires conditions sans se plaindre, mourir au combat en serrant dans leurs mains la photo d'une épouse ou une image pieuse. Il n'avait jamais rencontré que des religieux instruits, comme les jésuites de son collège, et voilà qu'il récitait ses prières, se confessait et recevait la communion avec des aumôniers issus du petit peuple, qui partageaient avec lui le même amour de la patrie et la même foi ardente. J'ai cru comprendre que cela l'avait autant marqué que son éducation. Tout ce qu'il a voulu faire ensuite pour les ouvriers, il l'a voulu aussi en souvenir de ça[50]. »

Pendant la période du RPF, mettant à profit le temps de réflexion que lui laissait sa « traversée du désert », on se souvient que le Général avait longuement théorisé sur l'association capital-travail, dans la droite ligne de son discours d'Oxford du 25 novembre 1941, lorsqu'il voulait « assurer, en définitive, le triomphe de l'esprit sur la matière », et de son message envoyé dès juin 1942 aux organisations de la Résistance pour les appeler à construire, le moment venu, une France plus juste où les travailleurs auraient des droits nouveaux dans un contexte économique renouvelé. Des principes qu'il avait réaffirmés à Alger en juillet 1943 en demandant que le peuple français vive et travaille « dans la dignité et la sécurité sociale ». En 1949 encore, il avait fait quelques observations au rédacteur d'une brochure consacrée à la présentation de ce que serait l'Association lorsque lui, de Gaulle, reviendrait aux affaires avec les moyens de sa politique. Il faut, selon lui, expliquer pourquoi cette réforme, quoique inventée au milieu du XIXe siècle, n'est pas parvenue à se développer avant qu'il s'en empare. « Cette raison, écrit-il, c'est l'opposition conjuguée que lui firent, d'une part, le capitalisme enivré longtemps par ses propres réalisations et, d'autre part, les champions de la lutte des classes, pleins d'illusions sur ce que donnerait “la dictature de la classe ouvrière”. » Et il insiste : « Surtout, faire ressortir que notre volonté de réaliser l'Association est une partie intégrante de notre raison d'être, qui est la rénovation de la France[51]... » On constate, une fois encore, à quel point les lignes de force du projet social du RPF s'apparentent à la doctrine sociale de l'Eglise.

Installé à la tête de l'Etat, rendu libre par son élection au suffrage universel direct en 1965, de Gaulle peut enfin peser de tout son poids pour mettre concrètement en œuvre la grande réforme sociale qui – il en est convaincu – marquera sa présidence.

« … Depuis toujours, je cherche, un peu à tâtons, la façon pratique de déterminer le changement, non point du niveau de vie, mais bien de la condition de l'ouvrier. Dans notre société industrielle, ce doit être le recommencement de tout », écrit-il en avril 1966 à l'ingénieur Marcel Loichot qui lui a fait parvenir son essai intitulé *La Réforme pancapitaliste*. A la même époque, il affirme à François Sommer, Compagnon de la Libération : « Le problème de notre temps consiste à faire en sorte que l'ouvrier voie sa condition de prolétaire se changer en celle d'associé, sans que soit pour autant altérée – bien au contraire – la direction bénéficiaire de l'entreprise[52]. »

Au-delà des réformes d'ordre matériel, de Gaulle veut « attribuer aux travailleurs, dans l'économie nationale, des responsabilités qui rehaussent de beaucoup le rôle d'instruments où ils étaient jusqu'alors confinés, qu'ils soient associés à la marche de l'entreprise, que leur travail y ait les mêmes droits que détient le capital, que leur rémunération soit liée, comme le revenu des actionnaires, aux résultats de l'exploitation[53] ». En juillet 1962, alors que la France ne comptait que 89 000 chômeurs (dont 21 000 secourus) et 55 000 demandes d'emplois non satisfaites, il avait expliqué à Alain Peyrefitte pourquoi il renvoyait dos à dos les deux systèmes rivaux qui se livraient une lutte acharnée : « Le capitalisme n'est pas acceptable dans ses conséquences sociales. Il écrase les plus humbles. Il transforme l'homme en un loup pour l'homme. Le collectivisme n'est pas davantage acceptable : il ôte aux gens le goût de se battre ; il en fait des moutons. Il faut trouver une troisième voie, entre les moutons et les loups. »

Entre capitalisme et collectivisme, la voie est-elle si étroite ? De Gaulle ne le pense pas, sous-estimant les obstacles qui vont surgir jusque dans les premiers cercles du pouvoir. Se retournant sur cet épisode en décembre 1969, au soir de sa vie, il confiera à André Malraux : « La conception de la lutte des classes est une conception puissante, je n'en disconviens pas, mais contraire à ce qu'il y a de plus profond en moi : je ne veux pas opposer, même pour triompher, je veux rassembler. » Et, pour expliquer les difficultés rencontrées avec le patronat, il ajoutera : « Mon seul adversaire, celui de la France, n'a aucunement cessé d'être l'argent[54] »

Si l'aile gauche du gaullisme, avec Louis Vallon, Léo Hamon et René Capitant, appuie sans réserve le grand projet social du Général, ce n'est pas le cas de Georges Pompidou. Le Premier ministre qualifie le dossier de « chimère ». Après le Conseil des ministres du 11 juillet 1962, où une ordonnance sur l'intéressement des salariés aux fruits du capital a été présentée, le chef du gouvernement demande à Alain Peyrefitte de ne rien en dire à la presse. « Surtout, ordonne-t-il au porte-parole du gouvernement, il ne faut pas en parler, ce sont des sujets sensibles. Les gaullistes de gauche se promènent dans l'économie comme des éléphants dans un magasin de porcelaine. » Et, un peu plus tard, il ajoute : « Capitant, Vallon et *tutti quanti*, ce sont des gens fumeux. Il n'y a rien à en tirer. Malheureusement, ils ont farci la tête du Général de leurs rêveries. Il faut mettre le Général à l'abri de ces billevesées. »

Mais de Gaulle ne lâche pas prise. A l'Elysée, le 12 décembre suivant, alors que Pompidou, fraîchement reconduit dans ses fonctions à l'issue d'un remaniement, prépare son discours de politique générale devant le Parlement, il reçoit du président la consigne écrite de considérer la question sociale – celle de « l'intégration ouvrière » – comme une priorité : « Il ne doit plus y avoir de question sociale en France, insiste le Général. Je ne dis pas qu'il ne doit plus y avoir des questions d'intérêt ; il y en aura toujours. Mais il ne faut plus qu'il y ait de questions de classe sociale[55]. »

Jusqu'à l'entêtement, il s'accroche à sa conception de la dignité de l'homme « qu'anime la flamme chrétienne, celle qui répand la lumière de l'amour et de la fraternité sur la vallée des peines humaines, celle où s'alluma, de siècle en siècle, l'inspiration spirituelle et morale de la France », telle qu'il l'a exprimée devant le conseil national du RPF le 11 février 1950. Mais Georges Pompidou, issu des milieux d'affaires, continue à rester hermétique à un tel discours. « Le Général était convaincu que la paix sociale passait par la mise en œuvre de l'association capital-travail. Il en avait, c'est certain, une vision catholique », selon Jean Méo, qui fut son conseiller technique pour les affaires économiques et sociales[56]. « Hélas pour lui, Pompidou y resta très opposé, mais à la méthode Pompidou, sans taper du poing sur la table. Il y avait une opposition très forte du patronat qui acceptait l'intéressement mais aucune forme de cogestion. » Ainsi le grand projet de de Gaulle va-t-il peu à peu se limiter à l'intéressement. « L'intéressement est ce qu'il reste de la participation quand Pompidou est passé par là ! » ironisera-t-on plus tard.

Les choses traînent et cette lenteur agace de Gaulle. « Il y a trop d'opposition et d'inertie, jusque dans mon entourage », dit-il. Irritation et découragement alternent chez lui à mesure que le temps passe, plus encore lorsque des grèves importantes viennent rappeler à ses yeux cette urgence sociale. Pour l'heure, les conflits menacent de paralysie l'activité du pays, tel celui des mineurs en mars et avril 1963, amplifié par celui des dockers qui refusent par solidarité de débarquer le charbon russe. Les grévistes, soutenus par l'opinion et une partie de l'Eglise, veulent des hausses de salaire que le pouvoir refuse, allant jusqu'à la réquisition. « La réquisition est une épreuve entre le parti communiste et le gouvernement », explique de Gaulle à ses ministres au cours du Conseil du 6 mars 1963. On le dit courroucé par l'attitude hostile de plusieurs évêques et d'une partie du clergé, ce qui le conduit à dire : « Les imbéciles suivent le PC, comme l'évêque d'Arras, la CFTC et *Le Figaro* ! » Le lendemain, Pompidou dira à des députés UNR : « Quant aux ecclésiastiques, leur rôle est scandaleux : ils ont répandu des tracts, comme si c'était une vérité d'Evangile de revendiquer une augmentation de 11 %[57]. » Dans certaines paroisses de la « ceinture rouge » de Paris, on a vu après la messe du dimanche curés et communistes faire signer ensemble des pétitions contre le pouvoir gaulliste.

Sans que l'autorité de l'Etat soit bafouée, de Gaulle va finir par donner son accord pour lâcher du salaire à ceux qui travaillent le plus dur, « même si ce n'est plus le temps de Zola », dit-il. Et il va aussitôt accentuer sa pression sur ses ministres pour faire aboutir sa politique sociale, notamment au début de l'année 1967, lorsque de nouvelles grèves de grande ampleur se déclenchent dans la région de Lyon, puis en Lorraine, dans le Nord et même aux chantiers navals de Saint-Nazaire. Après la courte victoire de sa majorité aux législatives en mars, il mesure le mécontentement populaire et revient à la charge : « La question ouvrière n'a pas été réglée, regrette-t-il en Conseil. Notre doctrine ouvrière n'est pas suffisamment affirmée. Il nous faut une doctrine ouvrière claire, attrayante, décidée. La condition ouvrière, c'est plus important encore que le niveau de rémunération. » En mai, pour contraindre son Premier ministre, il annonce dans une conférence de presse que l'intéressement est « un objectif essentiel » de son action. Au cours du Conseil du 31 juillet est enfin adoptée l'ordonnance sur l'intéressement des travailleurs aux bénéfices de leur entreprise, obligatoire au-delà de cent salariés. Le Général ne cache pas sa joie et, fait rare, remercie ses ministres. « Derrière toutes ces dispositions, précise-t-il, il s'agit de créer un ordre social nouveau. » En référence à « l'ordre social chrétien » de La Tour du Pin !

Au terme des turbulences de mai 68, qui ont vu les salariés bloquer le pays dans le sillage de la révolte estudiantine, de Gaulle affirme que « ce mois de mai ne s'effacera pas si tôt que ça de l'histoire de France » et regrette, sans le nommer, la façon dont Pompidou a entravé sa politique sociale : « Il ne faudra pas refuser d'entendre ce qui a pu s'exprimer au cours de ce mois. Il y a quand même eu le refus d'un système qui ne respecte pas la dignité des gens. Il faudra faire la participation. Si on l'avait faite, en tout cas si on l'avait engagée avec suffisamment d'énergie, je crois bien que nous aurions évité cette foire...[58] » Quelques semaines avant les événements de mai, recevant l'écrivain David Rousset, gaulliste de gauche, il lui avait dit : « Il faut trouver une voie nouvelle, la participation... [Mais] je suis coupé des Français. Je cherche des hommes de bonne volonté qui comprennent le sens de cette bataille. Et je n'en trouve pas... Je suis seul, Rousset, seul[59]. »

Tout a été dit sur la gestion de la crise de mai 1968 par Pompidou et sur la façon dont elle a transformé la confiance entre le président et son Premier ministre en une sorte de méfiance réciproque. A l'issue du Conseil des ministres du 3 juillet, quand de Gaulle demande à Georges Pompidou s'il est prêt à rester à Matignon, il lui précise que ce serait pour mener à bien avec lui le dossier de la participation, nouvelle preuve de l'importance qu'il accorde à cette avancée sociale. Cette fois, c'est à prendre ou à laisser ! Pompidou hésite assez longtemps pour pousser le Général à choisir Maurice Couve de Murville pour diriger le nouveau gouvernement !

Pendant toute sa présidence, de Gaulle est souvent là pour donner un coup de pouce aux plus pauvres, comme en janvier 1965, lorsqu'il s'interpose entre Pompidou et Giscard d'Estaing qui s'affrontent sur la nécessité de relever ou non le niveau du SMIG, le salaire minimum interprofessionnel garanti. « Si nous n'augmentions pas le SMIG, nous établirions que seuls les Français les moins bien traités n'ont pas le bénéfice d'une amélioration de leur sort. Pourquoi les pauvres diables seraient-ils les seuls exclus de la croissance ? » Un mois plus tard, il obtient une réforme des comités d'entreprise, créés par lui à la

Libération, pour que leur soient donnés plus d'informations sur l'état de l'activité de leur société et plus de pouvoirs en matière de formation professionnelle. « Nous n'avons pas créé les comités d'entreprise pour s'occuper seulement des sapins de Noël ! » lâche-t-il à ceux qui traînent les pieds…

La réconciliation franco-allemande, « la voix de Dieu »

Elle restera, il le sait, la page la plus chrétienne – celle du pardon – de toute sa politique étrangère, c'est pourquoi de Gaulle attache tant d'importance à la réconciliation franco-allemande. Qu'on le comprenne bien, il ne s'agit pas pour lui de faire un coup d'éclat mais de changer le sens de l'Histoire. Il veut que les deux peuples exorcisent les démons du passé et s'unissent pour toujours. « Les Français et les Allemands doivent devenir des frères. La fraternité des deux peuples, ça doit devenir quelque chose d'élémentaire […] Parce que j'ai été pour eux un adversaire implacable pendant la guerre, c'est de moi qu'ils attendent l'absolution[60]. » L'absolution, dit-il, car il s'agit bien pour lui d'accorder le pardon à des « frères », au sens le plus chrétien, celui du pardon qui suit le péché.

Reçu en visite officielle à Paris, du 2 au 8 juillet 1962, le chancelier Konrad Adenauer est touché par l'attention que lui porte le Général lorsqu'il lui remet les insignes de grand-croix de la Légion d'honneur. Le protocole est celui réservé aux chefs d'Etat, qu'il n'est pas. Moins d'une génération sépare la fin de la guerre de cette réconciliation voulue par le vainqueur ! Dans les rues de Paris, la foule n'est pas au rendez-vous pour acclamer Adenauer mais de Gaulle n'en a cure. Il veut forcer l'Histoire, cette fois encore. « J'ai toujours fait *comme si*, dira-t-il. Ça finit souvent par arriver. » La construction de l'Europe passe par la paix avec l'ennemi d'hier et par la fraternisation des jeunes des deux pays pour lesquels il décide de créer un Office franco-allemand de la jeunesse.

Le dernier jour de la visite officielle est marqué par un défilé des troupes françaises et allemandes au camp militaire de Mourmelon, près de Châlons-sur-Marne, là même où fit rage la sanglante bataille de la Marne. Chars de l'infanterie légère et tanks des Panzer-grenadiers passent devant la tribune officielle où les deux drapeaux sont enlacés par le vent. Mais de Gaulle a voulu donner tout son sens évangélique à cette journée de réconciliation en assistant avec le chancelier à une messe solennelle dans la cathédrale de Reims. Le temps de changer son uniforme kaki pour un complet-veston en sous-préfecture et le voici qui se présente avec Adenauer sur le parvis de la cathédrale où les accueille Mgr François Marty, l'archevêque de Reims. « Nous venons ici sceller la réconciliation de nos peuples », lui glisse le Général. Assis côte à côte dans le chœur, les deux hommes marquent, par la gravité qui se lit sur leur visage, la solennité du moment. Dans une cathédrale bondée, la messe est célébrée par Mgr Béjot, évêque auxiliaire, assisté de Mgr Lallement, ancien prisonnier de guerre, et du chanoine Hess, ancien déporté. Le chancelier allemand suit la messe dans son missel puis reçoit la communion, mais pas le Général.

A Reims, dans cette ville martyre écrasée par les bombardements ennemis en 14-18 puis où l'Allemagne signa la capitulation le 7 mai 1945, sous les voûtes de cette cathédrale dont les vitraux et les orgues ont été détruits pendant la dernière guerre, de Gaulle et Adenauer écoutent Mgr Marty évoquer « le sourire de l'ange » que la Providence a épargné de toutes les destructions, prêcher « pour le pardon des brisures » et appeler à prier pour les morts de toutes les guerres. Puis, d'un pas lent et solennel, ils parcourent la nef pour quitter la cathédrale alors qu'une chorale chante l'*Alleluia* de Haendel, accompagnée par les grandes orgues réparées de leurs blessures. Peu importe si quelques communistes scandent des slogans hostiles à l'Allemagne dans les rues de Reims, de Gaulle sait qu'il vient de changer le cours de l'Histoire. A la sous-préfecture de Reims, dans le toast qu'il porte au chancelier dont il connaît les convictions chrétiennes, de Gaulle donne à l'alliance nouvelle une vraie dimension spirituelle : « Comme l'Allemagne et la France ne s'unissent que pour servir ensemble la liberté, la prospérité, la fraternité, d'abord chez elles, à partir de là entre les Etats occidentaux de notre continent et à l'intérieur du monde libre sur les deux rives de l'Atlantique, puis, un jour peut-être, à travers l'Europe tout entière et, du même coup, au profit de tous les humains ; comme un pareil but est celui-là même que fixe à notre espèce la loi suprême de la vie, on peut bien dire, qu'à votre passage à Paris et dans nos provinces, la voix du peuple fut la voix de Dieu. »

Au cours d'un voyage officiel de six jours qu'il effectuera en Allemagne, en septembre de la même année, et au cours duquel il prononcera – à soixante-douze ans et sans une note – quatorze discours en allemand appris par cœur, de Gaulle recevra un accueil populaire comme aucun chef d'Etat étranger avant lui outre-Rhin. Après avoir rejeté au mois de mai précédent le projet d'une Europe supranationale qui visait à fondre les nations, son voyage triomphal aura conforté l'axe franco-allemand sur lequel il entend articuler l'Europe telle qu'il la veut.

C'est parce que Konrad Adenauer était profondément catholique et qu'il s'était « bien comporté » pendant la période de la guerre que de Gaulle avait pensé, très tôt, que le moment était venu de faire la réconciliation avec un tel homme. Le Général avait effectué une première opération de séduction – mais aussi de vérité – en recevant le chancelier chez lui, à La Boisserie, dans l'intimité de sa maison, dès septembre 1958. Jamais tel privilège n'avait été, et ne sera plus, accordé à quiconque. Il s'agissait d'un voyage privé. « Il me semble qu'il convient de donner à la rencontre une marque exceptionnelle et que, pour l'explication historique que vont avoir entre eux, au nom de leurs deux peuples, ce vieux Français et ce très vieil Allemand [il a quatre-vingt-six ans], le cadre d'une maison familiale a plus de signification que n'en aurait le décor d'un palais », écrira le Général[61]. Aucune vaisselle officielle ni aucun cuisinier venu de l'Elysée, seule une employée de la famille Vendroux, Marie Nagot, ancienne résistante, avait été appelée en renfort. Il avait aussi fallu que de Gaulle explique le sens de cette visite à Louise Camaille, l'employée lorraine de La Boisserie, qui avait commencé par refuser de « servir un Allemand » !

« Jamais Adenauer n'oubliera Colombey-les-Deux-Eglises, la courtoisie raffinée du seigneur qui lui faisait les honneurs de sa demeure provinciale, la gravité spirituelle, chrétienne dont elle était empreinte », témoignera l'ambassadeur de France à Bonn, François Seydoux, présent non au déjeuner mais au dîner à La Boisserie[62]. Et le chancelier racontera dans ses *Mémoires*[63] combien il fut impressionné par la volonté de paix et de fraternité du Général : « J'étais heureux d'avoir trouvé un tout autre homme que ce que j'avais craint. Je me félicitais d'avoir fait la connaissance de De Gaulle, chez lui, loin de Paris. Je crois, en effet, que l'on ne peut avoir une juste opinion de lui qu'après l'avoir vu et lui avoir parlé dans son univers familier. »

Les liens étroits que les deux dirigeants chrétiens ont tissés depuis ces deux journées à Colombey et qu'ils ont ensuite fait bénir – certes, de manière non officielle – en la cathédrale de Reims vont conduire au traité de l'Elysée, signé à Paris le 22 janvier 1963. Ce jour-là, après les échanges de signatures, dans un élan qui surprend toute l'assistance, les deux hommes se lèvent et s'embrassent. Georges Pompidou, qui connaît le Général depuis près de vingt ans, dira ne l'avoir jamais vu, lui toujours si maître de lui, céder à une telle vague d'émotion. C'est bien plus que la promesse de la paix qui vient d'être signée. « La France, dira souvent de Gaulle, a accompli là une des plus grandes actions de son histoire. » En mars 1966, au cours d'un voyage à Paris, c'est Adenauer qui va avoir l'idée d'une commémoration franco-allemande à Verdun. De Gaulle se dit favorable au symbole mais son « illustre ami » va mourir le 19 avril 1967. Les choses en resteront là jusqu'à ce que l'idée soit reprise par François Mitterrand et Helmut Kohl, photographiés main dans la main, le 22 septembre 1984. A Verdun.

L'Algérie : la couronne d'épines

Dans le calendrier du Général, on remarque que le processus de réconciliation avec l'Allemagne a été engagé dès son retour au pouvoir, avec l'accueil du chancelier Adenauer à Colombey en 1958, mais que la concrétisation de cet objectif n'a été entreprise qu'en 1962. C'est que pendant ces quatre années, il a fallu au Général concentrer ses efforts sur le règlement du dossier de très loin le plus épineux, celui qui avait justifié son rappel à la tête de l'Etat : l'Algérie. On notera un parfait enchaînement de ces deux dossiers puisque les accords d'Evian, qui conduiront à l'indépendance de l'Algérie, seront signés le 22 mars 1962 puis ratifiés par référendum en France le 8 avril suivant et en Algérie le 1er juillet, alors que le chancelier allemand arrivera à Paris le lendemain 2 juillet !

Face à la crise algérienne qui vient d'emporter la IVe République et divise profondément la France, l'exercice des responsabilités va mettre de Gaulle à rude épreuve, notamment en regard de sa foi catholique. Dans ce dossier empoisonné, ses décisions vont entraîner des critiques de la part de certains prélats et d'une partie de la galaxie catholique. Dès son investiture avec les pleins pouvoirs, en juin 1958, et après son premier voyage à Alger quatre jours plus tard, il a beau répéter que son programme vise à « pacifier l'Algérie » et que la France veut « fixer les conditions de l'avenir [de l'Algérie] avec les Algériens eux-mêmes », chacune de ses déclarations et de ses actions soulève des oppositions dont les milieux catholiques ne sont pas absents, en France comme en Algérie.

Avant même le retour du Général, certains évêques ne manquaient aucune occasion de condamner les opérations conduites par l'armée française en Algérie. Ainsi la voix du cardinal Feltin, archevêque de Paris, s'était-elle associée aux partisans de l'Algérie française et aux communistes pour condamner les bombardements de Sakiet Sidi Youssef, le 8 février 1958. Depuis ce village frontalier tunisien, le 11 janvier, les rebelles algériens avaient tué quatorze soldats français. En représailles, vingt-cinq avions français avaient bombardé cette base arrière, faisant plus de soixante-dix morts. Ce bombardement avait provoqué la chute du gouvernement de Félix Gaillard et, indirectement, le retour de De Gaulle. La prise de position du cardinal Feltin avait suscité l'ire de très nombreux catholiques, mécontents de l'indignation à sens unique de l'épiscopat français, qui était globalement resté muet après le massacre de plus de 300 musulmans à Melouza, en mai 1957, par la branche armée du Front de libération nationale (FLN).

En Algérie même, l'engagement partisan du clergé, principalement des prêtres-ouvriers, a conduit les autorités à perquisitionner les locaux de la Mission de France, déclenchant en octobre et novembre 1958 les protestations véhémentes du cardinal Liénart, évêque de Lille, auprès du chef du gouvernement. Le prélat avait déjà condamné l'expulsion des prêtres-ouvriers de Souk Ahras, en mai 1956. De Gaulle lui répond qu'il prend note du problème « avec une extrême attention » mais profite de l'occasion pour demander plus de réserve de la part du clergé en Algérie : « ... me plaçant du point de vue de l'intérêt national, écrit-il, il me paraît très souhaitable que la prudence, voire la réserve, marquent les actes de nos missionnaires devant les épines dont sont enveloppés les problèmes algériens. » Le ton est donné !

C'est, bien sûr, la torture dont l'armée française est accusée qui provoque les plus forts remous dans l'opinion et dans les milieux catholiques. A Alger, depuis 1954, l'archevêque, Mgr Duval, dénonce régulièrement, au nom des valeurs chrétiennes, la violence, la torture, l'esprit de vengeance et les inégalités sociales dont est victime le peuple algérien. Il envoie une lettre en ce sens à de Gaulle en novembre 1958, à laquelle ce dernier répond que « certains actes de violence lui paraissent, à juste titre, la négation de la mission civilisatrice de la France ». Il est incontestable que le Général est très hostile à ces actes de torture, même s'ils sont à mettre en regard des assassinats perpétrés par la rébellion algérienne. Dans une lettre datée du 13 septembre adressée au général Salan, commandant en chef des forces en Algérie, il dénonce « les actes de torture et les exécutions sommaires » commis en août par des troupes françaises stationnées à El Abiodh Sidi Cheikh. Il donne les noms des gradés impliqués et évoque une affaire, plus grave encore, qui remonte au 24 juillet : « ... 31 Français musulmans algériens, arrêtés dans une ferme [...] auraient été exécutés sommairement sur les ordres du capitaine (Z...), commandant de la 4e compagnie du 3/94e R.I. Et enterrés ensuite dans le terrain de football de Chemora.

« Le capitaine (Z...) et le lieutenant (Y...) se seraient également rendus systématiquement coupables d'actes de tortures à l'égard de Français musulmans. »

De Gaulle annonce qu'il saisit M. Patin, président de la Commission de sauvegarde des droits et des libertés individuels, et demande une enquête approfondie. « Dès à présent, écrit-il à Salan, j'attends moi-même de vous toutes précisions au sujet de ces faits graves[64]. »

Le président Maurice Patin attestera de la volonté du Général de mettre fin à la torture érigée en système par certains militaires bien avant son retour au pouvoir. En avril 1959, de Gaulle demande à son Premier ministre, Michel Debré, de faire procéder sur-le-champ à une enquête à propos d'une jeune fille de dix-sept ans, Hamidou, qui a été abattue par les forces de l'ordre alors qu'elle tentait de s'enfuir. « Je ne conçois pas, *a priori*, que nos forces n'aient d'autres ressources pour empêcher une jeune fille de s'enfuir que de tirer sur elle », écrit-il, en rappelant que le gouvernement doit mettre en œuvre les recommandations du président Patin car « trop souvent, des suspects ont été abattus alors "qu'ils tentaient de fuir" ».

Une nouvelle fois, au mois de septembre suivant, il alerte Michel Debré sur des exécutions sommaires dans la région d'Alger, se disant « péniblement surpris » de constater que la responsabilité du général

Massu, qui donne des ordres contraires aux siens, semble engagée. La « circulaire Debré » sur la torture, datée du 20 juin 1960, relue et validée par de Gaulle, interdit catégoriquement de telles pratiques. Parce qu'il pense faire tout ce qu'il faut pour obtenir que cessent ces violences, il s'emporte dans une réponse envoyée à l'écrivain Jean Cassou, Compagnon de la Libération, qui lui a adressé une lettre accusatrice : « Pour empêcher les injustices, tortures et abus commis à l'égard des musulmans, vous savez bien grâce à qui et depuis quand a été fait ce qui a été fait. Dès lors, pourquoi les adjurations que vous m'adressez… »

Le combat des Algériens pour l'indépendance est soutenu en France par une partie de la population travaillée par la gauche, notamment par le parti communiste. Déjà dénoncées avant le retour de De Gaulle, la « politique colonialiste » de la France et la torture en Algérie font l'objet de puissantes campagnes. Les réseaux métropolitains du FLN trouvent des relais parmi des militants qui se sont organisés dès 1955 au sein d'un « Front » algérien en France. Ils se présentent comme des « porteurs d'espoir » en réponse aux autorités qui les ont qualifiés de « porteurs de valises ». De nombreux religieux et militants catholiques en font partie. Héberger, soigner, financer, transporter, aider aux évasions, fabriquer des faux papiers, faire passer les frontières… tout ce qui peut aider les réseaux du FLN les mobilisent. Les sympathisants de la cause algérienne sont infiltrés partout, y compris – selon certains services de renseignements – jusque dans le cabinet du très catholique ministre de la Justice, Edmond Michelet, qui finira par quitter le gouvernement en août 1961 en désaccord avec la politique algérienne alors mise en œuvre.

L'engagement de ces catholiques drapés des valeurs de l'Evangile se confond avec leur adhésion aux idées de la gauche. Aux côtés de ceux qui font route avec le parti communiste ou le PSU (Parti socialiste unifié) est né un courant de « catholiques mendésistes » ! Au séminaire français Santa Chiara à Rome (du nom de l'église de l'établissement), qui forme l'élite du clergé de l'Eglise de France, les séminaristes sont nombreux à soutenir la révolte des Algériens. Ils iront même jusqu'à interrompre par une tonitruante *Marseillaise* la lecture faite au réfectoire par Mgr Ottaviani, propréfet de la Congrégation pour la doctrine de la foi, tenant de l'aile conservatrice du Vatican[65].

Au lendemain du procès, devant un tribunal militaire, le 5 septembre 1960, des intellectuels « porteurs de valises » du réseau Jeanson, parmi lesquels figurent Jean-Paul Sartre, Juliette Gréco, Simone de Beauvoir, Françoise Sagan et beaucoup d'autres, une nouvelle vague d'intellectuels regroupés au sein du « Manifeste des 121 » appelle les militaires à l'insoumission en Algérie. Les catholiques ne sont pas absents de cette démarche qui vise directement le pouvoir du Général. Le plus emblématique est le journaliste André Mandouze, qui s'était engagé dans la Résistance aux côtés du père Maydieu, dominicain, fondateur de la publication catholique *Sept.* Aux côtés du père Chaillet, jésuite, Mandouze est devenu rédacteur en chef des *Cahiers du Témoignage chrétien.* C'est un proche de Mgr Duval, archevêque d'Alger, favorable à l'autodétermination, qui adoptera la nationalité algérienne après l'indépendance.

La contestation est aussi portée par la Cité catholique, une organisation fondée en 1946 par Jean Ousset et qui s'appuie sur les enseignements de saint Ignace de Loyola pour rassembler des laïcs et les engager à gagner leur ciel par l'action. Reçu au Vatican, soutenu en France par plusieurs évêques comme Mgr Chappoulie, d'Angers, ou Mgr Barbottin, de Reims, Jean Ousset interprète comme un soutien les propos du pape Pie XII qui encourage les militants de l'Action catholique à s'engager dans des associations dans le but de « conformer les institutions sociales et politiques aux principes et aux règles chrétiens ». Attachée à défendre la doctrine sociale de l'Eglise, la Cité catholique connaît un succès qui dépasse la France lorsqu'en 1959 elle envoie sa revue *Verbe* à tous les officiers français engagés dans la guerre d'Algérie pour réveiller leur conscience et attaquer en termes violents la politique algérienne de De Gaulle. Ce comportement militant n'empêchera pas plusieurs évêques d'intervenir l'année suivante devant 1 500 responsables du mouvement, réunis en congrès à Issy-les-Moulineaux où Jean XXIII fera parvenir sa bénédiction. Pour tenter de les influencer un peu plus, la revue *Verbe* va même envoyer aux officiers catholiques une brochure intitulée *Morale, droit et guerre révolutionnaire*.

Dans toute action destinée à faire face aux actes de violence qui se multiplient en métropole, le pouvoir gaulliste doit compter avec des religieux qui militent ouvertement à l'extrême gauche et prêchent la révolte. C'est le cas du dominicain Paul Blanquart qui finira par quitter son ordre pour se consacrer à la sociologie, ou d'un autre dominicain, le père Jean

Cardonnel, qui se livre dans la revue *Frères du monde* à une confrontation entre christianisme et marxisme. Le père Cardonnel ne cessera de lutter contre la politique du Général. En mars 1968, quelques jours avant la naissance du mouvement lancé par Daniel Cohn-Bendit, il prêchera à la Mutualité à Paris un carême contestataire sur le thème de « L'Evangile révolutionnaire ». Il affirmera : « Le seul carême auquel je crois serait celui d'une grève générale qui paralyserait une société fondée sur le profit. » Dans le camp d'en face, des militants catholiques se battent pour l'Algérie française. C'est le cas, par exemple, de l'abbé Luc Lefèvre dans *La Pensée catholique* ou du journaliste catholique Jean Madiran, ancien secrétaire particulier de Charles Maurras, dans *Itinéraires*[66]. De quelque bord qu'ils soient, les religieux qui s'engagent ne facilitent pas la tâche du Général !

A Lyon, en octobre 1958, alors que Mgr Gerlier, que l'on dit favorable à l'indépendance de l'Algérie, vient de partir pour Rome où débute le conclave qui élira Jean XXIII, l'affaire du Prado illustre les tensions très grandes entre certains ecclésiastiques et le nouveau pouvoir gaulliste. Les Algériens sont très nombreux dans la région où près de 900 d'entre eux sont détenus à la prison Saint-Paul de Lyon. Un prêtre diocésain, l'abbé Albert Carteron, nommé par Mgr Gerlier pour venir en aide à cette communauté musulmane, s'est tourné vers le noviciat du Prado de Saint-Fons où les pères Chaize et Magnien ont mis à sa disposition une pièce – la chambre 22 – pour y stocker des papiers, l'argent de l'aide sociale et les dossiers des bénéficiaires. L'affaire éclate lorsque, pour prévenir tout attentat avant une visite envisagée à Lyon par le Général, la police procède à des arrestations et fouille la chambre 22. Mais celle-ci a été entièrement vidée ; tous les documents ont été détruits par les deux prêtres.

L'abbé Carteron, que les Algériens ont surnommé *El-bi'r* (le puits) car il garde tous les secrets, a eu le temps de s'enfuir de Lyon mais les pères Chaize et Magnien sont arrêtés et confrontés à douze Algériens dans les bureaux de la police avant d'être relâchés grâce à une intervention de Mgr Ancel qui administre le diocèse en l'absence de Mgr Gerlier. Le père Magnien est très vite repris et interrogé sur la disparition des documents de la chambre 22. Mais cette fois, l'intervention de Mgr Ancel, en soutane, au cœur de la nuit, dans les locaux de police est sans résultat. Après une longue garde à vue, le prêtre sera inculpé pour « atteinte à l'intégrité du territoire national ». Une mission va être envoyée à Rome pour alerter le cardinal Gerlier et le cardinal Liénart, prélat de la Mission de France. Aucune suite judiciaire ne sera donnée à cette affaire, par souci d'apaisement, et aussi sans doute parce que les prêtres du Prado affirment détenir la preuve de sévices exercés par la police sur les Algériens de Lyon[67].

L'IMPOSSIBLE INTÉGRATION DE L'ISLAM

Dès février 1955, de Gaulle a confié à Edmond Michelet : « L'Algérie est perdue, l'Algérie sera indépendante », avant de dire la même chose, peu après, à Geoffroy de Courcel, son ancien aide de camp à

Londres devenu Secrétaire général de la Défense nationale. En juin 1958, il s'en dit toujours aussi convaincu à Pierre Lefranc et, plusieurs fois, à son gendre Alain de Boissieu. « Il fallait en finir avec l'outrecuidante pression des Européens d'origine à Alger, avec le noyau politicien qui se formait dans l'armée, enfin avec le mythe de "l'Algérie française" qui ne fait que couvrir la volonté des "pieds-noirs" de maintenir leur domination sur les musulmans… », écrira-t-il à son fils Philippe, en février 1960[68]. Dans son discours sur l'autodétermination du 16 septembre 1959, il s'est engagé « si Dieu [lui] prête vie » à consulter tous les Algériens et à faire ratifier leur choix par les Français. Dans ses *Mémoires d'espoir*, il écrira : « Ma décision d'accorder aux Algériens le droit d'être maîtres chez eux a tracé la route à suivre. »

C'est sans aucun doute par raison et pragmatisme que de Gaulle a choisi pour l'Algérie la voie de l'indépendance. A Jacques Chaban-Delmas qui vient attirer son attention sur les souffrances des Européens d'Algérie, il répond en bondissant de son siège, tel un géant bouleversé : « Et de Gaulle ? Vous croyez qu'il a été créé et mis au monde pour lâcher l'Algérie ? Vous croyez qu'il ne souffre pas, de Gaulle[69] ? » A un autre visiteur, Pierre Laffont, député d'Oran et directeur de *L'Echo d'Oran*, il va expliquer le 25 novembre 1960 les raisons, notamment d'ordre religieux, qui lui ont fait écarter la solution de l'intégration, c'est-à-dire celle du maintien dans la République :

« On a dit récemment que l'Algérie était la plus française des provinces de France. Plus française que Nice et la Savoie. C'est inepte. Nice et la Savoie sont peuplées de chrétiens, parlent français, ne se sont pas, à cinq reprises, soulevées contre la France [...]. En réalité, il y a en Algérie une population dont tout nous sépare : l'origine ethnique, la religion, le mode de vie et on n'a rien fait pour faire cesser cet état de choses. Les Français d'Algérie veulent bien vivre avec les Arabes à la condition qu'ils demeurent dans un état de subordination, et non autrement. Eh bien ! Les musulmans ne veulent plus être dans cet état. Ils veulent se gouverner eux-mêmes... [...] Seule, la Russie, avec ses méthodes communistes, pourrait venir à bout de la rébellion algérienne. Nous, non. »

« Bien sûr, nous pourrions continuer la guerre. Nous en avons déjà tué 200 000. Nous en tuons encore 500 par semaine. Mais où cela nous mènerait-il ? L'Armée, qui ne voit pas plus loin que le bout de son djebel, ne veut pas être privée de sa victoire et n'entrevoit comme solution, qu'une solution sur le tas et qu'un moyen : *casser du fellagha.* Mais à quoi cela nous mènerait-il si ça réussissait ? A recommencer dans cinq ans, dans dix ans[70] ?... »

A Jacques Foccart, rangé du côté des partisans de l'Algérie française jusqu'au début de l'année 1959, le Général avait ainsi expliqué ses choix, jusqu'à le convaincre de se ranger à ses côtés : « Si l'homme que je suis, avec mon hérédité, avec ma culture, avec mon passé, fait ce que je fais, vous imaginez bien que ce n'est pas sans souffrance. Je le fais parce que c'est la seule chose que l'on doit faire. Je boirai le calice jusqu'à la lie[71]. »

La crainte de voir l'islam envahir la France jusqu'à la dominer est très présente chez de Gaulle. S'il a voulu dégager la France du fardeau colonial, en Afrique du Nord comme en Afrique sub-saharienne, c'est aussi parce qu'il ne croit pas en la possibilité d'intégrer dans la République les masses musulmanes à forte démographie. « Il a sur l'islam le regard d'un homme pour qui l'histoire de la nation française est le produit de la civilisation chrétienne. La civilisation musulmane lui apparaît comme un corps étranger, inassimilable », soutient l'historien Benjamin Stora[72].

Chef de la France libre, il n'oubliait pas d'envoyer aux vingt millions d'hommes et de femmes de « la France musulmane » des messages de fraternité à l'occasion de l'Aïd el Mouloud, la naissance du Prophète, de l'Hégire, le nouvel an islamique, ou de la fin du ramadan. Dans d'autres circonstances, il marque son respect pour le peuple arabe dont il admire l'esprit conquérant, comme en témoignera Philippe à qui son père racontait, lorsqu'il était enfant, les grandes conquêtes du khalife de Bagdad ou l'histoire de Schéhérazade[73]. En Algérie, il a octroyé la nationalité française à plusieurs dizaines de milliers de musulmans, institué le collège électoral unique, fait avancer les droits des musulmans auxquels il a ouvert les portes de la fonction publique. Mais il ne cache pas les limites de ce qu'il appelle « l'intégration réaliste ». Dès juin 1945, il avait donné des directives au garde des Sceaux sur les priorités à accorder en matière d'immigration : « Sur le plan ethnique, il convient de limiter l'afflux des Méditerranéens et des Orientaux qui ont, depuis un demi-siècle, profondément modifié la composition de la population française [...] Il est souhaitable que la priorité soit accordée aux naturalisations nordiques (Belges, Allemands, Luxembourgeois, Suisses, Anglais, Danois, etc.). » Ce qui revenait, par une politique sélective, à endiguer l'arrivée des musulmans.

Sa crainte de voir l'islam se développer au détriment de la chrétienté n'est pas nouvelle. Sur le front de la Somme, le 28 mai 1940, il avait fait un cours de géopolitique à l'aumônier du régiment, l'abbé Bourgeon, pour lui démontrer que « cette guerre [n'était] qu'un épisode d'un affrontement de peuples et de civilisations ». Il avait évoqué un affrontement futur avec la Chine en lui disant : « Mais j'ai confiance. Le dernier mot sera à la civilisation la plus élevée et la plus désintéressée : la nôtre, la civilisation chrétienne », avant d'ajouter : « Regardez le monde : il se divise en trois continents : l'Europe, l'Afrique, car on ne peut les séparer. C'est, autour de la Méditerranée, le berceau de notre civilisation [...]. Puis l'Amérique du Nord et du Sud. Elles sont filles de l'Europe. Elles suivront toujours : l'Amérique du Nord, protestante et anglo-saxonne, sauf le Canada français, l'Amérique du Sud, catholique et latine. Enfin l'Asie : cette immensité géographie et historique, religieuse aussi. Mais le danger le plus grand et le plus immédiat peut venir de la transversale musulmane, qui va de Tanger aux Indes. Si cette transversale passait sous obédience communiste russe ou, ce qui serait pire, chinoise, nous sommes foutus... Et, croyez-moi, monsieur l'aumônier, il n'y aura plus de Poitiers possible[74]. »

La nature de ses conversations avec André Malraux autorise à penser que ce dernier n'a pas été sans influence sur les convictions du Général à propos de la religion du Prophète et de son évolution. A son ministre, on sait qu'il a rendu un hommage définitif en écrivant : « A ma droite, j'ai et j'aurai toujours André

Malraux. La présence à mes côtés de cet ami génial, fervent des hautes destinées, me donne l'impression que, par là, je suis couvert du terre à terre. L'idée que se fait de moi cet incomparable témoin contribue à m'affermir. Je sais que, dans le débat, quand le sujet est grave, son fulgurant jugement m'aidera à dissiper les ombres[75]. » Et sur le développement de l'islam, Malraux porte un regard très alarmiste, ainsi qu'en témoigne ce qu'il en dit le 3 juin 1956, en pleine guerre d'Algérie, deux ans avant le retour de De Gaulle. C'est à Elisabeth de Miribel, la première Française libre mobilisée pour taper avec deux doigts le fameux appel du 18 juin que l'auteur de *La Condition humaine* confie ses réflexions. Après cinq années passées au Carmel au lendemain de la Libération, la jeune femme vient de rejoindre le corps diplomatique. Elle est en étroite relation avec Malraux qui, ce jour-là, lui dicte ses réflexions sur l'islam, sur l'Algérie, sur les conditions du retour du Général. Tout conduit à penser que si Malraux a fait taper cette note, c'est pour la remettre à de Gaulle au cours d'une de leurs nombreuses rencontres à Paris.

« C'est le grand phénomène de notre époque que la violence de la poussée islamique, affirme Malraux. Sous-estimée par la plupart de nos contemporains, cette montée de l'Islam est analogiquement comparable aux débuts du communisme du temps de Lénine. Les conséquences de ce phénomène sont encore imprévisibles. A l'origine de la révolution marxiste, on croyait pouvoir endiguer le courant par des solutions partielles. Ni le christianisme, ni les organisations patronales ou ouvrières n'ont trouvé la réponse. De même aujourd'hui, le monde occidental ne semble guère préparé à affronter le problème de l'Islam. En théorie, la solution paraît d'ailleurs extrêmement difficile. Peut-être serait-il possible en pratique si, pour nous borner à l'aspect français de la question, celle-ci était pensée et appliquée par un véritable homme d'Etat. » Comment ne pas penser que Malraux évoque ici ce que de Gaulle devrait faire sitôt revenu aux « affaires » ?

« Les données actuelles du problème portent à croire que des formes variées de dictature musulmane vont s'établir successivement à travers le monde arabe, poursuit Malraux. Quand je dis "musulmane", je pense moins aux structures religieuses qu'aux structures temporelles découlant de la doctrine de Mahomet. Dès maintenant, le sultan du Maroc est dépassé et Bourguiba ne conservera le pouvoir qu'en devenant une sorte de dictateur.

« Peut-être des solutions partielles auraient-elles suffi à endiguer le courant de l'Islam, si elles avaient été appliquées à temps […] Actuellement, il est trop tard ! Les "misérables" ont d'ailleurs peu à perdre. Ils préféreront conserver leur misère à l'intérieur d'une communauté musulmane. Leur sort sans doute restera inchangé. Nous avons d'eux une conception trop occidentale. Aux bienfaits que nous prétendons pouvoir leur apporter, ils préféreront l'avenir de leur race. L'Afrique noire ne restera pas longtemps insensible à ce processus. Tout ce que nous pouvons faire, c'est prendre conscience de la gravité du phénomène et tenter d'en retarder l'évolution[76]. »

La première fois qu'il reçoit Alain Peyrefitte à l'Elysée, en mars 1959, de Gaulle abat ses cartes et explique les motifs d'ordre purement religieux qui vont le conduire, lui, le chef d'Etat chrétien, à lâcher l'Algérie : « C'est très bien qu'il y ait des Français jaunes, des Français noirs, des Français bruns. Ils montrent que la France est ouverte à toutes les races et qu'elle a une vocation universelle. Mais à condition qu'ils restent une petite minorité. Sinon, la France ne sera plus la France. Nous sommes quand même avant tout un peuple européen de race blanche, de culture grecque et latine et de religion chrétienne.

« Qu'on ne se raconte pas d'histoires ! Les musulmans, vous êtes allé les voir ? Vous les avez regardés, avec leurs turbans et leurs djellabas ? Vous voyez bien que ce ne sont pas des Français ! Ceux qui prônent l'intégration ont une cervelle de colibri, même s'ils sont très savants [...] Essayez d'intégrer de l'huile et du vinaigre. Agitez la bouteille. Au bout d'un moment, ils se sépareront de nouveau. Les Arabes sont des Arabes, les Français sont des Français. Vous croyez que le corps français peut absorber dix millions de musulmans, qui demain seront vingt millions et après-demain quarante ?

« Si nous faisions l'intégration, si tous les Arabes et Berbères d'Algérie étaient considérés comme Français, comment les empêcherait-on de venir s'installer en métropole, alors que le niveau de vie y est tellement plus élevé ? Mon village ne s'appellerait plus Colombey-les-Deux-Eglises, mais Colombey-les-Deux-Mosquées. »

Toujours devant Peyrefitte, de retour d'une tournée en Afrique centrale, le Général s'inquiète en octobre 1959 de la façon dont est reçue l'annonce faite un mois plus tôt d'accorder l'autodétermination à l'Algérie. Il revient sur son opposition à l'intégration, convaincu qu'il est possible d'intégrer des individus – « et encore, dans une certaine mesure seulement » – mais non des peuples : « Avez-vous songé que les Arabes se multiplieront par cinq puis par dix, pendant que la population française restera presque stationnaire ? Il y aurait deux cents, puis quatre cents députés arabes à Paris ? Vous voyez un président arabe à l'Elysée ? [...] Nous ne pouvons pas tenir à bout de bras cette population prolifique comme des lapins, et ces territoires énormes. C'est une bonne affaire de les émanciper... » En Conseil des ministres du 7 mai 1963, après l'indépendance donc, il s'inquiète pour les mêmes raisons du nombre des immigrés musulmans : « J'attire votre attention sur un problème qui pourrait devenir sérieux, dit-il. Il y a eu 40 000 immigrants d'Algérie en avril. C'est presque égal au nombre des bébés nés en France pendant le même mois. J'aimerais qu'il naisse plus de bébés en France et qu'il y vienne moins d'immigrés. Vraiment, point trop n'en faut ! Il devient urgent d'y mettre bon ordre ! »

A mesure qu'il distille – devant ses ministres comme dans ses discours sur l'état du tiers monde au cours de ses voyages à l'étranger – ses petites phrases sur les « pauvres immigrants », sur les Arabes qui « se sont révoltés parce que nous les avions traités indignement », sur « les colons de Centre-Afrique qui s'enrichissent sur le dos du peuple »... il reste ferme sur le danger d'une islamisation de la société française et revient régulièrement sur le sujet pour bien faire entendre son point de vue. Ainsi, après le Conseil des ministres du 27 novembre 1963, alors qu'il commente l'assassinat du président John Kennedy et la composition de la société américaine, il en revient aussitôt à la France pour dire : « Voyez-vous, la France est une nation. Elle est la nation qui a su fondre dans son creuset, de siècle en siècle, toute sa diversité, tous ses agrandissements, toutes ses immigrations, toutes ses populations hétérogènes. L'Algérie ne méritait pas d'être proclamée française parce que le peuple musulman n'avait pas fondu dans le creuset[77]. »

« Oui, le général de Gaulle avait une certaine crainte de voir l'islam, qui se développait beaucoup dans toute l'Afrique, finir un jour par dominer le christianisme. Nous avons eu l'occasion de parler de ce problème plusieurs fois, expliquait l'ancien président de Côte-d'Ivoire, Félix Houphouët-Boigny[78]. Quand il venait en voyage officiel en Afrique de l'Ouest, à qui il avait donné l'indépendance avec beaucoup de dignité, il était heureux d'être acclamé par la foule. Mais, à deux reprises au moins, il m'avait demandé si ces masses étaient toujours chrétiennes, si les missionnaires étaient encore assez nombreux. Il me disait que les peuples d'Afrique allaient s'installer dans leur indépendance mais que la religion chrétienne devait permettre, avec la langue, de maintenir un lien avec la France. Par-delà les divisions et les difficultés. C'était, m'avait-il dit, plus important encore que l'aide économique. De Gaulle n'était pas ennemi de l'islam mais il en redoutait l'expansionnisme. C'est pour cela qu'il souhaitait le voir cantonné sur ses terres. Il m'avait invité à veiller sur la bonne santé de l'Eglise de Côte-d'Ivoire, m'encourageant à faire construire une grande cathédrale à Abidjan, “avec un clocher plus haut que le plus haut des minarets”, car l'Eglise du Christ devait, à ses yeux, avoir la première place. Il me disait cela de façon très libre car il savait que, bien que d'origine animiste, j'étais baptisé et croyant. J'ai pensé à ses recommandations en faisant édifier la basilique Notre-Dame-de-la-Paix à Yamoussoukro avec, sur la coupole, une croix qui domine toute l'Afrique. »

Selon Philippe de Gaulle[79], son père estimait que « si une communauté n'est pas acceptée, c'est qu'elle ne donne pas de bons produits, sinon elle est admise sans problème. Si elle se plaint de racisme à son égard, c'est parce qu'elle est porteuse de désordre. Quand elle ne fournit que du bien, tout le monde lui ouvre les bras. Mais il ne faut pas qu'elle vienne chez nous pour nous imposer ses mœurs ». Devant l'Histoire, le Général revendique son choix d'avoir voulu préserver l'identité chrétienne de la France face à la force galopante de l'islam dont il redoute qu'elle ne finisse par gommer nos racines chrétiennes. Il le dit sans détour à Alain Peyrefitte, à l'issue du Conseil des ministres qui suit le référendum sur l'indépendance qui a eu lieu en Algérie le 1er juillet 1962 et a été approuvé par 99,72 % des suffrages exprimés : « On se rendra peut-être compte que le plus grand de tous les services que j'ai pu rendre au pays, ce fut de détacher l'Algérie de la France ; et que de tous, c'est celui qui m'aura été le plus douloureux. Avec le recul, on comprendra que ce cancer allait nous emporter. On reconnaîtra que “l'intégration”, la faculté donnée à dix millions d'Arabes, qui deviendraient vingt, puis quarante, de s'installer en France comme chez eux, c'était la fin de la France[80]. »

Après le processus parfaitement démocratique qui a conduit à donner l'indépendance à l'Algérie le 5 juillet 1962, c'est à la vie du Général que s'attaquent les plus radicaux de ses opposants pour qui cette évolution a le goût amer de l'abandon, voire de la trahison. Plusieurs tentatives d'attentat montées par l'OAS (Organisation armée secrète) l'ont déjà pris pour cible pendant la durée des négociations, mais, dans les mois qui suivent les accords d'Evian, signés le 19 mars 1962, un projet visant à tuer de Gaulle sera mis au point presque chaque semaine. Entre mars et septembre, une dizaine de tentatives très sérieuses manqueront leur cible, pour certaines de très peu.

L'attentat le mieux préparé est celui commis au Petit-Clamart, au sud-ouest de Paris, le 22 août, où un commando tire sur la DS 19 présidentielle conduite par Francis Marroux, dans laquelle se trouvent le Général, Mme de Gaulle et leur gendre Alain de Boissieu qui fait office d'aide de camp. Cent quatre-vingt-sept projectiles sont tirés, dont quatorze criblent la voiture, l'un à la hauteur de la tête du Général, un autre au niveau de celle de Mme de Gaulle. « C'est un vrai miracle, dira de Gaulle le soir même à Georges Pompidou. Cette fois, c'était tangent. Ils tirent vraiment comme des cochons. » Arrivés à Villacoublay où ils doivent prendre un avion pour Saint-Dizier, le Général félicite son épouse : « Très bien, Yvonne, vous êtes courageuse. » Elle écrira à sa nièce, Chantal de Gaulle, quelques jours plus tard : « Cela a été miraculeux que personne n'ait été atteint ! » En soulignant le mot miraculeux, elle veut signifier qu'il s'agit d'autre chose que d'un coup de chance. Quant au Général, dans une lettre qu'il adresse quatre jours après l'attentat au colonel de Lastours, un ancien camarade de Saint-Cyr[81], il commente avec humour : « Il s'en est fallu de peu que le nombre des survivants de notre promotion diminue encore mercredi dernier. Dieu, sans doute, en a décidé autrement. »

Apprenant que de Gaulle a échappé aux balles de ses tueurs, l'ex-colonel Argoud, considéré comme l'un des « cerveaux » de l'OAS, dira de son côté : « Ce jour-là, Dieu a été gaulliste ! » Et pas seulement Dieu, car au lendemain de l'attentat manqué, une religieuse de la Médaille miraculeuse de la rue du Bac à Paris envoie deux médailles au Général pour le protéger. Dans les monastères et couvents, des prières sont dites par centaines pour implorer Dieu de veiller sur le président français, ainsi qu'en témoignera plus tard l'immense courrier reçu par Yvonne après le décès de son mari. De son côté, face à la menace qui se précise, le Général refuse les renforts de sécurité et se contente d'une escorte réduite à deux motards et deux voitures, au grand dam du ministre de l'Intérieur… Sans doute fait-il confiance à sa médaille, accrochée à une chaînette de cou en or, qui porte d'un côté la photo de sa fille Anne et de l'autre le code atomique.

Au cours d'une nouvelle tentative d'attentat, le 15 août 1964, au mont Faron à Toulon, le Général, Yvonne et leur fils Philippe, accompagné de son épouse Henriette et de leurs trois fils aînés, échappent de peu à la mort dans des conditions qu'ils qualifient, cette fois encore, de « miraculeuses ». Profitant de la commémoration du vingtième anniversaire du débarquement de Provence, des terroristes ont placé une forte charge d'explosif dans une jarre contenant un arbuste. C'est en arrosant généreusement l'arbuste qu'un jardinier du site a noyé la charge. « Aurait-on pu oser soutenir à Charles de Gaulle qu'il n'était pas protégé par le Ciel ? », remarque l'amiral pour qui ses parents « se sentaient protégés par ce que les chrétiens comme eux appellent la Providence ». Peu après la cérémonie, se retrouvant en famille, de Gaulle se limite à dire, pour tout commentaire : « Il n'arrive que ce que Dieu veut[82]. »

C'est bien face à sa conscience et sous le regard de Dieu que le président, menacé par l'activisme meurtrier de l'OAS, se trouve confronté aux problèmes épineux du maintien de l'ordre et de l'exercice de la justice. Face aux milliers d'agressions, de meurtres et d'attentats commis tant en France qu'en Algérie, devant les nouvelles plaies ouvertes dans le tissu national, le voici, comme au lendemain de la Libération, en charge des responsabilités suprêmes, celles qui exposent ses valeurs chrétiennes aux réalités du pouvoir et aux devoirs de l'homme d'Etat. Rendus impossibles devant les cours d'assises dont les jurés sont menacés jusqu'à leur domicile, les procès relatifs à la question algérienne se déroulent devant la Cour militaire de justice créée en mai 1961 puis, à partir de janvier 1963, devant la nouvelle Cour de sûreté de l'Etat dont la création a été approuvée par l'Assemblée nationale. Cette juridiction d'exception est spécialisée dans le traitement des crimes et délits visant à atteindre ou à détruire l'Etat. Que les condamnations concernent les généraux « félons », attachés contre vents et marées au maintien de l'Algérie française, ou des « droits communs » ayant commis des meurtres et des rackets à des fins para-politiques, c'est sur le bureau du Général que vont converger les demandes de grâce et les dossiers d'amnistie.

Ministre de la Justice d'avril 1962 à avril 1967, et donc témoin de la volonté de pardon et de réconciliation qui va animer le Général, Jean Foyer fait remarquer combien il a « manifesté une volonté d'apaisement à propos des affaires liées à l'affaire algérienne, à l'activisme ou à l'OAS. A partir de 1964, précise-t-il, il a commencé à accorder des mesures de grâce par des décrets collectifs, et il en a accordé par centaines. Il a écrit lui-même le motif qu'il avait de prendre ces mesures de grâce, en disant que la plupart de ces hommes avaient été animés par des mobiles et des motifs qui n'étaient pas bas. En 1966, il est allé au-delà de la grâce et a fait déposer par le gouvernement un projet de loi d'amnistie qui comportait des projets d'amnistie de plein droit et autorisait des amnisties individuelles par décret. Là encore, il y a eu plusieurs centaines d'amnistiés. Enfin, les derniers condamnés de l'OAS ont été amnistiés en 1968. La volonté du Général avait été de jeter l'oubli sur des événements douloureux et il n'a jamais été animé de rancœur et de rancune à propos d'événements qui l'avaient certainement beaucoup affecté et qui, pour certains d'entre eux, avaient menacé sa vie[83] ». Dans les faits, les premières mesures de clémence avaient été prises dès janvier 1959, avant même le règlement de l'affaire algérienne, au moment de l'entrée en vigueur de la nouvelle Constitution.

Si de Gaulle est guidé par sa vision chrétienne de l'homme, il l'est plus encore par ce qu'il appelle « la raison d'Etat », c'est-à-dire l'intérêt supérieur de la France, sans jamais se laisser influencer par l'opinion publique. C'est à ce titre qu'il refuse de gracier ceux qui ont adopté des attitudes subversives pendant l'affaire algérienne, comme les généraux Maurice Challe et André Zeller, que le Haut Tribunal militaire a condamnés à quinze années de détention criminelle, un mois après le putsch des généraux du 21 avril 1961 à Alger. Tous deux seront libérés par anticipation en 1966 puis amnistiés en juin 1968. Pour eux aussi, de Gaulle estime que le temps de l'oubli est nécessaire à la réconciliation nationale.

Le cas des deux autres généraux auteurs du putsch, Raoul Salan et Edmond Jouhaud, qui ont été les plus lourdement condamnés, est différent. Le Général veut, selon Georges Pompidou, « rendre manifeste aux yeux de l'opinion la gravité impardonnable d'un putsch militaire », c'est pourquoi il entre dans une colère mémorable lorsque le général Salan, fondateur de l'OAS après le coup d'Etat militaire manqué, est condamné à la détention criminelle à vie, le 23 mai 1962. C'est donc Jouhaud, l'adjoint de Salan à la tête de l'organisation criminelle, condamné à la peine de mort le 13 avril précédent, qui va servir d'exemple. Il va falloir que Pompidou mette sa démission dans la balance et que le garde des Sceaux, Jean Foyer, freine la procédure pour empêcher l'exécution du numéro 2 de l'OAS. Si de Gaulle consent à commuer la peine capitale en prison à vie, c'est uniquement parce que Jouhaud, depuis sa cellule, a accepté de commander à l'OAS de cesser le combat.

Il ne fait preuve d'aucune clémence envers ceux qui ont commis des crimes sanglants contre les serviteurs de l'Etat. Ainsi refuse-t-il la grâce aux deux légionnaires des « commandos Delta », Albert Dovecar et Claude Piegts, qui ont mortellement poignardé le commissaire central de police Roger Gavoury, à l'intérieur de son domicile à Alger. Les deux hommes sont fusillés le 7 juin 1962, un mois avant leur chef, le légionnaire Roger Degueldre. Lorsque la démocratie lui semble menacée, le Général se montre inflexible. On le constate une fois encore avec sa décision de refuser la grâce à Jean-Marie Bastien-Thiry, le « cerveau » de l'attentat du Petit-Clamart. Deux de ses complices, également condamnés à mort, échappent à la sentence mais de Gaulle laisse fusiller le jeune ingénieur d'aviation, âgé de trente-cinq ans, par un peloton militaire, le 11 mars 1962. « C'est impardonnable ! dira-t-il. Il n'a pas tiré lui-même ! Il s'est contenté de donner le signal de la fusillade avec un journal. Et quel journal ? *L'Aurore* !... Mais ce qui est impardonnable aussi, c'est qu'il a fait tirer sur une voiture dans laquelle il savait qu'il y avait une femme[84]. » Pendant son procès, Bastien-Thiry avait invoqué la volonté de Dieu pour justifier son action et sa volonté de faire traduire de Gaulle devant la Haute Cour pour haute trahison...

Au total, 3 680 activistes ont été jugés et condamnés pour leur participation à l'OAS ou à des attentats liés à l'affaire algérienne, dont le nombre des assassinats est estimé entre 1 700 et 2 000[85]. Quarante et une condamnations à mort ont été prononcées, dont quatre seulement – celles de Dovecar, Piegts, Degueldre et Bastien-Thiry – ont été appliquées. Dans

90 % des cas, de Gaulle a donc usé de son droit de grâce. Dans l'Histoire, aucun chef d'Etat français n'a fait preuve d'une telle clémence. Selon Jean Foyer, « il étudiait avec soin, une attention extrême, les dossiers de grâce. Il ne lui était pas agréable – c'est peu de l'écrire – de statuer sur de telles affaires. On pouvait le mesurer à ses réactions [...] Il était anxieux, agacé, mal à l'aise. Le Général a été tout le contraire d'un chef d'Etat sanguinaire, la proportion des commutations de peines qu'il a accordées le prouve, comparée à celle des périodes antérieures. Il a eu la grâce facile toutes les fois qu'il a éprouvé quelque doute sur la responsabilité du condamné, ou qu'il n'a pas estimé l'exécution absolument indispensable[86] ».

Chargé de mission à l'Elysée pour les questions de droit privé entre janvier 1963 et avril 1969 tout en assumant la charge de secrétaire général du Conseil supérieur de la Magistrature à partir d'octobre 1965, Jacques Patin, fils du président Patin, raconte : « Il ne faisait jamais état de ses convictions religieuses mais celles-ci le marquaient certainement. Il recevait seul à seul l'avocat du condamné, jamais plus d'un quart d'heure, le raccompagnait à la porte en le saluant par un "Merci, maître", sans aucun commentaire. Il avait une faculté de décision rapide et sûre. Quand j'arrivais avec la feuille de recours en grâce, grande comme un journal, avec d'un côté la partie pour le rejet, de l'autre la partie pour la grâce, le Général commentait à voix haute, comme pour lui-même : "Celui-là doit pouvoir s'en sortir. Il est récupérable" ! Pour Bastien-Thiry, le refus de la grâce a été justifié par le fait qu'on ne tire pas sur une femme, encore moins sur Mme de Gaulle. Ça a été décisif.

« Parmi les religieux qui intervenaient, il y avait surtout Mgr Julien Gouet, évêque du Mans, directeur du Secrétariat général de l'épiscopat français entre 1960 et 1966. Il arrivait en terrain conquis, avec plusieurs dossiers chaque fois, mais jamais à propos d'une peine de mort. Je faisais le tri. Pour la plupart des requêtes, le Général n'en a jamais rien su. Nous avons su également qu'un curé de la paroisse Saint-Germain-l'Auxerrois à Paris avait caché chez lui Georges Watin, dit "la boiteuse", l'un des tireurs du Petit-Clamart. Watin se promenait en soutane dans Paris pour allez voir les "filles" de la rue Saint-Denis[87] ! »

SON ANTISÉMITISME : UN MAUVAIS PROCÈS

Son catholicisme tranquillement revendiqué comme son attachement aux racines chrétiennes de la France et de l'Europe vont valoir à de Gaulle, lorsqu'il sortira du discours consensuel, une vague de procès pour antisémitisme soigneusement entretenue à des fins partisanes. Ces attaques ne résistent pourtant pas à un examen objectif des faits, tel que s'y sont livrés de nombreux historiens juifs, dont Adam Rayski, témoin de la rafle du Vél'd'Hiv'et cofondateur du Crif (Conseil représentatif des institutions juives de France)[88]. Tout d'abord, de Gaulle a reçu les leçons de son père, favorable – rappelons-le – au capitaine Dreyfus. Maurice Schumann racontera qu'un jour où il entrait dans le bureau du Général, ce dernier lui dit, à propos du visiteur qui en sortait : « Vous venez de voir un con. Il croit que Dreyfus est coupable ! »

Elève des jésuites dont il a hérité l'ouverture au monde, il s'est toujours réclamé de la tradition judéo-chrétienne. Jeune officier, son ami le colonel Emile Mayer, juif, l'a fait entrer dans le cercle de trois intellectuels juifs de tout premier plan : Léon Blum, Daniel Halévy et Robert Aron. C'est à cette époque aussi qu'il fréquente *Les Amis de Temps Présent*, fondés par des leaders du mouvement antifasciste.

Dès les premiers jours de la France libre, de Gaulle s'est entouré de personnalités juives, au sein desquelles René Cassin a joué un rôle essentiel. « Je suis juif, lui a dit Cassin en se présentant à lui à Londres. – Je le savais. Vous tombez à pic », lui répond le Général. Jamais celui qui va rédiger la Déclaration universelle des droits de l'homme puis recevoir le prix Nobel de la paix ne va déceler chez de Gaulle la moindre ambiguïté. Lui aussi rallié à la France libre, Pierre Mendès France dira : « L'antisémitisme lui était étranger. Mais il était sensible aux équilibres et à l'opinion publique qui, elle, et surtout en Afrique du Nord, était de ce point de vue moins innocente que lui[89]. » Dans ses discours, de Gaulle condamne les « cruels décrets [de Vichy] dirigés contre les Juifs français », décide que ces textes n'auront aucune validité dans la France libre et après, puis s'engage à rétablir tous les citoyens dans leurs droits à la fin de la guerre. Les juifs qui l'entourent à Londres – outre Cassin, il y a André Weil-Curiel, Georges Boris, André Bernstein, Raymond Aron, Joseph Kessel, le docteur André Lichtwitz... – lui valent d'être qualifié par Vichy de « Général-Micro, fourrier des Juifs ». A Alger vont arriver d'autres juifs aussitôt investis de grandes responsabilités, comme René Mayer ou Jean Pierre-Bloch.

« Le décret cruel dirigé contre les Juifs français ne peut avoir et n'aura aucune validité, a écrit de Gaulle le 15 novembre 1940 au Congrès juif américain réuni à New York. Ces mesures n'en sont pas moins un coup porté à l'honneur de la France, ainsi qu'une injustice contre ses citoyens juifs. » Et, au rabbin Stephen Wise, le 4 octobre 1941, à l'occasion du 150e anniversaire de l'émancipation des juifs de France : « Je prends l'engagement de réinstaller après la guerre les israélites dans tous leurs devoirs et situations en France. » Dans sa réponse datée du 24 octobre, adressée à « My dear Général de Gaulle », le rabbin Wise se réjouit de l'action et des engagements de la France libre en qui les Juifs, écrit-il, mettent « leurs cœurs et leurs espérances ». Le premier soutien apporté par de Gaulle au peuple juif remonte sans doute à la lettre qu'il adresse dès le 22 août 1940 à l'écrivain suisse Albert Cohen, délégué du Congrès juif mondial auprès du Bureau international du travail à Londres. « Le jour de la victoire, assure-t-il, la France libérée ne peut manquer d'avoir à cœur de veiller à ce que soit fait justice des torts portés aux collectivités victimes de la domination hitlérienne et, entre autres, aux communautés juives qui, dans les pays momentanément soumis à l'Allemagne, sont malheureusement en butte à l'intolérance et aux persécutions. »

Enfin, à la radio de Londres, nombreuses sont les interventions qui dénoncent la persécution des juifs par les nazis. Dès le 12 avril 1941, dans un « message aux israélites de France » diffusé sur les ondes de la BBC, René Cassin, le juif alors le plus proche de De Gaulle, dénonce les persécutions nazies conduites contre les juifs depuis 1933. Toutes ces dénonciations sont faites sans aucune ambiguïté et avec le plein accord du Général, comme le commentaire fait le 1er juillet 1942 par Jean Marin à propos des 700 000 juifs de Pologne massacrés depuis le début de l'occupation allemande : « Ces 700 000 êtres ont été abattus pour une seule raison, c'est qu'ils étaient juifs, déclarent Marin. On se trouve donc amené à considérer ces assassinats collectifs comme la solution adoptée par le Reich pour résoudre le problème de l'antisémitisme [...]. Les Allemands utilisent des chambres à gaz, qu'on appelle même en Allemagne les "chambres de Hitler", montées sur roues. Les condamnés d'un village, d'une ville, sont séparés par groupes de 80 à 90 et chaque groupe, à son tour, est enfourné dans la chambre roulante [...] Voilà une image de "l'ordre nouveau" qu'on voudrait imposer à l'Europe. » Comment peut-on affirmer, encore aujourd'hui parfois, que de Gaulle et la France libre n'ont pas assez dénoncé les crimes nazis ?

Le débat est relancé par les propos tenus par le Général, le 27 novembre 1967, après la guerre des Six Jours, quand, à propos d'Israël, il évoque un « peuple d'élite, sûr de lui-même et dominateur ». Ces propos ont bien été tenus mais ils ont intentionnellement été sortis de leur contexte. Au cours de cette conférence de presse, de Gaulle a aussi rappelé « les abominables persécutions subies [par les juifs] pendant la Deuxième Guerre mondiale » et la « commisération qu'inspirait leur antique malheur ». Fâché par le fait que les Israéliens avaient – les premiers – déclenché les hostilités contre leurs voisins arabes sans tenir compte de ses conseils d'apaisement, le Général exprimait sa crainte de voir « ce peuple d'élite... » faire preuve d'une « ambition ardente et conquérante ». Alors que la tension montait entre juifs et Arabes, n'avait-il pas prévenu les deux parties que « l'Etat qui, le premier et où que ce soit, emploierait les armes n'aurait ni [son] approbation, ni, à plus forte raison, [son] appui » ?

Dans une longue lettre envoyée le 30 décembre 1967 à David Ben Gourion, fondateur de l'Etat d'Israël avec lequel il entretient depuis dix ans des relations personnelles, de Gaulle est conduit à s'expliquer. Il replace ses propos dans leur contexte – celui, politique, de la guerre des Six Jours – et se dit « convaincu qu'en passant outre aux avertissements donnés [par le gouvernement de la France], en entamant les hostilités, en prenant par la force des armes possession de Jérusalem et de maints territoires [...], en y pratiquant la répression et les expulsions [...], en affirmant devant le monde que le règlement du conflit ne peut être réalisé que sur la base des conquêtes acquises [...], Israël dépasse les bornes de la modération nécessaire ». Il s'agit pour lui d'une critique de la politique israélienne, et de rien d'autre. Ce qu'il pense et dit ne relève ni de l'antisémitisme, ni de l'antisionisme mais la polémique ne va pas cesser pour autant. Elle va durablement écorner les actes et comportements de toute une vie, des liens anciens avec le peuple d'Israël dont toutes les preuves existent, mais que ses détracteurs ne veulent voir.

A ses proches, notamment à Albin Chalandon et Jacques Foccart, il explique les raisons de son courroux : « Ce sont des gens admirables et je suis leur ami. » Mais, leur dit-il, les Israéliens ont exagéré car ils se sont lancés dans une « guerre coloniale » qui ne règlera rien. Il leur avait dit de ne pas attaquer mais il n'a pas été écouté : « J'ai été bien peiné quand ils m'ont insulté et je leur en veux pour cette seule raison. » Il tient le même discours devant le R.P. Bruckberger qu'il félicite pour son soutien inconditionnel à la cause d'Israël. Avec la grande liberté de parole dont il ne se départit jamais, le religieux est allé dire au Général que l'armée d'Israël n'avait fait que mettre en application ses propres préceptes militaires de 1940[90] !

Au cours d'une promenade dans le parc de La Boisserie, de Gaulle va confier au colonel Jean d'Escrienne, son aide de camp : « Je n'ai outragé personne [...] J'ai dit du peuple juif non pas qu'il était un peuple "dominateur" mais qu'il était "un peuple d'élite, sûr de lui-même et dominateur". Il y a tout de même une sérieuse nuance ! Dans un sens, c'est même un compliment que j'ai fait aux Juifs. J'aurais mieux compris leur réaction indignée si j'avais dit, par exemple, qu'ils étaient outrecuidants, ce qu'ils sont cependant, en effet, bien sou-vent[91]. » A son fils Philippe, il ajoutera : « Depuis les débuts de l'humanité, les Juifs, qui se marient entre eux et se considèrent comme le "peuple élu" de la Bible, sont peut-être les plus intelligents de la terre. Ils ont gardé leur supériorité dans les domaines des sciences, de la médecine, de la musique, des arts et des lettres, de l'économie, de la finance, etc. Malgré leur habileté naturelle, et sans doute à cause de leurs partis pris, je ne suis pas convaincu de leurs qualités politiques fondamentales. Peuple d'élite, sûr de soi et dominateur ! Je voudrais bien pouvoir en dire autant pour les Français[92]. »

Lorsqu'il reçoit Léo Hamon, de confession juive, qui lui a fait part de son « trouble » et de sa « peine », le Général s'étonne de tant de bruit : « J'ai dit : c'est un peuple dominateur. Qu'y a-t-il de mal ? Qu'y a-t-il d'injurieux ? C'est, dans ma pensée, un compliment. [...] Ils dominent par leurs qualités mêmes, dans la mesure où ils sont plus forts, plus brillants. [...] Je suis, moi, d'origine chrétienne. C'est la Bible elle-même, nos livres qui nous ont appris que le peuple juif était un peuple d'élite. C'est ainsi que nous avons été accoutumés à le voir. Qu'y a-t-il de mal à cela ? [...] Qu'est-ce que j'ai dit de mal sur Israël ? J'ai parlé de leurs travaux, de leurs guerriers. Ah, si j'avais parlé d'un peuple soumis, moutonnier, médiocre, que ne m'aurait-on pas reproché ? »

A l'époque de cette rupture, les juifs de France, longtemps dominés par une communauté ashkénaze admirative du libérateur de la France et reconnaissante à celui qui s'était opposé à Hitler, étaient désormais largement composés de séfarades issus d'Afrique du Nord qui ne pardonnaient pas à de Gaulle l'abandon de l'Algérie. Pour les partis de gauche comme pour l'extrême droite, les rapatriés juifs d'Algérie sont devenus un électorat à conquérir. Ceux qui veulent instruire un procès contre de Gaulle, au moment où la France réoriente et développe ses relations avec les pays arabes, exhument une lettre qu'il a adressée à sa mère depuis la Pologne, en 1919, dans laquelle il parle « d'innombrables [*mot illisible*] détestés par toutes les classes de la société, tous enrichis par la guerre dont ils ont profité sur le dos des Russes, des Boches et des Polonais, et assez disposés à une révolution sociale où ils recueilleraient beaucoup d'argent en échange de quelques mauvais coups ». Le mot, caviardé dans les *Lettres, Notes et Carnets* publiés ultérieurement, serait bien *juifs*. Ce dérapage est le seul que l'on connaisse dans tous les écrits et discours de De Gaulle. Il remonte à une période antérieure à sa rencontre avec le colonel Emile Mayer et à sa fréquentation des milieux militaires et intellectuels juifs. Mais cette lettre va, sans surprise, alimenter un peu plus la polémique !

Ceux qui considèrent le procès fait à de Gaulle comme totalement infondé préfèrent retenir son geste du 9 septembre 1967 quand, au cours de son voyage officiel en Pologne, il se rend au camp d'Auschwitz, face au monument qui commémore les quelque 80 000 hommes, femmes et enfants juifs de France exterminés par les nazis. Il a donné des ordres pour que la presse ne soit pas conviée. Ceux qui l'accompagnent remarquent combien l'émotion l'étreint lorsqu'il dépose une gerbe au pied du mémorial. Sur le livre d'or du camp, dans un silence que nul n'ose rompre, il écrit : « Quelle tristesse, quel dégoût, et malgré tout, quelle espérance humaine ! » Celui qui croit en Dieu signifie par là que les hommes épris de liberté et de fraternité ont eu raison de la barbarie et de l'immonde.

Au-delà des réactions lourdes d'implications passionnelles, qui avaient conduit en France des compagnons juifs de la première heure, tels René Cassin ou François Jacob, à prendre leurs distances, les plus hautes personnalités d'Israël reconnurent les qualités personnelles du Général, notamment David Ben Gourion qui le plaçait plus haut que Churchill parce que, dans la guerre « Churchill disposait de l'appui de son temple tandis que de Gaulle [avait] pris le départ seul, en agissant sans le soutien de son peuple résigné à l'abandon ». Franc-maçon, Ben Gourion connaissait les liens maçonniques de Churchill, initié dès 1901 à la Studholme Lodge de Londres. Il mesurait l'appui qui lui avait été apporté par « son temple », c'est-à-dire la très puissante franc-maçonnerie anglaise, alors que, à la même époque, de Gaulle avait été un homme seul, pas même soutenu par l'Eglise de France dont les dignitaires avaient choisi Vichy. Reçu à deux reprises en visite officielle en France, Ben Gourion avait accepté de préfacer la traduction en hébreu des *Mémoires de guerre*, ce qui ne l'empêcha pas de s'offusquer de l'utilisation par de Gaulle d'« expressions suspectes, dures et blessantes ». Quant à Golda Meir, Premier ministre d'Israël, présente à Washington lors des obsèques du président Kennedy où elle avait rencontré le président français, elle racontera : « De Gaulle marchait droit devant lui et la foule s'écartait précipitamment. On eût dit la mer s'ouvrant pour laisser passer les enfants d'Israël. Je crus tomber à la renverse lorsqu'il s'arrêta en face de moi[93]. »

Le jour de la mort du Général, Ben Gourion lui envoya une ultime lettre qui arriva trop tard pour être lue par son destinataire. Et c'est lui qui fit en sorte de clore cette mauvaise polémique en déclarant : « De Gaulle est le plus grand homme d'Etat que j'ai connu [...] les juifs ont dit beaucoup de choses injustes sur son compte. Je ne partage pas leur avis. On doit juger un homme d'Etat d'après ce qu'il a fait dans l'intérêt de son pays et non pas dans l'intérêt des autres. » A l'ambassadeur de Grande-Bretagne à Tel-Aviv, sir Bernard Ledwidge, le père de l'Etat hébreu ajouta :

« Ce n'était pas notre ennemi. Il faut juger de Gaulle en tant que Français faisant passer l'intérêt de son pays en priorité et non pas d'un point de vue trop strictement israélien[94]. » A la mort du Général, parmi l'immense courrier reçu à La Boisserie, figurera une lettre d'hommage du Congrès juif mondial…

La pilule fâche le Vatican

Accaparé depuis 1958 par des dossiers aussi lourds que l'indépendance algérienne, la réforme des institutions, la mise en place d'une politique étrangère assurant l'indépendance de la France et son rôle dans le monde, la réconciliation avec l'Allemagne, le choix de la bombe atomique, le développement économique et social d'un pays qu'il avait trouvé en faillite… de Gaulle avait-il pu prendre la mesure des évolutions rapides de la société ? La montée de l'individualisme, si contraire à ses valeurs chrétiennes, la libéralisation des mœurs, les changements de la structure familiale traditionnelle, l'indépendance des femmes notamment marquent des ruptures importantes avec sa représentation de la société. Dans ce contexte, une décennie après son retour, les troubles de mai 1968 vont, à leur tour, faire vaciller son pouvoir.

Selon Jacques Patin, son conseiller pour les affaires juridiques, face à ces évolutions dont il mesurait les conséquences, le Général ne se comportait pas avec la rigueur d'un homme de son âge et de sa culture.

Par exemple, lorsque les demandes de dispense d'âge pour le mariage des filles mineures avec enfant arrivaient sur son bureau, il les examinait avec un très grand soin. « Il emmenait toujours ces dossiers chez lui pour les étudier tranquillement, et sans doute pour en parler avec Madame de Gaulle. Il voulait comprendre ce qui pouvait le mieux assurer le bonheur de la mère et l'avenir de l'enfant, au-delà de ce que sa morale chrétienne commandait. » Dans le domaine du handicap également, c'est avec l'avis de son épouse, directement consultée avant l'adoption de la loi du 2 janvier 1968, qu'il réforme en profondeur le statut juridique des malades mentaux, jamais révisé depuis 1838 ! Les exemples qu'ils ont connus parmi les pensionnaires de la Fondation Anne-de-Gaulle les ont conduits à agir.

Contre toute attente, le Général n'a pas attendu la poussée libertaire de 1968 pour autoriser la pilule contraceptive, même si elle provoque un véritable schisme dans le monde catholique. En 1965, dans son duel avec de Gaulle qu'il a réussi à mettre en ballottage, François Mitterrand s'est emparé de ce thème à des fins électorales. Le Général s'est dit choqué que l'on ait fait de la contraception « un thème de tréteaux » mais il s'en amuse en racontant comment celui qu'il appelle « le Rastignac de la Nièvre », lors de sa première campagne en 1946, se mettait au premier rang de la cathédrale de Nevers, à genoux sur un prie-Dieu, la tête dans les mains[95]. Rien ne va détourner le Général de sa volonté de prendre en compte les réalités sociales et humaines, c'est-à-dire les quelque 600 000 avortements effectués chaque année : à l'étranger pour les femmes qui en ont les moyens ; de façon clandestine et dangereuse pour l'immense majorité des autres.

On connaît le combat acharné du député de la Loire, Lucien Neuwirth, pour mener cette réforme à son terme. Engagé derrière de Gaulle depuis 1940, à l'âge de seize ans, il sait le président peu favorable à la limitation des naissances. Il se souvient d'un discours dans lequel, en 1945, le chef du Gouvernement provisoire appelait de ses vœux la naissance de douze millions de bébés en dix ans ! En possession du rapport d'une commission spéciale qui, de juin à novembre 1966, a entendu des autorités médicales, des religieux, des économistes et des sociologues, le parlementaire rencontre de Gaulle sans autre espoir que de remballer son projet lorsqu'il a la surprise d'être écouté avec beaucoup d'attention et même de s'entendre dire : « Vous avez raison, Neuwirth. Il faut que l'acte de procréation soit conscient. Faites votre loi ! »

Avant d'arrêter sa décision, le Général a pris l'avis de sa femme et l'a entendue lui parler des souffrances des femmes de militaires rencontrées jadis dans les unités et des courriers désespérés reçus à l'Elysée. Le premier à comprendre que Mme de Gaulle n'est pas farouchement défavorable à la pilule est Alexandre Sanguinetti, envoyé discrètement à l'Elysée pour tenter d'amadouer « la bigote » que tout le monde pensait très hostile. Le bouillonnant député en était revenu en criant victoire, affirmant que les parlementaires de « la bande à Neuwirth » avaient le feu vert de l'Elysée. « Peu de Français savent que l'une des étapes de notre longue marche – la plus décisive peut-être – une dame très pieuse et secrète aiderait à la franchir. La dame, c'est Yvonne de Gaulle », témoigne le radical Pierre Simon, co-fondateur du Mouvement français du planning familial, proche de Mitterrand[96].

Philippe de Gaulle précise que son père pensait à la régulation des naissances « depuis plusieurs années sans trouver la réponse adéquate ». Il avait peur que l'on ne tombe dans l'outrance, dans ce qu'il appelait la « non-natalité ». L'amiral ajoute : « Il a été écrit que ses réticences venaient de ses convictions religieuses. Il suivait en effet la morale catholique qui stipule que c'est à l'homme et à la femme de choisir par l'abstention ou la non-abstention le nombre d'enfants qu'ils désirent. Mais il a toujours fait la différence entre l'Etat et la religion ou la morale[97]. » Si l'avortement reste interdit, la contraception est donc reconnue par la loi votée le 19 décembre 1967, que le Général va promulguer depuis Colombey où il passe les fêtes de Noël en famille. Seul bémol, il refuse qu'elle soit prise en charge par la Sécurité sociale. « La pilule, c'est pour la bagatelle. On ne va tout de même pas rembourser la bagatelle ! », aurait-il dit.

Le poids exercé par sa femme semble, en effet, avoir été déterminant dans la conduite de cette affaire si l'on se réfère à ce que le Général avait déclaré à Alain Peyrefitte, fin 1965[98] : « La pilule ? Jamais ! Jamais mon gouvernement ne déposera un tel projet de loi ! On ne peut pas réduire la femme à une machine à faire l'amour. Vous allez contre ce que la femme a de plus précieux, la fécondité. Elle est faite pour enfanter. Si on tolère la pilule, on ne tiendra plus rien ! Le sexe va tout envahir ! [...] Introduire la pilule, c'est sacrifier quelques satisfactions immédiates à des bienfaits à long terme. Nous n'allons pas sacrifier la France à la bagatelle ! »

Cette loi dresse une partie des catholiques contre de Gaulle. Il s'agit de l'aile la plus conservatrice, majoritaire, qui s'étonne de voir le chef d'Etat le plus chrétien de toute l'histoire de la République aller à l'encontre des enseignements de l'Eglise. Certains dignitaires de l'épiscopat français, indignés par la dérive de « la fille aînée de l'Eglise », vont s'épancher dans les couloirs du Vatican où le Général a été reçu par le pape six mois avant le vote de la loi. La question a bien été posée par le président français à Paul VI, mais celui-ci a répondu qu'il « se ferait bientôt entendre sur ce sujet complexe et difficile ». La position du Vatican sera connue le 25 juillet 1968, avec l'encyclique *Humanae vitae* dans laquelle le pape Paul VI condamne toutes dispositions, même temporaires, qui visent à rendre impossible la procréation et les présentent comme « des méthodes et des moyens qui sont indignes de l'homme ». Le Vatican choisit très explicitement de vanter la chasteté, la « continence périodique » des couples et la « paternité responsable ». Trop tard ! La loi française a été votée six mois plus tôt. Pour la première fois, de Gaulle aurait-il fâché le Vatican ?

Parmi les progrès de la science et de la médecine qui bousculent les lois morales établies, ceux concernant le don d'organe et les transplantations arrivent devant le Conseil des ministres du 24 avril 1968, soit quatre jours avant la première greffe du cœur effectuée en France par le professeur Christian Cabrol. Et voici que le Général et ses ministres se mettent à parler de Dieu et de la résurrection des morts ! A la suite de Georges

Pompidou qui souligne la nécessité de prendre en compte tous les aspects médicaux, juridiques, moraux et religieux du dossier, Christian Fouchet, ministre de l'Intérieur, dit qu'il ne peut s'empêcher « d'éprouver un sentiment de gêne ». « Quand le fil du téléphone est coupé, dit-il, ça ne veut pas dire qu'il n'y a personne à l'autre bout. Un jour, nous ressusciterons. Avec quel cœur ? C'est une question métaphysique. Le chrétien que je suis regrette que le pape ne dise pas quand l'homme est mort. » Et de Gaulle, en élève fidèle des jésuites, de conclure : « Le pape dirait que seul Dieu est juge du moment », avant de donner son feu vert pour faire une loi sur le don d'organes, si décrets et circulaires n'y suffisaient pas.

La science qui interpelle la conscience chrétienne de De Gaulle, c'est d'abord la bombe atomique, avec sa capacité à anéantir des populations entières de civils innocents. Peu sujet à confier ses états d'âme, il abordera toutefois la question avec son fils, un dimanche de décembre 1966, peu après son retour de Mururoa, en Polynésie, où il est allé assister à l'explosion d'une charge atomique. Les deux hommes reviennent de la messe qu'ils sont allés suivre dans un village voisin de Colombey pour échapper à un groupe de touristes. « Il m'a d'abord répondu qu'il avait tourné et retourné bien des fois ce problème de conscience dans sa tête en pensant évidemment à Hiroshima et à Nagasaki. Tous les grands massacres subis par la population civile pendant la guerre [...] avaient le don – nous en avons été les témoins en Angleterre au cours du *blitz* – de l'attrister profondément. »

Pour justifier le choix de l'atome militaire, le Général développe alors le principe de la dissuasion, c'est-à-dire la théorie dite « du faible au fort » : tu es plus puissant que moi mais j'ai les moyens, si tu m'attaques, de détruire une partie vitale de ton territoire. « N'aurait-on que le droit de se servir d'une arbalète ou d'un fusil contre quelqu'un comme Nikita Khrouchtchev qui menace de tuer plus de vingt millions d'hommes ?, répond-il. La dissuasion n'est pas une riposte équivalente à l'attaque. C'est une riposte qui écrase l'attaque et qui la rend improbable, sinon impossible[99]. » Pour toutes ces raisons, dans les minutes qui ont suivi l'explosion de Mururoa, il a laissé éclater sa joie en parlant de la paix assurée pour longtemps et de la grandeur retrouvée – « la résurrection », a-t-il dit – de la France.

A peine notre bombe thermonucléaire expérimentale vient-elle d'exploser que, deux mois plus tard, recevant Alexis Kossyguine, président du Conseil des ministres de l'URSS, de Gaulle justifie la poursuite de la construction de notre arsenal nucléaire par la puissance des arsenaux américains et russes. Mais, déjà, il envisage la phase du désarmement atomique, en regrettant que les deux super-puissances n'y soient pas engagées. « Il est vrai que l'arme atomique est un grand malheur pour le monde », déclare-t-il à son visiteur, en présence d'Alain Peyrefitte, devenu ministre de la Recherche scientifique et des Questions atomiques et spatiales. « Ou bien tous l'ont, ou personne ne l'a. Il faudrait qu'aucun pays n'eût le droit d'avoir un armement nucléaire. Nous en serions d'accord. »

Après la bourrasque de mai 1968 dont les vents mauvais ont été chassés par le peuple, dans un sursaut, sur les Champs-Elysées et sous une forêt de drapeaux tricolores, les élections législatives ont triomphalement remis de Gaulle en selle. La vague a installé à l'Assemblée nationale 358 députés gaullistes sur 485 ! Pendant la révolte étudiante, Paris, comme d'autres capitales dans le monde, a été le théâtre de violents affrontements mais on n'y a déploré aucun mort. Le Général marche sur ses soixante-dix-huit ans avec la volonté inchangée de s'attaquer à « sa » grande réforme sociale. La France – il n'en doute toujours pas – en a besoin pour résorber son retard sur ses grands voisins.

Exactement un mois après les élections triomphales du 30 juin 1968, dans une note remise à ses ministres qui ne pensent qu'à partir en vacances après tant de semaines agitées, de Gaulle fixe le cap. Il veut une réforme constitutionnelle pour créer un Sénat économique et social, à partir de l'actuel Sénat et du Conseil économique et social. Par ailleurs, il souhaite des Conseils régionaux ouverts aux représentants économiques et sociaux locaux. Et, dans cette note, il réclame une loi pour rendre obligatoire une « information régulière de l'ensemble du personnel à l'information, aux études et aux débats d'où procèdent les principales décisions » dans l'entreprise. Cette loi devra aussi instaurer l'intéressement des salariés aux bénéfices et à l'accroissement des valeurs d'actif dû à l'autofinancement. On a vu que pour mener à bien cette grande ambition, Maurice Couve de Murville a été préféré à Pompidou à la tête du gouvernement. Le Général sait que le temps lui est compté, aussi s'accroche-t-il à ce dossier avec une énergie qui étonne jusqu'à ses collaborateurs. Au nom du partage – dans son sens chrétien – et de l'égalité entre tous ceux qui concourent à la richesse des entreprises, c'est-à-dire de la France, le voici aux prises avec le grand dossier qui couronnera son action de président. Ou précipitera son départ.

De Gaulle fait ce que lui dictent ses convictions mais il n'a pas oublié l'attitude adoptée par l'Eglise pendant les événements de mai 1968, une attitude souvent très conciliante envers les étudiants en lutte et les ouvriers en grève. Avant même les révoltes étudiantes, le climat s'était dégradé. Au lendemain des funérailles du cardinal-archevêque de Paris, auxquelles il avait assisté le 17 février 1968 à Notre-Dame, il avait été surpris d'apprendre la nomination du successeur de Mgr Veuillot sans avoir été seulement consulté, contrairement aux usages toujours respectés jusque-là. Paul VI avait-il voulu manifester sa désapprobation après l'adoption, fin 1967, de la loi sur la contraception ? Le choix du Saint-Père s'était porté sur Mgr François Marty, dont l'accent rocailleux trahit les origines de son Rouergue très ancré à gauche. Favorable aux prêtres-ouvriers qui font, entre socialisme et catholicisme une « incompréhensible et inadmissible collusion », comme le dira plus tard Jean-Paul II, Mgr Marty, arrivé dans la capitale au volant de sa 2 CV Citroën, va immédiatement montrer « trop d'indulgence envers les désordres qui vont éclater autour des thèmes contradictoires de la révolution des mœurs et de la condamnation de la société de consommation », selon le témoignage de l'amiral Philippe de Gaulle[100]. On apprendra cependant beaucoup plus tard par Mgr Georges Gilson, son secrétaire, que Mgr Marty avait entretenu en mai 1968 des relations discrètes avec Georges Pompidou[101]...

Dès la rentrée 1967, pour expliquer les troubles qui se multipliaient dans les universités et notamment à Nanterre où les étudiants en sociologie voulaient être représentés dans les conseils de facultés, les policiers des Renseignements généraux avaient souligné une étroite collusion entre l'UNEF (contrôlée par les communistes à Nanterre) et les étudiants de la « communauté chrétienne ». Des étudiants catholiques accompagnés de leur aumônier avaient même été signalés dans une manifestation au cours de laquelle le doyen Grappin, ancien résistant, avait été conspué aux cris de « Grappin, nazi ».

Yvonne de Gaulle est devenue la cible des « soixante-huitards » qui, à travers elle, visent d'abord le Général. Depuis quelques années, elle a eu l'occasion de souffrir des attaques de la presse satirique, notamment en février 1966, pendant l'affaire Ben Barka, où elle a été représentée au milieu d'un gouvernement jeté dans les feux de l'enfer, en train de bouillir dans une marmite, piquée par la fourche du diable, les seins nus ! « Cette désacralisation est un signe de l'évolution de l'opinion », souligne l'historienne Frédérique Neau-Dufour, qui rapporte les souffrances d'Yvonne de Gaulle[102]. Pendant les événements de mai 68, faisant ses courses dans un grand magasin, elle a été injuriée. Puis, alors qu'elle était arrêtée à un feu rouge, un automobiliste en DS 19 lui a lancé : « On va vous foutre dehors ! » En rentrant à l'Elysée, elle s'est indignée : « Vous vous rendez compte, un homme dans une DS ! »

Dans son numéro du 20 mars 1968, *Le Canard enchaîné* accuse Mme de Gaulle de vouloir faire chasser les prostituées de la rue Saint-Denis « pour se faire un nom dans la morale chrétienne ». Le journal satirique se moque de sa foi, de sa « bigoterie » et soutient qu'elle veut fermer les bordels « parce que tel est son bon plaisir, qui est principalement de gâcher celui des autres ». Pour elle, soutient l'hebdomadaire, les hommes ne seraient que « de vieux dégueulasses indignes de monter sur autre chose que sur une croix ». De tels propos – faut-il insister ? – la blessent douloureusement, d'autant plus qu'elle n'est en rien mêlée à l'expulsion des « filles » de la rue Saint-Denis. Les prises de position d'une partie du clergé en faveur des fauteurs de troubles l'atteignent tout autant. Selon Jacques Foccart, elle est « scandalisée par les propos de l'archevêque de Paris [...] qui a presque pris le parti des grévistes[103] ».

De Gaulle sait-il que le référendum est perdu ? Pour leur part, ses collaborateurs en sont convaincus ; certains lui ont dit que l'issue de la consultation semblait très improbable. « De la réponse que fera le pays à ce que je lui demande va dépendre, évidemment, soit la continuation de mon mandat, soit aussitôt mon départ », a-t-il prévenu au cours d'un entretien radiotélévisé. Le dimanche 20 avril 1969 est le dernier à l'Elysée. Le Général et Yvonne ont convié à déjeuner leurs cinq petits-enfants. Avant le repas, serrés dans le petit oratoire, tous ont assisté à la messe célébrée par le père François de Gaulle. Tous ont reçu l'eucharistie. Dans le silence, la page se tourne, en famille, devant Dieu.

Et les voici tous deux à La Boisserie, seuls dans la quiétude de leur chère maison, le dimanche 27 avril, jour du scrutin. Ils sont arrivés dès le vendredi soir. Vers 11 h 30, ils sont allés voter à la mairie, traqués par la meute bruyante des journalistes, des micros et des caméras. Pour échapper aux curieux, toujours nombreux les jours d'élection, ils ont préféré suivre la messe à la télévision avant de prendre leur repas en tête à tête. Quand les résultats tombent – par 52,41 % des voix, les électeurs ont repoussé le texte –, le Général attend que soit passé minuit pour publier le communiqué dans lequel il annonce qu'il cesse d'exercer ses fonctions, que « cette décision prend effet aujourd'hui à midi ». Dès le lundi matin, le père François de Gaulle est chargé de faire déménager le mobilier et les ornements de la petite chapelle installée à l'Elysée. A la demande d'Yvonne, l'autel sera transporté dans la chapelle de la Fondation Anne-de-Gaulle, au château de Vertcœur. Les de Gaulle n'ignorent pas qu'à leur suite aucun président ne maintiendra un oratoire dans les murs de la résidence présidentielle. Sans surprise, l'avenir leur donnera raison…

Chapitre 8

« J'ai voulu ressusciter la France... Dieu reconnaîtra les siens »

Le peuple souverain a tranché et il n'a pas suivi de Gaulle. Ni la régionalisation, ni la réforme du Sénat qui visait à le regrouper avec le Conseil économique et social n'ont paru plus importantes aux yeux des Français que l'occasion qui leur était donnée de renvoyer le Général. Un an après le grand raz-de-marée gaulliste des élections législatives, qui avait conduit le peuple apeuré par les désordres de mai 68 à s'accrocher une fois encore à sa vareuse, lui manque ce soutien populaire sur lequel il a toujours tout fondé. Rien, dans ce référendum perdu, ne l'oblige à quitter le pouvoir, mais, puisqu'il avait mis sa démission dans la balance, le voici donc, respectueux de sa parole, renvoyé à sa solitude dans sa grande maison silencieuse de Colombey-les-Deux-Eglises. A soixante-dix-huit ans, délivré de tout lien avec le pays dans des circonstances douloureuses, il mesure combien, cette fois, l'aventure est bien finie.

« Ce qui s'est passé ne m'a pas surpris. Mais, pour me sentir délié, il me fallait, vis-à-vis du pays et de moi-même, la preuve que c'était le moment. Voilà donc qui est fait », confie-t-il à son neveu Bernard dans une lettre postée d'Irlande[1] où il a pris quelques semaines de repos avec Yvonne ; séjour immortalisé par cette photo qui les représente marchant dans le vent, à travers ces landes sauvages où une branche de la famille de Gaulle, les MacCartan, puise ses racines. « Tu ne me vois pas faire un voyage en Suisse ? On aurait raconté que j'y avais de l'argent planqué », dira-t-il plus tard à Philippe. En séjournant en Irlande du 10 mai au 19 juin, dans un pays où le christianisme est encore solidement enraciné, de Gaulle veut échapper à la commémoration de l'appel du 18 juin mais – plus encore – à la campagne présidentielle qui s'achèvera par l'élection de Georges Pompidou. De son ancien Premier ministre, n'a-t-il pas dit que c'est « un homme mystérieux avec un côté balzacien, portant un nom qui a l'air de se moquer du monde[2] ».

Lecture et longues promenades rythment les journées des De Gaulle, aussi tristes l'un que l'autre. Ceux qui l'entourent sont frappés par le chagrin du Général. « J'ai été blessé en 1968, leur dit-il. Et maintenant, ils m'ont achevé. Et maintenant, je suis mort[3]. » Les mêmes verront des larmes dans les yeux d'Yvonne. Chaque dimanche, le curé du petit village de Sneem (Kerry) vient célébrer la messe, spécialement pour eux, à Heron Cove, l'hôtel posé sur un éperon rocheux qui domine la baie de Kenmare.

Après le Kerry, ils séjournent dans le Connemara, d'abord au Cashel Bay Hotel puis dans le Daisy Cottage appartenant à la petite-fille du duc de Westminster, Mrs Grosvenor, une dame très pieuse qui fait venir un prêtre chez elle pour la messe dominicale des De Gaulle. Le dernier dimanche du séjour, le 15 juin, le couple assiste en la pro-cathédrale

Sainte-Marie de Dublin à la grand-messe célébrée par le cardinal Conway, primat d'Irlande, avec lequel il s'entretiendra seul à seul quelques jours plus tard, à la veille de son retour en France. Pendant la célébration, le grand orgue, l'un des plus beaux du pays, accompagne les cantiques puissamment chantés par le « Palestrina Choir », une chorale d'hommes créée en 1903 et dirigée ce jour-là par Oliver O'Brian, le fils du fondateur. Le Général, impressionné par la ferveur de l'assistance, regrette sans doute que les églises de France ne connaissent plus un tel enthousiasme.

Si l'Irlande lui offre un cadre privilégié pour se ressourcer, il n'en oublie pas pour autant la façon dont le peuple de France l'a éconduit. Pour preuve ce qu'il écrit notamment au père François de Gaulle : « Il est difficile à notre pays de rester longtemps sur les sommets dès lors qu'il ne se croit plus menacé. » « Sauf cas de danger grave, comment pourrait-on maintenir très haut et très longtemps la plupart des Français ? » ajoute-t-il à l'adresse de sa belle-sœur Madeleine, laissant percer une profonde déception. Il est dans cet état d'esprit lorsqu'à l'issue d'une réception chez Emmanuel d'Harcourt, l'ambassadeur de France à Dublin, au moment de signer le livre d'or, il emprunte à Nietzsche l'aphorisme suivant : « Rien ne vaut rien, il ne se passe rien, et cependant tout arrive, mais cela est indifférent. »

A son retour d'Irlande, reposé, il s'attaque à la rédaction de ses *Mémoires d'espoir* car il ne veut laisser à personne la tâche de porter témoignage sur ses années passées à l'Elysée. Il prévoit trois volumes (*Le Renouveau* 1958-1962, *L'Effort* 1962-1965 et *Le Terme* 1966-1969) mais il sait que le temps lui est mesuré. A ses visiteurs comme dans ses correspondances nombreuses, il implore Dieu de lui permettre de terminer ses tâches d'écriture. « Il faudrait que Dieu m'accorde quelque cinq années pour en venir entièrement à bout ! » écrira-t-il à son neveu Bernard, en janvier 1970. « Comme je voudrais les terminer avant ma mort. Je me dépêche, je me dépêche. J'espère écrire le second tome en moins d'un an. C'est ma mission avant de mourir. » L'éloignement des « affaires » de l'Etat le confronte à nouveau à son âge, comme en 1952 quand, déjà, en pleine « traversée du désert », il écrivait à Philippe : « Voici Pâques ! Fête éternelle de la Résurrection, en même temps que du printemps. Ma pensée d'homme vieillissant va vers toi... » ou, en 1955, à sa nièce Véronique de Gaulle : « Je suis un pauvre homme qui perd la vue... » Depuis plusieurs années, il redoute les dégâts physiques provoqués par la vieillesse, tels qu'il les a constatés chez Pétain comme chez Churchill.

Au comte de Paris qui a, au lendemain du référendum manqué, salué son action au service de la France, de Gaulle évoque sa fin de vie en associant le service de la patrie et la foi en Dieu : « Si donc, comme Vous voulez bien le prédire, monseigneur, ce qui a été fait à mon appel et suivant mon action depuis quelque trente ans, pour rendre à notre pays, d'après les leçons millénaires de la maison de France, sa raison d'être, son rang et sa vocation universelle, doit devenir le ferment d'un nouvel essor national, je n'aurai, depuis l'autre monde, qu'à remercier Dieu du destin qu'il m'a fixé. » De même dira-t-il à André Malraux, à propos de ce cher pays qui a été « l'âme de la chrétienté » : « J'ai voulu ressusciter la France et, dans une certaine mesure, je l'ai fait. Quant aux détails, Dieu reconnaîtra les siens. » Dans ce même entretien, de Gaulle parle avec inquiétude de l'avènement d'une civilisation sans foi. « Je voudrais savoir ce qu'elle met à la place, consciemment ou non. » Il redoute qu'un nouveau paganisme ne conduise à l'oppression des plus faibles, à la domination de l'homme par l'homme, comme ce fut toujours le cas, note-t-il, dans les civilisations sans Dieu.

La complicité intellectuelle sans égale qui conduit de Gaulle et son ancien ministre de la Culture à toujours aller à l'essentiel offre au second les clefs de l'analyse : « Il a rétabli la France à partir d'une Foi, et la foi n'a pas qu'un sens religieux. Comment saint Martin, hongrois, a-t-il évangélisé nos provinces de Loire ? Comment les évangélisateurs irlandais ont-ils évangélisé l'Allemagne ? Toute foi qui implique une vocation, au service du Christ ou de la France, est puissamment contagieuse. Il ne suffisait pas de sa foi en la France pour qu'il fût le général de Gaulle, mais sans elle, il n'eût été qu'un vainqueur intrus parmi les vrais, ou un vaincu plus ou moins héroïque[4]. »

Mais ce qui domine désormais chez le Général, c'est un sentiment de lassitude et de découragement, une immense tristesse face au déclin dont il mesure la menace. La civilisation occidentale, dont au premier rang la France qui, à ses yeux, en est la quintessence, se détourne de Dieu et des enseignements de la religion chrétienne. Il en a fait maintes fois le constat devant ses proches et aussi en répondant aux questions du journaliste Michel Droit à la télévision, en juin 1968, pour expliquer l'explosion sociale du mois de mai. Selon son analyse, les transformations « rapides et profondes » de la société, hier agricole et rurale, devenue urbaine et industrielle, font qu'elle « a perdu en grande partie les fondements et l'encadrement sociaux, moraux et religieux qui lui étaient traditionnels ». Il en souffre, ainsi qu'il le confie dès février 1969, donc avant le référendum, au journaliste et écrivain André Frossard, fils d'un ancien secrétaire général du parti communiste et qui vient de raconter sa conversion au catholicisme dans *Dieu existe, je l'ai rencontré*[5]. « Oui, lui écrit le Général, Dieu existe puisque vous l'avez reconnu sans l'avoir, d'abord, connu et trouvé sans l'avoir cherché. [...] Dans l'ordre de la pensée, peut-être est-ce là un signe de l'appel venant des profondeurs à l'encontre de tout l'artificiel et de tout le superficiel dont nous sommes inondés et de plus en plus dégoûtés[6]. »

Dans le second tome de ses *Mémoires d'espoir*, de Gaulle va revenir sur le nouveau visage de cette France qui lui a échappé. Il rappelle comment il s'était fait « un devoir social » d'apporter une réponse aux maux de la société moderne : la mécanisation du travail, « la foule grise et anonyme que déplacent les transports en commun », « le logement de chacun qui est un alvéole quelconque dans un ensemble indifférent »... Il évoquera « le malaise des âmes » qui résulte de cette civilisation dominée par la matière, qu'il a cherché à « adoucir » par « un changement de la condition morale qui fasse de l'Homme un responsable au lieu d'être un instrument ». C'était tout l'objet de la participation, qu'il voulait pour les plus humbles et que les forces de l'argent et la petite-bourgeoisie catholique avaient sabotée ! En faisant voter contre lui, Valéry Giscard d'Estaing et la démocratie chrétienne de Jacques Duhamel avaient fini par le faire échouer.

Amer, il lâche à son gendre, Alain de Boissieu : « Ces cochons de Français ! Ces porcs de bourgeois ! Seule la classe ouvrière se tient[7]. » Sa rancœur se manifeste surtout à l'encontre des intellectuels et de la classe dirigeante – les fameuses élites dont il se moquait – car, comme en 1940, cette partie de la France lui a manqué. Quant aux jeunes « révolutionnaires » qu'il n'a jamais pris au sérieux, il a fini par entendre leur désir d'une société plus juste et plus fraternelle. « Eh bien, voilà, commente-t-il pour son entourage, nous avons battu les Allemands, nous avons écrasé Vichy, nous avons empêché le parti communiste de prendre le pouvoir et l'OAS de détruire la République, mais nous n'avons pas réussi à rendre à la bourgeoisie le sens national. »

Dans ses accès de pessimisme, son espérance chrétienne donne l'impression de chanceler. Toujours à propos des événements de mai 68 et de la complaisance d'une grande partie de la classe dirigeante, il affirme à l'écrivain Pierre de Boisdeffre qu'il s'agissait de « l'appel du néant ». « Les choses se sont "arrangées" parce que l'heure n'a pas encore sonné. Mais, pour les civilisations, comme pour tous autres vivants, il n'y a que la mort qui gagne[8]. » Selon sa vision du monde en mouvement, s'il y a une chose qui ne peut plus durer, confiera-t-il à Malraux, c'est « l'irresponsabilité de l'intelligence : ou bien elle cessera, ou bien la civilisation occidentale cessera ». C'est tout cela que de Gaulle rumine lorsqu'il marche dans le parc de La Boisserie, plusieurs fois par jour, pour marquer des temps de pause dans son travail d'écriture. Et lorsqu'au bout de l'allée des charmilles, en haut du mur qui sépare la propriété de la route, il passe devant le vieux crucifix de pierre…

A Colombey, où les villageois se sont vite habitués à sa présence régulière, il est devenu un paroissien parmi les paroissiens. Au fil des mois, le nombre des journalistes venus traquer sa vie d'ermite a beaucoup diminué. Plus personne ne l'importune à la messe du dimanche, surtout pas les habitants de la commune avec lesquels il échange un salut discret. Les informations qui lui parviennent sur l'évolution de l'Eglise l'inquiètent, le chagrinent même. Il en va de même pour Mme de Gaulle. Clos quatre années plus tôt, le concile Vatican II est-il allé trop loin, comme le Général avait dit le redouter à l'époque ? Le rassemblement à Rome, en octobre 1969, de prêtres – surtout des prêtres-ouvriers – venus de toute l'Europe pour « secouer le joug du Vatican », réclamer « une vraie démocratie » dans la gestion des affaires de l'Eglise et une évolution des règles de leur sacerdoce, rappelle aux de Gaulle la création en France, en novembre 1968, du mouvement « Echanges et Dialogues » fondé par des curés inspirés par les troubles du mois de mai. Au déjeuner du dimanche où ils convient fréquemment l'abbé Drouot à l'issue de la messe, le Général se montre sévère : « Ces prêtres recherchaient leurs propres commodités et non le bien de l'Eglise. » Quant à Yvonne, elle se montre « très pessimiste » sur l'avenir d'une Eglise dont elle déplore les « continuels changements[9] ».

De Gaulle partage le constat fait par son ami Jacques Maritain. En quittant son poste d'ambassadeur de France près du Saint-Siège à la fin de 1966, le philosophe s'est empressé de déplorer les dérives du concile dont il a pourtant été l'un des grands initiateurs. « Nous sommes dans la pire crise moderniste, écrit-il à Julien Green. Ce qui n'empêche pas que le Concile ait fait des choses admirables. Je ne me console pas de voir la laideur et la bêtise introduites [avec le français] dans la liturgie sacrée[10]. » Maritain, comme de Gaulle, marque son désenchantement devant la libre interprétation qui est faite de l'esprit et des textes du concile. Dans un livre-testament qui va rencontrer un énorme succès, *Le Paysan de la Garonne*[11], il s'en prend à « certains cercles dits "intellectuels" qu'il accuse d'imposer une « temporalisation du christianisme », de livrer la spiritualité et les références divines aux combats des « choses humaines » que se livrent les partis politiques. « Mais le plus grave, écrit-il, c'est que les mots "droite" et "gauche" n'ont plus seulement un sens politique et social ; ils ont pris aussi et surtout, du moins dans le monde chrétien, un sens religieux. De là les pires embouteillages... »

L'onde de choc provoquée par *Le Paysan de la Garonne* secoue l'Eglise et embarrasse, surtout en France, un épiscopat un peu dépassé par sa base. De grands intellectuels gaullistes, comme Jean Guitton, Maurice Schumann et François Mauriac, apportent leur soutien à Maritain. Mais les encouragements les plus précieux lui viennent de De Gaulle qui lui adresse une lettre sans aucune ambiguïté : « *Le Paysan de la Garonne* est une somme. J'admire, autant que jamais, l'envergure et la profondeur de votre pensée, la rigueur de votre sentiment, l'ardeur de votre foi. D'autant plus que chez vous, la pensée, le sentiment de la foi, sont nourris d'une science et de connaissances merveilleusement et inlassablement élaborées mais, comme j'en perçois la lumière et la chaleur, je vous en remercie du fond de mon âme. » Jacques Maritain ne reverra pas le Général. En octobre 1970, âgé de quatre-vingt-huit ans, il va commencer son noviciat chez les Petits Frères de Jésus au milieu desquels il mourra le 28 avril 1973. Un samedi saint.

En France, la chute des vocations a engendré une pénurie de prêtres dans les paroisses. Et voici que Colombey-les-Deux-Eglises, comme c'est déjà le cas pour toutes les communes environnantes, se retrouve à son tour privé de curé après le départ en retraite de l'abbé Drouot, au début de l'année 1970 ! Le vieil homme a tenu jusqu'à la limite de ses forces mais il est épuisé. Il mourra d'ailleurs quelques semaines plus tard. Les de Gaulle mesurent à quel point l'avenir de leur Eglise est menacé, autant par le recul des valeurs chrétiennes dans la société que par le manque de pasteurs. C'est Yvonne qui prend la plume, le 19 février 1970, pour s'en ouvrir auprès de la supérieure de la Fondation Anne-de-Gaulle. Qui va préparer les enfants du catéchisme à leur première communion, à la confirmation ? « Voici huit villages sans pasteur, et si près de la profession de foi... De plus, il [l'abbé Drouot] assurait l'aumônerie du collège d'enseignement général de Colombey regroupant des tas de jeunes ramassés en car au-delà même des huit paroisses. Comme il n'y a eu qu'une ordination en 69 et qu'il n'y en aura pas pour le diocèse, le doyen nous a prévenus que ce n'est pas en quelques semaines que le remplacement pourra être fait. Il y aura une messe le dimanche à Colombey, et les sept paroisses devront y venir. En cas d'urgence, nous n'avons que la possibilité de nous adresser à dix kilomètres à un pauvre curé [...] Il n'y a plus de grand séminaire en Haute-Marne, les trois départements étant regroupés à Reims[12]. » Et quand le nouveau curé arrive, elle n'est pas plus optimiste : « Nous avons à Colombey un bon curé qui dessert sept paroisses en plus de la nôtre, écrit-elle. Je ne pense pas qu'il tienne longtemps, sa santé est déficiente et le climat très froid »...

Concentré sur son travail d'écriture, le Général ne reçoit plus que quelques rares fidèles. Sont tenus à distance ceux qui, comme Michel Debré, ont accepté de travailler avec Georges Pompidou ! Homme de l'écrit désormais privé du pouvoir du verbe, il poursuit une correspondance régulière avec ses proches. Après sa famille, les religieux y occupent une bonne place. Sans chercher l'exhaustivité, citons les vœux – les derniers – qu'il adresse fin 1969 à Mgr Atton, évêque de Langres : « Puisse l'année 1970 être favorable à notre sainte Eglise ainsi qu'à la France ! » et ceux envoyés au R.P. jésuite Armand de Solages dans lesquels il exprime sa fidélité à ses anciens professeurs de la Compagnie : « Si ma vie a pu avoir une signification, ce n'est que par la grâce de Dieu. J'en suis, en outre, reconnaissant à mes anciens maîtres, à leurs leçons et à leur exemple. » Quelle humilité ! Et, à l'écrivain catholique Stanislas Fumet, il demande : « Puisque vous êtes capable de prière, veuillez en faire une pour mon travail actuel de Mémoires ! »

Après l'Irlande, voici les de Gaulle partis pour l'Espagne, autre terre catholique où ils voyagent pendant vingt-trois jours à compter du 3 juin. Mme de Gaulle, qui veut sortir son mari de la tristesse, a beaucoup pesé dans l'organisation de ce séjour. C'est elle qui a imposé une étape à Saint-Jacques-de-Compostelle, pensant que ce très ancien pèlerinage intéresserait le Général[13]. Les autorités religieuses du sanctuaire en furent flattées et, de façon très exceptionnelle, en l'honneur de De Gaulle, elles feront activer « le grand encensoir » au moment de la visite. Du haut de la nef, jouant avec les cordes qui le retiennent, cinq hommes balancent au niveau du chœur un énorme encensoir rempli de charbon incandescent. Ce cérémonial est d'ordinaire réservé aux grandes fêtes religieuses et aux visites royales. A Madrid, à Tolède, à Cordoue, partout ils visitent des églises, rencontrent des religieux, assistent à des cérémonies qui leur permettent de renouer avec les rites traditionnels de l'Eglise tels qu'ils les aiment. Sur les cartes postales qu'elle expédie à la famille, Yvonne évoque des « prêtres en soutane et chapeau », des « communiantes en mousseline blanche »... Quant au Général, attaché à cette volonté de dialoguer sans exclusive avec les grands personnages de son temps – fussent-ils de farouches opposants politiques –, il n'accordera que peu d'importance à la polémique soulevée par sa rencontre avec le général Franco.

« Prie pour moi »

La mort emporte plusieurs de ceux qui furent à ses côtés, pendant l'époque de la France libre ou après : le général Catroux, l'épouse de René Cassin, le président Henri Queuille, le professeur Louis Pasteur Vallery-Radot, ancien président du comité médical de la Résistance... jusqu'à ce 1er septembre 1970 et la mort du fidèle François Mauriac, presque immédiatement suivie par celle d'Edmond Michelet, le 9 octobre. A la veuve de Mauriac, il écrit : « Son souffle s'est arrêté. C'est un grand froid qui nous saisit. Qu'il s'agisse de Dieu, ou de l'Homme, ou de la France, ou de leur œuvre commune que sont la pensée, l'action et l'art, son magnifique talent savait, grâce à l'écrit, atteindre et remuer le fond des âmes… »

Yvonne, la première, constate avec inquiétude le chagrin qui envahit un peu plus le Général à l'annonce de chaque décès. Il craint que Dieu ne lui prête pas vie jusqu'à l'achèvement de ses *Mémoires*. A l'approche de ses quatre-vingts ans, il semble anormalement abattu. « Prie pour moi », demande-t-il au R.P. Lepoutre, jésuite, son condisciple du collège d'Antoing pendant les années 1907-1908. « Sache que, le 10 octobre, ma pensée et ma prière se sont jointes aux tiennes à l'occasion du 60e anniversaire de ton entrée en religion[14]. »

« La porte est trop étroite. Comme il y aura peut-être quelques visiteurs quand je serai ici, il faudra percer le mur ou ouvrir une seconde porte. » Ainsi de Gaulle, selon son gendre Alain de Boissieu, évoque sa mort en quittant le cimetière de Colombey, ce 2 novembre 1970, jour des défunts, alors qu'il vient de se recueillir avec sa femme sur la tombe de leur fille Anne. Le dimanche suivant, au cours de la messe dominicale, sa pâleur inquiète jusqu'à l'abbé Claude Jaugey, le successeur de l'abbé Drouot. Engoncé dans un grand manteau noir, il semble triste, fatigué, presque absent, perdu dans ses pensées. La veille, il a demandé à faire une promenade en voiture de plus de cent cinquante kilomètres dans la campagne environnante, interrompue par une marche de vingt minutes en forêt. Son pessimisme ne le quitte pas quand il s'agit de la France. La conclusion du premier tome de ses

Mémoires d'espoir, qui vient d'être publié et rencontre un immense succès, résume toute sa vie : « Sur la pente que gravit la France, ma mission est toujours de la guider vers le haut, tandis que toutes les voix d'en bas l'appellent sans cesse à redescendre »... C'était sa mission. Une mission sacrée. Celle d'un guide suprême. C'est aujourd'hui pour lui l'heure du bilan. Du chemin de croix.

« Charles est là, tourné vers nous, allongé sur un sobre plan de toile blanche, en uniforme ; un drapeau tricolore le recouvre de la poitrine aux pieds ; ses mains jointent sur le bleu enserrent le chapelet que lui a donné le pape. A sa droite, sur un petit guéridon : deux bougies allumées, un petit crucifix [...]. Le Général est encore plus grand gisant que debout... », témoigne Jacques Vendroux, le frère de Mme de Gaulle[15]. Philippe de Gaulle soutient que le chapelet de nacre blanche est celui rapporté de Jérusalem quarante ans plus tôt par ses parents. Et que sa mère a posé près du défunt une petite branche de buis dans une soucoupe d'eau bénite... Ce 10 novembre 1970, ainsi que le déclare Georges Pompidou dans sa courte intervention radio-télévisée, « la France est veuve ».

« Le soir, il y aura de la lumière »

Après une journée passée à écrire et à faire le tour du parc, le Général se trouve à sa table de bridge occupé à faire quelques réussites dans l'attente des actualités télévisées quand, la veille, vers 18 h 50, il pousse un cri en se tenant les reins. Avant de s'effondrer. Alertées par Mme de Gaulle, les deux servantes, Charlotte et Honorine, appellent par téléphone, la première le docteur Guy Lacheny à Bar-sur-Aube, la seconde l'abbé Claude Jaugey. « Le Général a vécu plusieurs minutes après l'extrême-onction », précisera Yvonne pour qui il est important que les derniers sacrements lui aient été donnés avant la mort. Mais quand le médecin arrive à La Boisserie, il est trop tard. Il est 19 h 25. De Gaulle est mort. « Vous savez, dit-elle au docteur Lacheny en retenant ses larmes, depuis deux ans, il a tellement souffert[16]. » Puis elle monte dans sa chambre pour prendre aussitôt le deuil, pour toujours, et demande à rester seule pour la veillée. Pour prier. Confiante dans la perspective de la Résurrection. En 1953, de Gaulle n'a-t-il pas noté dans son carnet personnel, comme une preuve supplémentaire dans sa confiance en l'au-delà, cette citation de Zacharie : « Le soir, il y aura de la lumière » ?

« On ne pourra sans doute jamais le démontrer, mais j'ai l'intime conviction que le chagrin a eu raison de lui, confiera son beau-frère, Jacques Vendroux, à Alain Peyrefitte[17]. Cet anévrisme, il l'avait depuis toujours. Ça tenait bon quand il était porté par sa tâche, quand il savait que les Français comptaient sur lui. Quand il a vu qu'ils le rejetaient, il ne l'a pas supporté… »

« En fin de compte, tous les cailloux succombent à la mer. Mais n'est-ce pas ce que Dieu a voulu ? » avait écrit de Gaulle à François Mauriac en 1961. C'était l'époque où il était visé par des attentats, frôlant la mort chaque semaine. Il avait alors confié à Philippe une note confidentielle contenant des instructions

pour assurer la continuité de l'Etat, au cas où ses tueurs viendraient à atteindre leur cible. Tout indique que, depuis longtemps, l'idée de la mort ne le quittait plus. L'amiral Philippe de Gaulle en a été le témoin et le confident, notamment ce jour de septembre 1970 où, au cours d'une promenade dans le parc, son père lui donne ordre de ne rien changer aux dispositions testamentaires rédigées dès 1952. Avant d'ajouter : « Tu me fermeras les yeux après m'avoir rendu le même service que Hindenburg a demandé à son fils. » Lorsque le vieux maréchal se sentit à la fin de sa vie, il lui dit : « Tu me préviendras lorsque Azrael, l'Ange de la mort, entrera dans la maison.
– Il n'y est pas encore, répondit le fils, mais il est déjà dans le jardin. » L'amiral confiera à Jean Mauriac combien son père semblait las de vivre lorsqu'il le quitta, pour la dernière fois, fin septembre, après une longue promenade dans la forêt des Dhuits. Il lui était apparu « encore plus triste et plus mélancolique que d'habitude[18] ».

On sait avec quelle simplicité – une simplicité qui, certes, s'apparente à la grandeur – il a voulu que ses obsèques n'aient aucun caractère officiel. Le testament olographe rédigé le 16 janvier 1952 en fixait les moindres détails :

« Je veux que mes obsèques aient lieu à Colombey-les-Deux-Eglises. Si je meurs ailleurs, il faudra transporter mon corps chez moi, sans la moindre cérémonie publique.

« Ma tombe sera celle où repose déjà ma fille Anne et où, un jour, reposera ma femme. Inscription : Charles de Gaulle (1890-...). Rien d'autre.

« La cérémonie sera réglée par mon fils, ma fille, mon gendre, ma belle-fille, aidés par mon cabinet, de telle sorte qu'elle soit extrêmement simple. Je ne veux pas d'obsèques nationales. Ni présidents, ni ministres, ni bureaux d'assemblées, ni corps constitués. Seules les armées françaises pourront participer officiellement en tant que telles, mais leur participation devra être de dimension très modeste, sans musique, ni fanfare, ni sonnerie.

« Aucun discours ne devra être prononcé, ni à l'église, ni ailleurs. Pas d'oraison funèbre au Parlement. Aucun emplacement réservé pendant la cérémonie, sinon à ma famille, à mes Compagnons membres de l'ordre de la Libération, au conseil municipal de Colombey. Les hommes et les femmes de France et d'autres pays pourront, s'ils le désirent, faire à ma mémoire l'honneur d'accompagner mon corps jusqu'à sa dernière demeure. Mais c'est dans le silence que je souhaite qu'il y soit conduit.

« Je déclare refuser d'avance toute distinction, promotion, dignité, citation, décoration, qu'elle soit française ou étrangère. Si l'une quelconque m'était décernée, ce serait en violation de mes dernières volontés.

« C. de Gaulle. »

Très peu de personnes sont admises dans la maison du mort. Parmi elles, le président Georges Pompidou, accueilli assez fraîchement, et son Premier ministre, Jacques Chaban-Delmas, qui remarque « l'extraordinaire dignité » d'Yvonne et voit « dans son chagrin quelque chose de religieux ». C'est l'Histoire qui fait sortir Mme de Gaulle de sa réserve lorsqu'elle s'approche de Chaban qui, en juin 1944, à l'âge de vingt-neuf ans, a été fait général par de Gaulle. A côté du cercueil clos où repose le chef de la France libre, elle lui prend les mains et lui dit : « Il faut que vous le sachiez, il vous aimait bien[19]. » Jacques Chaban-Delmas confiera plus tard à l'auteur qu'il a éclaté en sanglots à peine assis dans sa voiture et qu'il a trouvé « de façon maladroite » des mots pour prier, « non pour le Général, qui avait bien mérité son Ciel, mais pour Madame de Gaulle, si accablée par le chagrin sans le laisser paraître ».

La cérémonie, le 12 novembre, va respecter strictement les volontés du Général. Le matin, à 11 h 30, à Notre-Dame de Paris où de Gaulle s'est rendu tant de fois pour rendre grâce ou pour célébrer l'identité chrétienne de la France, c'est Mgr François Marty qui officie devant plus de quatre-vingts souverains et chefs d'Etat venus du monde entier pour saluer la mémoire d'un des derniers géants du siècle. C'est le dernier *Magnificat* chanté pour de Gaulle. Il y a notamment le président américain Richard Nixon et celui du Praesidium du Soviet suprême de l'URSS, Nikolaï Podgornyï, le shah d'Iran et le prince de Galles mais il y aussi les dirigeants des pays du tiers monde, comme le Négus Haïlé Sélassié d'Ethiopie et tous les présidents africains dont beaucoup, les yeux pleins de larmes, ont perdu un guide et un père. Le Général refusait des obsèques nationales mais ce sont des obsèques internationales – sans cercueil, ni discours, ni oraison funèbre – qui ont lieu à Paris, conduites par cet archevêque « rose-rouge » qui avait soutenu les contestataires en mai 1968. La présence de Mgr Marty apparaît comme une ultime marque de la distance observée depuis toujours par l'Eglise officielle de France envers le plus croyant des présidents français…

Dans l'église de Colombey aussi, c'est un évêque bien peu gaulliste qui va présider la modeste cérémonie. Mgr Alfred Atton, évêque de Langres, est de ceux qui ont appelé à voter « non » au référendum d'avril 1969. Yvonne avait d'abord voulu l'écarter, avant d'être conseillée par ses enfants. La messe des obsèques est donc célébrée par l'abbé Jaugey, curé de Colombey, et par le père François de Gaulle, devenu avec l'âge le sosie de son oncle. Entre La Boisserie et l'église, le cercueil a été posé sur un engin blindé dont on a démonté la tourelle. Malgré les barrages de police, près de vingt mille personnes ont afflué de toute la France et attendent le passage du convoi dans un silence religieux. L'auteur[20] a été témoin oculaire de scènes très touchantes d'hommes et de femmes du peuple venus à travers champs et qui, n'ayant pu atteindre le village, se sont agenouillés à même la terre, en entendant sonner le glas, les uns avec une croix de Lorraine ou une photo du Général à la main, les autres avec un crucifix ou un chapelet. Assis au bord d'un talus, des anciens combattants couverts de médailles portaient des drapeaux tricolores noués d'un crêpe noir.

Entouré de quatre saint-cyriens, sabre au clair, le cercueil recouvert des couleurs repose dans l'allée centrale de l'église, en limite du chœur. Yvonne de Gaulle a souhaité un office traditionnel, tel qu'il avait lieu avant le concile, avec des chants grégoriens en latin. Pour l'amiral, cet office est « à la fois poignant, serein et solennel car, pour un chrétien, la mort est un accomplissement. C'est, dit-il, la plus belle cérémonie de l'Eglise catholique romaine. Il n'y a eu, selon le vœu de mon père, aucun sermon mais la simple mention du nom de celui pour qui on prie le Juge suprême d'accueillir avec indulgence le défunt auprès de Lui[21] ». Ni fleurs, ni couronne, ni discours. L'évêque se contente de demander aux fidèles de prier non pour le repos du Général mais pour la France. « Prions pour la France qu'aimait passionnément Charles de Gaulle, à laquelle il consacra toute sa vie. » Il est difficile de faire plus sobre !

André Malraux a eu du mal à entrer mais il a trouvé juste de demander à un fusilier marin de laisser une « paysanne en châle noir » accéder à l'église, car « ça ferait plaisir au Général ». A l'issue de la cérémonie, alors que douze jeunes gens de Colombey portent sur leurs épaules le cercueil du Général jusqu'à la tombe où il va rejoindre sa chère fille Anne, le village se glace dans le silence. Les cinq sections des armées présentent les armes sans sonnerie ni musique militaire. Yvonne, impassible sous son crêpe noir, quitte le cimetière au bras de ses enfants. La pierre blanche surmontée d'une croix est remise en place sur le caveau familial alors qu'à Paris, par milliers, des Français et des Françaises anonymes parmi lesquels se mêlent des étrangers de toutes origines, de toutes confessions, déposent des bouquets sur la tombe du Soldat inconnu ou signent l'un des livres de condoléances ouverts dans les hauts lieux de l'épopée gaulliste. Parmi les gerbes déposées, celle de Golda Meir, Premier ministre d'Israël, montre, s'il le fallait, que la polémique est dépassée.

C'est pour remercier Mgr Meletios, le patriarche orthodoxe, venu accompagné d'une importante délégation de l'Eglise d'Orient fidèlement soutenue par le Général, que Mme de Gaulle accepte le lendemain de retourner au cimetière, accompagnée de Philippe. Elle recevra aussi tous les chefs d'Etat africains qui ont fait le voyage de Colombey pour rendre hommage à celui qui a émancipé leurs pays, et qui souhaitent la saluer. Aussitôt après, elle entreprend de brûler les effets, les costumes et uniformes, les objets usuels du Général dont elle refuse qu'ils deviennent des reliques. C'est à peine si deux uniformes, trois képis, une capote et quelques décorations échappent au bûcher pour être, en partie, confiés au musée de l'Ordre de la Libération !

La prière des humbles

Réfugiée dans la prière, obligée de vivre avec la moitié de la solde du Général, elle devra, un hiver suivant, se priver de chauffage pour faire réparer le toit de La Boisserie car les droits d'auteur des *Mémoires* continuent à être entièrement versés à la Fondation Anne-de-Gaulle, dont elle s'occupe dans la limite de ses forces. Elle ne veut rien demander à ses enfants qui ne disposent que de leur solde d'officier. Ses seules sorties sont pour la messe du dimanche et des promenades dans le parc, dans les pas du Général. La réponse au très nombreux courrier qu'elle reçoit lui prend l'essentiel de ses journées. Par milliers, des lettres lui parviennent de soldats, de résistants, de veuves de guerre, d'étrangers, d'hommes et de femmes très simples qui disent, à leur façon, à la fois merci et leur chagrin.

Impressionnant est, parmi ce courrier, celui envoyé par des religieux qui avaient reconnu en de Gaulle un authentique chef d'Etat chrétien. « Je trouve que lui et vous, vous vous êtes donnés à vos frères dans une vie de service intégral et de cela je remercie Dieu », écrit sœur Marie, de la fraternité de Berthaud. « Je viens partager votre grande peine. Le Bon Dieu appelle le Général de Gaulle au ciel. Il n'est plus à côté de vous… », ajoute une religieuse de la communauté de la Sainte-Famille de Nogent-le-Rotrou. Ou encore, pour sœur Hélène Mouysset, de la maison d'enfants Sainte-Thérèse : « Plus le sacrifice est douloureux, plus le Dieu de miséricorde, dans sa bonté, nous récompensera. » Partout, dans les paroisses, les couvents et les monastères, des messes sont célébrées pour le repos de l'âme du Général. « Les 50 000 messes et plus offertes à Dieu pour le bonheur éternel de sa grande âme me permettent de le voir dès maintenant près de Jeanne d'Arc et de Saint-Denis », affirme sœur Marie-Edith de Puthaut. « Dès que j'ai appris la mort du Général, j'ai célébré la messe pendant neuf jours consécutifs à son intention », écrit l'abbé Pierre Louërat de Tours21.

Toutes ces lettres, accompagnées d'intentions de prière, montrent que si de Gaulle s'est souvent heurté aux incompréhensions du haut clergé, il a été reconnu par le peuple des croyants comme un homme, un soldat et un chef d'Etat respectueux des enseignements de l'Evangile. La vie chrétienne en tout point exemplaire d'Yvonne n'a fait que renforcer cette perception. Le couple s'était toujours montré très généreux envers les institutions religieuses. En témoigne cette lettre affectueuse adressée à « tante

Yvonne » par l'abbé Jean-Claude Juhellé, de Saint-Michel-sur-Orge : « Ma tante, il y a trois années, l'oncle Charles avait eu la délicatesse de m'aider par un don généreux, et qu'il m'avait prié de garder secret, à la construction de mon église paroissiale. Je m'apprêtais à lui faire part de la bénédiction de cette église quand la brutale nouvelle de son décès m'est parvenue… »

Dans les lettres reçues par Mme de Gaulle, il y a encore celle du prieur de la Chartreuse d'Auray qui souligne : « le Général a tant fait pour nous, tout particulièrement après le terrible incendie que nous avons vécu en septembre 1968 ». Ou celle de sœur Reine-Marie qui se souvient d'avoir reçu « la visite et les largesses » des De Gaulle alors qu'elle dirigeait l'orphelinat de Bar-sur-Aube. Enfin celle de la mère supérieure de la maison Saint-Joseph de Doulevant-le-Château qui affirme que « personne n'oublie la générosité de M. et Mme de Gaulle à l'occasion des fêtes de Noël[22] ».

La trace chrétienne laissée par le Général ne fait nul doute pour un religieux comme le R.P. Bruckberger, présent à Colombey le jour des obsèques. « Tout à coup éclatèrent aux yeux de tous les trois présences discrètes mais vigilantes, à la fois protectrices et protégées, qui n'ont jamais, pas une minute, déserté cet homme, du sein maternel au tombeau : la religion, la famille, la patrie, – et rien d'autre […] Les plus grands, à la mort, rentrent dans le rang. La véritable humilité est d'aimer cette condition universelle mise au service du destin humain, ajoute le dominicain. Je pense aussi au mot un peu trop simple, un peu trop éloquent, de Bossuet : "Celui qui n'aime pas la mort n'est pas chrétien !" De

Gaulle aimait la mort et de la bonne manière ; il y pensait souvent, il en parlait volontiers. Il savait que la figure de ce monde passe, il savait que tout homme doit être toujours prêt à tout quitter, parce que tout est toujours susceptible de nous quitter, bref, il aimait ce que les philosophes appellent la contingence de l'être créé. Quand on a, si profonde et si naturelle, une telle attitude, il est impossible de devenir un idolâtre, c'est-à-dire de conférer un jour à une créature, aussi aimée soit-elle, l'honneur qui n'est dû qu'à Dieu. Voilà bien le sens de la fameuse conversation entre Staline, l'ancien séminariste, et de Gaulle, ancien élève des jésuites : "A la fin, il n'y a que la mort qui gagne !"

« C'est aussi le fond de l'Apocalypse judéo-chrétienne, le sentiment de n'être ici-bas qu'un nomade. De Gaulle avait, au plus haut degré, ce sentiment : cela lui conférait cet air désabusé, ce haussement d'épaules quand on lui demandait des nouvelles de sa santé, qu'il avait solide pourtant. Comme pour Bernanos, le démon de son cœur s'appelait "A quoi bon ?". Il est prodigieux qu'avec un tel démon, il ait fait tant et de si grandes choses. Voilà l'héroïsme chrétien : agir de son mieux, au milieu d'un monde que l'on sait périssable, et où tout est toujours à recommencer[23]. »

Au lendemain de sa mort, un journal allemand, repris par une radio d'outre-Rhin, affirme même qu'en d'autres temps on aurait canonisé de Gaulle ! Une idée que reprend aussitôt le cardinal Daniélou sur Radio Monte-Carlo : « L'expression ne me choque pas. Au fond, canoniser, c'est reconnaître une vie chrétienne d'un caractère exemplaire, qui peut parfaitement n'avoir comporté rien d'extraordinaire […] L'essentiel est la pratique de vertu à un certain degré d'héroïsme […] De Gaulle est le type de laïc chrétien, à la fois dans la valeur de sa vie privée et dans cet esprit de service, de don total de soi-même qu'il a poussé à un degré héroïque, au service, non seulement de la France mais de Dieu. Cela me paraît être de l'ordre des choses qui peuvent être considérées comme relevant d'une certaine sainteté […] Le de Gaulle de la vie privée était un homme de foi profonde. Pas un mystique : un homme d'action et de raison, un simple chrétien […] On a parlé de Saint Louis à propos de lui ; la comparaison ne me paraît absolument pas déplacée[24]. » Si la canonisation d'Edmond Michelet fut instruite peu après, nul évêque n'engagera la moindre démarche en faveur du Général. Le journal gaulliste *La Nation*, sous la plume de Jacques de Montalais, estima que si une telle proposition devait concerner de Gaulle, il était préférable que l'initiative en revînt à ses adversaires !

Pour lui rendre hommage, ses amis et partisans préfèrent ériger un monument géant à Colombey, devenu lieu de pèlerinage républicain. Cette idée avait amusé de Gaulle au cours de sa dernière rencontre avec Malraux : « On dressera une grande croix de Lorraine sur la colline qui domine les autres. Tout le monde pourra la voir, et comme il n'y aura personne, personne ne la verra ! Elle incitera les lapins à la résistance[25] ! » Au soir de sa vie, il doute de la place qu'il laissera dans l'Histoire, comme il en doutait déjà en 1948 lorsqu'il confessait à Maurice Schumann : « Etes-vous sûr que l'appel auquel vous avez répondu ait tout changé ? C'est bien vrai dans la perspective d'une décennie. Sera-ce vrai dans la perspective d'un siècle[26] ? »

La dernière manifestation officielle à laquelle assiste Yvonne est l'inauguration de cette immense croix de Lorraine en granit rose, haute de 43,50 mètres, qui domine le paysage haut-marnais. Pour la cérémonie, le 18 juin 1972, une flamme allumée sur la tombe du Soldat inconnu à Paris a été amenée par une automitrailleuse. Après avoir prononcé son élogieux discours, le président Pompidou serre longuement la main de Mme de Gaulle. Trop longuement, si l'on en juge par la façon vive dont elle s'en dégage... Après le départ des officiels, commence le long défilé des anonymes, de tous ceux et de toutes celles qui ne cesseront d'admirer de Gaulle, de le respecter, de prier pour lui. Sa mort n'a rien changé. Celui qui se tenait rigoureusement à l'écart des puissances de l'argent reste perçu comme un catholique soucieux du sort des plus pauvres. Dans le courrier reçu par Yvonne, mille lettres le confirment. « Nous ne sommes que d'humbles ouvriers, mais nous savons que c'était une "catégorie" que le général aimait », ont écrit M. et Mme Georges Houcquel du Havre. « Je ne suis qu'une pauvre fille du peuple qu'il aimait tant », soutient Mlle Y. Philibin. Madame Malanele, des Bories, s'« enhardit » à présenter ses condoléances en ajoutant : « J'ai beaucoup hésité à vous écrire car je ne suis qu'une pauvre paysanne, tout ce qu'il y a de plus "peuple". Mais puisque c'est justement du peuple qu'a voulu être entouré le Général...[27] » Jamais depuis le « peuple » n'a cessé de prendre le chemin du Mémorial, notamment chaque 18 juin et le jour anniversaire de la mort de De Gaulle.

Peu après le décès de son mari, sans en aviser ses enfants, Yvonne de Gaulle a entrepris des démarches pour retenir une chambre chez les sœurs de l'Immaculée-Conception de Notre-Dame-de-Lourdes, avenue de La Bourdonnais à Paris. Elle sait que le jour viendra et a voulu s'y préparer. C'est en septembre 1978 qu'elle appelle Philippe pour fermer la maison et la conduire chez les religieuses. Elle n'emporte qu'une petite valise. Elle n'a plus besoin de rien. « Allons-y », dit-elle simplement en prenant place à l'arrière de la voiture. Sans se retourner. Droite, silencieuse, résignée. La veille, elle était allée se recueillir sur la tombe d'Anne et du Général. Elle savait que c'était la dernière fois.

« Je viens pour mourir »

Arrivée face à l'institution, elle refuse que son fils lui monte sa valise. Elle s'installe, seule, dans une petite chambre au sixième étage de la maison de retraite, avec les sanitaires sur le palier. Un divan, une table de nuit, un fauteuil, une petite table, un téléviseur, un minuscule cabinet de toilette fermé par un rideau. Une cellule de couvent. A partir de cette date, sa vie se résume à la prière dans la chapelle où elle se mêle aux sœurs, et à quelques visites à ses enfants qui viennent la chercher le dimanche, après la messe. Pour son fils, saisi par tant d'abnégation, « maintenant que l'homme qu'elle aimait tant n'est plus, elle n'est plus là elle-même que pour se préparer à entrer dans la maison du Seigneur[28] ».

Hospitalisée puis opérée à deux reprises en juillet et en octobre 1979, elle a dit à son arrivée au Val-de-Grâce : « Je viens pour mourir », avant de réclamer l'extrême-onction et de se réfugier dans la prière. Les religieuses devaient penser sa fin proche en glissant dans sa mallette un sac en plastique contenant une chemise de nuit blanche, une taie d'oreiller marquée des initiales entrelacées Y et C et un drap de lin bordé de dentelle, avec un court message épinglé : « Pour ensevelir Madame. » La vieille dame ne cesse de demander : « Quel jour sommes-nous ? » Elle aurait émis le vœu de ne pas mourir le 9 novembre, en précisant : « Je ne me le permettrais pas. C'est l'anniversaire de la mort du Général. Ce jour-là doit être consacré à sa mémoire. » Elle s'éteint le 8, la veille. On découvre alors que, dans les quelques affaires personnelles qu'elle a emportées de Colombey, se trouvent le drap pour l'ensevelir, un crucifix pectoral et un chapelet à glisser dans ses mains. Mais il y a surtout, plié dans un petit porte-cartes – ultime preuve de l'amour que se portait ce couple uni devant Dieu par les liens sacrés du mariage –, le billet manuscrit que le Général lui avait fait porter, en juin 1943, par un officier de son état-major à Londres :

« Il est là qui écrit à son bureau. Il a devant lui le portrait de sa chère petite femme chérie qu'il admire et qu'il aime tant ! Et voilà que, du coup, tout son amour lui remonte au cœur et il se dépêche de le dire à Yvonne. Tous les deux, bien appuyés sur l'autre physiquement et moralement nous irons très loin sur la mer et dans la vie pour le meilleur et pour le pire.

« Charles. »

« Vous qui m'aurez connu dans ce livre, priez pour moi. »

Citation empruntée à saint Augustin, portée par le général de Gaulle sur le livre d'or de l'ambassade de France à Dublin, en juin 1969, pendant son séjour en Irlande.

Notes

PROLOGUE

1. *Une vie sous le regard de Dieu*, L'Œuvre Editions, 2009.

2. *Le Miroir des limbes*, Gallimard-La Pléiade, 1976.

3. Robert Laffont, 1969. (Après un repli vers une Eglise plus traditionnelle, Jean-Marie Paupert indiquera dans ses derniers ouvrages qu'il « n'accepte plus, telles quelles, toutes les analyses, ni moins encore l'intention générale, de [ses] essais datés de 1961 à 1969 ».)

4. « De Gaulle était-il chrétien ? » Revue *Espoir* n° 7, septembre 1974.

5. Collège des Bernardins à Paris, les 13 et 14 novembre 2009.

6. *Mémoires de guerre*, tome 1. Plon, 1954.

7. *De Gaulle au soir de sa vie*. Fayard, 1990.

8. Entretien avec le R.P. Riquet dans *De Gaulle, de loin et de près*. Plon, 1978. Et entretien téléphonique avec l'auteur (15 avril 2010).

9. Alain Larcan, *Charles de Gaulle. Itinéraires intellectuels et spirituels*. Presses universitaires de Nancy, 1993.

10. Cité par Henri Lerner dans *De Gaulle tel qu'en lui-même*, Autres Temps, 2009.

11. Entretien avec l'auteur – Mours (Val d'Oise) le 7 avril 2010.

12. *Par le portillon de La Boisserie*, Nouvelles Editions Latines, 1974.

13. Revue *Espoir* n° 63, juin 1988.

14. *De Gaulle mon père – Entretiens avec Michel Tauriac*, tome 2. Plon, 2004.

15. François Jacob, *La Statue intérieure*. Gallimard, 1990.

16. Innocenté et réhabilité le 12 juillet 1906, le capitaine Alfred Dreyfus fut réintégré partiellement dans l'armée avec le grade de chef d'escadron.

17. Alain Larcan, *op. cit.* (Egalement fondateur des Compagnons de Saint-François, Joseph Folliet (1903-1972) sera ordonné prêtre en 1968.)

18. Olivier Prat. Institut Marc-Sangnier, Paris.

19. Encycliques *Vehementer nos* du 11 février 1906 et *Gravissimo Munere* du 10 août 1906. Allocution *Gravissimum* du 21 février 1906.

20. A propos de Pie X qui avait été patriarche de Venise avant d'être élu pape, le même Mgr Duchesne devait ironiser : « C'est un gondolier vénitien dans la barque de Saint-Pierre : il est naturel qu'il la conduise à la gaffe » !

21. Cyrus Sulzberger fut l'un des rares journalistes plusieurs fois reçus par de Gaulle rue de Solferino à Paris, pendant la « traversée du désert » (1946-1958).

22. Henri Lerner, *op. cit.*

23. Intervention sur le thème « De Gaulle, la religion et l'histoire ». Colloque de la Fondation Charles-de-Gaulle « De Gaulle, chrétien, homme d'Etat », déjà cité.

24. *Vers l'armée de métier* Berger-Levrault, 1934.

25. Il faut entendre « ministre » dans le sens du serviteur, du « commis enfermé dans sa tâche ».

26. *Lettres, Notes et Carnets*, tome 12 (le 29 décembre 1969, au père de Solages, enseignant au collège Saint-François-Xavier de Vannes (Morbihan).

27. Jean d'Escrienne, *op. cit.*

Chapitre 1

1. Louis Watrigant a valeureusement participé aux campagnes en 1940 et en 1944 au 1er régiment de chasseurs d'Afrique. In *Lettres, notes et carnets* (*LNC*), tome 12. Plon.

2. Bernard est le fils de Jacques de Gaulle, frère (décédé) du Général. In *LNC*, tome 10.

3. Henri Lerner, *op. cit.*

4. Pierre-Henri Rix, *op. cit.*

5. Il a été béatifié par Jean-Paul II le 22 août 1997 au cours d'une cérémonie célébrée à Notre-Dame de Paris pour avoir été l'un des inspirateurs de la doctrine sociale de l'Eglise.

6. Cité par Michel Brisacier, in *La Foi du Général*. Nouvelle Cité, 1998.

7. *Idem.*

8. Bernard Auffray, *Un homme politique sous la IIIe République. Jules Auffray*. La Pensée universelle, 1972.

9. Michel Brisacier, *op. cit.*

10. Témoignage du sénateur Bonnefous *in* Eric Roussel, *Charles de Gaulle*. Gallimard, 2002.

11. *Le Général*, Presses de la Cité, 1968.

12. Michel Brisacier, *op. cit.*

13. Berger-Levrault, 1938.

14. Tome 1 – Plon, 1954.

15. *De Gaulle, mon père – Entretiens avec Michel Tauriac*, tome 1. Plon, 2003.

16. François Broche, *De Gaulle secret*, Pygmalion-Gérard Watelet, 1993. L'expression « monarchiste de regret » est empruntée à Raymond Tournoux *Pétain et de Gaulle* Plon, 1964.

17. Comte Joseph de Maistre (1753-1821). Homme politique, écrivain, philosophe de la Contre-Révolution.

18. François René de La Tour du Pin (1834-1924). Officier saint-cyrien et homme politique, il fut l'artisan de l'Œuvre

des cercles catholiques d'ouvriers et devint l'un des principaux inspirateurs du catholicisme social en France.

19. Albert de Mun (1841-1914). Homme politique. Monarchiste avant de se rallier à la République par obéissance au pape après l'encyclique *Au milieu des sollicitudes* (1892). Adversaire autant du libéralisme que du socialisme, il est l'inspirateur du « christianisme social ». Député, il s'oppose farouchement aux lois de Séparation.

20. Raymond Tournoux, *Jamais dit*. Plon, 1971.

21. *Dictionnaire de Gaulle*. Robert Laffont, 2006.

22. Recueilli par Pierre Galante, *op. cit.*

23. Recueilli par Jean Mauriac. Revue *Espoir*, juin 1982.

24. *Mémoires de guerre*, tome 1.

25. Pierre Galante, *op. cit.*

26. *Idem.*

27. Philippe de Gaulle, *De Gaulle, mon père – Entretiens avec Michel Tauriac*, tome 2. Plon, 2004.

28. Lettre du 27 novembre 1949. *Lettres, Notes et Carnets*, tome 6. Plon.

29. Lettre du 24 janvier 1950. *Idem.*

30. Raymond Tournoux, *op. cit.*

31. *Idem* (Le grand-père du Général est mort en 1883).

32. *Op. cit.*, tome 1.

33. 9, rue Princesse à Lille (Nord). Téléphone : 03 28 38 12 05 et www. maison-natale-de-gaulle. org

34. *Lettres, Notes et Carnets*, tome 10 (Jehan de Gaule, gouverneur d'Orléans).

35. *Idem*, tome 11.

36. Le nom vient de « galle », le chêne en gaulois, l'arbre des druides.

CHAPITRE 2

1. *Op. cit.*, tome 2.
2. Confidences à Jean Mauriac. Revue *Espoir*, juin 1982.
3. Michel Marcq, *De Gaulle, fils du Nord*, Nord-Eclair éditions.
4. *Op. cit.*, tome 2.
5. *Revue des Deux Mondes*, mars 1962. « De Vaugirard au Quartier latin ».
6. *Op. cit.*, tome 2.
7. *Op. cit.*, tome 1.
8. *Lettres, Notes et Carnets*, tome 1.
9. *Hors de France*, n° 6, mai 1908.
10. *Charles de Gaulle. La jeunesse et la guerre*. Plon-Fondation Charles-de-Gaulle, 2001.
11. Michel Brisacier, *idem*.
12. *Lettres, Notes et Carnets*, tome 1.
13. *Notre Patrie*, octobre 1905.
14. Alain Peyrefitte, *C'était de Gaulle*, tome 2, éditions de Fallois-Fayard, 1997. A Rambouillet, le 21 septembre 1963.
15. Président du conseil scientifique de la Fondation Charles-de-Gaulle. Colloque « Charles de Gaulle, chrétien, homme d'Etat », Paris, 2009.
16. *Charles de Gaulle*. Société d'édition savoyarde, 1944.
17. Conférence de presse à l'Elysée, mars 1959.
18. Archives historiques de la Compagnie de Jésus – Vanves.

CHAPITRE 3

1. *Mémoires de guerre*, tome 1, et Alain Peyrefitte, *C'était de Gaulle*, tome 2. Editions de Fallois-Fayard, 1977.
2. Eric Roussel, *Charles de Gaulle*. Gallimard, 2002.

3. *Mémoires de guerre, op. cit.*

4. *C'était de Gaulle*, tome 1 (17 juin 1962).

5. *Idem.* Tome 2 (9 septembre 1964).

6. *De Gaulle. Itinéraires intellectuels et spirituels.* Presses universitaires de Nancy, 1993.

7. Préface de *Itinéraires intellectuels et spirituels, op. cit.*

8. *Lettres, Notes et Carnets*, tome 10 (24 août 1964).

9. *Discours et Messages*, tome 7 (29 mai 1966).

10. Confidence de Mme Bergson à Georges Cattaui, in *Charles de Gaulle.* Société d'édition savoyarde, 1945.

11. Testament de Bergson. In *Revue philosophique de la France et de l'Etranger*, mai-août 1941.

12. *Bergson ou Le retour de Dieu.* Flammarion, 1995.

13. *Lettres, Notes et Carnets*, tome 1.

14. *Idem*, tome 7. Lettre du 23 décembre 1954 à Jean-Marie Domenach qui vient de faire paraître *Barrès par lui-même.*

15. *Mémoires de guerre*, tome 1.

16. Cité par Jean-Luc Barré, *Jacques et Raïssa Maritain – Les Mendiants du ciel.* Stock, 1996.

17. Lettre au colonel de Ruffray, le 9 décembre 1936. *Lettres, Notes et Carnets*, tome 2.

18. Editions Berger-Levrault, 1934 et Plon, 1971.

19. *Ernest Psichari : de l'ordre à l'errance.* Cerf-Histoire, 2001.

20. Georges Cattaui, *Charles de Gaulle.* Société d'éditions savoyarde, 1945.

21. In *Mystère de la charité de Jeanne d'Arc.*

22. *Lettres, Notes et Carnets*, tome 1.

23. *Idem.* Lettre du 2 mai 1915.

24. *Idem.* Lettres des 23 et 30 décembre 1915.

25. *In* Raymond Tournoux, *Pétain et de Gaulle.* Plon, 1964.

26. *De Gaulle, mon père – Entretiens avec Michel Tauriac*, tome 2. Plon, 2004.

27. Michel Brisacier, *La Foi du Général.* Nouvelle Cité, 1998.

28. Publiées dans *Lettres, Notes et Carnets*, tome 1.

29. *Idem*, tome 2.

30. Revue *Espoir*, n° 14, 1976. « Le capitaine de Gaulle et l'expérience de la captivité. »

31. *Lettres, Notes et Carnets*, tome 2. Lettres du 26 avril 1919 et du 4 avril 1920.

32. *Idem.* Lettre du 23 mai 1919.

33. Cahiers de la Fondation Charles-de-Gaulle, n° 11, 2002. « Le colonel de Gaulle et son régiment ».

34. Editions Noukowe, Varsovie. 1993.

35. *Lettres, Notes et Carnets*, tome 2. Lettres du 17 juillet et du 18 novembre 1919.

36. Jacques-Philippe Vendroux, *Yvonne de Gaulle, ma sœur*. Plon, 1980.

37. *Lettres, Notes et Carnets*, tome 2.

38. *Mémoires accessoires*, tome 1. Plon, 1998.

39. Confidences à Paul-Marie de La Gorce, *De Gaulle*. Perrin, 1999.

40. Frédérique Neau-Dufour, *Yvonne de Gaulle*. Fayard, 2010.

41. *Op. cit.*

42. *De Gaulle, mon père – Entretiens avec Michel Tauriac*, tome 1. Plon, 2003.

43. *Idem.*

44. Dans *Yvonne de Gaulle, ma sœur*, *op. cit.*, Jacques-Philippe Vendroux donne le menu du repas servi à l'issue de la communion d'Yvonne, le 20 mai 1911, qui montre un fossé entre le niveau de vie des deux familles : « Clear Oxtail. Turbot sauce crevettes. Canetons aux petits pois. Selle de renne sauce moscovite. Asperges en sauce normande. Poulets de grain à la broche. Salade de laitue. Langoustes en belle-vue. Parfait au café. Desserts. » Servis avec des bouteilles prestigieuses : Marsala royal 1884, Château Yquem 1904, Château Palmer 1891, Romanée Conti 1893. Moët et Chandon Ténériffe.

45. Dans une lettre assez irrévérencieuse de la part d'un chef d'escadron qui s'adresse à un maréchal, de Gaulle demandera à Pétain de reconnaître son travail en le citant dans la préface de l'ouvrage.

46. *Lettres, Notes et Carnets*, tome 2.

47. Père Ambroise-Marie Carré, *Chaque jour, je commence*. Cerf, 1993.

48. Cahiers de « Pratique médico-chirurgicale ». Brissaud, 1907-1931.

49. *Yvonne de Gaulle*. Fayard, 2010.

50. *De Gaulle, mon père*, tome 1, *op. cit.*

51. *Idem.*

52. Cité par Jean Lacouture, *De Gaulle – Le Rebelle*. Seuil, 1984.

53. « Le séjour du commandant de Gaulle dans les Etats du Levant » (1929-1931). *In Charles de Gaulle 1920-1940, du militaire au politique*, n° 1, 2004 – Fondation Charles-de-Gaulle.

54. Frédérique Neau-Dufour, *op. cit.*

55. *Lettres, Notes et Carnets*, tome 12. Lettre du 30 juin 1930 au colonel Mayer.

56. *In* « Articles et écrits ». Institut Charles-de-Gaulle-Plon, 1975.

57. *Lettres, Notes et Carnets*, tome 2. Lettre du 20 décembre 1936.

58. *De Gaulle, mon père*, tome 2, *op. cit.*

59. Georges Cattaui, *op. cit.*

60. Paul Zing, *De Gaulle en Lorraine*. Gérard Louis éditeur, 1992.

61. *Idem.*

62. Cité par Joël Cambre *in* « Le colonel de Gaulle et son régiment ». *Cahiers de la Fondation Charles-de-Gaulle*, n° 11, 2002.

63. *Lettres, Notes et Carnets*, tome 3. Extrait d'une lettre du 1er octobre 1938.

64. Lettre du père Folliet à Raymond Tournoux, in *Jamais dit*. Plon, 1971.

65. Archives de la Fondation Anne-de-Gaulle, citée par Frédérique Neau-Dufour, *op. cit.*

66. Cité par Eric Roussel *De Gaulle*. Gallimard, 2002.

67. Cahiers inédits du père Bourgeon. Etienne de Montéty. *In Famille chrétienne*, n° 1137 du 28 octobre 1999.

68. Alain Larcan, *Charles de Gaulle – Itinéraires intellectuels et spirituels*, Presses universitaires de Nancy, 1993.

69. *Op. cit.*, tome 1.

70. Cité par Jean Lacouture, *De Gaulle – Le Rebelle*. Seuil, 1984.

71. *Mémoires de guerre*, tome 1.

72. Entretien avec Henri Amouroux, en 1966.

73. *Mémoires de guerre*, tome 1.

CHAPITRE 4

1. *Lettres, Notes et Carnets*, tome 12. A la suite de son texte sur Jeanne d'Arc, de Gaulle note : « (J'ai écrit ceci le 3 oct. 50 sur l'exemplaire de *Jeanne d'Arc* de Péguy, de M.R. Brugère.) »

2. *Mémoires de guerre*, tome 1.

3. *Idem*.

4. Par la suite, de Gaulle donnera une version nuancée de ce projet : « J'ai essayé de monter un coup avec Churchill. C'était l'histoire de l'union intime entre la France et l'Angleterre. Ni Churchill ni moi n'avions la moindre illusion. C'était un mythe inventé… » Déclaration à Henri Amouroux in *Le 18 juin 1940*. Fayard, 1964.

5. *De Gaulle, mon père*, tome 1, *op. cit.*

6. *Mémoires de guerre*, *op. cit.*

7. Eric Amyot, *Le Québec entre Pétain et de Gaulle*. Fides, 1999.

8. *Lettres, Notes et Carnets*, tome 6. Lettres des 27 novembre 1948 et « avant le 19 juillet 1949 ».

9. Entretiens avec Michel Tauriac in *Vivre avec de Gaulle*. Plon, 2008.

10. *De Gaulle, mon père*, tome 1, *op. cit.*

11. Alain Peyrefitte, *C'était de Gaulle*, tome 1. Editions de Fallois-Fayard, 1994.

12. La Cagoule, nom donné à l'Organisation secrète d'action révolutionnaire nationale, née en 1935 de la scission de l'Action française. Anticommuniste, antisémite et antirépublicaine. Ses membres se partageront entre Vichy et Londres.

13. Georges Catroux, *Dans la bataille de Méditerranée*. Julliard, 1949.

14. Marcel Jullian, *Traits d'esprit*. Le Cherche Midi, 2000.

15. *De Gaulle, mon père*, tome 1, *op. cit.*

16. Georges Cattaui, *Charles De Gaulle*. Société d'édition savoyarde, 1945.

17. François Bédarida, *Londres 1939-1945*. Autrement, 1995.

18. Michèle Cointet, *L'Eglise sous Vichy. La repentance en question*. Perrin, 1998.

19. Jacques Duquesne, *Les Catholiques français sous l'Occupation*. Grasset, 1966.

20. *Une vie sous le regard de Dieu*. L'Œuvre Editions, 2009.

21. Michel Brisacier, *La Foi du Général*. Nouvelle Cité, 1998.

22. Georges Thierry d'Argenlieu, *Souvenirs de guerre*. Plon, 1973.

23. *Lettres, Notes et Carnets*, tome 3, lettre du 28 septembre 1940.

24. Michel Brisacier, *op. cit.*

25. Le mariage religieux aura finalement lieu, par procuration, en janvier 1943.

26. Exemples cités par Jacques Duquesne, *op. cit.*

27. Michèle Cointet, *op. cit.*

28. *Idem.*

29. *Mémoires de guerre*, tome 1, *op. cit.*

30. Journaliste, Lucien Rebatet revendiquait son adhésion au fascisme. Sa condamnation à mort en novembre 1946 a été commuée en avril 1947 en une peine de travaux forcés

à perpétuité. Remis en liberté en juillet 1952, il a repris son travail de journaliste et soutenu le candidat d'extrême droite, Me Jean-Louis Tixier-Vignancour, contre de Gaulle à l'élection présidentielle de 1965.

31. Jean-Luc Barré, *Jacques et Raïssa Maritain. Les Mendiants du ciel.* Stock, 1996.

32. Maurice Schumann, le 22 óctobre 1986, *in Cahiers Jacques Maritain*, n° 16-17, avril 1998.

33. Les lettres échangées entre Jacques Maritain et Charles de Gaulle sont intégralement reproduites dans le n° 16-17 des *Cahiers Jacques Maritain*, *op. cit.*

34. *Lettres, Notes et Carnets*, tome 3. Lettre du 28 avril 1941.

35. *Discours et Messages*, tome 1.

36. *Idem.*

37. Georges Thierry d'Argenlieu, carme, amiral, chancelier de l'ordre de la Libération. Père Jacques Savey, dominicain, commandant, mort à Bir-Hakeim. Abbés François Bigo, Emile Delion, Jules Hirleman, Jean-Baptiste Houchet, Stanislas Malec-Natlacem, Jean Starcky, aumôniers-capitaines. Père Joseph Duhautoy-Stuffenecker, missionnaire d'Afrique, aumônier de la Marine. Abbé Pierre Finet, sous-lieutenant. Abbés Raymond Defosse et Nicolas de Glos, capitaines. Abbé René de Naurois, aumônier de la 1re brigade de fusiliers commando. Mgr Jules Saliège, archevêque de Toulouse. Pasteur Michel Stahl, capitaine.

38. Louis-Bertrand Savey, *Jacques Savey, dominicain, héros de Bir-Hakeim*, Le Cerf, 1950, et Dominique Avon, *Les Frères prêcheurs en Orient*, Le Cerf, 2005.

39. Essayiste et homme politique allemand, Harmann Rauschning quittera le parti nazi et la présidence du Sénat de Dantzig en 1935 pour s'exiler et avertir l'opinion mondiale du caractère totalitaire du régime mis en place par Hitler.

40. *Mémoires de guerre*, tome 2.

41. Michèle Cointet, *op. cit.*

42. *Mémoires de guerre*, *op. cit.*

43. Luc 5 (17-26), Matthieu 9 (2-8), Marc 2 (1-12).
44. Jacques Duquesne, *op. cit.*
45. Claude Michelet, *Mon père, Edmond Michelet*. Robert Laffont, 1981.
46. Jacques Duquesne, *op. cit.*
47. *Lettres, Notes et Carnets*, tome 4.
48. *Charles de Gaulle. Itinéraires intellectuels et spirituels*. Presses universitaires de Nancy, 1993.
49. Ministère de la Défense (www.cheminsdememoire.gouv.fr).
50. Michel Debré, *Trois Républiques pour une France*, tome 1. Albin Michel, 1984.
51. Lucien Lazare, *L'Abbé Glasberg*. Le Cerf, 1990.
52. Jacques Duquesne, *op. cit.*
53. Jean-Louis Clément, *Les Evêques au temps de Vichy – Loyalisme sans inféodation*. Beauchesne, 1999.
54. Alain Peyrefitte, *op. cit.*, tome 2.
55. Dominique Avon, *Les Frères prêcheurs en Orient – Les Dominicains du Caire*. Le Cerf, 2005.
56. Jacques Duquesne, *op. cit.*
57. Archives de l'Assemblée nationale.
58. Rapporté par *La France catholique*.
59. Entretien avec l'auteur. Mours (Val d'Oise), le 7 avril 2010.
60. *L'Abbé Pierre*, entretien avec Bernard Chevallier. Le Centurion, 1979.
61. Entretien avec l'auteur, alors directeur de la rédaction de l'hebdomadaire catholique *Le Pèlerin Magazine*. Alfortville – mai 1996.
62. *Lettres, Notes et Carnets*, tome 13, *op. cit.*
63. *Idem.*
64. Jacques Duquesne, *op. cit.* – Selon l'auteur, pendant les quatre années d'occupation, 481 prêtres auraient été incarcérés en France et 494 autres déportés. Il y aurait eu 160 exécutions ou morts en déportation dans leurs rangs.
65. *Mémoires de guerre*, tome 3, *op. cit.*

66. *Idem.*

67. Entretien avec l'auteur. Levallois-Perret, le 2 avril 2010.

68. Entretien avec l'auteur. Mours, le 7 avril 2010.

69. *Lettres, Notes et Carnets*, tome 5, *op. cit.*

70. *Mémoires de guerre*, tome 3, *op. cit.*

71. *Idem.*

Chapitre 5

1. *Mémoires de guerre*, tome 3, *op. cit.*

2. *Lettres, Notes et Carnets*, tome 5, *op. cit.*

3. *Allied military government of occupied territories.*

4. Jacques Duquesne, *Les Catholiques français sous l'Occupation*. Grasset et Fasquelle, 1966.

5. Michèle Contet, *L'Eglise sous Vichy*. Librairie Académique Perrin, 1998.

6. Francis-Louis Colson, *Le Temps des passions*. Presses de la Cité, 1974.

7. *Mémoires de guerre*, tome 2.

8. *Idem.*

9. *Lettres, Notes et Carnets*, tome 5, *op. cit.*

10. *Mémoires de guerre*, tome 2.

11. André Latreille, « Un évêque résistant, Mgr Théas », *Revue d'histoire ecclésiastique*, 1980.

12. Jean Vinatier, *Le Cardinal Suhard*. Le Centurion, 1983.

13. R.P. Bruckberger, *Si grande peine – Chroniques des années 1940-1948*. Grasset, 1967.

14. *Mémoires de guerre*, tome 2, *op. cit.*

15. Catherine Masson, *Le Cardinal Liénart, évêque de Lille*. Le Cerf, 2001.

16. *Lettres, Notes et Carnets*, *op. cit.*

17. In *La Voix du Nord*, numéros d'époque et numéros spéciaux (« Le général et le cardinal »).

18. Archives du Carmel de France.

19. *Mémoires de guerre*, *op. cit.*

20. Jacques Duquesne, *op. cit.*

21. Dominique Venner, *Histoire critique de la Résistance*. Pygmalion, 1995.

22. *Discours et Messages*, tome 1, *op. cit.*

23. Etienne Fouilloux. Colloque « Charles de Gaulle, chrétien, homme d'Etat ». Collège des Bernardins, Paris. 13 et 14 novembre 2009.

24. Daniel-Rops, « Un dîner chez les de Gaulle ». Revue *Espoir*, mars 2009.

25. Pierre-Henri Teitgen, *Faites entrer le témoin suivant. De la Résistance à la Ve République*. Editions Ouest-France, 1988.

26. Peter Hebblethwaite, *Jean XXIII, le Pape du Concile*. Le Centurion, 1988.

27. *Cahiers Jacques Maritain*, n° 4 *bis*, « L 'Ambassade au Vatican », juin 1982.

28. Cité par Jean-Luc Barré dans *Jacques et Raïssa Maritain – les Mendiants de Ciel*. Stock, 1996.

29. Lettre à Yves Simon du 29 janvier 1945, « Correspondance Yves Simon-Jacques Maritain ». Archives Maritain – Cercle d'Etudes de Kolbsheim.

30. R.P. Charles Blanchet, *Les Rapports entre le Général de Gaulle et Jacques Maritain*. Desclée, 1991.

31. Interview donnée à *Présence*, hebdomadaire français édité en Italie. Numéro du 29 avril 1945.

32. *L'Osservatore Romano*, n° du 13 mai 1945.

33. Jean-Luc Barré, *op. cit.*

34. Colonel Jean d'Escrienne, *De Gaulle, de loin et de près*. Plon, 1978.

35. André Latreille, *De Gaulle, la Libération et l'Eglise catholique*. Le Cerf, 1978.

36. *Idem.*

37. *Idem.*

38. *Idem.*

39. *Lettres, Notes et Carnets*, tome 11, *op. cit.*

40. Jacques Duquesne, *op. cit.*

41. Entretien avec l'auteur. Mours, le 7 avril 2010.

42. *Mémoires de Guerre*, tome 3, *op. cit.*

43. Maurice Patin – Témoignage, *in Cahiers de la Fondation Charles-de-Gaulle*, n° 9, 2001.

44. *Idem.*

45. Philippe de Gaulle, avec Michel Tauriac *De Gaulle, mon père*, tome 1, *op. cit.*

46. *C'était de Gaulle*, tome 2. Editions de Fallois-Fayard, 1997.

47. Maurice Patin, *op. cit.*

48. R.P. Bruckberger, « De Gaulle était-il chrétien ? » Revue *Espoir*, n° 7, septembre 1974.

49. Pierre-Henri Teitgen, *Faites entrer le témoin suivant, 1940-1958*. Editions Ouest-France, 1988.

50. *Madame de Gaulle*, Marcel Jullian. Stock, 1981.

51. Philippe de Gaulle, *De Gaulle, mon père – Entretiens avec Michel Tauriac*, *op. cit.*

52. Pierre-Henri Teitgen, *op. cit.*

53. Michèle Cointet, *op. cit.*

54. André Latreille, *op. cit.*

55. *Idem.*

56. *Idem.*

57. *Idem.*

58. *Cahiers Jacques Maritain*, *op. cit.*

59. *Mémoires de guerre*, tome 3, *op. cit.*

60. Jean Charbonnel, *A la gauche du Général*. Plon, 1998.

CHAPITRE 6

1. *Lettres, Notes et Carnets*, tome 6, *op. cit.* Lettre à Philippe de Gaulle datée du 18 avril 1946.

2. Jean-Raymond Tournoux, *La Tragédie du Général*. Plon-Paris Match, 1967.

3. *Lettres, Notes et Carnets, op. cit.* Lettre du 14 mars 1956.

4. Claude Guy, *En écoutant de Gaulle*. Grasset, 1997.

5. *Cahiers Jacques Maritain*, n° 4 *bis*. « L'Ambassade au Vatican », juin 1982.

6. Le 5 mai 1946, au cours d'un premier référendum, le projet de Constitution avait été rejeté par 10 600 000 voix contre 9 500 000.

7. Claude Guy, *op. cit.*

8. Philippe de Gaulle, entretiens avec Michel Tauriac *De Gaulle, mon père*, tome 1. Plon, 2003.

9. Cité par Frédérique Neau-Dufour dans *Yvonne de Gaulle*. Fayard, 2010.

10. Philippe de Gaulle, *Mémoires accessoires*. Plon, 2000.

11. Archives du Mémorial Charles-de-Gaulle, Colombey-les-Deux-Eglises (Haute-Marne)

12. Frédérique Neau-Dufour, *op. cit.*

13. Claude Guy, *op. cit.*

14. Philippe de Gaulle, *De Gaulle, mon père – Entretiens avec Michel Tauriac, op. cit.*

15. *Idem.*

16. Georges Loustaunau-Lacau, *Mémoire d'un Français rebelle*. Robert Laffont, 1948.

17. Philippe de Gaulle, *Mémoires accessoires, op. cit.*

18. Conférence de presse du 24 avril 1947. *Discours et Messages*, tome 3, *op. cit.*

19. Conférence de presse du 12 novembre 1947.

20. Eric Roussel, *Charles de Gaulle*. Gallimard, 2002.

21. Jean-Raymond, Tournoux, *op. cit.*

22. Abbé Jean Boulier, *J'étais un prêtre rouge*. L'Athanor, 1977.

23. 18 juin 1949, inauguration de l'avenue du Général-Leclerc à Paris et Claude Guy, *En écoutant de Gaulle, op. cit.*

24. *Lettres, Notes et Carnets*, tome 6, *op. cit.* Lettres du 29 novembre 1947 et du 10 janvier 1952.

25. Cité par Frédérique Neau-Dufour, *op. cit.*

26. Philippe de Gaulle, *De Gaulle, mon père*, tome 1, *op. cit.*

27. *Lettres, Notes et Carnets*, *op. cit.*

28. In *La Vie catholique*, juin 1990.

29. Michel Brisacier, *La Foi du Général*. Nouvelle Cité, 1998.

30. Me Paul Perrault, « De Gaulle à Cuisery ». Catalogue de l'exposition, mai 2009.

31. *Pour servir le Général*. Plon, 1982.

32. Frédérique Neau-Dufour, *op. cit.*

33. *Idem.*

34. « Fondation Anne-de-Gaulle », 5, route de Romainville à Milon-la-Chapelle (Yvelines) www.anne-de-gaulle.org. Depuis 1996, la Fondation est gérée par une association laïque. L'accompagnement spirituel est assuré par les religieuses du prieuré Saint-Jean de Versailles.

35. *Lettres, Notes et Carnets*, *op. cit.*

36. Claude Guy, *En écoutant de Gaulle*. Grasset, 1996.

37. *Discours et Messages*, *op. cit.* Discours devant l'association de la presse anglo-américaine le 12 septembre 1951.

38. *Lettres, Notes et Carnets*, *op. cit.*

39. Entretien avec l'auteur. Mours (Val d'Oise), 7 avril 2010.

40. *Lettres, Notes et Carnets*, *op. cit.*

41. *Idem.* Discours au Vélodrome d'Hiver, Paris, le 11 février 1950.

42. *Lettres, Notes et Carnets*, *op. cit.* Lettre à Marie-Agnès Cailliau, le 3 novembre 1950 et lettre à Gérard Boud'hors du 15 octobre 1956.

43. *Idem.*

CHAPITRE 7

1. *Discours et Messages*, tome 5.

2. Laurent de Gaulle, *Une vie sous le regard de Dieu*. L'Œuvre, 2009.

3. *C'était de Gaulle*, tome 2. Editions de Fallois-Fayard, 1997.

4. *Lettres, Notes et Carnets*, *op. cit.*

5. *Idem*. Lettre du 17 septembre 1958.

6. Revue *Grandeur*, Cercle d'Etudes Charles-de-Gaulle, n° 56, février 1993.

7. *Idem*.

8. *Lettres, Notes et Carnets*, lettre du 18 octobre 1958.

9. *Idem*. Lettre du 27 novembre 1958.

10. *Lettres, Notes et Carnets*, *op. cit.*

11. Entretien avec l'auteur, le 30 octobre 2010.

12. Archives de l'Institut national de l'audiovisuel (INA).

13. Mgr Jozsef Mindszenty, primat de Hongrie, condamné à la prison à vie en février 1949 par les communistes auxquels il s'oppose, va être libéré pour raison de santé en novembre 1956. Après avoir alerté le monde sur les réalités du communisme, il trouve refuge à l'ambassade américaine quand les Soviétiques envahissent Budapest le 3 novembre 1956. Il y restera jusqu'en 1971 avant de partir en exil, en conflit avec le Vatican.

14. Mgr Stefan Wyszynski, primat de Pologne, jeté en prison en 1953 pour trois ans par les communistes avant de recevoir sa barrette de cardinal en 1957.

15. *Lettres, Notes et Carnets*, *op. cit.*

16. Sébastien Gué, « La France et ses relations avec le Saint-Siège », octobre 2005. Archives du Centre Pierre-Renouvin.

17. Claude Dulong, *La Vie quotidienne à l'Elysée au temps de Charles de Gaulle*. Hachette, 1974.

18. Entretien avec l'auteur, le 31 mai 2010.

19. François Flohic, *Souvenirs d'outre-Gaulle*. Plon, 1979.

20. Entretien avec l'auteur, le 7 avril 2010.

21. *De Gaulle, mon père*, tome 2, *op. cit.*

22. Pierre Lefranc, *Avec qui vous savez*… Plon, 1979.

23. *En écoutant de Gaulle*. Grasset, 1996.

24. Entretien avec l'auteur, le 2 avril 2010.

25. Jean-Paul Alexis, *Au protocole du Général de Gaulle – Souvenirs insolites de l'Elysée*. Perrin, 1999.

26. Michel Tauriac, *Vivre avec de Gaulle*. Plon, 2008.

27. Témoignage anonyme à l'auteur d'un conseiller, 4 juillet 2010.

28. Michel Brisacier, *La Foi du Général*. Nouvelle Cité, 1998.

29. Archives de la ville de Rouen.

30. Daniel-Rops, surnom de Henri Petiot. *Combat pour Dieu* – Fayard, 1963 – est le 9e des 11 volumes de *L'Histoire de l'Eglise du Christ*. De Gaulle les avait tous rangés dans sa bibliothèque à Colombey.

31. *C'était de Gaulle*, tome 2, *op. cit.*

32. *Mémoires accessoires*. Plon, 2000.

33. *Discours et Messages*, *op. cit.*

34. Jean Lacouture, *De Gaulle – Le Souverain*. Le Seuil, 1986.

35. *Lettres, Notes et Carnets*, tome 10, *op. cit.*

36. Entretien avec l'auteur, le 12 avril 2010.

37. Robert Lassus, *Le Mari de Madame de Gaulle*. J.-C. Lattès, 1990.

38. *Père Louis de la Trinité. Thierry d'Argenlieu*. Desclée de Brouwer, 1969.

39. *Mémoires accessoires*, *op. cit.*

40. *C'était de Gaulle*, tome 3, *op. cit.*

41. *La Foi du Général*, *op. cit.*

42. Archives de la Compagnie de Jésus, citées par Michel Brisacier, *op. cit.*

43. *Lettres, Notes et Carnets*, tomes 9 et 10, *op. cit.* Lettres des 19 février 1961 et 24 juin 1965.

44. *C'était de Gaulle*, *op. cit.*

45. Aline Coutrot, *Revue française de science politique*, 1953.

46. *C'était de Gaulle*, tome 2, *op. cit.*

47. *Le Monde* du 7 juillet 1977, *in* Michel Brisacier, *op. cit.*

48. Entretien avec l'auteur, le 2 avril 2010. Et colloque « Charles de Gaulle, chrétien, homme d'Etat ». Collège des Bernardins. Paris, 13 et 14 novembre 2009.

49. Entretien avec l'auteur.

50. Entretien avec l'auteur, 16 février 1988. Jacques Chaban-Delmas est alors président de l'Assemblée nationale, pour la troisième fois.

51. *Lettres, Notes et Carnets*, tome 6. Notes du 6 mars 1949.

52. *Idem*. Tome 10. Lettres des 11 avril et 9 avril 1966.

53. *Mémoires de guerre*, tome 3, *op. cit.*

54. *Les chênes qu'on abat*.... Gallimard, 1971.

55. *C'était de Gaulle*, tome 1, *op. cit.*

56. Entretien avec l'auteur, 31 mai 2010.

57. *C'était de Gaulle*, tome 1, *op. cit.*

58. *Idem*. Tome 3. Conseil des ministres du 14 juin 1968.

59. Jean Charbonnel, *A la gauche du Général*. Plon, 1998.

60. *C'était de Gaulle*, tome 1.

61. *Mémoires d'espoir Le Renouveau*. Plon, 1970.

62. François Seydoux, *Mémoires d'outre-Rhin*. Grasset, 1975.

63. Hachette, 1969.

64. *Lettres, Notes et Carnets*, tome 8, *op. cit.*

65. Charles André, *La Marseillaise de Santa Chiara – Souvenirs d'un séminariste d'avant Vatican 2*. Fol'Fer Editions, 2009.

66. Etienne Fouilloux, *Les Chrétiens français entre guerre d'Algérie et mai 68*. Parole et Silence, 2008.

67. Archives. Musée du diocèse de Lyon.

68. *Lettres, Notes et Carnets*, tome 8. Lettre du 14 février 1960.

69. Rapporté par Jean Lacouture. *De Gaulle – Le Souverain*. Seuil, 1986.

70. Entretien rapporté par Raymond Tournoux, *La Tragédie du Général*. Plon, 1967.

71. *Foccart parle*, entretiens avec Philippe Gaillard. Fayard et Jeune Afrique, 1995.

72. *Le Mystère de Gaulle. Son choix pour l'Algérie*. Robert Laffont, 2009.

73. *De Gaulle, mon père*, tome 2, *op. cit.*

74. Cité par Eric Roussel, *Charles de Gaulle*. Gallimard, 2002 (d'après des documents d'Etienne de Montéty).

75. *Mémoires d'espoir, Le Renouveau*. Plon, 1970.

76. Archives personnelles d'Elisabeth de Miribel – Fondation Charles-de-Gaulle, Paris.

77. *C'était de Gaulle*, tome 1 et tome 2, *op. cit.*

78. Entretien avec l'auteur. Yamoussoukro, le 9 septembre 1990.

79. *De Gaulle, mon père*, *op. cit.*

80. *C'était de Gaulle*, *op. cit.*

81. *Lettres, Notes et Carnets*, tome 9, *op. cit.*

82. *De Gaulle, mon père*, tome 2, *op. cit.*

83. Actes du colloque « Charles de Gaulle et la justice ». Institut et Fondation Charles-de-Gaulle. Paris, 29 et 30 novembre 2001.

84. *C'était de Gaulle*, tome 2, *op. cit.*

85. Rémi Kauffer, *OAS – Histoire d'une guerre franco-française*. Seuil, 2002.

86. Jean Foyer, *En ce temps-là de Gaulle*, n° 25, 1972.

87. Entretien avec l'auteur, le 9 juillet 2010.

88. « De Gaulle et les Juifs – 1940-1947 ». Union des résistants et déportés juifs de France, juin 1994.

89. Jean Lacouture, *De Gaulle – Le Rebelle*. Le Seuil, 1984.

90. R.P. Bruckberger, *A l'heure où les ombres s'allongent*. Albin Michel, 1989.

91. *Le Général m'a dit*. Plon, 1973.

92. *Mémoires accessoires*, *op. cit.*

93. Henri Lerner, *De Gaulle tel qu'en lui-même*. Autres Temps, 2009.

94. *Idem.* et Bernard Ledwidge, *De Gaulle*, Flammarion, 1987.

95. *C'était de Gaulle*, *op. cit.*

96. Pierre Simon, *De la vie avant toute chose*. Mazarine, 1979.

97. *De Gaulle, mon père*, tome 2, *op. cit.*

98. *C'était de Gaulle*, *op. cit.*

99. *De Gaulle, mon père*, *op. cit.*

100. *Mémoires accessoires*, *op. cit.*

101. In *L'Yonne Républicaine*, 24 décembre 2004.

102. *Yvonne de Gaulle*. Fayard, 2010.

103. *Foccart parle*. Fayard, 1997.

Chapitre 8

1. Lettre du 30 mai 1969.

2. Philippe de Gaulle, *Mémoires accessoires*. Plon, 2000.

3. Jean Mauriac, *Mort du Général de Gaulle*. Grasset, 1972.

4. André Malraux, *Les chênes qu'on abat*... Gallimard, 1971.

5. Fayard, 1969.

6. *Lettres, Notes et Carnets*, tome 11. Lettre du 10 février 1969.

7. Jean Mauriac, *L'Après-de Gaulle*. Fayard, 2006.

8. *Lettres, Notes et Carnets*, tome 12. Lettre du 22 juillet 1969, *op. cit.*

9. Carnets de l'abbé Drouot, in Frédérique Neau-Dufour, *Yvonne de Gaulle*. Fayard, 2010.

10. *Une grande amitié. Correspondance Jacques Maritain-Julien Green*. Plon, 1979. Lettre du 31 décembre 1966.

11. Desclée de Brouwer, 1966.

12. Frédérique Neau-Dufour, *op. cit.*

13. Jean Mauriac, *op. cit.*

14. *Lettres, Notes et Carnets*, tome 12, *op. cit.*

15. *Ces grandes années que j'ai vécues. 1958-1970*. Plon, 1975.

16. Jean Mauriac, *op. cit.*

17. *C'était de Gaulle*, tome 3, *op. cit.*

18. Jean Mauriac, *op. cit.*

19. Jacques Chaban-Delmas, *Mémoires pour demain*. Flammarion, 1997.

20. Alors reporter au quotidien *Paris-Jour*.

21. Lettres citées par Frédérique Neau-Dufour dans *Yvonne de Gaulle*, *op. cit.*

22. *Idem*.

23. « De Gaulle était-il chrétien ». Revue *Espoir*, n° 7 – septembre 1974.

24. Radio Monte-Carlo et *Le Monde* des 14 et 27 novembre 1970.

25. *Les chênes qu'on abat*... Gallimard, 1971.

26. Maurice Schumann, *Bergson ou le retour de Dieu*. Flammarion, 1995.

27. *Yvonne de Gaulle*, *op. cit.*

28. Philippe de Gaulle, *op. cit.*, *De Gaulle, mon père – Entretiens avec Michel Tauriac*, tome 2.

Bibliographie

Alexis Jean-Paul, *Au protocole du général de Gaulle*. Perrin, 1999.

Alford Elisée, *Père Louis de la Trinité – Thierry d'Argenlieu*. Desclée de Brouwer, 1969.

Amyot Eric, *Le Québec entre Pétain et de Gaulle*. Fides, 1999.

Avon Dominique, *Les Frères prêcheurs en Orient – Les dominicains du Caire*. Cerf, 2005.

Barre Jean-Luc, *Jacques et Raïssa Maritain, Les Mendiants du Ciel*. Stock, 1996.

Bedarida François, *Londres 1939-1945*. Autrement, 1995.

Blanc Pierre-Louis, *Charles de Gaulle au soir de sa vie*. Fayard, 1990.

Blanchet Charles R.P., *Les Rapports entre le Général de Gaulle et Jacques Maritain*. Desclée, 1991.

Boulier Jean, *J'étais un prêtre rouge*. L'Athanor, 1977

Boissieu Alain de, *Pour servir le Général – 1946-1970*. Plon, 1982.

Boussinesq Jean, *La Laïcité française*. Seuil, collection Points, 1994.

Brisacier Michel, *La Foi du Général*. Nouvelle Cité, 1998.

Broche François, *De Gaulle secret*. Pygmalion, 1993.

Bruckberger R.P., *A l'heure où les ombres s'allongent*. Albin Michel, 1989.

CARRE Ambroise-Marie R.P., *Chaque jour, je commence*. Cerf, 1993.

CASSIN René, *Les Hommes partis de rien*. Plon, 1975.

CATROUX Georges, *Dans la bataille de Méditerranée*. Julliard, 1949.

CATTAUI Georges, *Charles de Gaulle*, Société d'édition savoyarde, 1945.

CHABAN-DELMAS Jacques, *L'Ardeur*. Stock, 1975.

—, *Mémoires pour demain*. Flammarion, 1997.

CHARBONNEL Jean, *A la gauche du Général*. Plon, 1996.

CHEVALLIER Bernard, *L'Abbé Pierre*. Le Centurion, 1979.

CLEMENT Jean-Louis, *Les Evêques au temps de Vichy*. Beauchesne, 1999.

COINTET Michèle, *L'Eglise sous Vichy 1940-1945*. Perrin, 1998.

COINTET Michèle et Jean-Paul, *La France à Londres 1940-1943*. Editions Complexe, 1990.

COLSON Francis-Louis, *Le Temps des passions*. Presses de la Cité, 1974.

CREMIEUX-BRILHAC Jean-Louis, *La France Libre, de l'Appel du 18 juin à la Libération*. Gallimard, 1996.

DANIEL-ROPS, *Combat pour Dieu*. Fayard, 1963.

DEBRE Michel, *Trois Républiques pour une France*. Albin Michel, 1984.

DROIT Michel, *Les Feux du crépuscule*. Plon, 1977.

—, *Les Clartés du jour*. Plon, 1978.

—, *Les Lueurs de l'aube*. Plon, 1981.

DULONG Claude, *La Vie quotidienne à l'Elysée au temps de Charles de Gaulle*. Hachette, 1978.

DUQUESNE Jacques, *Les Catholiques français sous l'Occupation*. Grasset, 1966 et 1996.

ESCRIENNE Jean d', *Le Général m'a dit*. Plon, 1970.

—, *De Gaulle de loin et de près*. Plon, 1978.

FLOHIC François, *Souvenirs d'outre-Gaulle*. Plon, 1979.

FOCCART Jacques, *Foccart parle*. Fayard, 1997.

FOUILLOUX Etienne, *Les Chrétiens français entre guerre d'Algérie et mai 68*. Parole et Silence, 2008.

FOYER Jean, *Sur les chemins du droit avec le Général*. Fayard, 2006.
FRIANG Brigitte, *De Gaulle-Malraux*. Plon, 1987.
GALANTE Pierre, *Le Général, les siens, les autres et lui-même*. Presses de la Cité, 1968.
GARY Romain, *Ode à l'homme qui fut la France*. Calmann-Lévy, 1997.
GAULLE Charles de, *Œuvres complètes*. Plon. Berger-Levrault.
GAULLE Laurent de, *Une vie sous le regard de Dieu*. L'Œuvre, 2009.
GAULLE Philippe de, *De Gaulle*. Plon, 1989.
—, *Mémoires accessoires*, Tomes 1 et 2. Plon, 1997 et 2000.
—, *De Gaulle, mon père – Entretiens avec Michel Tauriac*. Tomes 1 et 2. Plon, 2003 et 2004.
GUENA Yves, *Le Temps des certitudes 1940-1969*. Flammarion, 1982.
GUY Claude, *En écoutant de Gaulle*. Grasset, 1996.
HEBBLETHWAITE Peter, *Jean XXIII, le Pape du Concile*. Le Centurion, 1988.
HOSTACHE René, *Le Général de Gaulle, Jean Moulin et la création du CNR*. La Bruyère, 1989.
JACOB François, *La Statue intérieure*. Gallimard, 1990.
JULLIAN Marcel, *Madame de Gaulle*. Stock, 1981.
—, *Traits d'esprit*. Le Cherche Midi, 2000.
KAUFFER Rémi, *OAS-Histoire d'une guerre franco-française*. Seuil, 2002.
LACOUTURE Jean, *De Gaulle*. Tome 1 *Le Rebelle*, tome 2 *Le Politique* et tome 3 *Le Souverain*. Seuil, 1984, 1985 et 1986.
LARCAN Alain, *Charles de Gaulle – Itinéraires intellectuels et spirituels*. Conseil international de la langue française – Presses universitaires de Nancy, 1993.
—, *De Gaulle, inventaire*. Bartillat, 2003.
LASSUS Robert, *Le Mari de Madame de Gaulle*. Jean-Claude Lattès, 1990.
LATREILLE André, *De Gaulle, la Libération et l'Eglise catholique*. Cerf, 1978.

LAZARE Lucien, *L'Abbé Glasberg*. Cerf, 1990.
LEFRANC Pierre, *Avec qui vous savez*. Plon, 1979.
—, *Avec de Gaulle*, F.-X. De Guibert, 2006.
LERNER Henri, *De Gaulle tel qu'en lui-même*. Autres Temps 2009.
LOUSTAUNAU-LACAU Georges, *Mémoire d'un Français rebelle*. Robert Laffont, 1948.
MAURIAC Claude, *Aimer de Gaulle*. Grasset, 1978.
MAURIAC Jean, *Mort du Général de Gaulle*. Grasset, 1972.
—, *L'Après-de Gaulle*. Fayard, 2006.
MAURIAC François. *De Gaulle*. Grasset, 1964.
MALRAUX André, *Les chênes qu'on abat*... Gallimard, 1971.
—, *Le Miroir des limbes*. Gallimard-La Pléiade, 1976
MARIN Jean, *Petit bois pour un grand feu*. Fayard, 1994.
MASSON Catherine, *Le Cardinal Liénart, évêque de Lille*. Cerf, 2001.
MEO Jean, *Une fidélité gaulliste à l'épreuve du pouvoir – de De Gaulle à Chirac*. Lavauzelle, 2008.
MICHELET Claude, *Mon père, Edmond Michelet*. Robert Laffont, 1981.
NEAU-DUFOUR Frédérique, *Ernest Psichari : de l'ordre à l'errance*. Cerf, 2001.
—, *Yvonne de Gaulle*. Fayard, 2010.
PAUPERT Jean-Marie, *De Gaulle est-il chrétien ?*. Robert Laffont, 1969.
PEYREFITTE Alain, *C'était de Gaulle*, Tomes 1, 2 et 3. Editions de Fallois-Fayard, 1994, 1997 et 2000.
RIX Pierre-Henry, *Par le portillon de La Boisserie*. Nouvelles éditions latines, 1974.
ROUSSEL Eric, *Charles de Gaulle*. Gallimard, 2002.
SABATIER Guy et RAGUENEAU Philippe, *Le Dictionnaire du gaullisme*. Albin Michel, 1994.
SCHUMANN Maurice, *Bergson ou le retour de Dieu*. Flammarion, 1995.
SERVAIS Simonne, *Regards sur de Gaulle*. Plon, 1990.
SEYDOUX François, *Mémoires d'outre-Rhin*. Grasset, 1975.
SIMON Pierre, *De la vie avant toute chose*. Mazarine, 1979.

TAURIAC Michel, *Les 30 jours qui ont fait de Gaulle*. Economica, 2001.
—, *Vivre avec de Gaulle – Les derniers témoins racontent*. Plon, 2008.
—, *Dictionnaire amoureux de De Gaulle*. Plon, 2010.
TEITGEN Pierre-Henri, *Faites entrer le témoin suivant, 1940-1958*. Ouest-France, 1988.
TERRENOIRE Louis, *De Gaulle vivant*. Plon, 1971.
THIERRY D'ARGENLIEU Georges, *Souvenirs de guerre*. Plon, 1973.
TOURNOUX Raymond, *Pétain et de Gaulle*. Plon, 1964.
—, *La Tragédie du Général*. Plon, 1967.
—, *Jamais dit*. Plon, 1971.
VENDROUX Jacques, *Ces grandes années que j'ai vécues 1958-1970*. Plon, 1975.
—, *Yvonne de Gaulle, ma sœur*. Plon, 1980.
VENNER Dominique, *Histoire critique de la Résistance*. Pygmalion, 1995.
VINATIER Jean, *Le Cardinal Suhard*. Le Centurion, 1983.
ZING Paul, *De Gaulle en Lorraine*. Gérard Louis Editeur, 1992.

Remerciements

Mes pensées les plus chaleureuses vont tout d'abord à mon ami, mon confrère Michel Tauriac, sans qui ce livre n'aurait pas vu le jour. Et à Joëlle, son épouse.

De nombreuses personnes m'ont aidé, soutenu, orienté dans mes recherches. D'autres m'ont ouvert des fonds d'archives publiques ou privées.

Au tout premier rang, je veux remercier les dirigeants de la Fondation Charles-de-Gaulle à Paris pour leur disponibilité, leur intérêt pour le projet de ce livre et leurs conseils éclairés : le général François Kessler, MM. Philippe Oulmont, David Valence, Michel Anfrol. Avec une attention toute particulière pour Mme Claude Marmot dont l'enthousiasme et l'immense culture sur la jeunesse et la foi du Général m'ont été précieux. Merci aussi à Martial Gout, toujours disponible.

Parmi les derniers témoins du Général, ma gratitude va à ceux qui m'ont accordé un peu de leur temps pour éclairer mes recherches : MM. Bernard Ducamin, le colonel Jean d'Escrienne, Pierre Lefranc, Philippe Levillain, Jean Méo, Jacques Patin. Je n'oublie pas celles et ceux – aujourd'hui disparus – qui m'ont longuement parlé de Charles de Gaulle et de sa foi : sa nièce, mon amie Geneviève Anthonioz de Gaulle, Jacques Chaban-Delmas, Alain Peyrefitte, Jacques Baumel et Pierre Messmer. Et aussi l'abbé Pierre, qui m'avait confié, à la fin de sa vie, son regret de n'avoir pas pris le temps d'écrire sur la foi du Général.

Ma reconnaissance va au père François de Gaulle qui a fait une exception à son silence pour me recevoir dans la maison de retraite des pères blancs d'Afrique et me parler avec beaucoup de pudeur mais aussi de vérité de la relation à Dieu de son oncle.

Merci aussi à MM. René Mougel, responsable des Cercles d'études Jacques et Raïssa Maritain à Kolbsheim et Vladimir Trouplin, conservateur du musée de l'Ordre de la Libération.

Mes remerciements vont enfin à celles et ceux qui, d'une façon ou d'une autre, m'ont apporté leur soutien et aidé pour que ce livre arrive à son terme.

Table

Collection « L'Abeille » Plon

Dernières parutions

1. *Les Derniers Mondains*, Camille Pascal
2. *Dictionnaire amoureux de Marcel Proust*, Jean-Paul et Raphaël Enthoven
3. *Contre Macron*, Juan Branco
4. *Les Métamorphoses de Dieu*, Frédéric Lenoir
5. *La Sorcière et l'Occident*, Guy Bechtel
6. *Mémoires*, Maurice Druon
7. *Dictionnaire amoureux de la langue française*, Jean-Loup Chiflet
8. *Joseph Kessel*, Yves Courrière
9. *Dictionnaire amoureux de la Bretagne*, Yann Queffélec
10. *Dictionnaire amoureux de l'Inde*, Jean-Claude Carrière
11. *La Sexualité selon Jean-Paul II*, Yves Semen
12. *Des animaux au prétoire*, Chantal Knecht
13. *Duras, la traversée d'un siècle*, Alain Vircondelet
14. *Dépasser Darwin*, Didier Raoult
15. *Dictionnaire amoureux de la Résistance*, Gilles Perrault
16. *La Spiritualité conjugale selon Jean-Paul II*, Yves Semen
17. *Conseils du cœur*, Sa Sainteté le Dalaï-Lama
18. *Dictionnaire amoureux de l'Histoire de France*, Max Gallo
19. *Avocate irrespectueuse*, Gisèle Halimi
20. *Ne vous résignez jamais*, Gisèle Halimi
21. *Ces psychopathes qui nous gouvernent*, Jean Luc Hees

À paraître

Les Rebelles, Jean-François Kahn
Un si long silence, Sarah Abitbol
Dictionnaire amoureux de Mozart, Eve Ruggieri

Pour en savoir plus
sur les Éditions Plon
(catalogue, auteurs, vidéos, actualités...),
vous pouvez consulter notre site Internet :
www.plon.fr

lisez!

et nous suivre sur les réseaux sociaux :

Editions Plon

@EditionsPlon

@editionsplon

MIXTE
Papier issu de sources responsables
FSC® C003309
FSC www.fsc.org

L'éditeur de cet ouvrage s'engage dans une démarche de certification FSC® qui contribue à la préservation des forêts pour les générations futures.

Pour en savoir plus :
www.editis.com/engagement-rse/

Achevé d'imprimer en septembre 2020

Imprimé en France par CPI
en septembre 2020

pour le compte des Éditions Plon
12, Avenue d'Italie 75013 Paris

N° d'impression : 2053540
Dépôt légal : octobre 2020
P30455/01